人力资源管理系列教材

人力资源管理心理学

RENLI ZIYUAN
GUANLI
XINLIXUE

（第4版）

张杉杉　毛畅果◎编著

首都经济贸易大学出版社
Capital University of Economics and Business Press
·北京·

图书在版编目(CIP)数据

人力资源管理心理学 / 张杉杉，毛畅果编著．-- 4 版．-- 北京：首都经济贸易大学出版社，2023.9

ISBN 978-7-5638-3563-8

Ⅰ．①人… Ⅱ．①张… ②毛… Ⅲ．①人力资源管理-管理心理学-高等学校-教材 Ⅳ．①F241-05

中国国家版本馆 CIP 数据核字(2023)第 141452 号

人力资源管理心理学(第 4 版)
张杉杉　毛畅果　编著

责任编辑	胡　兰
封面设计	砚祥志远·激光照排 TEL：010-65976003
出版发行	首都经济贸易大学出版社
地　　址	北京市朝阳区红庙（邮编 100026）
电　　话	(010)65976483　65065761　65071505(传真)
网　　址	http://www.sjmcb.com
E - mail	publish@cueb.edu.cn
经　　销	全国新华书店
照　　排	北京砚祥志远激光照排技术有限公司
印　　刷	北京市泰锐印刷有限责任公司
成品尺寸	170 毫米×240 毫米　1/16
字　　数	398 千字
印　　张	19.75
版　　次	2009 年 4 月第 1 版　2012 年 7 月第 2 版 2018 年 9 月第 3 版　**2023 年 9 月第 4 版** 2023 年 9 月总第 10 次印刷
书　　号	ISBN 978-7-5638-3563-8
定　　价	45.00 元

图书印装若有质量问题，本社负责调换

前 言

《人力资源管理心理学》(第四版)是首都经济贸易大学劳动经济学院教师张杉杉和毛畅果合作完成的。作为经济管理教学背景下的授课教师,我们深切感到这门心理学课程的教学难度。学生一方面非常期望能从课堂中获得丰厚的知识;另一方面,却在进入课堂之前就带着某些先入为主的日常心理学错误概念。作为心理学教师,我们知道这种期望和现实之间的矛盾难以完全调和。因此,经过多年的积累和摸索,我们努力调整教科书结构和内容,希望《人力资源管理心理学》(第四版)可以对相关的学习者有更多的帮助。

在新时代背景下,应充分认识党的二十大对教育工作的要求,体现以习近平同志为核心的党中央对教材工作的殷切期望,努力做到"三全育人"。为了做到全程育人,在教材编写上,我们努力分析专业课程的整体研究框架与思政教育核心内容的对应关系,力求做到课程专业知识点与思政内容全阶段对接;为了做到全方位育人,在教材编写过程中,我们不仅关注知识陈述,而且努力通过案例等多种渠道从认知、情感以及态度等角度全面引导学生世界观、人生观和价值观的形成。

与前三版相比,《人力资源管理心理学》(第四版)的修订内容主要体现在如下几个方面:

第一,调整全书的章节布局。写作框架基础由管理学体系调整为心理学体系。在编写《人力资源管理心理学》教材之初,考虑到我们面对的教学对象是管理学等非心理学专业的学生,为了借助他们已有的知识达到温故而知新的教学效果,我们的教材主要依据管理学的知识体系。近年来,随着线上教学模式的推广普及和网络学习资源的大量涌现,学生的心理学知识背景明显增加,回归心理学本源势在必行。基于心理学体系的教材编写在强化教学科学性的同时,也有助于帮助学生巩固和升华已有的心理学知识储备。

第二,努力突出中国故事。章节案例从传统经典转向现实本土,实现思政教育目标与专业课程教学目标的有机融合。为了实现"全程和全方位育人"的目标,努力寻找能够将知识、技能和情感融会贯通的方法,突出教材的原创和中国元素,并最终将这一载体聚焦于现实中的热点话题——"中国故事"。所谓的中国故事,就是要以我们这个时代正在做的事情为中心,提炼出中国标识性概念,打造易于被年轻人理解和接受的概念、范畴和表述,引导学生展开思考和讨论,从而帮助学生深入了解中国的历史血脉、准确把握滋养中国人的文化土壤,传承中国精神、中国价值和中国力量。总之,我们力求以“中国故事”为切入点帮助学生全方位理解和掌握管理中的中国元素,理解中国文化背景、管理基础,努力做到符合我国高校思政教育新要求。

第三,细化思想政治教育目标,实现思政教育目标与专业课程教育目标的对接。思政的教育目标在国家层次是清晰的,要落实这个宏观的教育目标,必须把教育目标从大到小逐步细化到教材目标、课程目标、学科目标和教学目标中。考虑到教育目标往往是抽象、难以测量的,我们有意识地将教育目标具体落实到教学目标中。《人力资源管理心理学》(第四版)与“学习通”在线学习平台相对接,我们在该平台上提供了50个心理学知识点的讲解视频,欢迎大家进入“学习通”平台观看并留言互动。教学目标不仅规定了教学活动应该达到的最终结果,而且对教学活动的程序有具体的指导作用,确保教学目标从深度和广度上落到实处,从而提高教学效率。例如,在“学习通”平台上,我们通过章节材料中的“讨论”内容,指导学生进行“理论联系实际”的讨论;通过每一章的“考试”内容,增加了大量练习题,用于评估学生对相关知识的掌握情况。

展望未来,我们深刻地意识到,单纯的知识技能传授已经不能满足当代大学生的学习需求。因此,作为一本直面“职场人性”的心理学教材,我们也尝试着将人格教育贯穿其中,鼓励学生在心理学的学习过程中,以人为本挖掘人类的正向因素和生命规律,顺应并发挥人类卓越的积极天性,启迪个体内在觉醒、点燃生命意义感,努力帮助学生在人工智能背景下拥有机器所不具备的能力,成为这个时代真正的主人。

总的来说,这本心理学教材服务于未来的人力资源管理工作者。教材力图呈现管理心理学的相关知识点,帮助读者使用心理学的逻辑理解个体和团体特征,掌握激励和领导规律,采用心理学的思维路径理解特定情境下的管理者和被管理者,解读人力资源管理中选、用、育、留的问题,从而科学应对管理困境,通过提高管理绩效达到组织绩效的提升。

事实上,心理学不仅局限于管理专业领域,也触及所有与人相关的活动与事件,本教材展示的心理学理论和知识点便是了解人性的按钮。希望我们能以点带面地呈现一本人人看得懂、用得上的心理学教材。

本教材第三版被评为北京市级精品教材,其对应课件被评为北京市高校优质本科课件。

目 录

第一章

人力资源管理心理学总论

★ 本章需要掌握的内容 ★

1. 心理学的研究对象
2. 心理学的科学定义、特征和目的
3. 人力资源管理心理学的研究内容
4. 人力资源管理心理学的研究任务
5. 人力资源管理心理学的重要历史事件

人力资源管理心理学在人力资源管理中占据的位置越来越重要,它是许多人力资源管理专业师资培训计划中的必修科目。

人力资源管理心理学作为一门学科,我们首先要阐明该学科的性质,它的研究对象和任务,了解它的创建和发展过程以及在其中起过重要作用的代表人物、代表事件及其主要贡献。

第一节 人力资源管理心理学概述

心理学的课程丰富多彩,但其命名规律整齐划一,以各自的研究对象为其课程名称。人力资源管理心理学是心理学和人力资源管理的交叉学科,了解人力资源管理心理学就要了解心理学和人力资源管理。

一、心理学的研究对象

简单而言,心理学就是研究心理的科学。具体而言,心理学就是研究心理现象发生、发展和活动规律的科学。其中,基础心理学是以正常成人的心理现象为研究对象,总结心理活动最普遍、最一般规律的心理学基础学科;而应用心理学就是心理学与社会生活中的各个领域相结合,以应用为研究目的的心理学分支学科。

(一)心理的形式

人的任何活动都有心理现象。想想你和你的好朋友从相识到相知的过程:开学的时候第一次见面,你的眼睛看到他的容貌,耳朵听到他的声音,手掌间感受到力量的传递,鼻子还闻到开学典礼上的花香,这是"感觉"和"知觉";人不仅会在活动中观察一个人,还会记住他的名字,以后遇到了还会记得,这就是"记忆";判断他的真诚和善良,就要利用感知的材料和已有的交往经历进行分析和思考,只有经过思考才能把握个体不能直接感知的特点,才能深入理解个体的内心、理解个体的处事原则,这种思考活动就是"思维"。通过感(知)觉、记忆、思维,你认识了你的好朋友,在此过程中都必须有"注意"的参与,这一过程统称为"认知"。

人在认识一个个体的同时会产生一定的情绪体验,比如,喜欢、欣赏和尊重,当然有时也会有嫉妒、愤怒和抑郁,这就是"情绪"。为了和好朋友保持良好关系,估计你要改变一些自己的不良习惯,为了在周末和朋友游玩,估计你要为了周一的论文提前加班加点,这就是意志行动,而在意志行动中下决心、克服困难的内部过程就是"意志"。

以上就是心理学中研究的三大心理过程:知、情和意。人总是通过认知、情感和意志反映现实、完成活动。心理过程之所以称为心理过程,就是因为它们都有一个发生、发展和完成的过程,它以流动、变化为特征。

在这些一般心理过程的活动中,人会表现出不同的特点,比如,在能力上才能不同、各有所长;在性格上同样的善良、热情也是有的热情似火,有的体贴周到,表现出不同的风格,这就是心理学研究的另一部分——"个性心理特征"。

一般心理过程和个性心理特征是心理学研究的两个重要部分。需要注意的是,它们不像物理学中的声和光那样属于不同的现象,它们是同一个现象的两个不同方面,它们不可分割地融合在人的"心"中,相互联系、相互制约。我们只是为了研究方便,才将其分割开来进行讲解。

除此之外,心理学还会关注影响一般心理过程和个性心理特征的心理动力因素(例如,需要、动机和价值观等),以及动力因素的影响因素(遗传和环境)。凡此种种都是心理形式——心理学研究对象的组成部分(图 1-1)。

专栏 1-1 就心理形式及心理内容进行了简单介绍,它们同样是心理的不可分割的组成部分。

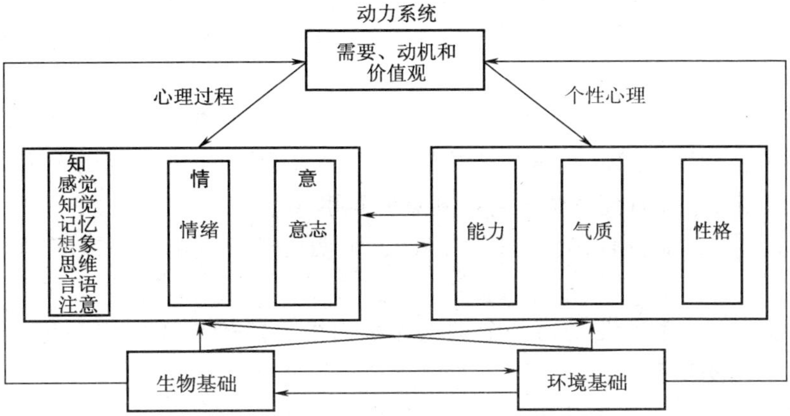

图 1-1　心理学研究对象

☞ 专栏 1-1　心理的形式和内容

俗话说“知人知面不知心”“人心难测”，这里的“心”指的就是“心理”，心理存在于人的头脑里；而一说心理学，很多人会想到：“学了心理学是不是就能知道人的心理，揣测别人的心事？”这就使心理学似乎成了一门特殊的学科，有特殊的门道，有奥秘诀窍，能把人们认为不能知道的“心”知道了。是不是这样呢？

心理现象可以划分为心理内容和心理形式两部分。心理内容是指来源于现实并为个人所意识到的各种映象本身，而心理形式是指这种映象存在的方式及其组织、结构。当然，了解心理形式有助于我们理解特定心理内容的来龙去脉，这应该有助于我们了解个体心理内容的产生和激发，但心理学并不以“心事”等心理内容为研究对象，也不可能因为学习了心理学而能精确地揣摩到他人的“心事”！台湾著名心理学家张春兴教授曾经说过：“心理学是研究人的心理形式的科学，研读心理学虽可助人借此了解人性、领悟人生，但却不能缘此径获生活快乐的秘诀。”

（二）科学的定义

科学似乎人人都知道，但说到科学的内涵却是众说纷纭，张春兴先生认为，科学是运用系统的方法处理问题，从而发现事实变化的真相，并进而探讨其原理原则的学问。张春兴先生的这一观点，从三个方面对科学的内涵进行了分析概括。

1. 问题。科学要研究的是有待解决的真实问题。心理是真实存在的，尽管个体心理千差万别，但它们的产生结构、表现形式都有规律可循，这就使得科学研究心理成为可能。但科学研究的对象其本身并不代表科学，只有科学方法以及采用该方法所要达到的目的,才真正符合科学的含义。

2. 方法。在解决问题时采用的工具、实施的程序、资料的分析以及结果的展现过程中,科学特征得到充分展示。

(1)客观性。客观性是指科学研究过程中无论使用测验工具、工作进行程序,还是资料分析、结果呈现,均按一定的规则,不因人而异,不凭研究者个人主观意愿改变既定准则,不按研究者个人喜好随意曲解事实。

(2)验证性。验证性是指可以拿出证据证明科学研究的结果或者理论假设的真实性。

(3)系统性。系统性是指一个理论体系内绝不能推出矛盾的结论,这是评价科学性高低的重要标志。

3. 目的。科学的目的由近及远大体可以划分为四个层次。

(1)描述。将研究问题时获得的表面事实,用口头或者文字的形式对问题客观地加以描述。

(2)解释。将问题发生的前因后果分析清楚,解释是以描述为依据,进一步分析找到形成问题的原因。

(3)预测。根据现有的资料推测将来发生问题的可能性。预测的准确性受到很多因素的影响。如果我们已经明确了一个问题的因果关系,根据以往问题多次发生或所得的因果关系资料,预测未来同类问题的发生才可能准确。

(4)控制。既然知道了问题的因果关系,我们就不会坐以待毙,而是设法控制问题发生的原因,使可能发生的问题不至于发生,或者将可能发生问题的严重性降至最低程度。例如,人类对地震的预测还很不够,但是我们已经知道"大灾之后有大疫","大疫"与震后的卫生状况有直接关系,我们就可以通过消除病毒、洁净饮用水等一系列措施,消除震后次生灾害的发生频率和强度。

需要注意的一点是,随着时代的进步、科技的发展、人类视野的开阔,人们越来越慎重使用"控制"这一强势词汇而改为"调节",因为人们发现,人类能够实现的控制往往是局部的,而且这种控制往往以更大的不可控制为代价。目前,我们更注重与自然的和平共处,也许这也是从"无知无畏"走向"自知"和"自制"的进步吧。

总之,尽管不同学科的研究目的大体都可以用"描述、解释、预测和控制"四个递进式词汇进行概括,但是在实践中,当问题以散乱的方式呈现在管理者面前时,管理者头脑中闪现的一定是"怎么办",也就是说,他们越过了"描述和解释"阶段,希望直接实现对特定现象的"预测和控制",这也是管理研究领域一直强调的实际操作,虽然这个愿望可以理解,但却很难满足。因为不了解现实,无法解释现实现象发生的原因,对现象的预测和控制就会无的放矢、难以实现。

科学心理学是使用科学方法探研人类行为和心理。在这个过程中,完成以下目标:在适宜的水平上客观地描述心理和行为,解释发生心理、产生行为的原因,做出预测,并通过控制以改进生活质量。

(三)心理学研究对象的科学性

从以上有关科学概念的讨论中我们不难发现,心理学的研究对象和物理学的研究对象有很大不同(见表1-1)。这种不同导致心理学研究的人性问题比研究物性的其他科学有更大的难度,因此应用心理学理论和假设更要慎重,应更多地关注理论的来龙去脉、假设适用的基本条件,从而更好地把握理论的使用范围。

表1-1 物性和人性的区别

	特征位置	变异大小	测量方法
物性	外显	小	直接
人性	内隐	大	间接

二、人力资源管理学的研究对象

(一)人力资源

人力资源这个词大家都已不再陌生,但什么是人力资源,答案却众说纷纭,不一而足。成年人口观认为,人力资源就是具有劳动能力的人口,即16岁以上具有劳动能力的全部人口;在岗人口观认为,人力资源是目前正在从事社会劳动的全部人员;人员素质观认为,人力资源是指人的劳动能力与潜力。总体上说,人力资源是指在劳动生产过程中,可以直接投入的体力、智力、心力的总和及其形成的基础素质,包括知识、技能、经验、品性与态度等身心素质。专栏1-2就人力资源的特点进行了简单总结。

☞ 专栏1-2 人力资源的特点

1. 生物性:人首先是一种生物。人力资源存在于人体之中,是有生命的"活"资源,与人的自然生理特征相联系。人最基本的生理需要带有某些生物性的特征。在管理中,首先要了解人的自然属性,根据人的自然属性与生理特征进行符合人性的管理。人力资源为人类自身特有,具有不可剥夺性。这是人力资源最根本的特性。

2. 时限性:是指人力资源的形成与作用效率受其生命周期的限制。作为生物有机体,个体生命是有周期的,每个人都要经历幼年期、少年期、青年期、中年期和老年期。其中具有劳动能力的时间是生命周期中的一部分,其各个时期资源的可利用程度也不相同。无论哪类人,都有其才能发挥的最佳期、最佳年龄段。如果其才能未能在这一时期充分利用开发,就会导致人力资源的浪费。因此,人力资源的开发与管理必须尊重人力资源的时限性特点,做到适时开发、及时利用、讲究时效,最大限度地保证人力资源的产出,延长其发挥作用的时间。

3. 再生性:在开发和使用过后,只要保持必要的条件,便可以再生,保持资源总体的数量。人力资源通过人口总体内个体的不断更替和"劳动力耗费—劳动力生产—劳动力再次耗费—劳动力再次生产"的过程得以实现。同时,人的知识与技能陈旧、老化也可以通过培训和再学习等手段得到更新。人力资源的再生性还受人类意识的支配和人类活动的影响,要实现自我补偿、自我更新、持续开发,就要求人力资源的开发与管理注重终身教育,加强后期的培训与开发。

4. 磨损性:人力资源在使用过程中会出现有形磨损和无形磨损,劳动者自身的疾病和衰老是有形磨损,劳动者知识和技能的老化是无形磨损。在现代社会,人力资源的无形磨损呈现以下特点:知识更新周期越来越短,致使员工的知识和技能老化加剧,人力资源的磨损速度越来越快,以上两点导致补偿难度加大。

5. 社会性:人处在一定的社会之中,人力资源的形成、配置、利用、开发都是通过社会分工完成的,以社会的存在为前提条件的,这就需要人力资源管理既要注重人与人、人与团体、人与社会的关系协调,又要注重组织中的团队建设。

6. 能动性:能动性是人力资源区别于其他资源的本质所在。其他资源在被开发的过程中,完全处于被动的地位;人力资源则不同,它在被开发的过程中,有思维与情感,能对自身行为做出抉择,能够主动学习与自主地选择职业。更为重要的是,人力资源能够发挥主观能动性,有目的、有意识地利用其他资源进行生产,推动社会和经济的发展。同时,人力资源具有创造性思维的潜能,能够在人类活动中发挥创造性的作用,既能创新观念、革新思想,又能创造新的生产工具、发明新的技术。

7. 角色两重性:人力资源既是投资的结果(消费者),又是财富的创造者(生产者),具有角色两重性。人力资源投资是一种消费行为,并且这种消费行为是必需的,先于人力资本的收益。

8. 增值性:人力资源在开发和使用过程中可以创造财富,而且通过知识经验的积累、更新,提升自身的价值,从而使组织实现价值增值。

戴夫·乌尔里克以一个简明扼要的公式表达了他对人力资源的理解:人力资源=能力水平×投入程度。其中能力水平是指员工是否具备实现企业战略所需要的能力;投入程度是指员工在工作中是否充分发挥了他们的潜能,是否会不遗余力地为实现企业的目标而努力。

(二)管理

从词义上,管理通常被解释为主持或负责某项工作。但自从管理进入人类的观念形态以来,几乎每一个从人类的共同劳动中思考管理问题的人,都会对管理现象做出一番描述和概括,并且顽固地维护这种描述和概括的正确性甚至唯一性,人类从来就不曾取得过对于管理定义的一致理解。我们这里仅仅介绍管理科学家朱则荣对管理的定义:管理是对一个活动过程进行组织,让行动变得更有效、成本变得更低,并让结果更加令人满意。

☞ **专栏1-3 管理活动的四要素**

任何一种管理活动都必须由以下四个基本要素构成:第一,管理主体,回答由谁管的问题;第二,管理客体,回答管什么的问题;第三,组织目的,回答为何而管的问题;第四,组织环境或条件,回答在什么情况下管的问题。

(三)人力资源管理

综合人力资源和管理两个概念,人力资源管理是指:运用现代化的科学方法,对与一定物力相结合的人力进行合理的培训、组织和调配,使人力、物力经常保持最佳比例,同时对人的思想、心理和行为进行恰当的诱导、控制和协调,充分发挥人的主观能动性,使人尽其才、事得其人、人事相宜,以实现组织目标。显然,它包含了戴夫·乌尔里克"人力资源"概念中的两个核心概念。

1. 能力水平。这个因素个体差异极其显著,个体能力高低不同,不同行业、不同部门对个体能力要求不同,怎样做到合理搭配和双赢?人力资源管理部门希望通过人员招聘使得本公司赢在起跑线,并通过培训优化自身人力资源质量。

2. 投入水平。整体而言有两方面因素决定员工投入程度:

(1)企业对员工的要求。任何企业都会对员工提出一定的要求,比如,接受本企业文化、完成工作任务、配合其他员工做好工作、为客户提供优质服务等。这些要求有些是合理的,但也有一些是不合理的,不合理的要求会增加员工的负担。比如,给员工分配的任务过重,甚至员工根本就不能完成这项任务,这些都会给员工带来不愉快,产生显性不良行为(迟到、早退和辞职等)和隐形不良行为(消极怠工、不努力和不投入等)。

(2)企业对员工提供的资源和支持。任何一个企业都会给员工提供一定的资源和支持。比如,给员工配备相应的设备,提供相关的培训和指导,协调员工相互协助等。企业对员工的要求、向员工提供的资源和支持,构成了员工工作的方程式。方程式的一边是对员工的要求,另一边是向员工提供的资源和支持。理想状况下,方程式两端刚好相等,员工可以顺利地完成工作。在实际工作中,方程式往往会失衡,或者是对员工的要求太低,向员工提供的资源和支持太多;或者是对员工的要求太高,向员工提供的资源和支持太少。当企业对员工的要求较低,向员工提供的资源和支持比较多的时候,就会出现员工整天无所事事、不愿作为的现象,造成企业和个人资源的极大浪费;当企业对员工的要求较高,所提供的资源和支持相对不够时，员工的工作积极性会受到挫伤，很难全身心地投入工作，伤害员工，阻碍员工持续高效的工作，而最终对企业产生不良影响。为了保持方程式的相对平衡，企业应当向员工提出合理的要求，同时为员工提供相应的资源和支持，人力资源管理工作者就是要做这方面的工作。

三、人力资源管理心理学的研究对象

人力资源管理心理学是心理学和人力资源管理相结合而形成的一门新学科，以科学、有效地实施现代人力资源管理各大系统的职能为目的，致力于将心理学揭示的人的心理活动规律和方法运用到人力资源管理活动中，并使之具体化。显然，这是人力资源管理工作的前提和基础。

人力资源管理心理学和人力资源管理的工作内容息息相关，国内外出版了众多和人力资源管理心理学相关的专著，其内容体系各有特点。美国与西欧国家的人力资源管理心理学的内容体系大体按个体心理、群体心理和组织心理三个层次编排，研究问题一般会从员工士气等传统问题逐步扩大到沟通、人际关系等方面，在理论上一般会从静态观点逐步发展到系统观点和动态观点，考察组织和管理中的心理问题。

☞ **专栏 1-4　怎样提高组织效能**

人力资源管理心理学中涉及的变量（如图所示）存在于组织的各个层面，左侧的变量通常会对中间显示的个体心理变量产生各种作用，从而对组织看重的右侧输出变量产生一定的影响。

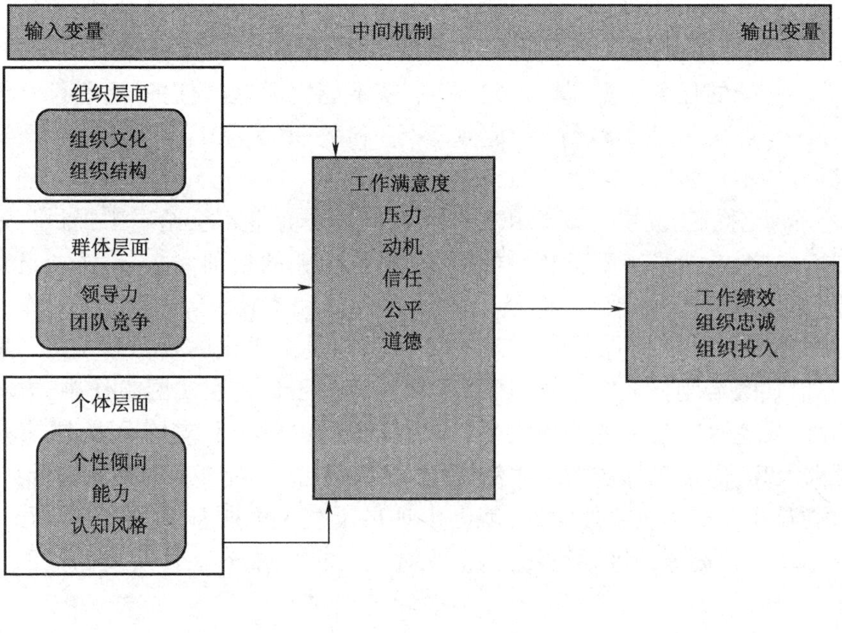

为了提高组织效能(或者说得到更高的绩效,提高组织成员的忠诚度,如右侧变量所示),就需要了解这些变量的影响因素(很多都在左侧和中间方框中指出)。这些因素有些是组织可以控制的,有些是组织不能控制的,组织者的责任就是要应用合适的管理措施,配合各种因素,帮助组织达到既定理想的目标。组织比较关注右侧的输出变量,它们也就成为人力资源管理心理学关注的热点话题。研究者认为,只有从组织、团队和个体出发,提高、改变或者矫正输入变量的水平,组织目标才可能实现。

第二节　人力资源管理心理学的研究意义

无论是哪一门科学,其研究目的大致都可以分为理论和应用两个部分。

一、理论意义

科学家中从事纯理论的研究者,就是要发现事物变化的真相,探求原理、原则,用以建立系统理论,以供后人和应用者据此解释、预测或者继续研究同类问题。在普通心理学范围内,专门研究心理活动的不同过程和心理特征的不同方面,大体上可以划分为以下学科:实验心理学(以科学的实验方法研究人的心理现象和行为规律的学科,例如,丹尼尔·卡尼曼的"有预期"理论就是在一系列设计精妙的心理实验基础上提出的)、认知心理学(研究人们获得知识和使用知识的心理活动的学科,其中广义的认知心理学泛指人们一般的认识客观现实的心理过程;狭义的认知心理学是用信息处理的观点和术语说明人的心理过程和行为表现的学科)、发展心理学(研究人类心理系统和个体心理发生、发展过程及其规律的学科)、个性心理学(研究个体个性形成、发展、表现及其变化规律,及人格结构、人格动力和人格发展与适应规律的学科)、社会心理学(研究个体在特定社会条件下心理发生、发展和变化规律的学科)。这些学科都和组织的各种活动产生了千丝万缕的联系。人力资源管理心理学的理论来自心理学,它的发展直接受到心理学理论基础的制约;反过来,它的研究成果也极大地丰富和促进了心理学理论的发展。例如,我们在改进劳动工具、提高工作效率和产品质量的时候,加深了对个体感知过程特点的把握;我们在形成和调整各种工作团队,提高组织工作效率的时候,加深了对个体社会性特点的把握;我们在招聘不同个体,培训个体各种工作技能的时候,更容易对个体的性格差异、态度差异等诸多差异产生更多认识。所有的这些内容都帮助我们加深了对相应心理学科的认识。

☞ 专栏1-5　三位获得诺贝尔经济学奖的心理学家

1. 赫伯特·西蒙（Herbert Simon，1916—2001）。1978年，西蒙获得诺贝尔经济学奖，以肯定他对于经济组织内的决策过程进行的开创新研究：其一在于西蒙强调了管理的决策职能；其二是西蒙系统地阐述了决策理论，并提出了人有限度理性行为的命题和"令人满意的决策"的准则。

2. 丹尼尔·卡尼曼（Daniel Kahneman，1934—　）。2002年，卡尼曼获得诺贝尔经济学奖。他把心理研究的成果与经济学融合到了一起，特别是在有关不确定状态下人们如何做出判断和决策方面的研究，证明了人类的决策行为如何系统性地偏离标准经济理论所预测的结果。他目前从事行为经济学和积极心理学，尤其是主观幸福感的研究。

3. 理查德·塞勒（Richard Thaler，1945—　）。2017年，塞勒获得诺贝尔经济学奖。他的主要贡献是将心理学假设纳入经济决策分析中，通过探索有限理性，社会偏好以及缺乏自我控制等行为的后果，展示了这些人格特质如何系统性地影响个人决策。禀赋效应是他的主要研究领域：与得到某物品所愿意支付的金钱相比，个体出让该物品所要求得到的金钱通常更多。心理账户也是他提出的概念：心理账户是指人们在心理上对结果（尤其是经济结果）的编码、分类和估价的过程，它揭示了人们在进行（资金）财富决策时的心理认知过程。

希望大家能静下心来仔细学习理论，也可以想一想理论和实践的关系。记住：理论来源于实践，没有理论的实践是琐碎的，正如没有实践的理论是空洞的，理论和实践唇齿相依，在理论学习中强化其实践应用势在必行。

还有人从哲学角度考虑这个问题，例如，列宁把心理学列为构成辩证法和认识论的知识领域的科学之一。当我们立足于现实，真实地呈现了个体意识的发生、发展以及个体对客观现实的反应过程，我们就为辩证唯物主义提供了论据，就能进一步具体地论证物质第一性、意识第二性，意识是高度组织的物质产物，意识是主观对客观世界的反应等哲学命题。

二、现实意义

任何科学都是应实践的需要产生的，因此科学的一个重要使命就在于为实践服务，并且这一使命也成为科学生命力的源泉。人力资源管理心理学就是一门应用于管理实践的应用科学；它的研究对象是管理过程中人的心理现象；它的研究目的是研究工作环境中人的心理过程和心理特征形成和发展的规律，其研究成果可以促进个体心理活动和心理特征的形成和发展，也可以控制和引导这些活动和特征。通俗地说,人力资源管理心理学是一门致力于描述、解释,并最终改善组织中个体和团体态度与行为的学科。人力资源管理心理学可以服务于工作实践的许多方面,提高这些实践活动的效率。

☞ 专栏 1-6　人力资源管理心理学的重要性

一个企业有不同部门,如生产部、销售部等。人力资源部评估不同部门的绩效,管理层依据一定标准奖励或者惩罚当事人或团队,招聘专员会根据公司现实需要或者规划进行招聘和选拔,从来没有一个"心理部"独立出现在任何公司和企业。可以这样理解:如果将一个企业看作是一栋高层建筑,那么不同楼层是不同部门,每个房间就是部门下属分管处室。而人力资源心理学就是浇筑这栋大楼的沙石混凝土等原材料,虽然了无踪迹却无处不在。

事实上,心理学在工作环境中的应用早在现代人力资源管理心理学诞生之前就已出现,不过,早先心理学的应用只凭经验、缺乏理论根据,从而使得某些天分极高的领导者凭借经验和累积就能实现对员工的激励和掌控。这些"自学成才者"可能在相当长的时间内并不会意识到掌握系统心理学理论知识的必要性,但经验都是有限的,随着时间的推移,以前的经验可能成为包袱,限制自身和企业的发展。想一想改革开放几十年来私营业主的发展,他们从小本经营开始,抓住了社会和行业的契机,迅速起家,之后形成家族经济共同体,一切迹象似乎表明他们的管理是成功的,但这些企业又有几家能做大做强?而做大做强的几家又有哪一个不是经过了科学规范的管理改造?

总之,在西方发达国家,从事人力资源管理的人员几乎都具有心理学的知识背景。随着国际化程度的提升,在中国企业中,从实际应用和系统理论的双重角度学习心理学,是人力资源管理人员更好地从事工作的基础条件。

第三节　人力资源管理心理学的发展历史

和心理学的发展历史相似,人力资源管理心理学是一门既古老又年轻的学科。人类文明留下的众多文化遗迹都展示出人类对人力资源管理的成就。但过去和历史并不等同,当悠远的过去在逐步进化和沉淀中走向成熟时,一个独立的学科才可能建立。这里,我们依旧尊重先前的研究成果,从人力资源管理心理学的起源——"人事心理学"的产生和发展谈起,力图勾勒出一条清晰的人力资源管理心理学发展主线。

一、人事心理学的萌芽

19 世纪出现的工业革命产生了大机器的生产方式,规模化大生产和装配线的出现加强了人与机器的联系,大工厂的建立使雇佣员工的数量急剧增加。工业革命在提高劳动专业化水平和生产力水平的同时,也对生产过程的管理,尤其是对生产中员工的管理提出了更高的要求,从而出现了专门的管理人员,负责对员工的生产进行监督,管理与员工有关的事务。从那一时期开始,人事管理作为一种管理活动正式进入企业管理活动中。许多学者把这一时期看作现代人事管理的开端。19 世纪末 20 世纪初的人事管理规范了现代人事管理的基本职能,如人员招聘、工资和福利等事务性管理。

人事心理学是运用心理学的原理和方法,处理人事管理问题的工业心理学分支,其目的在于充分利用人力资源,促进组织目标的实现,维持组织的生存和发展。1903 年,德国心理学家斯特思(Festus)提出人事心理学这一名词。作为工业心理学的一个重要分支,人事心理学的产生与发展和工业心理学的出现密不可分。工业心理学的起源来自两个方面的成就:一个是被奉为科学管理之父的泰勒(Taylor)的成就,他最早采用科学的方法研究工人的工作效率问题,并对职务做了重新设计,制定了员工培训方案,采用选员方法筛选员工,从而加深了管理对个体的关注。另一个是 19 世纪末 20 世纪初心理学家的工作成就,其中最具代表性的是 1879 年德国心理学家威廉·冯特(Wilhelm Wundt)在莱比锡建立了世界上第一个心理实验室,此后更多的心理学家致力于把实验心理学应用于工业生产领域,开展有关提高工作效率和改善劳动条件的研究。1887 年,美国心理学家巴伦(Bayan)发表了关于专业报务员技能形成的研究论文,并在自己当选美国心理学会主席期间,积极倡导在生产领域开展心理学研究。德国心理学家闵斯特博格(Munsterberg)首先把实验心理学方法用于工厂选拔、训练工人,研究改善劳动环境,不仅重视研究如何提高工作效率,而且强调通过工作让工人获得愉快和喜悦,1913 年,他发表的《心理学与工作效率》是工业心理学的最早作品。工业心理学在这些和人力资源管理密切相关的研究成果中逐步发展起来。

☞ 专栏 1-7　管理之父泰勒和心理学之父冯特

1. 泰勒(Taylor,1856—1915):美国古典管理学家、科学管理的主要倡导人。泰勒出生于美国费城,18 岁进费城一家工厂学习制模及机工手艺。4 年后,他到费城的米德维尔钢铁厂工作。当时的企业管理当局不懂得用科学方法进行管理,不懂得工作程序、劳动节奏和疲劳因素对劳动生产率的影响;而工人则缺少训练,没有正确的操作方法和合适的工具，这些都大大影响了生产效率的提高。于是泰勒开始进行劳动时间和操作方法的研究，他的探索主要反映在他的一个实验中：通过搬运生铁的实验，摸索出工人的日合理工作量，从而为实行定额管理奠定了基础；通过铲具实验，探索出铁锹多大铲物效率最高，从而为实行工具标准化奠定了基础；在进行金属切削实验中，泰勒前后共花了 26 年的时间，15 万美元的费用，写出了 3 万多份实验报告，仅形成的切屑就达 80 万磅，最后，获得了有关车床、刨床、钻床、铣床在车速、进刀和材料等方面的丰富资料，为制定各种机床进行高速切削和精密加工的操作规程提供了科学依据。这些实验将他的科学管理思想理论深深地扎根在科学实验的基础上，使之成为一门真正的科学。

2. 威廉·冯特(Wilhelm Wundt，1832—1920)：德国心理学家。1855 年，冯特获得医学博士学位；1875 年，任莱比锡大学哲学教授；1879 年，在该校建立世界上第一个心理实验室。19 世纪中期，冯特以前的心理学家已开始进行一些心理学实验，但那时的研究大都结合在实验生理学之中，是在生理学实验室里进行的。由于冯特在理论和研究工作两方面的努力，才使心理学既脱离哲学又同生理学分开走向真正独立的道路。他的《生理心理学原理》是近代心理学史上一部最重要的著作。

尽管由于时代的局限，科学管理及其相关理论存在许多在今天看来相当不合理的成分，但是，它第一次将科学管理的观念引入到人事管理中，揭示了人事管理和劳动生产力以及工作绩效之间的关系，说明通过有效的人事管理可以提高员工的劳动生产力和工作绩效，从而达到提高企业绩效的目的。

二、人事心理学的兴起

两次世界大战对人事心理学的研究产生了重要影响，因为无论是士兵的挑选，军工生产的轮班制，还是工作疲劳的克服与事故的预防等，都需要心理学的介入。

第一次世界大战中，当时的美国心理学会主席罗伯特·耶克斯(Robert Yerkes)为美国军队招募士兵，他研究士兵的动机、士气、心理健康等问题，并建立了一系列应用广泛的军队集体智力测验(α 智力测验和 β 智力测验)；斯科特为军队进行人员配备方面的研究，为 500 种职务建立了工作规范；1917 年，《应用心理学》创刊，成为工业心理学领域的权威期刊。总之，第一次世界大战期间，包括人事心理学在内的工业心理学工作者的工作解决了大量实际问题，心理学专业得到社会及权威机构的认可，因此战后美国很快就将心理学应用于政府、教育及商业等部门人员的招聘与选拔上。

20 世纪 30 年代的霍桑实验，将工业心理学的研究关注点扩展到研究人际关系等

"人"的问题上。霍桑实验告诉我们:组织管理者必须重视生产者的需要、动机、满意度等个体因素和团体、组织因素,并由此展开一场轰轰烈烈的人际关系运动,在这个运动中,人事管理的职能被极大地丰富,其管理内容发生了很多变革。至此,人事管理开始从以工作为中心转变到以人为中心,把人和组织看成是相互和谐统一的社会系统。管理心理学和组织行为学在这个基础上逐步发展起来。

☞ 专栏1-8 霍桑实验

该著名实验是在美国芝加哥西部电器公司所属的霍桑工厂进行的,由哈佛大学心理学教授梅奥主持。实验背景:霍桑工厂是一个制造电话交换机的工厂,具有较完善的娱乐设施、医疗制度和养老金制度,但工人们仍愤愤不平,生产成绩很不理想。为找出原因,美国国家研究委员会组织研究小组开展了以下实验。

第一阶段,照明实验(1924年11月至1927年4月)。当时关于生产效率的理论占统治地位的是劳动医学的观点,认为影响工人生产效率的是疲劳和单调感等,于是当时的实验假设"提高照明度有助于减少疲劳,使生产效率提高"。可是经过两年多的实验发现,照明度的改变对生产效率并无影响。无论照明度增大或减小,实验组和控制组都增产,这说明还有比照明更重要的影响工作效率的因素未被发现。

第二阶段,福利实验(1927年4月至1929年6月)。实验目的是查明福利待遇的变换与生产效率的关系。但经过两年多的实验发现,不管福利待遇如何改变(包括工资支付办法的改变、优惠措施的增减、休息时间的增减等),都不影响产量的持续上升,甚至工人自己对生产效率提高的原因也说不清楚,这说明重要的影响因素依旧没有被找到。

第三阶段,访谈实验。访谈计划持续了两年多,工人士气提高,使得产量大幅提高。

第四阶段,群体实验。梅奥等人选择14名男工人在单独的房间里从事绕线、焊接和检验工作,对他们实行特殊的工人计件工资制度,以期提高产量。但观察的结果发现,产量只保持在中等水平上,每个工人的日产量平均相差不多,而且工人并不如实地报告产量。深入调查发现,这个班组为了维护他们群体的利益,自发地形成了一些规范:谁也不能干得太多,突出自己;谁也不能干得太少,影响全组的产量,并且约法三章,不准向管理当局告密,如有人违反这些规定,轻则挖苦谩骂,重则拳打脚踢。而工人之所以维持中等水平的产量,是担心产量提高,管理当局会改变现行奖励制度,或裁减人员,使部分工人失业,或者会使干得慢的伙伴受到惩罚。由此梅奥提出"非正式群体"的概念,认为在正式的组织中存在着自发形成的非正式群体,这种群体有自己特殊的行为规范,对人的行为起着调节和控制作用。

在这一系列的实验中，梅奥等人得出如下结论：工作条件和劳动效率没有直接关系；提高生产效率的决定因素是改善员工情绪，而不是工作条件；关心员工的情感和员工的不满情绪，有助于提高劳动生产率；非正式团体对个体行为有控制作用。所有这些观点都促使研究者深入了解人性的社会面和行为面。

第二次世界大战再一次推动了人事心理学在人事选拔和安置方面的发展，陆军普通分类测验就是在这个时候建立的较为系统的人事选择安置测验。此外，空军飞行员的选拔等都促进了人事心理学研究向更新、更广的领域发展。1948 年，《人事心理学》杂志正式出版，标志着人事心理学成为一门独立的学科。

三、人力资源管理心理学的发展

从 20 世纪 50 年代开始，梅奥人际关系的人事管理方法逐渐衰落，因为很多管理者在管理实践中得出务实的观点：快乐的心情是必要的，但它并不一定能保证给高水平的员工带来满意度和高的生产力。一些著名的激励理论在这个时期应运而生，例如，马斯洛（Maslow）的需要层次理论、麦格雷戈（McGregor）的 X 理论和 Y 理论以及赫茨伯格（Herzberg）的激励-保健双因素理论，这些理论促使心理学家和管理学家对人性进行更为深入和全面的思考。与此相呼应，当代著名管理学家彼得·德鲁克（Peter Drucker）在 1954 的著作《管理实践》中针对传统“人事管理”的观念提出一个新的概念：“人力资源”。自此，“人力资源”逐步流行，被世人所接受。

在德鲁克看来，无论是泰勒的科学管理理论，还是霍桑实验提出的传统人事管理，都是人事管理的初始阶段（大约是从 18 世纪中叶至 19 世纪中叶），这个阶段的特点主要是：①把人看作是物质人、经济人，用金钱衡量一切，工人做的是机械劳动；②采用雇佣管理方式，招录和雇佣工人，以“事”为管理中心，以“目的”为指导，忽视人的其他需求；③确立工资支付制度和劳动分工；④初步区分了管理者与生产者；⑤形成了职业经理人雏形。人事管理早期工作的活动内容仅限于人员招聘、工资发放之类较琐细的具体工作，后来渐次涉及工作分析、奖酬制度的设计与管理、其他人事规章制度的制定等。传统人事管理的工作性质基本上属于行政事务性的工作，很少涉及企业高层战略决策，人事部门有时甚至被看作是安置不能胜任其他部门工作的人员的场所，人事功能本身也被贬低和轻视。

☞ 专栏 1-9 心理学流派简介

波林在《实验心理学史》序言中说：心理学史常常侧重它长期的过去，对于它短期的历史认识不足。这不难理解，在波林的时代心理学还太年轻，经过这么多年的发展,我们现在可以很欣慰地说:心理学历史虽然短暂,但辉煌。

在科学心理学出现的同时,适宜这个新学科主题和方法的问题就出现了,经过这么多年的发展,产生出主导着当代心理学的观点、概念和方法,并最终解读以下问题:

人是具有自由意志的?还是由什么因素决定的?这些因素归属于天性还是教养?

心理现象和社会现象可以用生理过程解释吗?

复杂的行为是许多小单元的总和?还是它整体本身有新的不同特征?

针对这些问题,生物的、心理动力学的、行为主义的、人本主义的、认知的、进化的、文化的不同观点侧重点不同,形成了不同的心理学流派,并给了我们很多启示。

整体而言,心理学流派众多,最有影响力的一般是以下七大学派。

心理学流派	代表人物	主要思想
构造主义心理学	冯特(Wundt) 铁钦纳(Titchener)	主张实验内省法(即实验的自我观察法)
机能主义心理学	詹姆士(James) 杜威(Dewey)	扩大了心理学研究的内容,不仅研究心理的主观方面,而且重视心理的客观方面——外显行为的研究
行为主义心理学	华生(Watson)	认为心理学必须是关于行为的科学,强调对行为的训练和强化(reinforcement)。这是20世纪影响最大的心理学流派
格式塔心理学	韦特海默(Wertheimer) 考夫卡(Koffka)	强调心理作为一个整体、一种组织的意义
精神分析心理学	弗洛伊德(Freud)	如果说构造主义、机能主义和格式塔心理学重视意识经验的研究,行为主义重视正常行为的分析,那么精神分析则重视异常行为的分析,并且强调心理学应该研究无意识现象
认知心理学	皮亚杰(Piaget)	模拟人脑、主张认知加工。着力探索智慧的性质,认为智力的本质就是适应
人本主义心理学	马斯洛(Maslow)	被视为心理学的"第三种势力"

可以说,漫长的心理学过去后,心理学形成了众多学派。这么多心理学流派对心理学核心问题看法不尽相同。现实应用时,不同学派中的各种观点都促进了我

们对人类体验的理解。相信大家在深入了解的过程中,能更完整地了解人性,掌握相关知识。

四、人力资源管理心理学发展新趋势

最近几十年,人力资源管理心理学进入一个新的发展阶段。科技和生产的进步以及生活方式的改变必然引起人们思想观念的变化。在现代工业发达的社会中,物质生活极大丰富,贫富差距进一步拉大,人们关心的不仅有物质福利,同时也有精神上的满足。企业组织如何适应人们心态上和观念上的变化?如何满足企业职工多样和多层次的需要?20世纪70年代以后,一些著名的当代激励理论出现,如奥德佛(Alderfer)的生存-关系-成长理论、麦克莱兰(McClelland)的成就动机理论及认知评价理论、布罗德沃特(Broadwater)的目标设置理论及强化理论、亚当斯(Adams)的公平理论和弗鲁姆(Vroom)的期望理论,这些理论强调了工作动机、工作满意度、工作品质和工作丰富化等内容的研究,而且提供了相当确凿的支持性实际材料,因而对人事管理产生了多方面的影响,并被广泛应用到人力资源管理理论与实践中,用于回答和解决人力资源管理中有关心理的各种问题。

随着科学技术的发展,人类社会开始进入后工业化社会。在后工业化社会中,组织中员工的素质和需求发生了变化,具有相当知识基础和技能的员工大量出现,经济需求不再成为人们的唯一需求,员工在组织中的地位发生了变化,由组织生产资料的劳动力转变成组织资源,这种转变正如彼得·德鲁克在其著作中所说的:"传统的人事管理正在成为过去,一场新的以人力资源开发为主调的人事革命正在到来。"

五、中国人力资源管理心理学的发展

我国最早的人事心理学研究开始于1916年,其标志是清华大学校长周诒春在学校开展了职业指导。总体而言,由于工业落后加之各种社会条件的限制,除了在纺织等行业进行有关工作环境的实地调查之外,我国的相关研究仅限于介绍国外工业心理学研究成果的文章和著作。

新中国工业发展促进了人事心理学的长足发展。例如,杭州大学的细纱工培训、中国科学院心理研究所劳动心理组在工业部门进行的应用研究。20世纪60年代,我国学者对工程心理学,飞行员选拔的研究也取得很大成绩。

近年来,人力资源管理心理学的应用受到了前所未有的重视,其研究内容日益丰富。一方面,我国心理学者系统地引入了国外心理学的理论成果和研究方法,其内容涉及工作动机与激励理论、工作态度与价值取向、领导心理与行为、管理决策与组织变革、员工培训和人员选拔等各个方面，促使人力资源管理心理学学科体系逐步系统化；另一方面，我国心理学工作者在学习、借鉴、应用国外研究成果的同时，逐步意识到本土文化对于人力资源管理心理学的特殊影响，开始尝试建立本土心理学。但总的来说，我国人力资源管理心理学的研究还处于学习、评价和探索阶段。

（一）早期发展阶段

我国管理心理学的发展是从引进、翻译国外早期心理学著作开始的。陈立先生在1935年出版的《工业心理学概观》一书中，第一次从环境、疲劳、休息、工作方法、事故与效率，以及工业组织、激励与动机等方面，系统论述了中国工业心理学和管理心理学的基本问题。

（二）初步形成阶段

1980年，中国心理学会筹建了"工业心理学专业委员会"，并在它的首次专业会议上明确指出，我国工业心理学分为工程心理学和管理心理学。同时，行为科学逐步被介绍到我国。1985年"中国行为科学学会"成立，中国工业经济学会也成立了行为科学组，全国初步形成一支理论工作者与企业管理者相结合的研究与应用队伍，为管理心理学的发展奠定了人才基础。当时的管理心理学还没有涉及工作分析、招聘和选拔、薪酬心理等重要的人力资源课题，其研究重点一直是组织内的管理问题，如领导、激励等。从20世纪80年代起，国内外一些较有影响的著作，如麦柯米可的《工业与组织心理学》、俞文钊的《管理心理学》、卢盛忠等的《管理心理学》等陆续出版，研究内容以领导、激励等为主，并表现出管理心理学研究内容的典型特征，对薪酬等内容很少涉及。

（三）迅速发展阶段

我国人力资源管理心理学的发展与社会需求紧密联系在一起。早在20世纪80年代初，针对当时急需选拔人才，提高员工工作积极性的问题，我国学者开展了一系列以选拔、领导和激励为核心内容的研究工作。

1. 选拔领域。1986年，吴谅谅等人开展了有关企业管理干部职务分析和测评的研究，综合运用各种方法，对管理干部事业心等30种基本素质进行了测评，为干部选拔和晋升提供了系统、全面的测评方法。

经过数年发展，有关职业心理选拔的程序已经逐步成熟。到目前为止，依据职业活动结构的特点及对劳动者的职业活动和要求，借助心理学测量技术，对应聘者在特定职业或者专业领域的适应状况进行预测和评定，已经成为公务员、企事业单位选拔人员、提拔领导者的规定动作。通过职业心理测评，可使得职业活动的主体和客体实现合理结合与科学匹配，最终提高人的劳动效率，保障求职者和职业岗位各司其职、各得其所,从而形成人力资源的合理布局和正向流动,有利于整个社会的健康发展。

2. 领导领域。有关领导行为与管理决策的创新性研究成为我国管理心理学的主要领域。徐联仓等修订了日本学者三隅二不二的 PM 调查表,使之成为一种评估领导素质及管理状况的有效工具,被应用于全国数百个企业、机关、医院、学校。在此基础上,1987 年,凌文铨等人又发展了 CPM 量表,增加了一个 C 因素,主要反映处理“公与私”关系的领导行为。为了进一步揭示中国人对领导概念的理解、中国人与外国人在领导概念上的差异,1991 年,凌文铨等人还开展了领导概念的内隐理论研究,并将其研究成果运用于实践领域。

3. 激励领域。1980 年,徐联仓、凌文铨首先在国内采用问卷法,进行了有关员工思想状况与激励因素的调查。1982 年,王重鸣关于工作动机的现场研究结果表明,不同层次与类别的员工需要差异极大,应当运用不同的激励手段,设计适合不同员工特点的奖励方案。1991 年,俞文钊提出“激励的激励与去激励连续带模型”,阐述了激励、保持、去激励因素三者的联系与区别,把我国企业中的激励与去激励因素归纳为企业政策、领导行为、报酬、个人成长进步、工作本身性质、人际关系和个人问题等七大类,并提出了“去激励”因素向激励因素转化的途径。

20 世纪 80 年代后期,心理学家开展了一系列与人员管理有关的应用项目研究。1988 年,王钢对企业基层管理的研究表明,与奖励制度改革以及工作扩大化策略相比较,群体参与式的组织变革是一种受到员工欢迎,又能产生实效的改革措施。群体参与策略与奖励制度的激励措施结合在一起,可以发挥更好的作用。与此同时,随着人力资源管理的发展,人员的测评、选拔和评价成为新的研究和应用热点领域,具有代表性的是由国家人事部人事考试中心组织和资助的有关企业管理能力测验的全国性协作研究,同时我国先后在中国科学院心理研究所、北京大学、北京师范大学、华东师范大学等单位成立了以心理学为基础的人力资源管理专业。这些努力大大促进了我国人力资源管理心理学理论的进步和整个学科的迅速发展。教育部关于《“十五”期间心理学发展纲要》将“管理心理学与人力资源开发”列为五项心理学重点发展学科之一。

☞ 专栏 1-10　中国的 EPA(Employee Assistance Program)

北京易普斯咨询有限责任公司联合创始人郑华辉将中国的 EAP 定义为:EAP 是单位开展的一系列服务,以多种方法提升全体员工的幸福感,培育积极的心智模式,解决部分员工的心理困扰;建立健全利于员工心理健康的管理制度、内部队伍和工作环境,促进心理与管理的融合,助力单位的可持续发展,强调了心理为主、幸福导向、心智模式、造福全员、融入管理、内化建设等几个特点。

心理为主：不像美国EAP涵盖心理、法律、生活习惯、酗酒、物质滥用、老人子女看护等丰富的内容，我国的EAP长期集中在心理服务上。提升员工的心理幸福感，保持他们的心理健康，解决他们的心理困扰是我国EAP的核心主题。EAP服务也曾尝试提供身体健康、法律咨询和家政信息等服务，但基本无人问津，以至于在员工的认知中EAP等同心理服务。这反映了人们对心理服务强劲的需求，而较少关注其他方面问题（比如物质滥用）的现状，也可能是国内单位的思政、工会、人力等部门长期以来提供很多员工关爱服务满足了员工的其他需求。

幸福导向：也许是深受我国文化的影响，我们的EAP特别强调和谐、幸福、心理资本、快乐等积极导向。之所以强调EAP的幸福导向，是因为世界卫生组织将健康定义为：健康不仅仅是不患疾病，更是身体、心理和社会三个方面的幸福状态。由这个定义可以看出，幸福状态是健康的核心衡量标准，更体现出积极健康的特点。而和谐、快乐、心理资本只是人类情绪、感受或特质的一部分，它们虽然强调了积极面，但不能反映出健康的全貌。

心智模式：在很多EAP服务中，客户都强调要培养大家的积极心态，即改变大家看问题的视角。比如，面对单位变革时，有的员工认为这是威胁，很消极、抗拒，抵制变革；有的则视此为自己的发展良机，张开双臂拥抱变化。我国的EAP客户热衷于培育大家的积极心智模式，在于我们的文化中有一种朴素的认识，认为改变自己看问题的视角可缓解内心的冲突。同时，单位管理中尤其是思政部门也热衷于通过各种宣教方式去树立员工的积极态度。

造福全员：以问题解决为导向的美国式EAP，全体员工都有同等机会使用它，但实际使用者是那些需要解决问题的人。员工有问题后可以随时上EAP服务商的专业自助网站，或找专家顾问解决问题。我国各单位开展的EAP多数强调造福全员，希望让全体员工都有收获。比如，我国多数EAP中都希望通过培训、宣传让全体员工掌握工作或生活中需要的各种心理学知识，因此服务量会比美国式EAP高出很多。某省级单位一线机构遍布全省几十个县，他们每年都要求EAP机构到每个县公司培训3~4场，尽量保证员工都能接受EAP培训。每周要给员工发一条与心理相关的手机彩信供他们学习。

内化建设：多数单位都希望EAP成为管理系统的有机组织部门，部分单位甚至希望今后相当一部分EAP服务能够由内部人员来做。所以制定EAP的长期规划，设计EAP制度和流程，培养EAP专员和辅导员队伍成为我国EAP重要的特点，目前培养内部队伍尤其是热点。我国单位也有培养内部队伍基础，多数单位都有一支思政和工会队伍，他们工作性质与心理工作非常接近。

融入管理：我国的EAP不只是如美国EAP那样辅助解决管理中影响员工绩效的个人问题，更期望将EAP融入管理各环节中。通过全员心理健康状态和组织影响因素调查,把握员工心理健康水平,优化组织管理,建立利于员工心理健康的工作场所;通过EAP调整员工的心态,助力单位的发展;塑造他们积极的心智模式,顺应公司的变化与发展;管理者或员工在日常工作中能够运用心理学知识处理个人或人际间的问题等等。这种思维模式可能受我国思想政治工作理念与方法的影响。当然,辅助解决管理中个人心理问题的功能仍不可或缺。

中国EAP所具备的这些特色体现了我国独特的时代特征、文化背景、EAP推动力量等。20世纪70年代受全球化影响,美国员工压力增大,他们之前重点解决酗酒和物质滥用问题的SAP也进化为关注心理及其他个人问题的EAP。20世纪末我国引进EAP、2006年后EAP快速发展时,正是大家开始关注心理健康和精神需求之时,随后发生的富士康事件、汶川地震等进一步推动了人们对心理的认识与重视。也就在我国EAP起步的1998年之后,心理学由关注缺陷的疾病模式转向关注人类优势的积极模式,积极心理学出现并快速发展。正好迎合了我们文化中乐见美好、积极的向往。

(四)人力资源管理心理学的本土化问题

西方的管理理念和心理学思想是建立在其自身文化背景基础之上的,而我们东方人,从小耳濡目染的儒家文化和生活习惯,会导致同样的心理反应和行为吗?以本土的社会文化历史为依托,对西方心理学中合理的成分进行改造,使其融合于中国的社会文化,实现人力资源管理心理学的本土化是我国人力资源管理心理学的一部分。现阶段很多本土心理学研究成果只停留在对中国人表层行为的分析之上,并没有真正触及中国人的深层心理。在这个前提下匆忙提出一些琐碎或没有意义的假设,在研究和实践中都不会得到满意的结果。心理学研究本土化的目的,就是试图使人力资源管理心理学真正根植于自己的“土壤”中,建立符合我国国情的人力资源管理和心理学。一方面,我们要吸收国外先进的人力资源管理心理学成果;另一方面,我们也要重视对中国管理心理学思想的研究。通过比较中西方人力资源管理心理学的差异,创建出有中国特色的管理心理学概念、理论和体系。

(五)人力资源管理心理学面临的挑战

在当今社会新形势下,人力资源的作用越来越突出。虽然我国是世界上人力资源数量最多的国家,但人力资源的质量需要不断提高。面对国际化竞争的挑战,探索新条件下人力资源管理模式,建立包括工作分析、选拔、安置、培训、激励机制和职业发展指导等管理内容的,符合我国国情的人力资源管理模式,是心理科学和管理科学研究面临的重大课题之一。

本章小结

1. 心理学是研究心理现象发展和活动规律的科学,它的研究对象主要包括心理形式中的心理过程和个性心理两部分内容。心理过程主要包括知(认知)、情(情绪和情感)和意(意志)三部分,个性心理主要包括个性倾向(需要、动机、兴趣、理想、信念和价值观等内容)和个性心理特征(包括能力、气质和性格)。

2. 科学是运用系统的方法处理问题,从而发现事实变化的真相,并进而探讨其原理、原则的学问。它包括了问题、方法和目的三个方面的内容。科学的特征主要依赖研究方法的科学性,衡量指标主要有客观性、验证性和系统性;科学的目的大体可以用描述、解释、预测和控制四个相互递进的动词表达。

3. 人力资源管理心理学研究的内容主要包括:研究方法、工作分析技术和涉及人力资源管理方方面面的心理特点和行为。

4. 人力资源管理心理学的研究任务在理论和实践两方面均有体现。

5. 人力资源管理心理学的重要历史事件:

1879 年,德国心理学家冯特在莱比锡建立了世界上第一个心理实验室,它标志着心理学脱离哲学成为一门独立的学科。

1903 年,德国心理学家斯特恩提出人事心理学这一名称。

1913 年,德国心理学家闵斯特博格发表《心理学与工作效率》一文。

20 世纪 30 年代,哈佛大学的梅奥教授主持了著名的霍桑实验。

1948 年,《人事心理学》杂志正式出版,标志着人事心理学成为一门独立的学科。

1954 年,德鲁克发表《管理实践》一书,提出人力资源的概念。

思考题

1. 你想象中的心理学研究内容和实际的研究内容之间有多大的区别?它们的主要区别点在哪里?

2. 和父母聊聊他们的工作,请他们谈谈他们对单位人力资源管理部门主要工作的看法。

3. 想想你成长经历中最难忘的事情,它的前因后果是什么,你的成功或者失败和心理学有什么关系吗?

4. 想想历史和现实的关系,你能梳理清楚人力资源管理心理学学科发展的脉络吗?

5. 请大家先行了解心理学主要学派的代表人物和主要思想,并思考这些学派是如何回答我们在专栏中陈述的那几个心理学核心问题的？

6.《三国志》中有句话大家都可以脱口而出：攻心为上，上兵伐谋。从这句话可以看出我们的祖先很早就意识到了心理学的重要性。大家可以从典故中找一个正例或者反例支持上述观点吗？

案例

概念澄清：日常心理学和科学心理学

大家都知道，很多概念都可以从两个角度进行分析，一个是通俗理解的日常概念，一个是科学概念。

普通人对心理学的诸多认识，属于日常概念的范畴。可以说，每个人都是一个业余心理学家，都可以对自己或者他人的心理状态进行一般分析。时至今日，心理学在大众面前依旧带着神秘的面纱，它们所谓的心理分析往往只属于可以博得大众一笑的日常心理学范畴。学习人力资源管理心理学，首先需要区分日常心理学和科学心理学的差异，走进科学心理学！

1. 记住一句话

德国心理学家赫尔曼·艾宾浩斯（Herman Ebbinghaus，1850—1909）说：心理学有一个漫长的过去，却只有一个短暂的历史（Psychology has a long past，but only a short history.）。

漫长的过去（a long past）是指自从有人就有心理，心理和人类同时出现，其过去不能不称为漫长。

但说到心理学学科的起源，也就是科学心理学的建立，人们往往会说 1879 年。学过心理学的都能脱口而出的一句话：1879 年，德国心理学家冯特在莱比锡大学建立了世界上第一个心理实验室，它意味着心理学脱离哲学成为一门独立的学科。可以说，科学心理学就是以心理学之父冯特的研究为基础逐步发展壮大的。

从 1879 年到现在，满打满算不到 150 年，在众多学科中它是很年轻的，不能不说它的历史短暂（a short history）。在这个短暂的历史发展中，心理学逐步建立了自己完备的研究体系，从而将科学心理学研究领域与大众理解的心理学范畴区分开来。

下面我们仅就大众对科学心理学的三个误区进行简单阐述。

2. 三个误区

如果你向人介绍你的专业为心理学，对方的反应往往是：

“你是学心理学的？太好了，我以后烦了就去找你做心理咨询。”

“你学心理学的？那我说话可要小心点儿，我想什么你都知道吧？”

或者“你会催眠吗？”

我甚至在一个写字楼的窗户上看到这样的广告:起名算命心理咨询。这真的是让人哭笑不得。

还有"你们学心理学的都有点儿不正常吧?"

凡此种种,表现了大众对心理学的典型误解。

误区1:心理学等于心理咨询。

张厚粲先生说:心理咨询之于温饱人家是奢侈品,小康人家是营养品,富足人家是必需品。

中国正经历历史上少有的几十年没有战争、物质极度扩张的快速发展期,大多数人已经脱贫,走向小康乃至富足,越来越多的人需要心理咨询。心理咨询走进千家万户,被大众熟知。

心理咨询无疑是心理学领域中最受人瞩目的一个角色,但心理学领域很宽泛。

误区2:心理学等于读心术。

和读心术类似的,解梦,甚至算命,都将心理学和玄学放在了一起。在我看来,这都和好莱坞、香港电影有关。不用想,我们脱口而出的诸如:《爱德华大夫》《沉默的羔羊》《盗梦空间》,里面的心理学专家的技能展示让人脑洞大开,细节刻画让人印象深刻,在得到艺术享受的同时也很容易让人的认知出现质疑:大概心理学家就是这样的玄幻?还有弗洛伊德,他著名的"躺椅",他的代表作《梦的解析》,让我们这些文艺青年产生幻觉:通过心理学我们就可以走进梦、走进潜意识,了解我们不了解的自己。

简单来说,心理学研究心理的形式,而大众感兴趣的却是心理的内容,就像走进一座大厦,我们首先看到的是里面的金碧辉煌或者破烂不堪,很少看楼的整体设计与布局。当然,了解设计和布局应该有助于房间家具的购买和布置,但两者之间的区别还是相当明显的:了解了心理的形式,了解了知情意行的基本规律当然有助于我们了解个体的心理活动,但从整体层面的心理基本规律到个体层面的具体心理活动内容,中间隔了多少影响因素?只要认知正常的个体都会做出理智判断:基本心理形式和个体心理内容并不是同一事物。

误区3:心理学等于心理变态。

这里要说一下东西方的差异,如果你和你女朋友说你去看心理医生了,西方女友往往会窃喜,因为这说明你有钱;东方女友却很可能心里一紧,把你从心里挤出去,她担心你有病。

你是一个完全健康的人吗?单从身体的角度,我们可以很诚实地承认我们或多或少都有一些小毛病。也就是说,人的健康和疾病并不是非黑即白的关系,我们只能期盼和努力自己离完全健康这个点近一些。

心理上,也是一样的,我们每个人或多或少地有一些心理上的癖好,比如,偏执于办公桌的整洁、对一件不起眼的小事出奇愤怒;随着年龄的增加,我们对有些事情更执拗了,而对有些事更淡然了。

为什么那么多人都认为学心理学的人有更多心理不正常的表现?我这里只是简单做个类比解释,您到医院里,是不是发现病人很多,比在大街上看到的要多?如果我斗胆不严格地推测一下:有心理困惑的个体可能更容易被心理学学科所吸引;我同时也要严肃地澄清一下:一个真正掌握心理学学科知识的人应该更会调整自己的心理状态,接近健康心理。一个经典美剧《成长的烦恼》,那里面的父亲和我心目中的心理学家形象最吻合。

总之,个体心理发展的基本动力是外界环境要求与个体心理发展水平之间的差距。先看外部环境:这是一个焦虑的时代,这是一个娱乐至死的时代,不同角度得到不同评价,不管怎样,个体心理发展受到外部环境的强烈冲击,心理需求和环境需求之间产生强烈差距,你如何调整自己?面对他人和外部环境,有个专业人士作为旁观者陪伴在你身边是不是很幸福?

事实上,学习心理学越久,你就会越感受到"人的心理的复杂性",并对其心存敬畏。绝大多数的心理学学科只不过是从某一个特定角度探究心理的某种属性。

比如管理心理学。管理心理学是一种把心理学的知识应用于分析、说明、指导管理活动中个体和群体行为的工业心理学分支,是研究组织管理过程中人们的心理及行为现象、心理过程及其发展规律的科学。

案例讨论:

1. 你认识的什么人在上述误区里吗?他们的具体表现有哪些?你想怎么帮助他?

2. 你认为科学心理学能在哪些方面给你帮助?

拓展资料

吴冬梅,王默凡.人力资源管理学科前沿研究报告[M].北京:经济管理出版社,2013.

克雷纳.管理百年[M].北京:中国人民大学出版社,2013.

徐淑英,任兵,吕力.管理理论构建论文集[M].北京:北京大学出版社,2016.

斯坦诺维奇.对"伪心理学"说不[M].8版.北京:人民邮电出版社,2012.

第二章

人力资源管理心理学的研究方法

★ 本章需要掌握的内容 ★

1. 研究的基本步骤
2. 研究问题的具体化和概念的操作化
3. 四种具体研究方法的定义和核心步骤
4. 研究方法的信效度

任何科学都有与之相适应的研究方法。特定学科的学术水平在一定程度上取决于其研究方法的科学性。作为人力资源管理与心理学的交叉内容,人力资源管理心理学旨在基于这两门学科的研究方法,揭示组织中事物发展的客观规律。学习人力资源管理心理学的研究方法,不仅有助于相关知识点的理论溯源,更有利于增强研究意识、提升学术水平。

第一节　研究方法概述

为了更好地理解人力资源管理心理学涉及的相关研究内容,需要掌握科学的研究方法。在讲述具体研究方法之前,本节先介绍研究的基本思路、研究方法的作用及研究的主要步骤。

一、研究的基本思路

任何研究方法都是研究工作的工具,任何方法都必须服从并服务于一定的指导思想。基于不同的立场、不同的目的,研究者会采取不同的研究方法,但研究的基本思路大体相当。

一些研究致力于根据经典理论解释和预测观察到的现象,这一类研究统称为演绎研究。通常来说,在心理学的学习过程中,经常看到的研究大多数属于演绎研究。以演绎性的实证研究为例,如图 2-1 所示,研究者从提供理论构思、提出理论假设开始,选择合适的研究方法搜集数据,在处理分析资料的基础上对实践经验进行分析和综合,从而发现规律、验证假设,最终得出结论。其中,提出假设、验证假设是两个重要的阶段。在提出假设阶段,研究者基于对日常现象的观察,或者对现有研究结论的思考,根据已有的理论框架,提出具体的研究问题和研究假设。这里的研究假设是指变量与变量之间的关系,例如,员工的满意度越高,工作绩效也越高。在验证假设阶段,研究者通过实验、调查、观察等研究方法收集信息和数据,在此基础上处理和分析数据,发现规律,证明或证伪假设,从而得出结论。

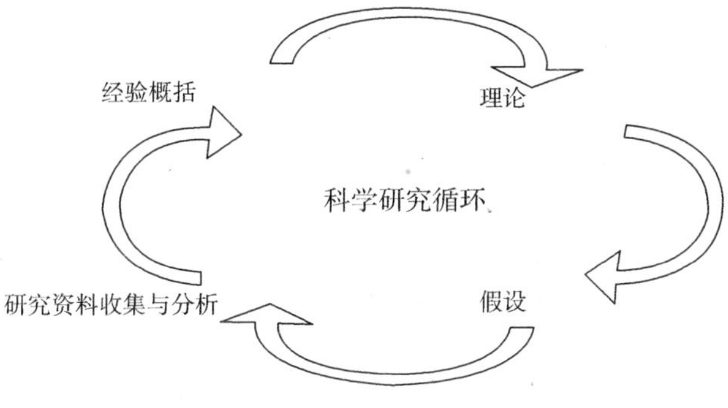

图 2-1 演绎研究的基本思路

与演绎研究相对应,还有一些研究致力于根据生活中的经历总结和归纳理论,这一类研究被称为归纳研究。一般来说,归纳研究需要基于日常的经验观察,对现象进行概括总结,形成新的概念或命题,然后基于这些概念或命题,整合和构建新的理论。心理学中常见的归纳研究方法是个案研究,即对某一特定的个体、单位、现象或主题的研究。例如,在针对变革型领导的研究中,我国研究者通过收集、观察、分析变革型领导的特征,最终概括出在中国的组织中,变革型领导的结构可以分为德行垂范、领导魅力、愿景激励和个性化关怀四个维度。当然,归纳研究也存在着一些问题。例如,归纳研究需要研究者基于对研究对象的大量观察进行概括总结,因此在很大程度上依赖于研究者的经验判断,主观性较强,得出的结论仍需要进一步的检验。

在心理学研究中,归纳与演绎两种研究方式适用于不同的研究目的和情境,二者之间往往是相辅相成的，并没有好坏之分。此外，学术研究问题的探讨是没有终结点的，一个问题的解决或者一个假设的验证，往往可以开启对于另一个新问题或者新假设的探索，这种循环恰恰证明人类认识的无限性。

☞ 专栏 2-1　人们都生活在研究的步骤中

很多人看到上述的研究流程感觉很抽象，认为和自己的现实生活无关。事实上，每个人都在这几个过程中生活着，自得其乐。

见到一个人，是否和他交往？你会根据自己的第一印象得出假设：这个人值得/不值得交往。随后的交往就是你搜集数据的过程：你的朋友告诉你对方的斑斑劣迹，你目睹了他的放荡不羁，你终于得出自己的结论：他喜欢刺激的生活，和自己预期的安逸生活截然不同，还是放弃为妙。

否定自己的假设固然不舒服，但对自己的及时抽身还是应该感到庆幸！

搜集数据的方式多种多样：访谈、观察、实验和调查等，使用得当，可以达到事半功倍的效果。

二、研究方法的作用

研究方法是探索事物规律及本质的途径和程序，即研究某一问题所采用的手段、途径、工具和方式的总和。从某种意义上说，有什么样的研究方法，就有什么样的科学研究。其中，社会科学研究方法是针对某种社会现象和问题，进行观察、搜集、统计、分析，找出其中规律的方法。它同其他科学研究（如自然科学研究）一样，需要缜密、科学的工作方法。总的来说，科学研究方法发挥着以下作用。

（一）有利于研究水平的提升

科学研究的水平往往体现在研究成果上。研究方法的多寡优劣及其应用水平，直接影响着科学研究的成果。最初，人们在社会科学研究过程中主要是通过观察法（后文有详细介绍）进行的。观察法虽然可以有助于实时观察对象的行为特点，但是也存在很大的局限性，即只能观察现存的客观事物，无法观察已经过去的或者是尚未表现的特征。然而，实验法、模拟法的出现，可以让人们根据实验目的，利用科学仪器和设备，人为地控制和调整实验对象，从而观察实验对象在某一特殊条件下所表现出来的行为；此外，计算机模拟技术的出现，为社会科学领域中因社会隔离或社会伦理等原因而无法进行实验提供了替代方案。因此，先进的研究方法可以加快人类科学研究的速度，扩大人们认识世界的深度和广度。

（二）有利于学术规范的形成

学术规范是研究者在从事科学研究过程中要遵循的一些基本程序、方法和要求。无论是在自然科学还是社会科学的研究中,都需要采取严谨的研究方法,通过慎重的论证过程和系统的实证检验,解决科学问题,这对于学术规范的形成和完善有十分重要的意义。此外,运用科学研究方法的过程,也是提高研究人员的逻辑思维能力、分析能力、综合能力的过程。

(三)有利于推进社会进步

基于对科学方法的规范运用,研究者向真理进一步迈进。当然,科学研究并不仅仅是帮助人们从理性上认识事物的本质,而且还有利于人们运用科学知识去改变事物,从而推动社会的进步。以人力资源管理心理学为例,运用科学的研究方法,人们可以深入研究组织中人们的态度与行为特征,从而提高个体和团体在工作实践活动中的效率,最终实现推动社会经济发展的目的。

☞ 专栏 2-2　研究方法的重要性

科学是随着研究方法的进步而前进的。

[俄国]巴甫洛夫

只有正确的方法才能够规范思想,指导思想去把握实质,并保持于实质中。

[德国]黑格尔

"科学的人生观"有两个意思:第一拿科学做人生观的基础;第二拿科学的态度、精神、方法,做我们生活的态度、生活的方法。

胡适

良好的方法能使我们更好地发挥天赋的才能,而拙劣的方法则可能阻碍才能的发挥。

[英国]贝尔纳

三、研究的主要步骤

(一)形成研究想法

形成研究想法是开展研究的第一步,也是至关重要的一步。研究想法是指想要通过一项研究来关注的现象或解决的疑问。根据初步的研究想法,可以进一步确定研究方向和研究问题。例如,在组织中什么因素会影响员工的敬业度?什么样的领导会更有助于提升团队的工作业绩?

具体来说,研究想法可以通过两种途径获得。第一,思考管理现象。对管理现象的思考来自对企业实践的关注,可以通过企业案例、实践经历等发现组织管理过程中一些值得研究的现象。例如,为什么在同一个组织中,有一些员工的组织忠诚度高，有一些员工的组织忠诚度低？是员工自身的原因，是岗位特点的原因，还是主管领导的原因？又如，在实际工作过程中，不同部门的领导者可能有着不同的管理行为，究竟什么样的领导风格更有助于提升团队的工作业绩呢？通过观察组织现象来提炼管理问题，是形成研究想法的直接途径。第二，阅读最新文献。通过阅读相关文献，特别是近三年内的高质量学术期刊文献，可以有助于了解前沿的学术话题和已有的研究成果，从而开拓自己的研究视野，站在巨人的肩膀上思考可能的研究突破口和创新点。

通常而言，好的研究想法应该具备以下特点：第一，一个好的研究想法应该是自己感兴趣的。兴趣是推进研究的强大动力，选择一个自己真正感兴趣的话题去研究，会达到事半功倍的效果。第二，一个好的研究想法是对别人有吸引力的话题。这样的话题通常具有新颖性和挑战性，能够引发人们进行深入思考。第三，一个好的研究想法应该与已有知识密切相关。通过研究这个问题，可以加深、扩大甚至改变、重塑原有的认识。第四，一个好的研究想法可以用简单而直接的表述说清楚，应该避免涉及过于抽象或者不具体的问题，也不要涉及过多的因素。当然，简单并不等于没有深度和难度，不等于不能有重大发现。第五，一个好的研究想法必须具有可行性，这个研究想法是可以通过实验、观察、调查等研究方法找到答案的。

（二）检索和梳理文献

一旦形成了初步的研究想法、确定了研究方向和问题，就应该进一步地检索和阅读相关文献了。如果说此前的文献检索旨在帮助我们寻找研究灵感和确定研究问题，那么进一步的文献阅读可以让研究者借鉴前人的研究成果，拓展自己的研究思路。事实上，文献检索的过程不是一蹴而就的，基于已有文献的阅读和思考应该贯穿整个研究始末，是影响研究质量和效率的重要工作。

文献检索是指从众多的文献中准确迅速地查找出符合特定研究需要的文献，这不仅是一个查找搜集的过程，更是一个资料梳理、分析归纳、查漏补缺的研究过程，通常可以包括以下几个步骤。

第一步，确定合适的文献来源。查找文献的主要渠道包括电子数据库、图书馆、专门研究机构的资料室、高校系所的资料室、学术会议等。近年来，电子数据库的文献检索功能日益强大，在很大程度上可以帮助我们高效地进行文献检索的工作。

第二步，确定与自己研究有关的关键词和词组。在进行文献查找时，可以从大的范围开始，逐步缩小范围。如果研究的问题涉及几个主题，可以在几个相关领域进行查找。如果在搜集和整理文献的过程中，发现文献中提及较多的研究者、经典的综述性文献、近期的元分析报告，可以进一步加以关注。

☞ **专栏 2-3　元分析的意义**

从统计学上说，元分析是指将多个研究结果相组合的统计方法。这些组合后的结果会有助于证明或推翻某一个别研究的假设。据记载，首个元分析是在 1904 年进行的，其目的是解决样本数细小的研究统计考验力降低的问题，而整合多个研究结果可更准确地分析数据。通俗地说，元分析统计方法是对众多现有实证文献的再次统计，对相关文献中的统计指标通过相应的统计公式，进行再一次的统计分析，从而根据获得的统计显著性等分析两个变量间真实的相关关系。

第三步，根据重要资料后的参考文献查漏补缺。目前，期刊论文和专著书籍的最后部分，一般都列有参考文献清单供读者查询。研究者可以根据某个领域重要资料和经典文献后面附的参考文献去顺藤摸瓜，拓展资料来源，进一步完善文献资料的收集。这种文献搜集方法简单直接、针对性强、效率较高。

第四步，查找、复印、编号并筛选有关文献资料。随着文献数量的增加，整理归纳必不可少。在此过程中，完成文献的浏览、粗读和精读，才能真正充分理解作者的思想，而编号和记录有助于资料的保存，以供进一步分析研究之用。当查阅资料的信息趋于稳定，研究问题的现有水平已经比较清楚的时候，文献的查阅工作基本可以告一段落。

第五步，写文献综述。前面的文献搜集工作为开展研究提供了丰富的资料基础。研究者可以将其按研究类型和重要程度进行分类和排序，对重要的文献做摘要和总结，并在此基础上完成文献综述。对于任何研究的开展来说，文献综述都具有至关重要的意义：一方面，文献综述总结了以往研究的成果、进展和经验；另一方面，文献综述为研究者明确研究方向、制订研究计划提供了重要的参考资料。

第六步，整理文献目录。研究者在进行研究时，都会收集很多文献资料，这些资料是研究者工作的积累。在特定研究工作完成之后，研究者应当将文献进行目录整理，以供随时研究和写作之用。

（三）研究问题的具体化

形成了好的研究想法或问题，积累了丰富的文献资料，是学术研究的良好开端，但这些还远远不够，需要进一步将研究问题具体化。这是因为研究者一开始关注到的管理实践问题，往往是宽泛的、笼统的、模糊的，而不是具体的、明确的、清晰的。要真正推进一项研究，需要将这种粗略的、一般性的管理问题，转化为焦点集中的、切实可行的研究问题。

研究问题的具体化是指研究者通过对研究问题进行某种界定，给予明确的陈述，将原本比较含糊的想法，变成清楚明确的研究问题；或者将原本模糊、宽泛的研究领域,规范到特定领域中的特定现象。更简单地来理解,具体化就是将实际观察或实践活动,用学术语言“翻译”成研究变量或相关概念。通过研究问题的具体化,可以把研究者的兴趣和关注点集中到研究领域中的某一具体方面,并将其潜在的、含糊的一般定义转化到研究者可以控制和处理的水平上。对于人力资源管理心理学而言,最常见的研究变量是个体的态度和行为。

实现问题具体化的一种方法是把问题进行分解,把一个大的问题按照内在逻辑体系分解成相互联系的许多问题,从而能够化整为零,将问题逐步分解,把一般性的问题转化为特定的问题。对于应用范围很广的概念,研究者可以根据研究目的和研究问题的需要,缩小问题的研究范围。例如表 2-1 的招聘广告,就具体化了公司“招收物流销售人员若干”这一个宽泛的工作要求。又如,在人力资源管理心理学的研究中,如果研究者想要了解什么样的领导风格会更有助于提升团队的工作业绩,可以选择几种特定的领导风格(如仁慈领导、威权领导)进行比较,并将研究问题界定为“仁慈领导和威权领导对团队绩效的影响”。总之,每一个研究者在从事特定研究课题时,第一步要做的就是将研究问题具体化。

表 2-1　招聘广告

职位	物流销售人员
学历要求	大专以上,商学、管理、英语、国际贸易专业
技能要求	英语 4 级以上,听说读写熟练,熟悉 Office 软件,中英文打字熟练
其他要求	可无经验,愿意从基层做起

(四)提出研究假设

确定了具体的研究问题后,要将所研究的问题中变量之间的关系进行主观预测,即提出研究假设。一个好的研究假设应符合四个标准:第一,假设应该有较充分的理论或事实依据。它是研究者根据理论或事实,结合已有的知识经验而提出的,既与毫无根据的迷信、臆测不同,也和纯粹的猜测、幻想有区别。第二,假设应说明两个或两个以上变量之间的期望关系。作为预想的研究结论,假设应该是对事物发展变化客观规律的一种预测,这种客观规律常常表现为事物之间或事物不同方面之间存在的某种关系。例如,之前提到过的研究问题“仁慈领导和威权领导对团队绩效的影响”,进一步可以提出更确切的研究假设“仁慈领导与团队绩效具有显著的正相关关系”或是“相对于威权领导而言,仁慈领导更有助于提升团队绩效”等。第三,假设应是可以被检验的。建立假设的目的就是为了检验或证明其真伪,继而解释所说明变量之间的期望关系存在与否。要达到这一目的,假设就需要具备可检验性。第四,假设在陈述上应尽可能简洁明了。冗长的表述经常会导致歧义、引起误解，不利于在研究过程中准确把握。

（五）制定研究方案

研究方案是指导研究实施的蓝图，是有关设计研究流程和方法、确定研究样本、收集和分析数据的实际计划，决定整个研究的成败。书写研究方案，实质上就是研究者在头脑中预演研究过程中的每一个环节，一旦方案制定后，接下来的任务便是按照方案进行具体实施。一个好的研究方案，可以避免实际研究时出现方向性的错误，或者进行一段时间研究后不知道下一步干什么的情况。此外，研究方案还便于研究者对整个研究过程实施监督、管理和控制，以保证研究工作的有序实施。

一个优秀的研究方案应该是准确、翔实、周密、可行和规范的。不同研究问题的研究方案存在着差异，但大体会涉及以下几个方面：

（1）所要研究的问题最适合采用什么样的具体研究方法？

（2）研究中如何取样，样本量是多少？

（3）所要操纵、控制或观测的变量是什么，如何去测量？

（4）采用何种方式和统计技术去整理和分析数据？

其中，如何去测量研究变量是非常重要的环节，这涉及如何对研究的相关概念进行操作性定义。在人力资源管理心理学的研究中，可以有两种形式去定义某一个概念：一种是概念性定义，另一种是操作性定义。

概念性定义是指对抽象概念的推敲和具体说明。例如，可以把“态度”定义为“对某一刺激物做出的有利或不利的反应倾向”。概念性定义可以帮助研究者了解所探讨概念的大概性质，由于是用“概念”来定义“概念”，所以通常会让人理解起来比较抽象。

操作性定义是指对研究概念给予某种明确的界定，将研究概念的抽象化形式转化为可观察、可测量和可操作的具体形式。例如，“沟通合作能力”这个概念的概念性定义是“有效沟通，加强共识，协调和平衡关系，能够以开放和建设性的方式与他人合作”。但究竟如何更客观地衡量“沟通合作能力”呢？这就需要更加具体的操作化定义。例如，可以把“沟通合作能力”细分为“表达和沟通”“人际维护”“有效合作”三个方面，然后再进一步把这三个方面具体化为可以衡量的指标。以“表达和沟通”为例，“表达和沟通”是指人们能够捕捉有效信息、准确理解他人意图，以恰当的方式传达自己的意思，使沟通双方准确获取相互信息。那么用来衡量这方面能力的操作性指标，可以包括以下一些具体行为：

第一，能够敏锐体察对方情绪反应或态度上的变化，并及时做出鼓励和安抚。例如，主动征询对方意见，鼓励对方发言。

第二，倾听时能够及时给予发言者反馈。例如，保持目光接触，点头，回答

"对""是""好"等。

第三,善于运用语速语调的变化、面部表情和肢体动作等强调自己的观点。例如,强调观点时,重音、语速变慢。

依据这些具体的行为指标进行评价,显然比简单地说"沟通能力强"更加明确和客观。需要注意的是,操作性定义往往不可能完全代表一个概念。同时,对同一个概念进行操作性定义时,也可能有不同的测量指标,也就是说,即使是同一个研究课题、同一个研究概念,不同的研究者也可能采取不同的操作性定义和测量工具。不同的选择有时可能只是风格差异,但有时却可以显示研究水平的差异。总之,没有操作性定义或者操作性定义不清晰,说明研究者对问题认识模糊,难以理清研究的范围和内容,即使进入实施阶段也会面临重重困难,其结论也往往无法令人信服,让人接受。

☞ 专栏2-4　"诚信"的操作性定义

在一项有关"从研究生求职中的现场实验谈诚信"的研究中,核心词之一为"诚信"。何谓诚信?春秋时的大政治家、思想家管仲在已有的"诚"和"信"的思想基础上提出"诚信"的概念。从语词意义看,"诚"与"信"是相通的,正如《说文解字》所说:"诚,信也,从言成声……信,诚也,从人言。"这就是诚信的抽象概念。如果进行学术研究,研究者必须将其抽象概念操作化,研究者通过以下阐述过程完成对该概念的操作化:"诚"指的是道德主体内在的一种品质、信念,传达与自己的思想相符、相一致的信息、行为,主要表现为"心口一致",即所谓的"内诚于心";与其相对的是撒谎,传达与自己思想不一致、不相符的信息、行为,其主要表现是"心口不一"。"信"则指道德主体在社会生活中与他人或社会整体交往时表现出来的具体行为及其价值取向,传达与自己的实际行动相符合、相一致的信息、行为,其主要表现是"言行一致",即所谓的"外信于人";与其相对的是失信,指传达与自己的实际行动不一致、不相符的信息、行为,其主要表现是"言行不一"。结合该研究的求职特定环境,研究者将诚信的反面行为表现——失信行为作为衡量评价应聘者诚信品质的操作性指标。具体而言,考虑到面试学生来源于全国各地,首先,公司在寄给学生的面试通知上,承诺报销学生来回交通费;学生面试结束时,在学生口头承诺一个月之内寄回返程车票之后,公司提前预支返程费用;最后,按照一个月是否寄回车票为标准衡量被试的诚信水平。被试没有寄回车票的为失信。

(六)收集与分析数据

搜集数据的方式多种多样,如:访谈、观察、实验和调查等。对于不同的研究,适合的数据收集方法也不尽相同。收集完数据资料之后，首先需要对原始数据进行初步整理，包括数据编码、数据核查、数据的补充与剔除、对数据质量进行评价等，从而获得相对完整、能系统反映研究对象的资料。

分析数据的目的是验证研究假设是否成立，即确定哪些结果是支持假设的，哪些结果是与假设相悖的。针对不同类型的资料，所采取的分析方法是不同的。定性的资料可以采用比较分类、归纳等方法进行分析；定量的资料可以采用数理统计的方法进行分析，如描述性统计、相关分析、回归分析等。

（七）讨论研究结果

对研究结果进行解释和讨论是学术论文或研究报告的重要组成部分。研究者对于研究结果的深入讨论，可以反映研究结果本身的意义及相互联系，有助于相关研究之间的评价与交流，也有利于完善现有理论或是发现研究假设之外的成果。

对研究结果进行讨论时，应遵循客观性和整体性原则。客观性原则是要排除主观因素的影响，不能为了验证假设而歪曲、捏造数据和有关理论，也应避免受政治、经济等外部因素的影响，要做出符合实际的讨论；整体性原则是要对全部数据进行分析，而不能只选取局部的数据讨论变量间的关系。

需要注意的是，研究假设不能得到数据的支持，这本身就是研究的常态，有可能源于调查数据的偏差、研究方法的不科学等原因。出现这一问题时，研究者应该重新回到先前的研究阶段，对研究设计、实施过程进行再思考；此外，研究假设未被验证，也有可能帮助研究者有额外的新发现。心理学研究的历史上，正是一些预期之外的研究成果极大地推动了科学的发展，例如，著名的霍桑实验。因此，遇到不符合预期的研究结果也不必沮丧。根据得出的研究结果，进行总结和再思考，也是研究的重要一环。

第二节　人力资源管理心理学的具体研究方法

社会科学研究方法包括三个层面：方法论、研究方式和具体方法与技术。方法论是指认识论层面的哲学方法和本学科基本的理论和假设，这一部分解决研究中如何看待研究对象的问题。研究方式主要处理如何开展研究的问题，即用何种方式确立研究内容与现实的关系，确定要观察和测量的变量等。具体方法和技术则主要解决数据收集和分析工具的问题，它主要包括各种定量的方法（其中以实验法和心理测量法最为典型）和定性的方法（其中以访谈法和观察法最为典型）。这些方法同样适用于研究人力资源管理心理学的内容，当然，运用这些方法要考虑人力资源管理的适用条件和范围。

☞ **专栏2-5　社会研究的方法体系**

概括起来，社会研究的方法体系可用下面的图简要表示。

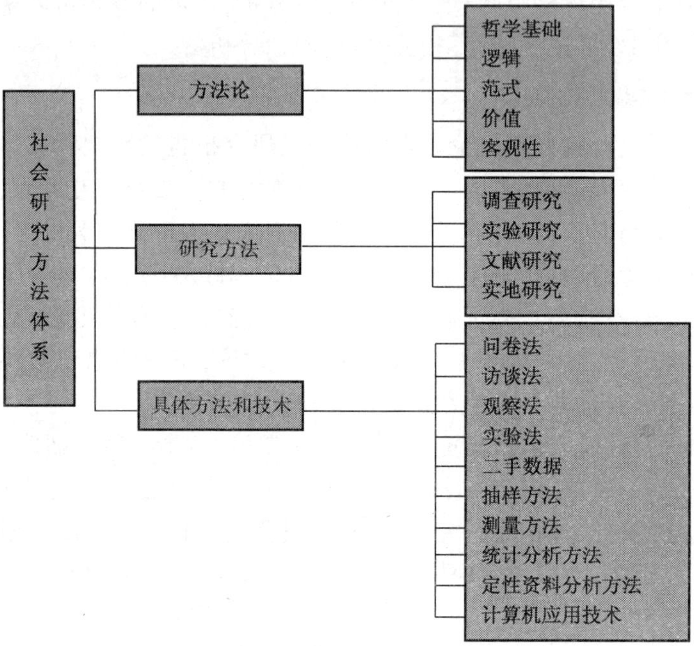

一、主要的定量研究方法

（一）实验法

研究方法是否科学的一个重要评价指标是特定研究方法是否具有可验证性。也就是说，科学实践不因时间、空间、主体的变化而变化，其结果具有可重复性。在心理学研究方法中，实验法最好地体现了该检验标准。

1. 定义。心理实验法是指有目的地对实验条件进行严格控制，或者创造一定条件使个体产生某种心理活动，以进行测量的一种科学方法。实验法的实施程序一般是：主试有计划地操纵某一心理变量 X，同时妥善控制其他心理变量，使 X 有所改变，依据 X 的改变对另一个变量 Y 的影响大小，判断 X 与 Y 之间是否存在因果关系。这里，变量 X 通常被称为自变量（或者实验变量），其他被控制的变量被称为无关变量（或者控制变量），变量 Y 被称为因变量。上述实验程序中涉及实验法的三个基本特征。

(1)组间的比较。典型的心理实验一般包括实验组和对照组。实验组和对照组除自变量 X 的水平或者类型不同之外,其他条件完全一致。这样,当两组的因变量 Y 水平出现显著差异时,才能有理由推测是因为 X 的变化导致了 Y 的不同。

(2)对于自变量的操纵。实验法最突出的特色就是主动实现对自变量的控制,使它服从科学认识的需要。实验法目的性强,研究者想要了解什么心理活动,就可以针对特定心理活动进行实验设计,从而明确了解变量之间的因果关系。可以说,实验是发现、确认事物之间因果联系的有效工具和必要途径。一般而言,用实验法测量个体的心理活动时,通常只有一个实验变量。如果同时设计了两个或两个以上的实验变量时,实验的兴趣点往往在自变量之间的交互作用上。

(3)无关变量的控制。在心理学实验中,除了研究者关注的自变量之外,有很多其他变量也可能引起因变量的变化,从而影响研究结果。为了保证研究结果的准确性和可验证性,必须有效控制实验条件,使得实验结果不因时间、空间、主体的变化而变化。理论上,凡是可能对因变量 Y 产生影响,而又不是研究关注点(即 X 变量)的变量,均为特定实验研究的无关变量,都需要加以控制。研究者总是希望借助各种方法、技术,减少或消除各种可能影响因变量变化的无关因素的干扰,在简单、纯化的状态下认识研究对象。然而,在现实研究中,受到各种因素的限制,研究者往往只能对因变量 Y 会产生明显影响的无关变量(例如,性别等统计学变量)进行配对、等值或者随机化的控制。

2. 实验法的实例。

(1)冰激凌实验。1998 年发表的冰激凌实验是一个典型的实验室实验。这里以简化的方式呈现如下:

实验目的:被试愿意为哪一份冰激凌付出更多的钱。

实验材料:两杯哈根达斯冰激凌,一杯冰激凌 X_1 有 7 盎司,装在 5 盎司的杯子里面,看上去快要溢出来了;另一杯冰激凌 X_2 是 8 盎司,但是装在 10 盎司的杯子里,所以看上去还没有装满。

实验过程:将被试随机划分为 Y_1 组和 Y_2 组,请两组被试分别对冰激凌 X_1 和冰激凌 X_2 估价。

实验结果:平均而言,人们愿意花 2.26 美元买 7 盎司的冰激凌 X_1,但只愿意用 1.66 美元买 8 盎司的冰激凌 X_2。

讨论和分析:从理性角度出发,如果人们喜欢冰激凌,那么 8 盎司的冰激凌比 7 盎司多;如果人们喜欢杯子,10 盎司的杯子比 5 盎司的杯子大。因此,如果被试以理性为基础做出行为判断,均会对冰激凌 X_2 估价更高。然而,被试的选择没有支持这一假设。在分别判断的情况下(类似于人们日常生活中的种种决策所依据的参考信息不充分的条件),个体往往会为少量的冰激凌付出更多的钱。扩展开来,研究者推测：人们在做决策时，并不是计算一个物品的真实价值，而是用某种比较容易评价的线索来判断，就像在本实验中，人们根据“冰激凌满不满”决定给不同的冰激凌分别支付多少钱。

事实上，精明的商家经常利用人们的这种心理制造“看上去”很好的效果，得到更大效益。例如，麦当劳的冰激凌蛋筒，螺旋形冰激凌被高高地堆在蛋筒之外，看起来感觉很多，但实际分量却并不多；肯德基的薯条，小小的一包，但装得很满，让人感觉很划算。习惯上人们总是非常相信自己的眼睛，实际上目测很不可靠。

结论：个体的理性是有限的。

☞ 专栏 2-6　有限理性说

有限理性是指介于完全理性和非完全理性之间的在一定客观限制下的理性。提出有限理性理论的经济学家赫伯特·西蒙认为，现实生活中作为管理者或决策者的人是介于完全理性与非理性之间的“有限理性”的“管理人”。“管理人”的价值取向和目标往往是多元的，不仅受到多方面因素的制约，而且处于变动之中乃至彼此矛盾的状态；“管理人”的知识、信息、经验和能力都是有限的，他不可能也不企望达到绝对的最优解，而只以找到满意解为行为重点。

西蒙的管理理论关注人在社会行为过程中理性与非理性方面之间的界限。有限理性模型认为，决策者并不知道所有的备选方案，当他们遇到自己满意的选择和答案时，便停止计算和寻找。有限理性决策者所认知的世界是真实世界的简化模型，现实生活中人们都是有限理性的，不可能做到完全理性。人们满意于这样的简化，根据满意原则而非最大化原则进行决策。

冰激凌实验用心理实验给“理性有限论”提供了生动、有力的证明。

冰激凌实验的三大实验要素分析。

1 个自变量 X：冰激凌的大小。该自变量划分为两种形式：一种形式是放在 5 盎司杯子里的 7 盎司冰激凌（X_1）；另一种形式是放在 10 盎司杯子里的 8 盎司冰激凌（X_2）。

1 个因变量 Y：被试对冰激凌的估价。

通过随机分配，使得被试“对冰激凌的喜好程度”“估价风格”等无关变量达到两组的平衡。

（2）责任分散实验。1964 年的一天，一位女士在下班回公寓的路上，遇到持刀男人的恶意袭击，袭击行为持续了 35 分钟，周围公寓的住家总共有 38 人目睹了这一袭击事件，但最终只有一人报警，警察在报警后 2 分钟赶到现场，女士已经死亡。

这起著名的暴力悲剧事件引发了广泛思考：人们为何不去实施救助行为？研

究者约翰·达利(John Darley)等人提出他们的基本假设:正是由于观看事件的目击者太多而降低了个体提供帮助的意愿。为了验证这个假设,他们设计了相应的实验,实验过程大体如下。

研究目的:同伴人数是否会显著影响实施救助行为的次数和反应时间。

被试分组:三个实验组。三组被试所处客观环境相同,第一组被试认为自己只有一个可以通过内部通信系统交流的同伴,第二组被试认为有两个同伴,第三组被试认为有五个同伴。

实验过程:内部通信系统交流的同伴(录音)突发癫痫,寻求被试帮助。

结果:当被试认为有许多同伴在场的时候,被试中向研究者呼救的人数百分比大为减少,反应时间也随之增加。

讨论和分析:实验结果显示,提供帮助人数减少、反应时间增长并不能说明被试冷漠、令人心寒。事实上,所有的被试都报告自己感到极度的焦虑和不适。研究者认为,被试行为结果的不同与被试认为在场人数的不同有关。对于第二组和第三组被试来说,他们认为已经有人解决了这个问题。如果在突发事件中只有一个人在场,那么个体不提供帮助所要承担的心理压力要比有其他人在场大得多,随着人数的增加,提供帮助的责任分散了,不提供帮助而受到的良心谴责和内疚也分散了。

结论:我们应该永远像只有自己一个人在场时那样去行动,避免因旁观者效应引起悲剧发生。

☞ 专栏 2-7 旁观者效应(Bystander Effect)

旁观者效应指的是个体对于紧急事态的反应,在单个人时与同其他人在一起时是不同的,由于他人在场,个体会抑制利他行为。旁观者效应也称为责任分散效应,是指对某一件事来说,如果是个体被要求单独完成任务,责任感就会很强,做出积极的反应。如果是要求一个群体共同完成任务,群体中的个体的责任感就会很弱,面对困难或遇到责任往往会退缩。因为前者独立承担责任,后者期望别人多承担点责任。责任分散的实质就是人多不负责,责任不落实。利他行为受到许多环境因素的影响,其中一个影响因素便是旁观者效应。

责任扩散实验的三大实验要素分析。

1 个自变量 X:人数。该自变量划分为三个实验组:1 个同伴(X_1)、2 个同伴(X_2)和 5 个同伴(X_3)。

2 个因变量 Y_1,Y_2:实施救助行为的次数(Y_1)和反应时间(Y_2)。

通过随机分配,使得各组被试的统计变量保持平衡;通过无线电和所谓的同伴联系,同伴的谈话内容都是录音的,使得被试同伴特征保持完全一致。

(3)评价。实验法研究的目的往往非常明确,其自变量和因变量的定义操作化程度相当理想,一般可以用量化数字呈现。研究假设和研究变量密切联系,使得读者能够根据实验程序明确研究结果,争议少,科学的验证性得到最大限度的支持。

实验设计和过程规范、严谨、标准化程度较高,对1~2个变量进行操作,而对其他无关变量实现巧妙控制,可以比较信服地让读者认可实验结果来自自变量变化的结论,是目前最好的明确变量因果关系的研究方法。但有利必有弊,正因为实验研究很好地控制了变量数目,也导致很多有关实验研究结果和现实脱节的尴尬局面。如何在科学严谨性和结果现实性中取得令人满意的平衡是研究水平高低的重要体现。并且,尽管实验研究的结论希望适用于相当广泛的人群,但因为研究可行性原因,实验研究被试数目一般相对较少,因此,对于实验结论的推广往往需要慎重对待。

(二)心理测量法

1. 定义。测量是一个基本的科学活动。人们通过观察人类、物体、事件和过程而获得相关知识,要弄清楚这些观察结果常常需要对事物、活动本身进行量化。最早的社会测量程序,如投票、人口普查等,似乎都是为了满足大众的需要,而不仅仅是为了合乎科学好奇心。通俗地说,测量是指利用合适的工具,确定某个给定对象在某个给定属性上的量的程序或过程。

2. 心理测量的基本流程。工欲善其事必先利其器。为了在理论研究和实际应用中更好地发挥测量的效能,熟悉测量的编制过程必不可少。学习和了解有关心理测量编制的知识,不仅能为研究者以后开展测量工作打下基础,也可以使其有能力评价和使用现有测量工具。不同性质、用途的测量编制实施过程不同,但由于原理相同,因此心理测量一般都会符合以下通用的实施程序。

(1)确定测量的目的。就像建造楼房之前必须先请建筑设计师进行规划、绘制图纸一样,实施测量之前必须确定测量的目的、进行测量的整体规划。开始行动前确定测量目的益处很多:对个人而言,可以有助于更好地统筹测量活动与其他工作;对项目小组而言,可以促进小组成员的行为一致,是认识和解决小组之间冲突的依据;对组织而言,有助于分派任务职责、协调资源分配和确定不足之处。

(2)选择测量的方式、方法。心理测量的方式方法多种多样。随着测量的发展,可以说,有多少种测量目的和测量要求,就有多少种测量方法①。总之,依据不同的分类方式,可将测验方法归属于不同的类别,专栏中的分类是相对的。同时,依据不同的角度,同一个测验可以归入几种不同的类别。

① 心理学中的“测量”和“测验”既有联系,又有区别。测量(measure)是“用合适的工具”对事物的属性进行量化;而测验(test)就是这里所说的“合适的工具”,通常由多个便于计分的问题或任务构成。

☞ 专栏 2-8　测验的类型

依据测验功能分类，可以划分为能力测验、成就测验和人格测验。招聘中的工作能力测验从属于能力测验，公务员笔试中的基础知识部分、跨国公司的英语测试大体从属于成就测验。而关注人格、气质、兴趣、态度、品德、情绪、动机、信念和价值观等心理特征方面的测验在招聘中得到广泛运用，诸如成就动机、责任心、诚实、心理健康等个体特征受到越来越多的重视。

依据测验方式分类，可以划分为纸笔测验、操作测验、口头测验和电脑测验。招聘与选拔通常都由笔试和面试组成，笔试即测验所用的是文字或图形材料，也可以通过电脑显示，被试按键作答；面试一般是主试口头提问，被试口头作答，有时也会让被试对图片、实物、工具、模型进行辨认和操作。

依据测验对象分类，可以划分为个别测验和团体测验。个别测验每次仅以一位测试者为对象，通常是由一位被试与一位测试者面对面进行。个别测验的优点是主试对被试的行为反应有更多观察与控制，其缺点是不能在短时间内收集到大量信息，如果测验复杂，主试需要较高的能力与素养，一般人不易掌握。团体测验是在同一时间内由一位主试对多位被试施测，被试很多（如超过 30 名以上），如果必要可配助手。此类测验的优点是可以在短时间内收集到大量数据，但与此同时产生相应的缺点：不易控制被试的行为，容易产生测验误差。

依据测验要求分类，可以划分为最高作为测验和典型行为测验。最高作为测验要求被试尽可能做出最好的回答，主要与个体的认知过程相关，有正确答案。能力测验和成就测验都是最高作为测验。典型的行为测验，要求被试按通常的习惯方式做出反应，没有正确答案，一般来说，人格测验属于典型行为测验。

（3）明确测验的项目。目的明确、方法确定，并不能立即开始测验，“在测验中要问什么题目”成为下一步的工作重点。为了搜集测验的项目，往往需要完成以下工作：第一，搜集有关资料。一个测验的好坏和测验资料的选择适当与否关系密切，一般而言，资料搜集越齐全，设计项目就越顺利。第二，选择具体项目。一般情况下，任何内容都可以采用几种形式呈现，问题是如何选择“最优的”。选择项目形式需要考虑测验的目的、材料的性质以及受测团体的特点，在现实的施测中，还要考虑时间、经费问题。总的来说，选择测验项目的原则是简单明了、省时、计分方便、经济。在人力资源管理中，研究人员一般会依据特定公司、机关的特殊要求编制心理测验工具。

☞ **专栏 2-9　人们喜欢自由吗?**

人们对自由的喜欢程度是不同的。

埃里希·弗洛姆(Erich Fromm)认为,在人权和自由日益增长的同时,传统的安全来源(如关系紧密的家庭和权威性的学校)也在变化。无论是日常生活还是重要的生活事件(如择业),人们都获得了更多的自由。但同时,自由选择和责任是分不开的,自我导向的挑战使得我们变得更焦虑、不安和孤立。弗洛姆认为,这种孤立感使人无法忍受,以至于许多人都想逃出自由的重负而进入新的依赖当中。你的自我掌控能力如何?

说明:下面的陈述你觉得正确吗?认为正确就画√,错误就画×。

1. 喜欢与朋友和家人相互联系。
2. 有时候我很难对给我的生活带来重大意义的事情做出决定。
3. 在教育、工作、社交等方面,我有很多选择。
4. 我的朋友比我更擅长做出高效而明智的决定。
5. 帮助弱者让我感到极大的满足。
6. 如果有选择,我会做安全而不是冒险的事情。
7. 我认为诺言就是诺言,不应该违背。
8. 困难的决定总是使我气馁,因为我对自己的决策能力没有信心。
9. 无论我在哪里(工作场所或者学校),我都会承担我的责任。
10. 有时候我没病也请病假,因为我不想上班或学习。
11. 我会把我的钱投资到有风险但具有挑战性的事情上。
12. 有压力时,我感觉我的生活失去了控制。
13. 我完全了解我是谁、我的位置和我的个人目标。
14. 一些慈善机构号召我捐钱,侵犯了我的隐私,我会感到不安。
15. 如果我向别人借钱的话,我一定会还的。
16. 我讨厌其他人想要我对我们的休闲活动做出选择。

评分:偶数题的否定数目有多少?奇数题的否定数目有多少?它们的总和数目可以说明你可能具有的自我导向意识或者能力。

资料来源:达菲,阿特沃特.心理学改变生活[M].张莹,译.北京:世界图书出版公司,2006:15.

(4)收集数据。经过一系列的准备,应该开始实施具体工作了。一般而言,为了保证测验过程的顺利有效,提前给受测者提供一些关于项目背景的资料非常重要。而且,为了更有效地实施测量、获得较高质量的数据,应该遵循一定的指导原则。完成数据收集后,可以在定量分析中获得测量的信效度指标。如果要将测验成果应用于高利害测试情境中(如招聘环节),强烈建议进一步验证,以保证预测的准确性。

☞ 专栏 2-10　实施测验的指导原则

指导原则大体可以从以下三个方面进行分析。

内容方面。内容要符合测验的目的,避免一股脑地“扫荡式”提问;内容要有代表性,符合测验计划的内容,比重适当;题目间需要相互独立,互不牵扯,切忌一个题目的答案影响另一个题目的回答。例如,七点里克特量表,不同的问卷设计者有不同的问题呈现习惯,有设计者喜欢用 1 表示完全符合,随着数量的增大,符合程度逐步减小,4 为无所谓符合不符合,7 为完全不符合;而一般研究者都习惯用 7 表示完全符合,1 表示完全不符合,随着数值的增大,不符合程度逐步减小,4 为无所谓符合不符合。有时,由于考察对象一致,我们会同时下发两份问卷,考生一般会默认第一部分的答题模式,而忽视第二部分的答题要求,如果不注意统一风格,可想而知第二部分的问卷内容结果会和现实出入很大。

文字方面。在网络语言盛行的今天,一个严肃的测验应该避免使用流行语言,语句要简明扼要,排除与答案无关的因素,同时避免遗漏题目依据的必要条件;一句话说明一个概念,避免使用双重否定;不要使用两个或者两个以上的观点,否则无论考生回答“是”或者“否”,我们都无法明确推测考生的真实情况。例如,考题问“有个同事是你的朋友,你会对他的考勤网开一面吗?因为他对我很好,我应该投桃报李吗?”考生回答“否”,我们就无从知晓:他是说不会网开一面,还是作为朋友不需要投桃报李?

社会敏感性方面。在人格测验和态度测验中,有时不可避免地会涉及一些敏感性问题,尤其是在高利害测验中,这些问题很容易获得规范性答案,回答者会担心得不到社会赞许,甚至引起麻烦。所以尽量避免这类敏感性问题,如果必须涉及,可以参考几条建议:第一,命题时假定被试具有某种行为,避免否定答案过多的倾向。例如,“你多久迟到一次?一个月一次?一周一次?每天?”第二,命题时假设规范不一致,如“有人说工作中搭便车不可避免,只要不影响正常工作应该宽容;有人说管理中应该努力杜绝搭便车现象的出现。你认为呢?”第三,指出该行为常见,如“好多人都会在单位打印一些个人阅读资料,你呢?”这些建议的中心意图就是要在较为宽松的前提下,打破个人的自我防线,让被试表达真实感受和观点。

3. 评价。随着时间的推移,心理测量的影响力逐步扩大。测量学本身作为一种方法学的范例出现,它的影响主要表现在以下三个方面:①心理测量学使信度和效度的概念得到广泛使用;②社会科学研究中的因素分析备受欢迎;③运用社会科学方法编制的量表所包含的变量远远多于心理测量学最初关注的变量。目前,人力资源管理过程中的招聘环节和测评环节也常常借助心理测量方法提高效率。

二、主要的定性研究方法

(一)访谈法

1.定义。访谈法是通过研究者与被研究者直接接触、直接交谈的方式收集资料的研究方法。需要注意的是,访谈法并不是人们平时理解的聊天或者谈话,它是指研究者与被研究者以提出问题和回答问题的方式,请被访谈者提供知觉、思想、能力、情感、态度、观念和过去行为等方面的信息,研究者通过分析这些信息,对个体及人群的心理特点和规律进行考察的方法。

与其他方法相比,访谈法有独特的重要功能。比如,与观察法相比,访谈可以直接了解到受访者的思想、心理、观念等深层内容;与问卷法相比,访谈可以直接询问受访者本人对研究问题的看法,并提供机会让他们用自己的语言和概念表达他们的观点。作为研究者收集资料的一种工具和手段,访谈法被较多地运用于相关设计的研究中,或者作为实验研究中收集资料的辅助手段。

与日常生活中的聊天或者谈话不同,访谈法在实施中需要注意以下几点:

(1)设计访谈提纲。无论是哪一种形式的访谈,一般在访谈之前都要设计一个访谈提纲,明确访谈的目的和所要获得的信息,列出所要访谈的内容和主要问题。

(2)恰当地进行提问。想通过访谈获取所需资料,提问者应表述简单、清楚和准确,并尽可能地选择适合受访者的方式。另外,适时、适度的追问十分重要。

☞ 专栏 2-11　追问的 STAR 技术

为了取得更详细的信息,我们可以在一般性问题之后追问更具体的问题。其中,STAR 技术包含了访谈者经常要提出的几个问题:

情境(situation)——当时的具体情况是怎样的?

任务(task)——当时最棘手的问题是什么?

行为(action)——你采取了怎样的措施?

结果(result)——最终的结果如何?

---

(3)准确捕捉信息。访谈者收集资料的主要形式是倾听。倾听特别需要遵循两个原则:不要轻易打断对方和容忍沉默。此外,在访谈过程中,应及时收集有关

资料、做好访谈记录，在被访谈者允许的情况下，最好能够保存访谈过程的录音或录像。

(4)适当地做出回应。回应的方式多种多样，可以是诸如“对”“是吗”“很好”等言语行为，也可以是点头、微笑等非言语行为，还可以是重复、重组和总结。回应的质量有高低之分，初级回应基本上就是复述受访者的原话；中级回应是指在复述基础上，能够对受访者话中隐含的意思做出了解性的反应；高级回应是指在对受访者言语做出概括性反应的基础上，能够深入挖掘受访者的情绪和认知。

2. 访谈实例分析。

(1)访谈实例模拟。

受访员工：我今天真倒霉，烦死了。

人力资源经理：你能告诉我发生了什么事吗？

受访员工：多着呢，尽是不如意的事！早上上班，主任说我这个月迟到扣发奖金 1 000 元；中午，经理说要调我去北方做市场，可我小孩才两个月；下午的时候，我无意中听到隔壁同事的工资数，是我的两倍……反正事情多着呢，我总觉得好事没我的份儿，倒霉事我净碰上，别人怎么就没这些事？

(2)实例分析。员工谈到自己的问题时，往往用一些含糊的、很普遍的字眼，比如“我烦死了”“公司太讨厌了”。当员工被自己所界定的情绪笼罩的时候，往往会陷入困扰之中，且情绪具有传染性，会影响到其他员工的工作效率。因此，在人事谈话中，人力资源经理的任务就是要设法使这种模糊的情绪具体而清晰，这就必须应用到具体化技术。

通过询问，人力资源经理可以把受访员工所说的倒霉事、烦心事具体化，加深对受访者认知方式和行为特点的了解。受访者的情绪往往来源于具体的事件，由于不合理的、歪曲的提炼或简化，变成了一种抽象的观念或模糊的情绪。在企业管理中，有些员工会错误地理解公司的政策措施，把对这些措施的歪曲提炼，转变成一种针对公司管理者的模糊情绪，从而造成公司管理层和员工层的对立，影响到员工工作的积极性。

企业人力资源管理中，员工对公司不满的一个重要原因就是过分概括化，以偏概全，把个别事件的意见上升为一般性结论，把对事件的看法发展到对某人，把有时演变为经常，把过去扩大到现在和未来。这时尤其需要使用具体化技术进行澄清，如人力资源经理可以问：“你说公司对你不好，是谁对你不好？哪些事情上对你不好？你能给我举个例子吗？”很多时候通过举例，可以发现事实并没有想象的那么严重，这样就可以具体问题具体分析，用合理的事实代替不合理的想象，而不是像有些人力资源经理那样，空谈人际关系的重要性。

事实上，访谈技术很多。访谈者要面对的是具有独特思考模式、不同生活态度及各种沟通方式的人，只有善于总结、归纳，形成适合自己词语表达习惯的访谈方法，并随机应变，在不同的情境、不同的时机，适当地使用，才能达到良好的访谈效果。

3. 访谈法的一般步骤。

（1）访谈准备。访谈准备涉及资料、人员和设备等内容。在访谈开始之前，应明确访谈目的、选择访谈方法（个人访谈还是群体访谈）、制订访谈提纲，并根据访谈特点选择访谈对象。此外，要准备相关的设备，如录音笔、照相机等。

（2）预访谈。对少量的被访谈者进行预访谈，可以让访谈者熟悉访谈程序，发现访谈设计中的问题以及访谈程序中的技术性问题。

（3）正式访谈。在正式访谈中，一气呵成效果最佳。这就需要访谈者一方面控制访谈的整个局面，另一方面又能避免过多的暗示，因此对于访谈者在个人影响力、反应敏捷性、追问技巧等方面的要求较高。

（4）材料的编码和统计。通过访谈记录和反复听录音，回顾访谈过程和内容，并对访谈信息进行评价和分析，可以有效降低访谈者效应。

4. 评价。相对于问卷调查，访谈法有着不可替代的优点。例如，只要是访谈，就不存在不回答的问题，在谈话中可以逐步打消受访者的顾虑，待进入和谐和信赖的状态时进行提问，可以增加回答问题的可靠性；访谈者和受访者之前的互动，有助于受访者真正理解问题，开放式问题的回答可以使访谈者获得更多材料；在面对面谈话的过程中，可以同时观察来访者的外貌、仪态、坦率程度，进而对问题回答做出深层的辩证分析。访谈法的优势在霍桑实验中得到充分体现。

当然，作为定性的研究方法，访谈法的访谈过程和结果分析易受研究者个人偏见的影响。而且因为耗费时间多，访谈法无法用于大面积调查。因此，其材料的标准化问题和结论的推广价值一直受到人们的普遍关注。

☞ 专栏 2-12　霍桑的访谈实验——访谈的经典案例

霍桑实验是心理学史上最著名的实验之一。该项实验由哈佛大学心理学家梅奥（Mayo）教授主持，在美国芝加哥西部电器公司所属的霍桑工厂进行，霍桑实验因此得名。霍桑实验对管理理论有相当的贡献：它让工人了解到自己并不仅仅是机械的延伸；它替管理学打通了一扇通往社会科学领域的大门。霍桑实验发现，要想获得更高的收益，经营者要对管理的人性社会面与行为面有更深入的了解。这种了解和发现很大程度上仰仗于霍桑实验中的访谈研究。

按照梅奥的建议，研究人员访谈时遵从了六条指导性原则：第一，对访谈对象全神贯注，而且要让访谈对象明确感受到你在注意他；第二，只倾听，不说话，避免引导式提问；第三，绝不同访谈对象辩论，绝不为访谈对象出主意；第四，倾听什么是他要说的，什么是他不要说的，什么是不加帮助他说不出来的；第五，注意核实你的理解是否同访谈对象的想法真实一致，要琢磨访谈对象的真实想法，而且要小心地加以验证，这种验证可以询问，但绝不能添油加醋或牵强附会；第六，注意替对方保密。总之，访谈的基本思路是以工人为主导，把“问”改变为“谈”。

霍桑实验中的访谈研究从心理学的角度对管理中的许多问题给出全新的解释。研究人员在访谈中发现，由于管理者与工人的感受角度不同、生活背景不同、工作经验不同，对相关问题的心理态度往往存在很大差异。访谈记录表明，以往的管理者有许多“自以为是”的错误。例如，对于什么是最重要的事情，工人同管理者的判断往往南辕北辙。在管理者眼中是鸡毛蒜皮的小事，在工人眼里可能就是影响到他们生死攸关的大事；工人认为不值一提的小事，管理者却往往把它当作头等大事；工人牢骚最多的地方，往往是管理者不大注意的地方；管理者自以为得意的举措，在工人眼里却十分可笑。即使是事实上没有争议的东西，引发这些事实的因果关系也往往因人而异，管理者对工人行为的因果判断，经常是想当然的，而工人自己陈述的事实缘由，有许多是管理者绞尽脑汁也想象不到的。访谈结果还说明，工人的情感因素，对生产效率有着比管理者主观判断大得多的影响。有许多案例令人信服地说明了这些问题。访谈的最大收获，就是管理学中许多原先不成问题的问题，或者原先不大注意的问题，都在工人的谈话中摆到了管理学家面前，需要重新做出解释。霍桑实验之所以能引起管理学家的普遍兴趣和广泛争论，大多同这些问题有关。

通过访谈，霍桑实验研究小组形成了一些新的理论假设。其中最主要的就是工人的行为受情感支配，管理学必须注重对工人心理问题的研究。由此诱发了以“社会人”假设替代“经济人”假设的初步设想。访谈计划本身也收到了显而易见的成效。这些成效主要有：

第一，访谈可以使工人解脱情感负担。每个工人都有自己的个人情况，而相应的问题都来自个人处境，解决这些问题只能靠工人自己把问题说出来。发泄的过程，也是心理舒展的过程。访谈本身并不改变任何客观处境，但访谈过后工人情绪认知的改变，往往使工人感受到处境好转，对客观情况的评价产生积极的影响。

第二，访谈能够促使工人之间人际关系的改善。通过访谈，工人同自己周围的人，包括监工和同事相处更好。从心理学的角度看，访谈以后，工人之间、工人与工头之间的交往气氛会发生变化，原来许多各自私下琢磨的事情，现在能够摆到桌面；原来较为普遍的敌意和警惕，现在减少许多，甚至彻底消除，人际交往更为友善。

第三，访谈增进了工人群体与厂方的合作愿望，而且提高了二者之间的合作能力。本来，在访谈计划中，要求研究人员在找工人谈话时，先要让工人阅读一份声明，其主要内容是不会把谈话内容泄露给他的工长以及公司方面的任何人，只供研究小组内部使用。这份声明的用意，是解除工人的思想顾虑，同时宣布研究人员的中立立场。但是，访谈小组注意到，很多工人根本不把这份声明当回事，随手向旁边一扔就开始侃侃而谈，而且工人显然是把访谈看作公司改进管理的举措，是向公司表达自己的意见。有的工人甚至认为，敞开让工人谈出自己的心声，"这是公司有史以来所做的最好的事情"，"公司早该这样做了"。在某种意义上，是工人自己而不是研究小组打破了中立，把倾听者的身份变成了厂方象征。工人自己通过访谈增加了两种归属感，一是对工人群体的归属感，二是对公司的归属感。相对应的是，厂方参与者也从中学会了如何与工人实现真正的合作。

第四，访谈的结果表明，倾听是训练管理人员的重要方法。通过倾听谈话，管理人员的管理风格产生"润物细无声"的相应变化。作为管理者，往往习惯于居高临下式的指挥，而缺乏倾听经验。要恰当地管理工人，首先需要学会善于帮助和启发他人表达出自己的情感以及见解，而不是由自己发号施令，这就要求管理方式由"指令"变为"对话"。

第五，与职工的谈话是管理工作的重要信息来源。梅奥认为，经理人员的任务有三项：一是把科学和技术用于生产活动；二是使生产经营活动建立系统化的体系；三是组织工作，即在工作群体中建立持久性的群体合作和协调。此前的管理人员，往往重视前两项任务，而对第三项任务视而不见。一开始，有的管理人员在倾听工人谈话时，认为由着工人海阔天空自己谈，谈的都是个人琐事，表达的是他们的主观感受，同工作无关，既没有用处也没有价值，这恰好说明这些管理者不知道组织工作的内涵。那种给出选项的询问，以及向工作方面倾斜的"诱导式"谈话，往往会导致管理人员信息遮蔽。如果不能掌握工人自身的信息，管理政策和举措都将是盲目的，就有可能遇到种种管理者想不到的困难，降低管理的有效性。"上有政策"永远会"下有对策"。有效的管理必须确切了解员工的合作情况，了解员工对经理层的真实态度，这种信息只有从倾听中得到。

梅奥的分析，至今仍然具有极大的启示意义。管理活动中，找准问题比解决问题更重要。作为经理人员，面对事关员工的某种现象，必须弄清楚原因究竟是什么，才能诊断准确，就事论事式地解决问题，很多时候并不能真正解决问题。

（二）观察法

1. 定义。观察是指人们对周围存在事物的现象和过程的认识，这种认识基于研究者对事物的现象和过程的理解。但是，科学的观察，并不是指人们平时理解的"仔细察看"，而是在自然存在的条件下，对自然或者社会的现象和过程，通过人的感觉器官或借助科学仪器，有目的、有计划地认识。观察法具有以下特点。

(1)能动性。科学的观察是具有能动性的感性认识活动，它与一般所说的观察不同,并不是简单反射式的感觉,而是有目的、有意识的研究。为此,在观察之前,应根据科研任务,制订好计划,包括确定观察对象、观察条件、观察范围和观察方法,以保证观察有目的地进行。这样的观察是自觉的,不是盲目的,是能动的,不是被动的。它要求观察者充分发挥观察中的主观能动作用。

(2)选择性。科学的观察并不是一般地认识现象和事物,而是从大量客观事实中,选择观察的典型对象,选择典型条件、时间、地点,获得典型事物的现象和过程。把注意有意地集中和保持在经过选择的观察对象上,把观察和有意注意始终结合在一起,不为无关现象所分散,尽量排除外界无关刺激的干扰,这样的观察才能获得预期的成效。例如,在招聘营销人员时,应根据观察目的,选择能够反映营销能力的主要指标(如表达沟通能力、人际维护能力和有效合作等),主要指标(如表达沟通能力)中又应选择典型行为指标(如以恰当方式传达自己的意思、准确理解他人意图)。只有把观察集中在经过选择的主要行为指标、几个主要的观察时间和观察场合,才有可能实现高效的科学观察。

(3)客观性。科学的观察还体现在观察的客观性上。观察要如实地反映现实情况,观察者不能带有任何感情色彩,不允许掺杂个人的偏见。如果能够进行长期、连续、反复的观察最好,观察的次数越多,越能准确反映客观事物。

2. 观察实例分析。

(1)观察实例模拟。如果一个幼儿园招聘幼儿园园长,招聘条件中的“有爱心”如何考核?面试之前,可以安排面试者在一个开阔的地点等待,开阔地点的周围坐着脏兮兮的小孩。招聘者在暗中进行观察。

招聘条件:主动上前关照小孩,如擦鼻涕等。

(2)观察分析。如上例显示,①观察是有目的的,并不是单纯的“仔细看”,研究者明确知道自己要观察的对象和事件是什么;②观察不是被动的,设计者可以巧妙安排场景,以便于研究者希望看到的行为更容易发生;③对于“有爱心”这样的有明显社会偏好的考核指标,将考核内容放在似乎还没有开始考核之前,观察对象才能更真实、自然地表现自己的真实感受和行为。

3. 观察法的一般步骤。

(1)观察准备。做好观察前的准备工作,是进行科学观察的基础,准备工作的好坏是观察成败的关键之一。准备工作一般包括三项内容:明确观察目的、制订观察计划表格以及物质准备。

(2)进行实际观察。观察应尽量按计划进行,不要轻易更换观察的重点,超出原定的范围,致使离开原定的观察目的。如果原定计划确实不妥,或观察现象有所变更,则应按计划中的应变措施或实际的变化情况随机应变,但观察目的只有一个,即力求妥善完成原定任务,尽可能取得最好的成果。

(3)观察材料的记录和整理。人的记忆往往受到个体认知等心理因素的影响,观察想要做到客观,就要尽可能边观察边记录,如有遗漏,尽早补充。记录的方法大体划分为以下几种:评等法、频率法和连续记录法。此外,要及时整理材料。

☞ 专栏 2-13　实验室里的观察实例

人力资源管理活动中的观察大多是在现实场所中进行的。与现场观察不同,实验室的观察往往存在设计的成分,从而能更充分地让研究者观察想要重点关注的信息。

下面这项观察属于实验室中进行的观察实例。该项观察以玛丽·艾斯沃斯(Mary Ainsworth)的经典"陌生情境"实验设计为基础,研究者通过观察个体在实验情境中的反应,判断个体人际关系的建立类型。

假设情景:某公司采用内部员工推荐的方法招聘员工,参加应聘的个体在朋友(即推荐人)陪同下,参加公司的面试。为了观察个体建立人际关系的类型特点,应聘过程中的陌生情境设计与观察内容如表所示。

场景	事件	主要观察行为
1	实验者在把应聘者和朋友(工作人员的合作者)带进候客室后离开	
2	两人坐着聊天	朋友是安全保障
3	面试官出其不意进入,坐下和朋友交谈	对面试官的反应
4	朋友需要接电话离开,面试官和应聘者交流	离别焦虑
5	朋友回来,和应聘者打招呼,面试官离开	重逢的反应
6	朋友有需要接电话,再次离开房间	离别焦虑
7	面试官再次进入房间	接受面试官抚慰的能力
8	朋友再次回来,和应聘者打招呼	重逢的反应

注:第一个场景持续 30 秒,其余场景各为 3 分钟。观察应聘者在这些场景中的表现,发现个体人际关系的建立类型。

观察重点:我们可以把陌生情境测验看作是一个 20 分钟的 8 幕微型短剧:朋友与实验观察对象自由游戏(情节 1,2,3);实验者参与观察活动(情节 3,6),与朋友分离(情节 4,7),与朋友重聚(情节 5,8)。为了更为客观地进行评价,整个情境全程录像,使用四个 7 点量表评价被观察者寻求亲近、维持接触、回避、反抗的表现,并主要根据朋友返回时的表现,对个体人际关系的类型进行划分。

个体人际关系建立模式可以分为 A 型(焦虑-回避型)、B 型(安全型)和 C 型(焦虑-抗拒型)三类。

A 型：朋友是否在场对应聘者观察外界环境的探究行为没有影响。朋友离开时，应聘者不会表现紧张；朋友返回时，也不主动寻求接触；朋友想要与应聘者亲近时，应聘者反而转过身去，回避亲密行为。不知所云时，面试官的安慰效果与朋友差不多，单独和陌生人在一起没有表现出明显的焦虑。

B 型：这类个体在陌生情境中，把朋友作为“安全基地”，去探究周围环境。朋友在场时，主动去探究；朋友离开时，产生焦虑，探究活动明显减少。紧张时容易被陌生人安慰，但朋友的安慰更有效。朋友返回时，以积极的情感表达依恋并主动寻求安慰，即使在紧张时，个体也能通过与朋友的接触很快平静下来，与陌生人自然交流。

C 型：这类个体在陌生情境中，难以主动地探究周围环境，而且探究活动很少，表现出明显的焦虑。朋友离开时个体紧张，但重逢时又会抱怨，不易平静。实际上，这些个体抗拒朋友的歉意、安慰和接触。他们的行为表现出一种愤怒的矛盾心理，对朋友缺乏信心，当朋友返回时，他们仍表现出明显的焦虑不安。

4. 评价。观察法具有许多优点。比如运用方便，随时随地采用，保持观察现象的自然状态，不加人为干涉，直接从生活中提取材料，不会产生不良后果等。但是，观察法也因受到人的生理局限和观察仪器局限而存在一定缺陷。当然，最大的缺陷主要在于，受观察者水平的影响，观察过程和材料解释往往具有较强的主观色彩。比较突出的观察者效应包括：观察者对被观察者的影响、观察者个人偏见、评估误差、观察者污染和遗漏等现象。

为此，在运用观察法时，除了尽力提高观察法的功能，如采用灵活移动观察位置、转换观察背景、延长观察时间以及增加观察次数等方法来改善观察结果之外，设计观察行为指标符合表、进行跟踪记录、结合统计方法对多次观察数据进行科学处理，是加强观察法科学性的重要手段。

爱因斯坦（Einstein）说过，理论之所以能够成立，其根源就在于它同大量的单个观察关联，而理论的“真理性”也正在此。伊万·巴甫洛夫（Ivan Pavlov）以“观察、观察、再观察”作为座右铭，他还告诫年轻人，不学会观察，就永远当不了科学家。由此可见，观察法在实践工作和科学研究中具有十分重要的地位。事实上，精确、敏锐的观察力以及与科学观察相适应的优良品质和素养，不是生来就有的，天才来自勤奋，才干来自实干。只有不断地实践、总结，并扩展各种专业知识，才能有效提高观察水平，获得有价值的观察成果。

在现实应用中，研究者常常将定性和定量的研究方法相结合。例如，首先，应用各种定性方法（如访谈和观察）对研究对象进行成分观察和了解，做出定性分析，从而加深对研究对象心理活动特点和规律的认识；然后，按照一定维度对定性分析结果进行编码,做出定量化分析,最终挖掘出主客观资料(在心理学研究中常被称作数据)的深层含义。

第三节　研究方法的信效度

作为广义科学的一个组成部分,社会科学遵循着一整套严格的知识探索路径:从理论到假设,再到数据收集、分析,最后得出结论。这一路径和自然科学研究相似。但因为社会科学研究对象的异质性较大、研究的过程较易受到研究者主观价值的影响、社会现象中存在更多的不确定性因素,因此社会科学的研究具有更为复杂的特征。研究者必须建立规范的研究方法评估体系。总体而言,一项研究的质量主要反映在稳定性和准确性两个方面,也就是信度和效度。

一、信度

在心理测量中,信度是研究工具稳定性的测量指标。信度是指不同时间使用同一个测验,或者使用两个不同项目的等值测验,或者在其他不同的测试条件下,对同一组被试实施两次测验所得分数的一致性。信度概念用于衡量分数一致性的若干方面。有多少种影响测验分数的条件,就有多少种测验信度。然而,从研究简约化、实用性角度考虑,在实际工作中所计算的信度类型相对有限。通常研究者会基于对以下条件变化的考虑,关注再测信度、评分者信度和复本信度。

(一)时间

很多时候,被试的心理因素具有相对稳定性。例如智力,我们不会相信被试3个月前反应迟钝、思维逻辑不佳,经过短短的3个月会变得反应灵敏、思维逻辑缜密。应用在测量上,我们完全有理由认为,如果一个智力测量工具的稳定性较强,那么被试应用该工具测量的3个月前的分数和3个月后的分数不应该有很大差异,或者说,3个月前被试的测试排名和3个月后重测的测试排名应该大体一致,如果第一次排名和第二次排名出入很大,就说明该测量工具稳定性不佳。

(二)主试

依赖于多名评分者主观评分的研究会关注评分者信度。例如,将一张作文卷子的作答分发给5名考官进行独立评分。如果分数跨度差异很大,说明这次作文评分稳定性不好,而导致这种稳定性不佳的主要原因是主试的评价。单纯从提高主试评分稳定性的角度考虑,可以提高评价标准的清晰程度、加强对主试的评分培训等。

(三)题目

许多学生都会在考试之前幻想自己在考试的时候有"好运气",如考试项目碰巧是他们复习最认真的内容。当然,有时候却会相反,"会的都没考,考的都不会"。这种情境说明,考查题目内容取样会造成误差,难以衡量学生的真实水平。单从提高测试信度而言,增加题目数量是一种相对有效的方法。另外,考虑到辅导或欺骗的可能性,可以对不同考生使用不同版本的考题,这就需要编制复本。复本的基本要求是保证它们确实是平行测验,即测验的题目数量、表述形式、内容类型、难度水平和范围大体相同。

总之,信度较高的测量工具至少可以让研究者确定:应用该工具所得的结果是相对稳定和可以预测的。只要依据评分标准,研究者就可以根据分数来间接评价被试的大体水平。

此外,在研究过程中,由于受研究变量的变化、研究人员的主观判断、研究被试对不同应试环境的应对反应等诸多因素的影响,研究结果可能发生波动。如果研究结果的可重复性低,会降低研究的可信性和科学性。因此,除了测量工具的信度,研究者也会非常关注研究结果的信度。

二、效度

在心理测验中,评价结果相对稳定,并不意味着评价结果能很好地反映研究者想要考察的内容。例如,研究目的:考察被试的聪明程度;研究工具:皮尺;研究结果:10 次测量,测量结果均为 1.70 米;分析:皮尺的测量结果具有很强的稳定性,但测量结果 1.70 米对于被试聪明程度的信息含量极低,无法实现研究目的。因此,稳定性是研究有效性的必要条件,没有稳定的研究结果,研究目的无从谈起。但单纯的稳定性并不能保证研究的有效性,要真正保证研究的有效性,必须提高研究的准确性。

准确性是指在多大程度上考察和评估到所要考察和评估的对象。研究准确性的测量指标称为效度。在心理测验中,效度是指实证测量在多大程度上反映了概念的真实含义。例如,研究目的:考察被试的智力水平;研究工具:自编智力问卷;研究结果:1 000 名被试,分别进行 2 次测量;分析:个体 2 次测量分数大体相当,稳定性很好。但经检验,在参加测试的 1 000 名被试中,平时普遍得到聪明评价的个体分数较低,几个反应明显偏慢的被试反而分数排名靠前。这说明该智力问卷准确性不高,很可能无法正确衡量个体真实的聪明程度。

随着测量应用的发展和扩大,效度的概念也随之变化。一般而言,效度可以包括内容效度、效标效度和结构效度等。但事实上,效度是比信度更为复杂的概念,我们很多时候会依靠客观资料和主观经验,来评价研究的准确性。此外,效度是一个相对概念。例如,某经典智力量表工具能够较为准确地评价被试的聪明程度,但它并不能准确衡量个体的心理开放程度。

三、管理实践中的信效度

研究者常常使用稳定性和准确性衡量特定研究的质量高低。但在实际研究过程中,影响研究成果质量的因素很多,不同的研究者对这些复杂本质的控制能力不同,导致研究水平的差异。在人力资源管理的实践中,面对的社会现实或多或少地与学术研究存在差距,随着实际问题、具体条件的变化,对某些条件应进行一定的调整和改变。

以人力资源管理中的招聘与选拔为例,目前招聘与选拔方法早已突破传统模式,呈现出丰富多彩的形式。例如,针对能力的笔试测验具有较高的信度,因为这种测验评分通常使用计分模板或计算机进行,而且每个问题只有一个正确答案;相对而言,角色扮演的选拔方式更依赖于考官对被评价者的表现评估,得分受到选拔双方(招聘方和应聘方)诸多因素的影响。以下以最为广泛运用的面试为例,对面试结果信效度的影响因素进行分析。

(一)主考官的基本素质

面试的信效度在很大程度上受到主考官的影响。主考官不仅要直接地、有针对性地了解应聘者的情况或素质,而且也要驾驭面试进程、营造良好的面试心理氛围。

谈话是面试过程中一项非常重要的手段。在面试过程中,要求主考官向应聘者提出各种问题,应聘者要对这些问题进行问答,因此主考官的谈话能力十分重要。主考官应倾听应聘者的谈话,对应聘者的回答进行适度的反应,边听边思索,及时归纳整理,抓住关键之处。主考官还需要对应聘者的谈话进行分析,比如,是否听懂了主考官的提问,是否抓住了问题的要害,语言表达是否具有逻辑性、层次性和准确性等。此外,主考官能否正确把握提问技巧,对掌握应聘者的关键胜任能力以及对于面试质量高低都具有相当重要的影响。比如,针对应聘者的特长提出一些启发性问题,可以激发应聘者思索,充分展示其才华;当应聘者回答文不对题时,可利用提问调整话题,进行巧妙的引导;当应聘者回答完毕后,可以通过补充性的追问,确保准确完整地理解应聘者的言语。

观察是面试过程中的另一个主要手段。在面试过程中,主考官的观察能力起着举足轻重的作用。在面试中,要求主考官善于运用自己的感官,特别是视觉,观察应聘者的非语言行为。有研究表明,在面试中从应聘者面部表情中获得的信息量可达50%以上,主考官必须能观察到这种表情的变化,并能以此做出心理判断。

虽然面试题目一般都会事先拟定,以供提问时参照,但这并不意味着必须按事先拟定好的题目逐一提问，毫无变化。在实际的面试过程中，主考官很可能会根据应聘者回答问题的情况，决定下一个问题问什么、怎么问。如果应聘者回答问题时引发出与拟定的题目不同的问题，主考官还可能不拘泥于预定的题目，进行顺势追问。

显然，因应聘者的个人经历、专业背景、应聘岗位、面试表现等不同，面试内容必定有所差异，这就使得主考官的主观经验成为影响面试评估的重要因素。就像中医看病一样，老中医和中医实习生面对相同的病人，虽然都会遵循一样的“望闻问切”，但经验的差异导致他们可能获取不同的信息，得到不同的诊断结果。同样地，不同的主考官可能会关注不同的面试表现，对不同的应聘者表现出不同的喜好，从而会打出高低不同的面试分数，这在测量学上表现为较低的评分者信度。

（二）应聘者的个人因素

应聘者的应试技巧是影响面试的重要因素。面试是一个双向沟通的过程，应聘者在面试前往往做了大量功课，包括了解公司的组织背景，揣摩公司招聘意图，明晰岗位职责，从各个信息渠道了解特定职位的胜任力模型，甚至参加面试培训，学习应对主考官的面试技巧等。经过如此专业的训练之后，大量应聘者似乎掌握了面试问题的“标准答案”，精于此道的应聘者会在面试中表现非凡，主考官面对这样的应聘者，甚至会忍不住想“他就是我的理想人选”！这样一来，主考官很难通过提问对应聘者进行准确的排序。

新形式的招聘与选拔技术可以在一定程度上缓解“应试技巧”的问题。一个新的招聘与选拔技术出现伊始，应聘者往往对此一无所知，其反应更多地依赖于自身被考察的能力，主考官自然可以更容易地通过这种技术发现应聘者的个体差异。但随着技术的推广和成熟，应试的人数比例不断提高，应聘者的应试技能也在不断完善，主考官对应聘者相应能力的考核难度逐步增加，评估者的评分会受到应聘者应试技能的更多影响，招聘与选拔的效度也受到更多质疑。

☞ 专栏 2-14　心理测验中的作假

心理测验主要有两大类：认知测验和人格测验。认知测验测量个体具备一定认知能力的程度，被试只有知道正确的答案才能够得分，因此一般不考虑猜测的因素；而人格测验不同，被试能够随意选择答案，影响得分。作假(faking)就是指个体为了表现出有利的自我表征，故意对人格测验进行的歪曲反应。例如，对于人际关系测验中的一个项目“当别人说话的时候，我会仔细地倾听”，如果被试选“同意”，说明其有较高的人际技能。但是，人际技能低的个体为了粉饰自己，也可能会回答“同意”。这是认知测验和人格测验的一个重要区别，即被试在认知测验中不容易作假，而在人格测验中却可以轻易地作假。

在西方国家的职业选拔中,人格测验是最常用的测评工具之一。近年来,由于人格测验操作简单、信息丰富,也得到国内很多企业的青睐。然而,在职业选拔中使用人格测验,往往存在着较大的作假风险,其原因如下:①职业选拔的高淘汰率容易激发个体的作假动机。②人格量表中很多项目的描述负载着价值判断,比如,"主动性的""勇敢的"等,使得项目的社会称许性很容易被应聘者识别。③人格测验是不好验证的,并没有便捷的办法去检验个体的自我描述是否属实。

在人格测验中,应聘者中作假的比例有多大,作假的程度怎样?一些心理学家认为,大多数的应聘者会有中、高程度的歪曲反应,如果应聘者不对自己的一些反应作假,反倒会让人感到奇怪。实际上,即使是在一些匿名进行的询问调查中,作假的发生概率也往往会被低估。特别是在职业选拔情景下,有关作假发生率的调查显示,将近一半的被试承认夸大了一部分人格特征,这个比例是相当高的。基于随机反应技术的调查结果也发现,47%的被试夸大了责任感等特征,41%的人承认把自己刻画得更加宜人,超过15%的被试则完全基于虚构形象来回答测验。如此高的作假比例,显然会给人格测验带来负面影响,大量的研究者也对此进行着不断的探讨。就目前研究现状来看,能够得到的比较稳定的结论是:现有的研究方法都不足以明确甄别作假者。因此,人格测验的结果虽然能够为我们提供丰富的信息,但在使用这些信息时仍需要更加谨慎。

本章小结

1. 研究者一般经过提出假设、检验假设的基本步骤,完成一个研究流程。研究的主要步骤有:形成研究想法、检索和梳理文献、具体化研究问题、提出研究假设、制定研究方案、收集与分析数据、解释研究结果。

2. 研究问题的具体化是研究者通过对研究问题进行某种界定,给予明确的陈述,将原本比较含糊的想法,变成清楚明确的研究问题;或者将原本模糊、宽泛的研究领域,规范到特定领域中的特定现象。

3. 概念性定义和操作性定义是两种不同形式的定义。概念性定义是指对抽象概念的推敲和具体说明;操作性定义是指对研究概念给予某种界定和明确陈述,将其抽象化形式转化为可观察、测量和操作的具体形式。

4. 心理实验是指有目的地对实验条件进行严格控制,或者创造一定条件使个体产生某种心理活动,以进行观测分析的一种科学方法。

5. 心理测量是指利用合适的工具,确定某个给定对象在某个给定属性上的量的过程。在人力资源管理心理学中,研究人员一般会依据不同情境或特定组织的具体要求,选择合适的测量工具编制心理测量问卷。

6. 访谈法是研究者与被研究者直接接触,利用直接交谈的方式收集资料的研究方法。

7. 观察法是在自然或实验条件下,通过人的感觉器官或者借助科学仪器,对自然和社会现象或过程进行有目的、有计划地认知过程。

8. 科学研究的质量主要反映在稳定性和准确性两个方面,也就是信度和效度。信度是指不同情境下测验工具或研究结果的相对一致性,效度是指特定工具或结果能在多大程度上考察和评估到所要考察和评估的对象。

思考题

1. 通过本章的学习,想一想你所感兴趣的研究问题。

2. 选择 2~3 个常用的心理测验进行自测,并通过上网检索了解其尽可能详尽的信息。

3. 请大家通过网络自行搜索韩春雨事件,提出你对韩春雨撤稿行为的基本看法;并检索"吴军:透过韩春雨学术之争,我来谈谈什么是学术的规矩",进一步理解学术研究的基本过程。

案例

有关截止日期的实验研究

研究过程

实验人员雇用两组本科生(两组被试群体,对应自变量的两个水平),需要完成 3 篇文章的校对工作(实验任务),被试群体的收入取决于是否按时完成任务、校对出的错误数量(结果变量)。

第一组(被试群体 1):时间要求很宽松——在 3 周内完成任务就可以,需要在第 3 周结束之时上交所有校对好的文章。

第二组(被试群体 2):研究人员定下更为严格的截止日期——总时间依然是 3 周,但这组学生需要每周上交一篇校对好的文章。

实验结果

截止日期更为紧迫的第二组更有成效。虽然第二组学生需要去应对的截止日期更多,但迟交的情况更少,找到的拼写错误却更多,因此赚到的钱自然也更多。

值得思考的问题

为什么工作内容不变,工作内容要求不变,仅仅加上阶段性的截止日期,被试的绩效就会有显著的提升?

心理学解释

心理学中有一个有意思的概念:专注红利。无论是工作还是娱乐,只要时间有限,我们都会尽量利用时间。我们将这种现象称为“专注红利”,这是稀缺俘获大脑时所产生的积极成果。时间是典型的稀缺品,当任务设定出现截止日期,就会引发专注,进而出现专注红利。

管理启示

在现实生活中,这样的现象随处可见。如果有人问你:你有学习计划吗?你会回答:当然有,老师让我们下周提交研究报告,我这个星期正在查资料。但如果老师没有这个要求呢?你会这么着急做吗?

相当多的证据表明,大多数人的工作都是围绕着截止日期展开的,管理者往往利用时间节点督促员工工作。这可能是因为,时间最不顺从,它不会和你争辩,但绝不妥协,一往直前,从不回头。可以说,由于时间限制而带来的压力,是众多压力中最为突出的一种,也是最有效的一种。也难怪人们常说,成功是“逼”出来的:当面临巨大的时间压力时,我们的潜能仿佛一瞬间就能被充分激发出来,实现那些平日看起来很难完成的目标。虽然紧迫的截止日期通常并不让人高兴,但却很难否认,截止日期在大多数情况下,确实能让我们更快地完成一项工作。想象一下以下场景:

如果计划10天内完成一篇简讯,那么你会卡到第10天才能提交;

同样一件事,如果要求一周后提交,结果你就真的只用7天完成了它。

因此,以下结论是可以接受的:目标可以鼓励员工付出更多的努力,明确注意力的方向,鼓励员工持之以恒并制定各种工作策略。当然,不是随便一个目标就能发挥这些作用的,制定明确的目标更为重要,这已成为管理者常常采用的激励手段。

研究扩展

设置明确目标会有负面的影响吗?

与专注红利相对的还有另外一个概念:管窥,专指稀缺带来的一个负面影响。当稀缺俘获大脑时,人们的注意力会集中在紧急的事情上,并将其他事物排除在外。这种专注如果让人们从稀缺中获益,我们就说人们获得“专注红利”。同时,由于“目标抑制”的作用,人们在专注于某项重要事物的同时,就不容易想到其他重要事物。因此,专注也会让人们的视野变窄,付出沉重代价,从而导致管窥。

无论是专注红利,还是管窥,它们的心理机制相同:稀缺俘获大脑。“俘获”这个词在这里很重要,因为它形象地描绘了事情的发生是不可避免的,而且超越了我们的控制范围。也正是时间的稀缺导致截止日期神奇而强大的作用:一方面,当处于稀缺状态时,人们的全部注意力都在当下的事务上,精神紧张,压力巨大,这激发了潜能,帮助个体完成一些自己平时很难完成的事情;另一方面,若长时间处于稀缺状态,人们面临的压力由应急逐渐走向衰竭,管窥症状就会出现,使得人们可能忽视从长远来看更为重要的东西。

案例讨论:请结合生活中的例子,谈谈如何避免管窥带来的问题。

拓展资料

陈晓萍,沈伟.组织与管理研究的实证方法[M].2版.北京:北京大学出版社,2012.

李.组织与管理研究的定性方法[M].吕力,译.北京:北京大学出版社,2014.

徐云杰.社会调查设计与数据分析[M].重庆:重庆大学出版社,2011.

蒋怀滨,张斌.心理学研究方法[M].厦门:厦门大学出版社,2019.

李超平,时勘.变革型领导的结构与测量[J].心理学报,2005(6):97-105.

第三章

管理中的自我

★ 本章需要掌握的内容 ★

1. 自我的分类和自我知觉形成的影响因素
2. 自尊的作用
3. 自我展示的功能和影响因素
4. 员工心理对绩效管理的影响
5. 基本概念:自我服务归因、基本归因偏差和刻板印象
6. 考核评估中的误差

立足于科学心理学研究对象,我们已经知道心理学研究的心理形式被心理学家大体分为一般心理过程和个性心理。我们的讲解从个性倾向性中的自我开始,由此可以看出我们的态度:自我是一个重要的人格概念,在心理学学科中占有重要地位。因为心理活动的方方面面都和人的自我意识有关,没有对自我透彻的把握,我们不可能对人的行为有全面和深刻的理解。

第一节　自我概述

直到罗杰斯提出自我概念(self-concept)的名称,自我的研究才受到人们的广泛关注,自我的概念和理论才重新得以应用。

一、自我的概念

在心理学领域,有两个完全不同的名词我们都习惯称之为自我。一个是 self,

一个是 ego。

（一）自我（ego）

ego 是弗洛伊德精神分析理论中的核心概念之一。它是指人的个性中从本我（id）分化出来的，指导个人适应现实社会生活，使个人行为超越简单快乐原则而遵循现实原则的个性部分。在弗洛伊德的概念体系中，ego 的概念包含如下内涵：①包括自我概念中的自我反身意识的意思，这一层含义与 self 一致。②具有意识环境要求，协调本我与超我关系的功能。因此，描述 ego 的时候往往会在其上下文看到对于本我、超我的描述以及三者之间的互动。当 ego 不能同时协调本我和超我的相互冲突的要求时，它就会发展出各种自我防御机制解除压力，从而避免机体受伤害。③ego 和无意识的心理活动相联系。根据弗洛伊德的理论，自我的防御机制同无意识心理活动相联系，它的心理功能更多时候是在无意识的条件下发挥作用的。

（二）自我（self）

self 指的是个人的自我意识。在一般情况下，心理学说自我的时候都是关于这个自我意识的讨论。或者说，如果表达者没有同时呈现自我和超我概念的时候，他讨论的自我大概率是和 self 对应的。

罗杰斯认为，自我概念是个人现象场中与个人自身有关的内容，是个人自我知觉的组织系统和看待自我的方式。他认为，对于一个人的个性与行为具有重要意义的自我概念，不是真实自我。他将自我概念划分为主体我（I）和客体我（me），从而使得自我概念兼具了对象和作用两个方面。后来的学者在此主体我和客体我的基础上展开了大量研究，并提出自我概念具有以下三种功能。

1. 保持内在一致性。也就是说人们需要按照保持自我看法一致性的方式采取行动。大量的研究显示，个人需要保持自我的一致性。如果一个员工认为领导看不上自己，不会看到自己的努力，他就会放松自我约束并放弃努力，自动进入摆烂模式。显然，通过维持内在一致性的机制，自我概念起到了引导个人行为的作用。所以说，保持个体的积极自我概念具有非常重要的意义。

☞ 专栏 3-1　登门槛效应（the foot-in-the-door technique）

这个效应是美国社会心理学家弗里德曼（Freedman）与他的助手于 1966 年在“无压力的屈从——登门槛技术”的现场实验中提出的。

研究目的：实验者让助手到两个居民区劝人们在房前竖一块写有“小心驾驶”的大标语牌，他们会同意吗？

自变量：提要求的方式包括两种类型：第一种类型在居民区直接向人们提出竖牌要求；第二种类型在居民区先请求居民在一份赞成安全行驶的请愿书上签字（很

容易做到的小小要求,几乎所有的被要求者都照办),几周后,再向他们提出竖牌的要求。两种类型的需求分别在两个居民区提出。

因变量:居民同意竖牌的比率。

研究结果:接受竖牌的比率在第一个居民区仅为被要求者的17%;第二个居民区占到被要求者的55%。

结果说明:人们的潜意识里总是希望自己给人留下首尾一致的印象。人们拒绝难以做到的或违反意愿的请求很自然;但是,一旦对于某种小请求找不到拒绝的理由,就会增加同意这种要求的倾向;而当他卷入了这项活动的一小部分以后,便会产生自己是关心社会福利者的知觉、自我概念或态度。这时如果他拒绝后来的更大要求,就会出现认知上的不协调,于是恢复协调的内部压力就会促使他继续干下去或提供更多的帮助,使得态度表现为持久的行为接纳。

有人说这是"得寸进尺",也有人说这是"随风潜入夜,润物细无声"。"登门槛效应"蕴含着一种教育的理性和智慧,在不经意处强化了人们的依从行为。

2. 决定个人对经验的解释。每一种经验对于特定个人的意义也是特定的。不同的人可能经历了完全相同的经验,但他们对于这种经验的解释却可能很不相同。猫咪得到主人宠爱,就像是绩效奖金;一个安分守己、脚踏实地的普通员工和一个幻想可以点石成金的"傻白甜"获得了同样的绩效奖金时,一个很可能欣喜和满足,另一个却可能感到失望甚至愤而辞职。

☞ 专栏 3-2　猫和狗的自我判断

猫主人宠爱猫咪,猫咪想:这个人为什么对我这么好?管我吃管我喝,我是他的上帝吗?

狗主人宠爱小狗,小狗想:这个人为什么对我这么好?管我吃管我喝,他是我的上帝吗?

3. 决定人们的期望。自我概念会决定人们对于事件发生的期待，对于情境中的自己和其他人行为的解释。消极的自我概念不仅引发自我期望的消极，不相信有好事会发生在自己身上，而且也决定了人们只能期待外部社会的消极评价和对待，他们会接受人们对他们行为后果的消极评价，而且不愿意为了避免消极后果而努力投入。

由于自我概念引发与其性质相一致的期望，并使人们倾向于运用可以导致这种期望的实现的行动方式，因此自我概念具有预言自我实现的作用。

☞ 专栏 3-3 罗森塔尔效应

罗森塔尔效应，亦称“皮格马利翁效应”“人际期望效应”，是一种社会心理效应，指的是教师对学生的殷切希望能戏剧性地收到预期效果的现象，由美国心理学家罗森塔尔和 L. 雅各布森于 1968 年通过实验发现。一般而言，这种效应主要是因为教师对高成就者和低成就者分别期望着不同的行为，并以不同的方式对待他们，从而维持了他们原有的行为模式。

实验过程

1968 年的一天，美国心理学家罗森塔尔和雅各布森来到一所小学，说要进行 7 项实验。他们从一至六年级各选了 3 个班，对这 18 个班的学生进行了“未来发展趋势测验”。之后，罗森塔尔以赞许的口吻将一份“最有发展前途者”的名单交给校长和相关老师，并叮嘱他们务必要保密，以免影响实验的正确性。其实，罗森塔尔撒了一个“权威性谎言”，因为名单上的学生是随便挑选出来的。8 个月后，罗森塔尔和助手们对那 18 个班级的学生进行复试，结果奇迹出现了：上了名单的学生，成绩有了较大的进步，且性格活泼开朗，自信心强，求知欲旺盛，更乐于和别人打交道。而且，年级越低，这个效应越明显。

效应原理

实验者认为，教师因收到实验者的暗示，不仅对名单上的学生抱有更高期望，而且有意无意地通过态度、表情、体谅和给予更多提问、辅导、赞许等行为方式，将隐含的期望传递给这些学生，学生则给老师以积极的反馈；这种反馈又激起老师更大的教育热情，维持其原有期望，并对这些学生给予更多关照。如此循环往复，以至这些学生的智力、学业成绩以及社会行为朝着教师期望的方向靠拢，使期望成为现实。

二、自我的结构

在通俗小说里经常看到主人公的一句台词："我看到我的样子，好可怕！"这里，自我以两种方式出现：主我（我在看）和宾我（看到的东西是我），尽管主我和宾我是自我的两个重要方面，但心理学家更关注宾我的性质，他们把研究重点放在人们如何思考和感受他们自己，以及这些想法和感受如何塑造和影响心理的其他方面，其中自我心理学关注主观体验（人们如何看待他们自己），人格心理学更关注客观体验（人们实际是什么样子）。

☞ 专栏 3-4　自我测验

假设你想要让某人知道你的真实情况，你可以告诉此人你自己的 20 件事情，这些事情可以包括你的个性、背景、生理特征、爱好、属于你的东西、你亲近的人等任何能够帮助这个人了解你真实情况的事情。你会告诉他什么？

仔细看看你的答案，从中可以反映出你是怎么看待你自己的，你核心的自我内容。

威廉·詹姆斯将宾我划分为三个部分：物质自我、社会自我和精神自我。

（一）物质自我

物质自我大体包括真实的物体、人或者地点，也包括躯体自我（如我的肢体和手臂）和躯体外自我（我的亲人、宠物或者家乡等）。这些实体是否属于自我的一部分呢？詹姆斯提供了两种考察方法：当实体被表扬或者伤害的时候，你是怎么反应的？你很关注它，并花大力气提高和得到它吗？大家都见过歌迷、影迷、球迷在他们的偶像成功时的欣喜若狂，失败时的痛不欲生，他们高呼"我们永远在一起"。"我们"的使用意味着这些粉丝都体验到了胜利的喜悦和失败的痛苦，而这种喜悦或者痛苦和自我密切相关。

物质自我和自我之间紧密联系，当要求人们描述自己时，他们往往会提到自己的所有物，他们赋予了所有物象征意义，所有物有效地延伸了他们自己。总之，把所有物当作自我的一部分的趋势贯穿我们一生，也许这可以解释为什么那么多员工会很在意领导对自己的办公用品摆放的欣赏。

（二）社会自我

社会自我指的是个体的社会特征，包括私人关系（如丈夫、妻子）、种族、政治倾向、烙印群体（酒鬼、罪犯）以及职业和爱好。是否存在一个超越这些社会角色的稳定的、核心的自我？各执一词的理论家们大概都不会反对下述观点：不管是否存在核心，个体都倾向于能够获得社会认可的社会自我。

社会自我包括我们所拥有的各种社会地位和我们所扮演的各种社会角色，我们如何看待我们自己在很大程度上取决于我们扮演的社会角色，而且我们非常看重他人对我们的看法，尤其是重要人物的评价。这也许可以解释员工为什么对考核和评价有紧张感。

（三）精神自我

精神自我指的是我们所感知到的内在的心理品质，它代表了我们对于自己的主观体验——我们对我们自己有什么样的感受。这种感受是自我中最持久和私密的部分，但它受到物质自我和社会自我的影响，也许就是因为工作评价的不良记录通过社会自我影响到了精神自我，从而使得个体情绪受到旁人无法体会的冲击和伤害。

介绍了詹姆斯的宾我的划分之后，我们再回到自我的整体结构。我们必须意识到，虽然自我可以被划分为客体我和主体我两个方面，但自我是一个完整的实体，自我意识不可能由脱离内容的抽象形式存在。就和心理内容与心理形式的关系一样，自我内容也总会和自我意识到其存在的过程相联系。詹姆斯说，尽管预言上存在可能作为客体我和主体我的划分，但它们实质上是经验统一体的不同方面。基于这个思路，有心理学家明确提出了一个同时包括主体我和客体我的自我概念结构图，这个图不仅体现了詹姆斯的客体我和主体我的理论，也将罗杰斯的理想自我的概念融汇进去，我们可以从中更为系统地理解自我概念。

总之，虽然不同的研究者在自我概念结构方面的提法不尽相同，但其不同观点之间的相容与共通性是很高的。这些内容表达了一个共同的观点：自我概念是一个动态的心理结构，它引发、解释、组织、传递、调节内心及人际的行为和活动。多看看不同学者的不同观点，相信我们可以更全面地理解自我概念的结构，了解自我的内涵（见图 3-1）。

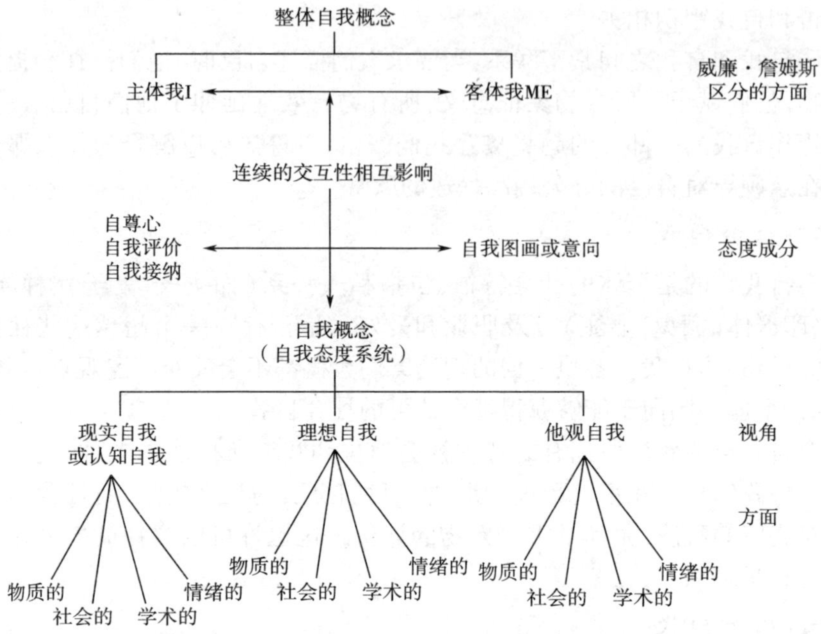

图 3-1　自我概念的结构

资料来源：章志光．社会心理学[M]．北京：中国石化出版社，2011：96.

三、自我知觉的形成

总之，激活自我知觉的因素很多，但如上所述大体可以划分为个体的和情境的两大类（如图 3-2 所示）。这些自我表征影响着信息加工、情绪和行为。研究表明，这两类因素相互关联，这意味着个体变量和情境因素一起影响着当前的自我表征。

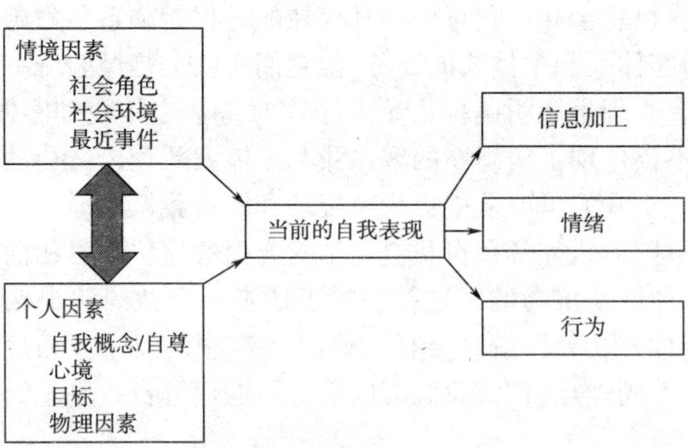

图 3-2　自我概念的形式

第二节　自我理论

自我研究在人格研究中占有重要地位，不同的心理学派从不同视角出发，形成如下主要的自我理论。

一、精神分析的自我概念

弗洛伊德发展出的精神分析学派并不强调自我（self）的概念。虽然我们通常也会将他们常说的 ego 翻译为"自我"，但 ego 和 self 的内涵是有明显差异的。如上所述，ego 往往和本我（id）、超我（superego）一起出现，用于解读本能与道德之间相互妥协之后形成的现实自我。在弗洛伊德看来，满足个体的本能需要与符合社会道德要求之间存在天然的矛盾，它们相互争斗，个体为了身心健康发展出各种自我防御机制，从而达到本我与超我的平衡。

☞ 专栏 3-5　弗洛伊德的自我防御机制

安娜·弗洛伊德将散见于她父亲著作中的自我防御机制归纳为十种：压抑、投射、否认、反向形成、理智化、退行、合理化、抵消、认同和升华。这里简单介绍几种。

1. 压抑。压抑是指意识所不能接受的欲望、冲动、意念、情感和记忆等，被抑制到潜意识之中。它是最重要的，也是其他九种防御机制的基础和最基本的方法。压抑可以阻止一个人看见某种东西，或将看见的东西加以曲解或改造。压抑还适用于创伤性记忆或与创伤经验有关的记忆，最常见的就是遗忘或健忘症。

2. 投射。投射又可称为外投或推诿，指自我把那些自己不能接受的欲望、冲动和意念归咎于他人。如果说压抑的心理指向是向内，那么投射的心理指向则是向外。弗洛伊德说，当一个人的自我受到本我或超我的压抑而感到焦虑时，他可以将焦虑的起因推诿于他人，或归咎于客观。比如，有说谎习惯的人，总认为世界上大多数人都是说谎的，有这种投射，说谎者就很容易做到既不诚实也不惭愧。一贯考试作弊的学生，常常以人人都作弊来原谅自己。

3. 反向形成。这也是在日常生活中屡见不鲜的，如吝啬者故意表现得慷慨大方，虐待动物的人狂热地反对用动物做实验，对你恨之入骨者却和你套近乎，一向沉默寡言的人突然口若悬河……诸如此类，都是把某些不允许的冲动欲念，潜意识地转化成强烈的相反形式，以获得超我的认可，从而减轻和消除对自我的压力和威胁。有些女性为了做"女强人"而在衣着和举止上模仿男人，为服从男性价值观而牺牲自己的个性特征。上面这些例子告诉我们，反向形成在消弭焦虑的同时，却歪曲了现实，屈从了虚假和伪善，使人格变得呆板、固执。这些负面影响应该引起我们的警惕。

4. 退行。如果说固着是滞留于一个发展阶段而不再前行，那么退行则是后退到前一个阶段。我们常常看到，一位已经长大成人的青年，本来应该自食其力了，却依然像个小孩子，什么事都要依靠父母，甚至包括一些日常生活中的小事，也不能自理，结果被称为“长不大的孩子”。这便是人格的退行，主体通过倒退至人格发展的前一个（甚至前几个）阶段，来消除自己对成长的恐惧。弗洛伊德把退行比喻为战争过程中的撤退，在行军过程中，一旦遭遇到不可克服的障碍或失败，只好以退为进，从长计议。

自我防御机制对自身的心理健康具有明显的积极意义。曹操在《短歌行》中感慨：人生苦短。既然人生不如意事十之八九，我们又是如何做到笑对人生的呢？不得不说，自我防御机制功不可没。但有利就有弊，硬币也有它另外一面，自我防御机制一般不是个体蓄意使用的。自我防御机制往往是无意识的，至少是部分无意识的，它往往通过自我美化来保护自己，似乎有自我欺骗的性质，使用不当会让人生活在自己建构的虚幻世界里。不可否认，很多时候，美丽的谎言能让个体得到不错的感受，但很多时候，这个泡沫做的保护罩说破就破，后果非常严重。有些创业者，不能看清事实，自欺欺人地坚持认为自己是对的，错误的投资理念导致血本无归、家破人亡的不在少数。

总体而言，精神分析有关的自我观念常会强调很多传统的精神分析观点，比如，重视早期经验或者潜意识。他们普遍认为，自我会尽力维持这个自我系统各个成分之间的紧密性、连贯性和整合性。也就是说，个体宁可要一个完整的但痛苦（不好的）的自我表征，也不要自我混乱或者完全没有自我感。这种观念和后面我们要介绍的自我的社会认知观念完全不同。这种自我防御机制随处可见地发挥着重要作用——进行自我行为调节。因此，要实现科学管理，我们就必须了解自我防御机制。

二、罗杰斯的自我理论

作为人本主义学派的代表人物，罗杰斯在其咨询实践中逐步认识到自我概念的重要性，在他 1947 年后的 40 多年的咨询生涯中一直强调自我的重要性。罗杰斯认为，每个人都会以一种独特的方式看待世界，这些知觉构成个人的现象场（phenomenal field）。现象场的关键部分是自我，由代表“主体自我”、“现实自我”或“自我”的感知和意义组成。作为有组织的知觉体系，自我影响我们如何行动。

自我既反映经验又影响着经验,除了自我之外,每个人还有一个理想自我,代表个体最希望拥有的自我概念。

有关自我的形成,罗杰斯认为,早期的自我很大部分来自对父母评价的感知。如果父母赞同和支持,自我和经验是一致的;如果父母把条件强加在儿童基本的自我价值上,儿童就会把这些威胁自我价值的经验知觉为一种威胁而加以拒绝,产生自我经验差异。这种自我结构的一致性需要与稳定性需要一直受到罗杰斯的重视,他还致力于帮助个体更好地觉察和接受自己的形象。除此之外,他把个体自我验证和自我增强看作自我的重要组成部分,进行了大量的自我增强的研究,强调正面关注自我的需要。

尤其需要肯定的是,罗杰斯在自我的现象学研究中非常强调自我的客观测量。他发展出一种 Q 分类法(Q-sort method),给被试一系列的包含人格特征的陈述句,让被试对这些陈述句进行分类,根据正态分布分出最适合描述自己和最不适合描述自己的陈述句。理想自我也可以使用这种方式进行测量,陈述句分类的一端是"最不像我的理想自我",另一端是"最像我的理想自我"。在罗杰斯的早期研究中,他认为自我和理想自我之间的差异大小与个体心理健康测量有关,但随着心理治疗学的发展,自我与理想自我之间的差距更多的时候不再反映心理健康,而是反映心理防御。

☞ 专栏 3-6 Q 分类法

罗杰斯为研究个体的自我概念,设计了一种区分理想自我和现实自我之间差距的指标,作为诊断评价心理健康水平的指标,称为 Q 分类法(Q-sort method)。

用 80~100 张卡片,每张卡片分别写有"沉思的""常常焦虑""能经受紧张"等描述人格的词句,让被试者对每张卡片按最符合—最不符合两个极端之间分 9(或 7、11)个等级进行判断选择,然后统计各等级选定的卡片数目。为了确保评价的标准分布,采用"强迫正态分布"的方式,要求被试在每一类里放置特定数目的卡片,这样一个分布适用于任何以常态分布表为参照的项目样本。

研究证实,如果被试者先后两次运用这种判断选择,分别描述现实和理想中的自己,那么两次选择卡片分布统计的结果必然不一样,这就是现实和理想自我之间的差距,计算出的两组数据的相关系数就标志被试者的心理健康水平。此系数越低则心理健康水平越低。

已有研究都证实,经过心理治疗后心理健康水平明显好转者,两种自我的相关系数也显著增高,证实了 Q 分类法的诊断和疗效评估作用。

Q 分类技术灵活简便,与理论密切结合,有较强的逻辑性和实用性。Q 分类技术搜集的资料可用方差分析、相关分析和因素分析等多种方法进行整理和分析,特别适宜于探索性的研究,可用来提出和发现新的思想和假设。

Q分类技术的局限性主要有:首先是人员的取样代表性不足,它做出的有关人员类型分类的普遍性往往不高。其次,Q分类限制了被试的自由反应,得到的不是常规的资料,并有可能漏掉一些重要信息。如在自我概念研究中,被试告诉我们的是他认为自己哪些是长处,哪些是弱点,而不是与其他人或一些外在常模相比他有多好。再次,Q分类的项目只能近似地达到而不能完全满足某些统计处理方法的假设,这影响了其结果的准确性。另外,被试的心理防御、情绪、智力状态对其结果也有一定影响,可能带来一些偏差。

三、社会认知观的自我理论

20世纪60年代认知革命蓬勃发展,逐步取代了主宰心理学领域将近半个世纪的行为主义学派。认知心理学主要关注人们加工信息的方式,比如,对注意、记忆等认知过程的解释。这是一次深刻的革命,要知道行为主义往往是自下而上的数据驱动,而认知信息加工观点与此相反,他们认为个体并不是简单地记录外部世界的信息,相反,他们积极地构建他们体验到的世界,而且建构过程取决于他们先前的知识以及对世界的预判。或者说,社会认知观念认为我们关于世界的知识是一个有组织的认知结构,这个知识的结构是分层次的,一个总的概念位于层次的顶端,而更为具体的知识则位于下面的分支。

(一)自我认识表征

总体而言,认知心理学家认为,人们对于自身的看法是一个复杂而高度有组织的知识结构,而且随着年龄的增长,随着人们关于自身的知识日益丰富,这个结构的变化会越来越大。

1. 自我的复杂性。自我复杂性是用来衡量一个人自我概念的复杂程度的概念,或者说,是指一个人在看待自己的时候是以多种不同的方式,还是几种有限的方式。复杂性的一端是可以用许多不同的方式看待自己的高自我复杂性,另一端则是低自我复杂性。自我复杂性不同的个体对待事件的反应存在显著差异。个体的自我表征越不复杂,他对于积极事件或者消极事件的反应就越极端。

整体而言,具有多种特征可以让我们的生活更健康,但多样性并不仅仅带来好处,辩证地看到自我的复杂性才是客观的。要知道,每一个附加的特性既可能是我们希望的,也可能是我们不希望的,我们对它们的欢迎程度仰仗于这些特性是否与其他的特性相匹配。所谓的角色冲突在这里表现得非常明显,多重特征只有彼此很好地结合才能使个体获益。

2. 自我概念的重要性。一个复杂的自我概念中,有一些自我观念是重要的,有一些则不那么重要。我们有理由推测:一个特征的重要性随着目标而发生变化;重要的特征往往是那些有助于我们的目标和野心实现的;与此同时,人们对于他们的各种社会特性也赋予了不同的重要性。一个人可能是个工作狂,只从工作出发考虑问题;而另一个人可能主要从家庭生活考虑问题。这些差异影响着人们的情感生活并在触及重要特征时表现出强烈的情绪反应。

这些差异突出了一个重要问题,那就是自我认识的特征。一个人如何看待自己当然重要,同时,个体赋予每个特性元素的含义同样重要。为了理解个体的自我概念,我们需要了解的比个体对自己的了解更多,我们需要知道这些概念如何相互关联、如何阻止,以及它们对于个体具有何种意义。

3. 自我图式。图式是一种假设的知识结构,用来指导信息的加工。人们拥有关于许多不同事物的图式,如其他人、社会群体、社会事件和客观物体。这些图式会影响我们注意到的信息、如何解释我们获取的信息以及我们所记得的东西。自我图式的功能与此类似,会影响我们加工社会信息、对他人的知觉以及行为。比如说,我们的图式中把一个特质看得越重,我们在知觉他人时就越容易用这种特质为标准;在一个特质上有图式的人,和没有自我图式的个体相比,在特定领域中表现出的行为与该领域更为一致,而且他对这种特质非常确信,并把它作为一种特殊的自我定义。想一下,资深面试官是不是往往都有典型的个人特色?根据他们面试的关注点,确定他们的自我图式并不是很困难的事情。

(二)自我概念的稳定性和可塑性

尽管有学者认为对于自我而言不存在核心的和稳定的行为模式,人们对自己的看法会发生变化,但大多数的证据表明,随着年龄的增长,到了30岁以后,人们的自我概念已经相当稳定。要知道,激活自我概念和改变自我概念的路径并不相同;在现实世界中,个体往往会选择他们的社会比较目标,并决定从哪里获得反馈评价。这些选择在决定这些过程的结果上有很大的自由度,进而保持了他们原有的自我概念。在这样一个选择与自己看法相互影响的过程中,尽管我们说有时候自己的观念会变,但通常自我是稳定的,不会变化的。建设性的过程和人们构建他们生活的方式促进了现实世界的稳定性,不会随时变化。

四、自我与自我加工的个体差异研究

无论是精神分析学派的自我概念,还是罗杰斯的自我分类,以及自我的社会认知观,都是在说自我结构或者自我加工的一般原则,这一部分我们会专注于研究自我个体差异的概念。

(一)卡弗、沙耶尔的控制理论和私我与公我意识

卡弗(Carver)和沙耶尔(Scheier)的控制模型强调人们在关注私我和公我程度

上的差异,如果将控制模型中的自我调节控制系统模型想象成房间里的空调控制系统,每个房间都有自己设定的理想温度:如果房间的温度低于设定温度,空调就会自动启动加热;如果温度高于设定温度,空调就开始制冷。空调的控制系统不断地调节着房间温度,使之维持在人设定的标准上。与此类似,卡弗和沙耶尔认为,如果个体觉得自己设定的标准太高,人格系统将调动起来降低标准与觉知水平之间的差异。例如,如果我们的表现没有达到我们为自己设定的标准,我们就会付出努力减少二者之间的差异。当然,个体都有许多这样的标准或者说控制水平,它们按照等级排列,有的标准个体更为看重并对其产生更大影响力。

虽然卡弗和沙耶尔认为个体的自我调节系统的各种水平和各种控制都存在各类个体差异,但他们尤其看重其中的一种——自我的私与公。它们使用自我意识量表测量私我和公我意识的个体差异。高私我意识(private self-consciousness)的个体关注自己的内心并专注于自己的感受、愿望和标准;高公我意识(public self-consciousness)的个体更关注于他人如何看待自己、呈现在他人面前的自我和外在标准。相比较而言,高私我意识的人倾向于更多的紧张情绪,对自己的情绪更清楚;高公我意识的人倾向于对他人的暗示敏感、有反应。卡弗和沙耶尔强调:个体对不同刺激的敏感性存在显著差异,比如,高私我意识者对其私我更敏感,而高公我意识者对其公我更敏感,个体的注意通常会被引导注意不同的刺激物,进而去监控自己与标准有关的行为。

(二)希金斯的自我导向理论

根据希金斯(Higgins)的观点,自我导向(self-guides)代表个体要达到的标准,像其他自我图式一样,它们是影响信息加工方式的认知结构。因为它们使用频繁,自我导向具有习惯性易获得构念的特性,也就是说,个体可能会自动地使用而没有意识到使用了这个图式。

希金斯不仅从社会认知的角度强调自我导向的自我标准,而且还强调他的理论中发展的和情感的内容。

从发展的观点看,他认为,自我导向产生于早期社会学习经验达到标准或不能达到标准所产生的情感的结果,这里面的"理想自我"和"应该自我"尤其重要。理想自我代表个体愿意拥有的理想特征,也就是重要他人为我们设定的或者我们为自己设定的特征;应该自我是我们感到我们应该达到的特征。其中,理想自我与正面的结果有关,来自达到早期环境中重要他人设定标准后的正面情绪;应该自我与负面结果有关,来自早期环境中没有完成重要他人设定的责任或职责的负面情感。

希金斯使用自我问卷要求被试描述包括现实自我、理想自我、应该自我的各种状态。研究表明,这些差异有着重要的情绪含义。现实自我和理想自我的不一致与悲伤、失望和不满相联系,而现实自我与应该自我的不一致则与焦虑、担忧和不安有关;相反,正面的或者自我一致的评价具有缓冲压力,增强免疫力的作用。

总之,作为一种重要的认知结构的自我导向理论,希金斯虽然认为自我导向影响着我们的信息加工过程以及我们的情绪与动机的功能,并且强调各类自我的不一致所带来的心理困扰,但这种困扰一方面不同于精神分析学派强调的自我的潜意识表征和潜意识自我导向,另一方面也不同于罗杰斯强调的自我和理想自我的不一致。

时至今日,自我的社会认知观基于认知心理学的概念和研究方法,将自我视为影响大量的信息加工的重要图式,并有动机和行为的含义,它们强调多种自我(自我家族、可能自我)和自我的根本本质以及文化差异。同时,它们还会强调自我验证、自我增强等与自我有关的动机过程的重要性。

第三节 自我在管理中的表现形式

前面两节中出现了大量自我的相关概念、不同的自我理论,这些概念为我们了解人性提供了大量的背景知识。曾有学者将心理学的自我研究比喻为"镜中自我",也就是说,它研究的不是个人的自我,而是我们自己感受到与他人互动后产生的自我认识,这种自我认识理所当然地受到很多文化、社会和个人因素的影响。

这一节我们尝试将这些因素中和管理关系尤其密切的内容呈现一二。心理咨询中有一句话叫作"觉察即治疗",我们希望这些内容不仅可以帮助人力资源管理人员更专业地理解和把握人性,而且还能帮助大家更好地纠正日常生活中的心理定式,克服个体自我认识中的常见偏见。

一、自尊

自尊是自我的重要组成部分。作为一个日常概念,似乎每个人都知道什么是自尊;但作为一个科学概念,有关自尊的定义在心理学界至今还没有形成统一的认识。但我们依旧可以在日常概念这个前提下阐述自尊,这是因为,无论学界强调自尊的哪个方面,自尊的科学界定并没有超出我们普通人对自尊的理解范畴。一般而言,我们可以这样理解自尊:个体对自身情感的感知,按照感知不同,可以划分为高自尊和低自尊两种。具体来说,高自尊的人高度喜欢和欣赏自己,低自尊的人对自己只有略微积极的判断或者是欣赏厌恶并存。如果一个人对自己达到怨恨、不能接受的程度,我们就可以判断他的心理出现了比较典型的病态。

(一)自尊的作用

自尊似乎无处不在地影响着个体的情绪和行为,尤其是当人们面对消极的反馈,例如,领导当面批评、同事公开反对、提案明确被拒的时候,感到羞愧和耻辱,感到无地自容,当你感到“太伤自尊了”的时候,自尊的作用更是显而易见。有关自尊的理论,无论是自我增强理论还是自我一致性理论都指出,消极反馈对于不同自尊程度的个体影响不同,和高自尊者相比,低自尊者受到的影响更大。

从表 3-1 可以看出,虽然低自尊的个体也会用积极词汇描述自己,但高自尊的个体比低自尊的个体拥有更多积极的品质。尽管当高自尊个体失败的时候,他们也会感觉失望,接受自己在特定能力方面有所缺陷的事实,但他们不会对自己产生整体的不胜任感,因此,失败不会让他们觉得耻辱和羞愧。图 3-3 显示了自尊的自我循环强化过程。自尊强的个体拥有更积极的预期,会付出更多的努力,从而把握更大的机会争取成功,而成功反过来又加强了他的自尊。

表 3-1 面对失败时高自尊和低自尊个体的不同反应

失败时的反应	高自尊个体	低自尊个体
情绪反应	悲伤、失望	悲伤、失望、耻辱、羞愧
认知反应(核心差异)	自我价值感保持稳定	自我价值感降低
行为反应	坚持	主动退缩

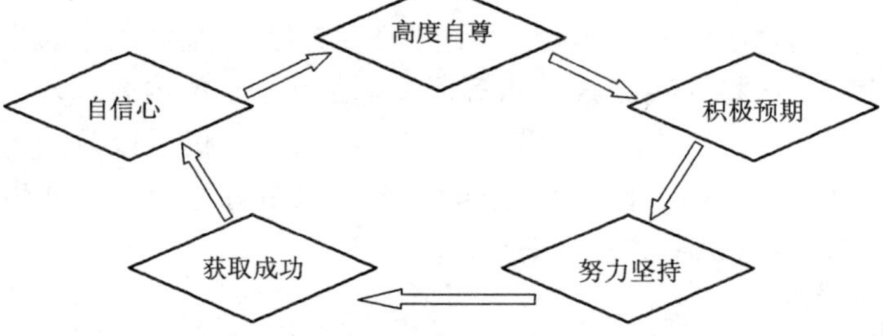

图 3-3 自尊的自我循环强化过程

类似的事情会让低自尊者更容易放弃,并对失败产生耻辱感和羞愧感,而且这种情绪往往和自我保护的行为取向相联系(如图 3-4 所示)。例如,他们会更拒绝冒险,从而确保自己心理上的安全,甚至他们会选择自我妨碍的方法,在行动前就为自己的失败找好借口。自我妨碍是指有时人们会为自己的成功设置障碍,从而确保自己胜任的形象。例如,员工在考核评价前不进行认真准备就是自我妨碍的典型例子。员工可以在自己失败后自我安慰,我考评分数低是因为我没有准备,而不是因为我能力差,从而保护了自我的核心概念。

研究表明,与教育程度、技能和工作经验等因素的变化相比,自尊水平的变化对生产力的影响更加敏感。既然现实中会面临各种挫折和困难,个体在任何环境尤其是工作环境中随时面临考核与评价，而这种情况下的个体行为又受到自尊的显著影响，因此，保护个体自尊，努力使得个体自尊保持在合理的位置，从而使得自身不要受到消极反馈的过多影响，进而确保个体愉快工作，保持较高的工作效率是个体和人力资源管理者不可忽视的问题。

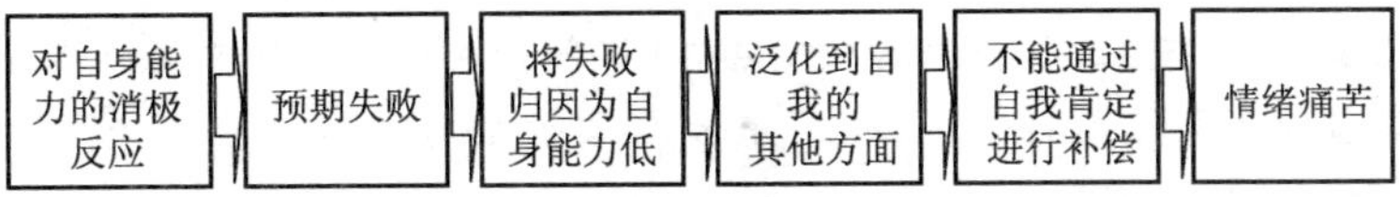

图 3-4　认知模型——解释低自尊个体比高自尊个体经历更多的情绪痛苦

（二）自尊的提升

通过研究自尊的形成和影响因素可以为提高自尊提供建议。很多提高自尊的计划都试图通过鼓励人们关注自己的优点，并改变个体把失败归因于自己能力低下的思维习惯。我们认为，与知易行难的认知训练相比，对自尊更具有弥散性影响的因素是安全的人际关系。它能够创造高自尊和掌控感（很多自我研究学者认可的高自尊特征），也就是说，当人们感到自己是被无条件地关爱和接纳的时候，人们就会觉得自己是一个有价值的人，从而加强整体自尊的感觉。

☞ 专栏 3-7　异质性高自尊学说

自尊作为核心的个体变量，已有研究大多将高自尊者看作是同质性群体，忽略了个体间的差异。异质性高自尊学说（heterogeneity of high self-esteem）认为，高自尊并不是同质的，高自尊有安全高自尊和脆弱高自尊之分，虽然两者对自我的评价都是积极的，但脆弱高自尊者的积极自我评价是脆弱的、不稳定的和防御性的，对可能威胁到自尊的负性评价信息非常敏感；安全高自尊者的积极自我评价架构良好，不易受外界信息的影响。所以，简单地从高低自尊角度去研究自尊并不恰当。

异质性高自尊观点从不同的角度对高自尊进行了分类和描述。根据自尊的公开表现与内在隐藏是否一致，施耐德等（Schneider et al.，1975）将高自尊区分为防御高自尊和真诚高自尊。根据自尊是否随着时间和情境的变化而波动，柯尼斯等（Kernis et al.，1993）将高自尊划分为稳定高自尊和不稳定高自尊。根据自尊是否依赖于特定结果，德西等（Deci et al.，1995）将高自尊区分为相倚高自尊和真正高自尊。柯尼斯（Kernis，2003）将不稳定高自尊、相倚高自尊和防御高自尊统称为脆弱高自尊（fragile high self-esteem），与之相对应的统称为安全高自尊（secure high self-esteem）。虽然异质性高自尊的这两大类别都有积极的自我感受，但前者的积极自我观非常脆弱，易受到挑战，对自我威胁难以防守，因此会采取各种方式来保护和提升自我以维持高自尊。相反,后者的积极自我观建立在自我接受的基础上,不需要大量的外部验证。

目前,研究者区分异质性高自尊的方式通常有两种:一是利用罗森伯格自尊量表和社会期望量表(Marlowe-Crowne Social Desirability Scale)进行区分,两者分数均高为防御高自尊(脆弱高自尊),自尊分数高、社会期望分数低为真诚高自尊(安全高自尊);二是将外显自尊和内隐自尊相结合,外显自尊分数高、内隐自尊分数低为防御高自尊(脆弱高自尊),两者分数均高为安全高自尊。已有研究表明,这两种方法均能较好地区分异质性高自尊。

资料来源:杨宝琰,陈莎莎,苏少青,等.外强中瘠、虚饰以财? 自我威胁情境下异质性高自尊与物质主义的关系[J].心理学报,2021,53(6):667-680.

二、自我展示

虽然很多人认为自我是一个十分私密的概念,和自我有关的内容都属于个人,但自我概念也包括高度社会化的现象。正如上述的自我知觉的形成,自我的产生和发展都有其社会根源,自我展示充分体现了自我社会性的一面。

自我展示指的是个体以建立、修改和保持别人对自己印象为目的的所有行为。比如有客人来,女主人就会打扫房间;出门上班、访友,我们会考虑穿什么衣服,带什么装饰品;很多人甚至为了漂亮而不惜牺牲自己的身体健康。

(一)自我展示的功能

有时候自我展示是自动的、几乎无法感觉到。大体上,自我展示者希望实现以下目的。

1. 提高社会交往质量。莎士比亚说:“整个世界就是一个舞台,并且所有的男人、女人都只是演员。他们有自己的出场和入场方式,一个人在他的一生中扮演了很多的角色。”社会交往中的每个参与者都有义务尊重和维护他人的社会角色,个体如果能够有效扮演相应角色,就更容易进行社会交往。例如,万科董事长王石在四川地震后的言论引起了很多人的反感,就是因为一个“乐善好施、竭尽所能回馈社会”的优秀企业家形象比一个“品头论足,对社会现象指手画脚”的好为人师者更容易被人接受。

2. 获取利益。这种利益不仅包含物质奖赏,也包含社会认可的社会需要。现在很多明星大腕都开了博客,他们写的是日记吗? 他们仅仅是又一次成功地抓住了一个得到他人关注的渠道,点击率往往和个体的名利密切联系。当然,我们不能由此得出结论:他们在操纵人们对他们的看法! 策略性的自我展示未必意味着我们肯定要欺骗别人(虽然有时候是这样的),多数时候它只是选择性的展示或忽略,或者只是选择重点和时机等,而不是无耻的谎言和虚伪。

3. 自我建构。为自己建构一个特定的身份是自我展示的另一项功能。试想一下广告中的所谓专家,戴着眼镜,西装革履,这样做无非是想要告诉你“他真的是一个有学问的人,相信他”。有人把这个功能称作“自我验证”或者“自我符号化”。自我构建往往通过创建自己在别人心目中自己希望自己的样子,从而感觉良好。而且,个体在大众面前表现出的样子,往往对个体行为产生激励作用,促使个体朝着这个方向努力。

☞ 专栏 3-8 自我验证理论

为了满足自我一致性的需要,个体首先要保持自我概念的稳定性。从这个意义出发,斯旺(Swann)于 20 世纪 80 年代提出了自我验证理论。自我验证理论认为,人们为了获得对外界的控制感和预测感,会不断地寻求或者引发与其自我概念相一致的反馈,从而保持并强化个体原有的概念。

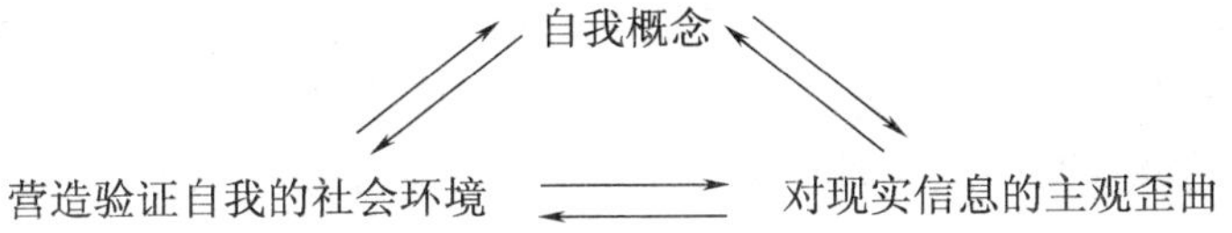

其中,营造验证自我的社会环境的方式主要有选择交往伙伴和环境、有意显示身份线索、采取能引发自我验证反馈的交往策略;对现实信息的主观歪曲方式主要有选择性注意、选择性编码和提取、选择性解释。总之,人们会看到他们要看到的事件,如果员工认准考核评价就是惩罚自己的手段,他们就会在考核评价系统中找到对他们不利的“无理要求”,当然就更不会欢迎考核评价了。

(二)自我展示的影响因素

虽然个体希望在公众面前展示自己美好形象,但是否能够达到这个目的却不是随心所欲的,印象管理受到很多因素的影响。

1. 社交敏感度。如果我们产生了塑造特定印象的动机,如何实现很大程度上取决于我们知道如何做才能实现塑造特定形象的能力,这就是社交敏感度。例如,一个员工想要自己的部门经理认为自己是踏实能干、有责任心的,他就需要知道做出什么样的行为才能让经理认可这个印象,也就是员工要从部门经理的角度反观自己。如果他不能从对方的角度看待问题,他塑造期望形象的可能性就会降低。

自我监控能力在一定程度上决定了个体的社交敏感度。高自我监控者和低自我监控者在自我展示方面表现出不同的取向(见表 3-2)。总体而言,高自我监控者是社交变色龙,他们认可不同情境下人应该有不同的表现,不同的社会角色会有不同的认知和行为技能;低自我监控者认为人应该有原则,在不同情境下"做自己"很重要,他们不擅长或者不愿意把握社会情境的特征。

表 3-2　高自我监控者和低自我监控者的自我展示区别

自我展示的内容	高自我监控者	低自我监控者
目标	成为合时宜的人	成为自己
社会敏感度	善于把握社会情境和他人行为特征,能够并愿意使用这些知识塑造特定情境下的适合行为方式	不擅长把握情境和行为特征,内在的态度、价值观和倾向是个体行为的基础
行动能力	行动能力很强,能够修正自己的行为以便和环境吻合	行动能力有限,不同环境下扮演类似角色

2. 行为技能。单纯拥有塑造特定期望形象的动机是不够的,个体只有具有很强的塑造期望形象的行动能力,才有可能成功展示自我。塑造期望形象的行动技能很多,不同的期望形象对个体的行为要求不同,即使是一个期望形象也可能要由不同的行为表现才能实现。当人们希望塑造积极的形象(个体处于关注中心或者被人忽视的时候,人希望进行自我展示的动机都会增强),同时又感到无能为力、希望渺茫的时候,就会产生社会焦虑,这时候个体的展示能力可能会由于紧张而降低。

个体想要在他人心目中塑造的形象不计其数,但我们还是可以把它们大体划分为以下几种:讨人喜欢的逢迎策略,让人欣赏的自我提升策略,让人尊重的威胁策略和让人同情的哀求策略。行动能力在策略实施中起到重要的作用。

需要补充的是,行动能力不是自我展示成功的唯一条件。不管人们想要表现什么形象,能够成功自我展示的行为技能都是下述两个条件的博弈:"尽可能好"与"可信"。例如,每个员工都希望管理者认为自己能力强且勤奋,但是如果他们表现得太夸张,把自己描绘成一个超人,就会被别人怀疑,结果适得其反。一般而言,越模糊的行业,人就越能吹嘘;相反,当听众可以检验展示内容,自我展示就必须更真实。

☞ 专栏 3-9　自我妨碍与学习投入

自我妨碍(self-handicapping)是指个体在面临挑战时,为回避或降低失败带来的负面影响,采取将失败作外部归因以维护自己的完美形象或自我价值的过程。

自我价值理论认为，了解和发现自我价值是个体的基本心理需要。而心理需要的满足是个体行为的基本动力，促使学生集中精力投入学习。在成就情境中，当不确定自己能否取得成功时，为了防止他人对自己进行负面评价，个体往往会采取自我妨碍的方式避免失败，维护自我价值。有研究显示，与低自我妨碍的个体相比，高自我妨碍的个体不相信自己能完成任务，在任务中投入更少。同时自我妨碍会影响学业表现（如作业的完成情况、课堂参与度和学习投入程度），进而影响其学业成就。高自我妨碍的学生，更易为失败找借口，缺乏学习坚持性，不能合理、有效地调节情绪，进而产生一系列逃避学习的行为。以上研究均得出了自我妨碍不利于投入的结论。

资料来源：贯绪计，李雅倩，蔡林，等. 自我妨碍与学习投入的关系：学业浮力的中介作用和父母支持的调节作用[J]. 心理与行为研究，2020，18（2）：227-233.

三、自我的文化结构

虽然一方面我们知道，人类在应对外界环境中的决策方式存在跨种族的共通性，这也就给民族间的交往带来文化基础；但另一方面我们也需要明确，不同文化约束会显著影响自我的概念和自我的发展。西方式的自我赖以产生的文化是个人主义的，而我们的自我文化背景是集体主义的。个人主义文化注重的是个体的需要，而集体主义文化注重的是团体的需要。侧重点的不同会显著影响不同文化中的成员的自我概念的形成。个人主义文化鼓励对于自我进行独立的解释，把个体看作一个独立的个体，倾向于鼓励个体不是依靠他人，而是根据自己内部的想法、感受和行动对自己的行为进行组织和赋予意义。与此相对，集体主义文化鼓励对于自我作相互依赖的解释，把个体看作是周围社会关系的一部分，倾向于认为一个人的行动在很大程度上受到个体感受到的社会关系中的其他人的想法、感受和行动的影响。大量的研究都证明，人们从属的文化对于他们如何解释自我有很大的影响，无论是文化对道德的判断，还是情绪的表达，概莫能外。

☞ 专栏 3-10　霍夫斯泰德民族文化维度理论及中美维度得分对比

该理论由荷兰心理学家盖尔特·霍夫斯泰德（Geert Hofstede）提出，是一个跨文化交流的框架理论。霍夫斯泰德教授在 20 世纪 60—70 年代对 IBM 在 70 多个国家的子公司文化差异进行了研究，随后扩展到了更多的国家和行业领域。被调查个体包括了工人、高层管理人员的各阶层，不同收入群体的人。以此为基础，该理论主要研究了工作场所价值观是如何受文化影响的。

霍夫斯泰德民族文化维度（Geert Hofstede Dimensions of National Culture）包含

以下六个维度:权力距离指数(Power Distance Index)、个人主义或集体主义偏向(Individualism Versus Collectivism)、不确定性规避指数(Uncertainty Avoidance Index)、男性偏向或女性偏向(Masculinity)、长期导向(Long Term Orientation)、放纵与克制(Indulgence Versus Restraint)。

霍夫斯泰德文化比较工具使用了量化的方式衡量中美民族文化维度,中美具体打分情况如下:

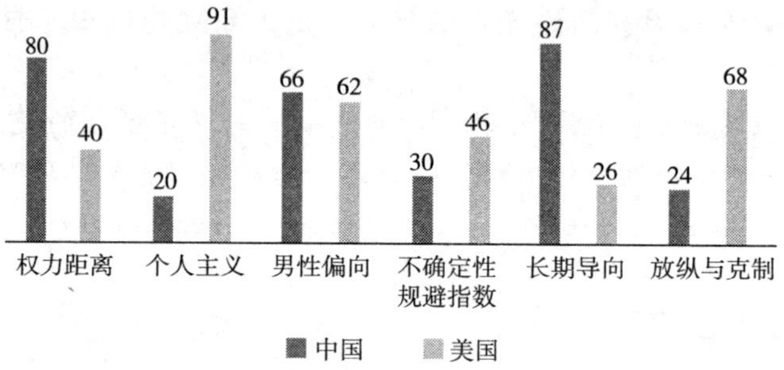

资料来源:www.hofstede-insights.com/country-comparison/

具体分析如下:

01. 权力距离指数:中国 80 分、美国 40 分。

这个指数越高,代表社会越强调等级秩序。

受到儒家思想影响,中国社会自古以来都是非常强调等级的,孔子的主张之一是"君君臣臣,父父子子",通过严格的等级制度来维持社会的稳定。儒家思想影响了中国 2 000 多年,时至今日依然非常盛行,等级制度的观念深入人心。

美国人非常强调人与人之间的平等,在大公司里,即使一个人贵为董事长,另一个只是普通蓝领工人,他们之间的社会地位也没有天壤之别。基层员工不会因为对方是大领导而表现出畏惧或惶恐,称呼对方的时候是可以直呼其名的。

02. 个人主义与集体主义:中国 20 分、美国 91 分。

这项分值越高表示越是倾向于个人主义,越低代表更倾向于集体主义。

中国已从农耕社会迈向工业化社会,但是自古以来高度的集体主义精神还在中国人的血液里。在农耕社会里,个体只有依附于集体,才能在恶劣的自然环境下生存繁衍。集体主义的观念始终影响着中国和其他东亚国家,日本、韩国无一例外。

美国在这个维度得到了 91 的高分,是非常崇尚个人主义的文化。美国人非常强调个人奋斗,随处都在宣扬个人英雄主义。

03. 男性偏向或女性偏向:中国 66 分、美国 62 分。

在六个维度中,这是中美文化之间差异最小的一个,66 分和 62 分代表中美都是男性化的社会，都是以成功作为社会的导向，成功人士会受到更多的认同和赞许。

无论是中国人还是美国人，都是以工作为导向的，大多数人重视工作胜于家庭。

04. 不确定性规避指数：中国30分、美国46分。

这个指数描述的是人们对于不确定性的态度，分数高代表着当地工作文化不能容忍离经叛道的人或不同的想法，比如，日本人在职场奉行的是下级绝对服从上级的文化。分数低，意味着可以接受社会的不确定性变化和模棱两可的事情，更加适应实际情况和实用主义。

中国的30分属于偏低的分数，规矩可以灵活地适应实际情况，汉语中有很多模棱两可的意思，让西方人很难理解。中国人适应能力强，富有创业精神。

美国在不确定性规避维度得分低于平均水平。美国人对新想法、创新产品的接受程度相当高，也愿意尝试一些新的或不同的东西，无论是技术、商业还是食品。美国人往往对任何人的想法或观点都更宽容，并允许言论自由。

05. 长期导向：中国87分、美国26分。

这个维度用来描绘社会是偏向于尊重传统，还是倾向于与时俱进。

中国得分87分，这个高分值代表社会传统是可以改变的，并能够随着时代发展而变化，意味着我们有着非常务实的文化。在以实用主义为导向的社会中，人们认为真理在很大程度上取决于形势、背景和时间。能够审时度势的人，才算得上是真正的智者。中国人表现出一种快速适应环境变化的生存能力，并通过节俭和坚毅的精神取得成果。

美国在这个维度只有26分，可以说是相当遵循传统的国家，这与我们以前了解的美国不太一样。事实上美国人可能要比我们想象的传统得多，很多美国人对善与恶有着强烈的态度，并影响着他们对堕胎、安乐死和控枪等事情的看法。在企业管理方面，美国人比较看重短期收益，缺乏像日本人或者德国人那样的长期发展的策略。当企业经营环境恶化的时候，美国企业倾向于裁员和缩减运营开支，等待情况好转的时候再进行招聘和扩张。

06. 放纵与克制：中国24分、美国68分。

这个维度被定义为人们控制欲望和冲动的程度。得分高，表示为“放纵”，得分低代表着“克制”。

中国是一个克制的社会，只有24分。在克制的社会里，人们不太重视闲暇时间，反而会控制自己的欲望。有这种倾向的人会觉得他们的行为受到社会规范的约束，对放飞自我持一种否定态度。

美国是一个放纵的社会，努力工作，尽情玩乐。

建议大家去看一部纪录片《美国工厂》(*American Factory*)，并尝试从上述6个维度解读一下中美文化的冲突。

可以说,一个民族的文化或多或少地会在这个民族个体身上留下烙印,工作理念、行为习惯、待人接物,可以说方方面面都有体现。用文艺些的话就是,祖先的记忆在你的血脉中流淌。不管是因为基因问题,还是因为同一祖先生活环境一致,现实是:同一群体的文化观念、行为偏好存在一致性,不同群体的文化观念、行为的偏好存在差异。我们很难说谁对谁错,务实的管理者应该明白:民族性不可避免,不同民族之间存在差异。不管你是否喜欢,对此我们需要思考的就是管理中如何顺势而为。

管理者需要意识到:在管理中粗暴生硬地模仿其他企业的管理行为,往往只会东施效颦;科学管理一定要因地制宜,不能照搬照抄。要知道,管理模式没有最好只有最适合。管理者不能忽视这种人性的特殊性:民族经历不同,遗传不同,文化背景不同,人们的关注点就很神奇的不一样,管理模式就要发生相应变化。

本章小结

1. 威廉·詹姆斯把宾我分为三类:物质自我(我们的身体和延伸)、社会自我(在社会中扮演的角色)和精神自我(心理自我)。自我重要性领域、自我期望和假定的自我观念对个体知觉的形成具有重要影响,而这个过程中自我和情绪密切联系。

2. 高低自尊者对待消极事件的态度不同。消极事件让低自尊者认为自己不能胜任某种工作,全面否定自己的能力,产生耻辱感和羞愧感。低自尊者具有高度的自我保护性、害怕冒险。但消极事件不会对高自尊者产生这种影响,他们也会感到失望,但是不会因为失败而否认自己整体的品质,也不会产生耻辱感和羞愧感。高自尊者更倾向于自我增强,愿意接受可能带来更多回报的挑战和冒险。

3. 成功的自我展示具有三个重要功能,包括促进社会交往,获得奖赏以及获得自己期望的身份。是否能够成功自我展示受到个体社交敏感度,自我监控能力以及行为技能高低的影响。成功的自我展示从一定角度讲需要在最好和可信度之间取得平衡。

4. 自我服务归因是一种典型的保持积极自我的归因偏差,这一过程表现出一定理性的自我欺骗。基本归因偏差是指人们在解释他人行为时往往会忽视情境的巨大影响;刻板印象指的是人们对某一类人或事物产生的比较固定、概括而笼统的看法,是一种"以点代面"的经济型推理,简化了思维,使其认知判断的准确性受到或多或少的影响。

5. 弗洛伊德强调自我防御机制有助于消除个体应对心理冲突而产生的焦虑。作为人本主义的代表人物，罗杰斯强调个体行为由其内在的不断以积极方式发展变化的驱力推动，朝着达到自我实现的方向不断努力。班杜拉强调自我效能感是人们采取何种行为的最主要的影响因素。

6. 自我概念是结构复杂的系统，引导个体处理关于自身和他人的信息。其中自尊提供了一个对自我的一般性评价，影响自我形成的因素有个体认知、外部环境和文化要素。

思考题

1. 自我在管理中无处不在，考核评估中尤其明显。请想一想你在看到自己或者同学考试成绩时的行为语言，它们契合我们这一章自我的哪些内容？

2. 自我防御机制的形式很多，你最常使用的是哪几个？常看到别人用的又是哪几个？

3. 自我认知的重要性怎么强调也不为过。大家看看周围，时常会看到报道说有人不堪重负自杀身亡，为什么？很多时候我们看到的不是他们的走投无路，而是他们拒绝接受现实不符合他们的预期。你周围有经历过失败和成功的人吗？采访一下，他们是如何看待自己的成功和失败的，看看这一过程中有没有自我认知的内容发挥作用。

4. 如何评价高看自己和准确自我评价的关系？如何看待捧杀和棒杀？这两者的差异是什么？有没有共同之处？

案例

沟通培训的具体案例

0 引言

黄老板已经出来18个月了，他很努力，但集团基层员工都看得出来，他很焦虑。

十几年前，进去前的他也很焦虑。警方在查他，股市又亏了很多钱。他的办公室连着一间卧室，他经常住办公室，让高管半夜来开会。中间睡几个小时，再起来指挥他的庞大帝国。

压力大到一定程度时，每天工作15个小时的黄老板开始掉头发。大家看他开会时抓头发，一抓一把头发。再后来，就是刷刷地掉。

手下出主意说可以把头发剃了。黄老板于是索性剃了光头。后来很长一段时间，黄老板留给公众的，一直是光头形象，“匪气”十足。

现在,虽然头发已经长出来了,但焦虑依旧如影随形。他几乎每天都加班到凌晨,为了方便开会,他甚至在鹏润大厦34层给高管安排住宿,让他们跟上老板的节奏。

出狱后第三天,他就出现在国美的高管会上,激情演讲,说要带领国美重回巅峰,用18个月的时间。

这番讲话后来刷屏了,引起巨大轰动。乐观情绪在那几天到达顶峰。

他入狱时才39岁,苹果刚发布第二代手机iPhone 3G。不少人觉得当了三届胡润中国首富的他,只是时运不济,要是不进去,今天哪有杰克马和一东刘的事。

他不在江湖13年,江湖似乎一直在等他。很多人相信前首富还有点石成金的魔力。国美股价从1元钱,涨到2元多。

这13年里,他的老对手张近东一直很努力地折腾。苏宁赢了国美,但很快输给时代。移动互联网狂飙的10年,京东、淘宝甚至拼多多都轻松超越了苏宁,成为市值几千亿甚至万亿元的巨头。

苏宁被折腾没了。张近东被全球追债的时候,黄老板刚出来。老婆杜鹃帮他守了13年公司,竟成为这时代的神话:

黄老板躺赢了。

自信的黄老板哪会享受躺赢。王者归来的他,大刀阔斧猛操作。

国美并没能重回巅峰。这周,国美官方说,本月25日发放的工资,延期到10月底。

1. 国美的钱都到哪儿去了?

最近在一次大会上,黄老板突然问高管:国美的钱都到哪儿去了?

去年黄老板出狱时,国美账上还躺着60亿元。今年年中时,只剩下不到25亿元了。

钱去哪了,他哪能不知道。过去一年多,黄老板的状态一如入狱前,事必躬亲,10万元的合同他都要亲自审定。在过去18个月里,52岁的黄老板主要就干一件事:做流量。

黄老板出狱时,寒意已经传导到互联网平台上了。企业家们都在去杠杆,黄老板却是那个逆行者,大胆上马新业务。第一次公开亮相时他就说:谁也灭不了谁,谁制约谁都是暂时的。

黄老板主推"娱乐化零售平台"概念。他耗费巨资在抖音、小红书等社交媒体平台投放广告,主要做旗下三个电商App:"真快乐"、"打扮家"和"折上折"。

"真快乐"App的前身是国美App。在黄光裕回归前一个月完成更名,并一度在电商界引发热议,只因名字——太土。

黄老板想通过"真快乐"打个翻身仗。这是个集小红书(社交)、抖音(短视频)、淘宝(平台)、京东(自营)等多个平台特点于一身的 App。未来连国美电器都只是“真快乐”App 上的一个商家,因为真快乐会在全品类上扩展。

“真快乐”并没有给黄老板带来快乐。过去一年多,“真快乐”光各种营销就烧掉了 2 个小目标,然而流量还是没做起来。

像做国美门店一样,黄老板又一次祭出了他当年迅速崛起的核武器——价格战。去年 4 月,“真快乐”宣布平台上万款商品全部保证全网底价。

价格战的前提是有自己的竞争对手。但已经没有人把黄老板当成一个真正的对手了。不管是京东还是天猫,都只冷眼旁观黄老板的“放血”。

价格战最终没有掀起多少浪花,只是让本来就不宽裕的国美雪上加霜。因为没什么特色的“真快乐”,很难以留下重金吸引用户。

2021 年,“真快乐”活跃买家数量为 1 683 万,京东和拼多多的活跃买家分别是 5.7 亿和 8.69 亿。就是这 1 683 万,还有很大的水分。许多看似活跃的用户,都是国美自己的门店员工。

国美前段时间开除过一名员工,原因是这位员工花钱购买流量,数据造假。有段时间,国美内部有一句名言在流传:你这个方案也就只能骗骗老板了。

相比“真快乐”,针对家装市场的“打扮家”App 更惨。

黄老板入狱时,中国楼市正走向巅峰,出狱时,中国房地产行业开始大面积暴雷。今年前 8 个月,中国商品房销售降了三成,没人买房子了,谁会做装修?谁会去买家电?

方洪波说,未来三年是前所未有的寒冬。

寒气很快传递到国美员工身上。

2. 现实与目标有一定差距

18 个月后,今年 8 月 19 日。黄老板又发了一封公开信,说对执行的困难预料不足,加之疫情长时间扰动,导致现实与目标有一定差距。

最早感受到寒气的是股民。到达巅峰后国美股价一路下跌。18 个月后,从 2 元跌到 1 角,国美市值蒸发了 800 亿元。

没有黄老板的国美还能勉强在温饱线上挣扎。黄老板归来后,工资开始发不出来了。

今年 5 月,国美下发通知,表示社保需要延期交付。随后的 6 月,发工资的时间从 15 日延期到了 25 日。

到了 7 月,国美迎来了一波大裁员。行政部门有的裁员比例达到了 50%,电器业务则达到了 60%,黄老板看重的“真快乐”业务则更高。这些员工的辞退赔付,到现在国美也还没结清。

到了 9 月,工资已经从 25 日延期到 10 月底了。半年绩效奖金也没有发放。

国美称,工资的临时调整只是短期的、阶段性的。但一位朋友说,国美把时间设置在10月底,是因为国美真没钱了。过去几个月,他们曾向政府部门写信求救,但没有什么反应。

年初的几轮疫情,其实也给国美造成不小的影响,线下的门店时常因为疫情而被封闭。过去几个月,时不时有工厂和供应商在国美的总部楼下要账。

截至今年上半年,国美的应付票据和款项达到144亿元,银行和各种借款还有280亿元。欠拼多多和京东的钱,也会在后年到期。

新业务做不起来,核心业务无法扭亏为盈,国美的人事也在持续动荡。

黄老板回来后,还是经常在会上骂人,说怎么干成这样,就这么点销售。被骂的,都是国美的老员工。大家都低下头,不敢说话。

虽然黄老板离开了国美那么多年,但首富的气场,始终笼罩着这家公司。老总们去他屋子,依旧打战。

朋友说,在过去的20个月里,他换了足足8任领导。

这周,国美的CEO王巍也离职了。

今年8月中旬的时候,他和黄老板在一次会议上大吵了一架,黄老板喷了王巍3个小时。后来,黄秀虹下令,暂停了王巍的审核OA。

事情到了这一步,留给这位CEO的,也只剩下离职了。

国美有许多工作了十几年的老员工。从CFO到分部的经理,很多人都是从门店的销售员一步步干起来的。大家其实期盼黄老板出狱,相信他能东山再起,改变现有商业格局,甚至成为下一个褚时健。

但前首富似乎已经做不到这一点了。上半年,国美营收只是京东的1/50。

过去一年,黄光裕夫妇已经减持国美50亿股股票了。

3. 注定要被抛弃

12年前,国美爆发了惊动中国商业世界的控制权之争。争夺最激烈的时候,我在国美总部鹏润大厦见过一次陈晓。

他说自己2007年上任国美总裁时,曾经提出过国美十大目标,但2008年一个目标都没有实现。依旧跑马圈地的国美,从那时候开始已经滑入深渊了。他反复念叨说:黄赖以成功的旧有模式,只会阻碍国美。

一年后,在上海,我又见了陈晓一次。那时他离开国美已经几个月了,但他似乎没有任何留恋。他说自己把国美的股票都卖掉了,因为家电连锁的好日子要结束了,无论是消费者还是供应商,都想摆脱“高价”的卖场经营模式。

它们注定要被抛弃。

十几年过去了,当年气势恢宏的蓝色城堡鹏润大厦,已经显得非常旧了。这栋楼已经淡出聚光灯好多年了。当年闹得沸沸扬扬的国美大战,也没有几个人记得起来了。

时代变了。曾经一时的潮头浪尖,都被拍在沙滩上。更何况失去自由13年的黄老板。他错过的,其实是一个完整的时代。

诗人艾略特说过,这世界倒塌了,不是轰然一声,而是唏嘘一声。

失去自由之前,黄老板曾经找复星的郭老板吃过一次饭。潮汕人和东阳人的饭局,如鸡同鸭讲。黄老板非常兴奋地说赌。他说赌的感觉特别好。还有自己炒股,他只要看到股票图形,感觉就来了,就能预见到这个股票是要涨,还是要跌。

他还讲到自己出门。他不会相信司机设计的路线。他会在脑子里设计一条路线,让司机跟着自己的感觉走。

郭老板说,那我跟你太不一样了。我是只要有人看路,我都不动脑子的。

没多久,黄老板呼啸而去。

时代亦呼啸而去。

资料来源:https://mp. weixin. qq. com/s/LAunb-P8Ow5uDrh7xnjCoA. (2022-10-01)[2023-04-11].

案例讨论:

1. 你如何看待自我在上述案例中的作用?

2. 有没有什么亲身经历让你感到“认识自我”的重要性?请分享出来。

拓展资料

派克. 少有人走的路[M]. 于海生,译. 长春:吉林文史出版社,2007.

安德烈. 自尊的力量[M]. 俞春红,高巍,译. 北京:北京科学技术出版社,2018.

塞利格曼. 认识自己,接纳自己[M]. 任俊,译. 杭州:浙江教育出版社,2020.

斯托尔. 孤独:回归自我[M]. 凌春秀,译. 北京:人民邮电出版社,2016.

第四章

工作中的个体差异

★ 本章需要掌握的内容 ★

1. 人格测验的基本测量对象
2. 了解主要的人格理论,并重点掌握积极心理治疗中有关工作能力的基本观点
3. 把握人-职匹配的基本内涵
4. 把握胜任力分析的基本内涵
5. 从人力资源管理者的立场思考了解个体差异的潜在用途
6. 了解与工作分析有关的心理问题

正所谓"知己知彼百战百胜",公司和组织不仅需要分析了解工作要求,也需要了解工作中的人,只有了解个体,充分了解个体差异,才能将工作要求和个体特点相联系,形成个体工作资格和评价轮廓图。

第一节　个性概述

心理学是一门既具有一般性更具有多样性的学科。一般性主要体现在人的心理活动规律的普遍性上,我们试图在有关学习的章节再深入阐述个体的认知等一般心理过程规律。这一章我们尝试将更多关注点放在对于多样性的阐述上。大家都知道,心理现象是人在诸多实践领域的活动中表现出来的,且多有交叉,这些差异的规律就是我们常说的个性。

一、个性的定义

个性有两种解释:一是指与众不同的性格特点,这是社会上的一般解释;二是心理学上的解释,和人格同义,表示个体在对人对己及适应一切环境时所显示的比较固定的特性。

个性是多学科的研究对象,由于不同学科从不同的角度进行研究,所以对个性的理解也不相同,即使在心理学界,对个性的认识也各有侧重,但一般都包含以下两方面内容:一个是独特性,人的个性由许多稳定的心理特征组成,其中有些是个体独立具有的,有些是和别人相似的,这些特征错综复杂地交织在一起,集中在不同人身上,构成各不相同、独特的个性;另一个是行为的特征性模式,虽然说人的个性千差万别,但它们是客观存在的,有规律可循。总之,个性就是一系列复杂的,具有跨时间、跨情绪特征性的,对其行为模式有广泛影响的,独特的心理品质。

二、个性倾向性

个性倾向性是指人对社会环境的态度和行为的积极特征,包括需要、动机、兴趣、理想、信念和世界观等。个性倾向性是人的个性结构中最活跃的因素,它是一个人进行活动的基本动力,决定着人对现实的态度以及人对认识活动对象的趋向和选择。作为个性系统的动力结构,它较少受生理、遗传等先天因素影响,主要是在后天的培养和社会化过程中形成的。个性倾向性中的各个成分并非孤立存在,而是互相联系、互相影响和互相制约的。其中,需要是个性倾向性乃至整个个性积极性的源泉,只有在需要的推动下,个性才能形成和发展。动机、兴趣和信念等都是需要的表现形式。而世界观处于最高指导地位,它指引和制约着人的思想倾向和整个心理面貌,它是个体言行的总动力和总动机。由此可见,个性倾向性是以人的需要为基础,以世界观为指导的动力系统。

☞ 专栏 4-1　什么是需要?

对需要的研究有重大的潜在意义,因为这个概念能使人们想到个人及社会活动的目的:"一切为了人的存在和发展",即使这个目的不是唯一的,也肯定是最重要的目的之一。但当涉及具体的目标和对象时,这个概念仍被视为充满哲学意味的或意识形态的问题。作为一个难以精确界定的理论建构,各个学科包括哲学、人类学、经济学、生物学长期以来一直注重对需要问题的探讨。当前,社会学、心理学,特别是社会心理学、人格心理学都对需要问题给予越来越多的关注。在心理学领域,任何一个心理学家都无法躲避对人性的把握,所有重要的人格理论都包含心理学家对人性需要的深刻思考,正如马克思所说的,人的需要就是人的本性,心理学家对人性的基本把握往往利用需要做出判断。归纳起来,心理学家有关需要的定义主要有以下几种。

1. 需要是促使个体行动的内在动力。弗洛伊德精神分析中有关需要的动力学基础众所周知;勒温在团体动力学中用紧张系统概念代表心理需要,认为"由需要所引起的心理紧张系统,才是心理事件发生的基本动力"。20 世纪 50 年代人本主义兴起,人类潜能的开发激发出人们前所未有的兴趣,需要作为内部动机的重要来源,在相当长的一段时间里是动机研究的核心概念,在理论和实证研究中,动机、需要往往取而代之或合二为一。马斯洛在 1943 年发表了他在心理学史上的经典之作《一种人类的动机理论》,该论文的题目使人一目了然,这是有关动机的研究,但通篇的研究都是直接针对人类共有的需要。显然,在马斯洛看来,需要和动机是等价的,可以换用。马斯洛在文中明确指出,"未满足的需要管理着有机体及其行为",需要的动力色彩更加明显。

2. 需要是个体内部的一种匮乏状态。1938 年,莫瑞(Murry)在其著名的《人格探究》中将需要定义为:某物的缺乏,如给予此物就会感到满足。弗洛姆持此观点,认为作为社会中的个体,人总会有需要,在局部目标达到之后不断确立新的信仰和目标。当前众多市场调查中的需要评估(need assessment)都是针对个体内部的匮乏状态对外部环境或事物、事件进行评估的。很多人认为,需要就是事件的现实状态(what is)和理想状态(what should be)之间的差距。事实上,大多数对需要的界定,尤其是需要层次的安排都是根据非满足的危害程度制定的,例如,马斯洛认为:"一个满足的需要就不是需要。"因此,不同需要的定义都不同程度地反映了这种匮乏状态。

3. 需要是确保个体生存和发展的必要条件。自我决定理论(self-determination theory)是由美国心理学家德西和瑞安(Deci & Ryan)在 20 世纪 80 年代提出的一种关于人类自我决定行为的动机过程理论。该理论认为,基本心理需要就是为了个体幸福(well-being)而必须具备的营养品或必要条件,并明确提出人类有三种基本心理需要:自主(autonomy)、胜任(competence)和关联(relatedness)。显然,这是一个严格的功能性定义。

不同需要的定义导致不同内容和方法的需要测量,其中最著名的就是 1953 年爱德华编制的"爱德华个人偏好问卷"(Edwards Personal Preference Schedule, EPPS)。爱德华以莫瑞列举的人类 15 种需求为基础,设置了 225 个题目,每个题目都包括两个以"我"开头的陈述句,用"强迫选择法"要求被试从两者中按照自己的喜好选出其中的一个。该问卷的主要功能是通过被试对题目的反应,评定他在 15 种心理需求上的相对强弱程度。

有关职业招聘和选择方面出现了很多有关职业兴趣的测验，例如，霍兰德的职业爱好问卷（Holland Vocational Preference Inventory）、斯特朗－坎贝尔的兴趣问卷（Strong－Campbell Interest Inventory，SCII）、库德的职业兴趣调查表（Kuder Preference Record－Vocational）和杰克逊的职业兴趣调查表（Jackson Vocational Interest Survey，JVIS）等。

三、个性心理特征

个性心理特征是个性系统的特征结构，是人的多种心理特点的独特结合，其中包括完成某种活动的潜在可能性的特征（能力）、心理活动的动力特征（气质）、对现实环境和完成活动态度上的特征（性格）。现代社会分工越来越细，人与工作的配合难度增大，因此，无论是工商团体还是政府机关，都立足于在人事选择上达到人与事适当配合，从而达到实现最佳绩效的目的。从个体而言，人与事能否适当配合决定于他的能力和风格两个条件，能力的条件相对比较容易处理，而风格特点对工作的适当性高低的影响无法从能力角度进行推测，会更多地仰仗于人格测验等心理学测量技术。

（一）能力

能力是直接影响活动效率，保证活动顺利完成的个性心理特征。能力总是和人完成一定的活动相联系。离开了具体活动既不能表现人的能力，也不能发展人的能力，但是我们不能认为凡是与活动有关的，并在活动中表现出来的所有心理特征都是能力。只有那些完成活动所必需的、直接影响活动效率的，并能保证活动顺利完成的心理特征，才是能力。例如，人的体力、知识以及人是否暴躁、活泼等，虽然对活动有一定影响，但不是顺利完成某种活动最直接最基本的心理特征，因此不能称之为能力。能力可以分为一般能力和特殊能力。一般能力通常称作智力，是指观察力、记忆力、思维和想象力等，它是人们完成任何活动所不可缺少的，是能力最主要也是最基本的部分。特殊能力是指人们从事特殊职业或专业需要的能力。例如，音乐中所需要的听觉表象能力。在活动中，一般能力与特殊能力共同起作用，要顺序完成一项活动，既需要有一般能力，又需要有与该活动有关的特殊能力。

无论是一般能力还是特殊能力，其水平高低在人群中大多处于正态分布，我们都希望自己或者员工的智力处于超常水平，但从现实考虑，这既不可能也无必要，现实工作中，更多的时候我们并不进行所谓全面的智力测验，而是针对工作要求将智力或者说能力要求具体化，并针对关键品质进行集中考核和评价，既提高了测量的针对性，又避免了理论上的模糊与困扰。

☞ 专栏 4-2 智力、智商和智力测验

能力是直接影响活动效率,保证活动顺利完成所必备的个性心理特征。一般能力和我们日常所说的智力概念相对应。我们通常用个体在智力测验得分(智商)高低表示个体的智力水平高低。我们可以这样理解智商的基本含义:和代表性人群的测验分数相比,个体测验分数的排名。智力测验起源于比纳-西蒙量表,后修订为斯坦福-比纳量表,其测试内容更适用于未成年人。目前,国内常用的成人智力测验方法主要有两个:韦克斯勒成人智力测验量表和瑞文标准推理测验。

在职业选拔过程中,我们会根据不同目的选择不同的智力测验,其中比较有代表性的测验有:韦斯曼人员分类测验(Wesman Personnel Classification Test)、工业人事测验(Personnel Test for Industry, PTI)、吉尔福德-奇摩尔曼能力倾向检查(Guilford-Zimmerman Aptitude Survey, GZAS)等。

(二)气质和性格

心理学大体上将作为个体的风格差异划分为两个子系统进行分析:一个是受先天因素影响的气质;一个是受社会因素影响的性格。

1. 气质。我们日常生活中经常说"这个人有气质",是指一个人有风度。心理学中提到的气质含义与此不同,它更类似于我们常说的"脾气""禀性"。现代心理学把气质理解为人典型的、稳定的心理特征,这些心理特征以同样方式表现在各种各样的活动中,而且不以活动的内容、目的和动机为转移,主要表现在情绪体验的快慢、强弱、表现的隐显以及动作的灵敏或迟钝方面,因而它为人的全部心理活动表现染上了一层浓厚的色彩。

☞ 专栏 4-3 气质的类型

气质是一个古老的心理学问题。早在公元前 5 世纪,古希腊著名医生希波克拉特就提出了四种体液的气质学说。他认为,人体内有四种体液:血液、黏液、黄胆汁和黑胆汁,四种体液协调,人就健康,四种体液失调,人就会生病。希波克拉特曾根据哪一种体液在人体内占优势把气质分为四种基本类型:多血质、胆汁质、黏液质和抑郁质。

苏联生理学家巴甫洛夫利用高级神经活动解释个体气质形成的生理基础:人在高级神经活动中的兴奋过程和抑制过程有三种特性:强度、均衡度和灵活性,这些特征的典型组合将高级神经活动分为四种类型:①强而不均衡的;②强的、均衡的、灵活的;③强的、均衡的、惰性的;④弱型的。

气质的体液学说虽然缺乏科学根据，但人们无论是在高级神经活动学说的理论中，还是在日常生活中确实能观察到这四种气质类型的典型代表。

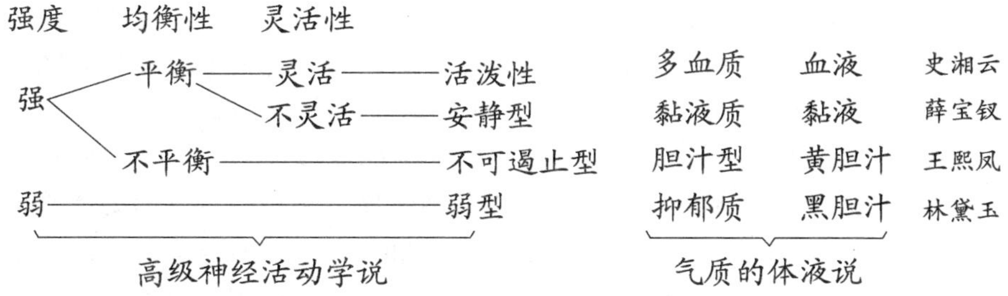

气质不影响活动的性质，但可以影响活动的效率。如果在学习、工作和生活中考虑到这一点，就能够有效提高自己和他人的效率。人的气质本身无好坏之分，气质类型也无好坏之分。在评定人的气质时不能认为一种气质类型是好的，另一种气质类型是坏的。每一种气质都有积极和消极两个方面，在这种情况下可能具有积极的意义，而在另一种情况下可能具有消极的意义。尤其是，现实生活中属于某一种气质类型的人很少，多数人都是介于各类型之间的中间类型，如胆汁-多血质、多血-黏液质等，这说明我们完全可以自觉调节和控制自身的行为。

2. 性格。性格为个人的典型行为表现，是由外部条件决定的行为。作为个性特征中具有核心意义的心理特征，性格和个体需要、动机、信念和价值观密切相连，并决定着能力和气质的发展方向。现代心理学常常从以下 4 种成分描述性格结构：

(1)性格的态度特征：指个体在对现实生活各个方面的态度中表现出来的一般特征。

(2)性格的理智特征：指个体在认知活动中表现出来的心理特征。例如，主动观察型-被动观察型、分析型-综合型、快速感知型-精确感知型等。

(3)性格的情绪特征：指个体在情绪表现方面的心理特征。例如，情绪强烈-情绪微弱、情绪稳定-情绪不稳、情绪饱满-情绪抑郁等。

(4)性格的意志特征：指个体在调节自己心理活动时表现出的心理特征，自觉性、坚定性、果断性、自制力等是主要的意志特征。

除此之外，心理学家曾经以各自的标准和原则对性格类型进行了分类：①从个体独立性上划分，性格分为独立型、顺从型和反抗型。②从心理活动倾向性上划分，性格可分为内倾型和外倾型。③从社会生活方式上划分，性格可分为理论型、经济型、社会型、审美型和宗教型。

☞ 专栏4-4 人格测验

虽然我们在前文对“人格”进行了广义的解释，但是在传统的心理测量术语中，“人格测验”是和能力测验相区别的，是测量情绪、动机、人际关系和态度特征的工具。人格测验的方式方法多种多样，大体可以划分为以下几种。

1. 自陈调查表：这是测量人格最常用的方法和形式，要求被试根据自己的实际情况或者感受逐一回答客观问题，以此衡量个人的性格特征。经典的自陈调查表主要有：明尼苏达多项人格问卷（Minnesota Multiphasic Personality Inventory，MMPI）、卡特尔16种人格因素问卷（Sixteen Personality Factor Questionnaire，16PF）、艾森克人格问卷（Eysenck Personality Questionnaire，EPQ）、爱德华个性偏好量表（Edwards Personal Preference Schedule，EPPS）、加州心理问卷（California Psychological Inventory，CPI）和詹金斯活动性调查表（Jenkins Activity Survey，JAS）等。

2. 评定量表：由旁人经过观察某个人的行为或者特质之后，对一组描述个体的词或句子进行评价。量表形式与自陈量表相似，只是作答的人是他人而已。具有代表性的评定量表有：内外向品质量表（又称莱氏品质评定量表，Scale for Measuring Introversion Extroversion Qualities）、猜人游戏（Guess-Who Test）等。

3. 投射测验：心理学上，投射是指个人把自己的思想、态度、愿望、情绪或特征等，不自觉地反应于外界事物或他人的一种心理作用。测验就是利用投射，这种特殊的人格测评技术，为被试提供一些未经组织的刺激情境，让被试在不受限制的情境下自由表现他的反应。主试通过分析反应的结果推断被试的人格特征。投射技术利用这个原理将不被人意识到的深层意识激发出来，了解个体的人格。比较成熟的投射测验有：罗夏的墨迹测验（Rorschach Inkblot Method，RIM）和主题统觉测验（Thematic Apperception Test，TAT）、罗特的完成句子测验（The Rotter Incomplete Sentence Blank）以及绘画测验（例如，画人测验、画树测验、逆境对话测验）等。

4. 情境测验：属于一种行为观察法，将被试置于特定情境，由主试观察被试行为反应，从而判定人格，该方法常用于选拔中。例如，品格教育测验（Character Education Inquiry，CEI）和情境压力测验等。

四、自我意识

自我意识是指自己对所有属于自己身心状况的意识，包括自我认识、自我体验、自我监控等方面，如自尊心、自信心等。自我意识是个性系统的自动调节结构。相关内容我们已经在第三章中进行了重点介绍，这里不再展开。

☞ 专栏 4-5 人性假设

每个人都有自己的人性假设，每个人都是在自己的人性假设基础上和人相处的。一个在社会中很容易上当受骗的个体，很可能是一个人性本善的极端认可和实践者；一个在社会中处处设防、小心谨慎的个体往往倾向于人性本恶的观点。每个工业与组织心理学家同样也是站在自己的人性假设基础之上的，就工作环境中的效率和持续发展的影响因素提出自己的看法。

任何有组织的活动，都是对人的管理活动，既然是对人的管理活动，就必然涉及对人的认识。在管理活动中，只有了解人性才能以人为本，也只有意识到人的作用，才有可能真正开始人性管理。在如何看待人性的问题上，西方管理界曾提出过各种不同的假设，这些不同的人性假设构成了西方管理心理学的基石。从 20 世纪初的“经济人”“社会人”“自我实现的人”，到 20 世纪 70 年代的“复杂人”假设，表明了西方管理界对于人性看法的发展历程（见表）。

人性观念与管理理论的发展

年代	人性观念	管理理论	代表人物	管理措施			
				管理重点	管理职能	奖励措施	领导体制
20 世纪 20 年代之前	经济人	X 理论	泰勒	以工作或任务为中心	传统管理职能	外部，胡萝卜加大棒	专制集权式
20 世纪 30 年代	社会人	人际关系理论	梅奥	以人为中心	人际协调职能	集体奖励	新型，民主参与、沟通
20 世纪 40～50 年代	自我实现的人	Y 理论	马斯洛	以人为中心	设计环境与采访职能	内部，成就激励	民主与参与决策
20 世纪 60～70 年代	复杂人	权变理论	莫尔斯洛尔施	组织结构权变、领导体制权变、管理方法权变			

资料来源：SCHEIN E H. Organization Psychology[M]. 3rd ed. Englewood Cliffs：Prentice-Hall，1980.

由上表可以看出，不同的人性假设提出了不同的个性需要，针对不同的需要，管理和设计强调了不同的工作侧面：X 理论强调管制，在机构上突出监工，在制度上强调重赏重罚，主张集权和控制；Y 理论强调协调，重视教育和培训，制度上突出参与，提倡给人创造机会；权变理论主张二者结合，通达权变、因地制宜、灵活应变。不同管理理论和管理措施，不仅以不同观点反映了人性认识上的差异，事实上也和理论产生时代的生产发展水平、生活水平密不可分。这样，我们就不难理解泰勒和赫兹伯格会站在不同的角度提出科学管理或者工作丰富化问题了。

第二节　人格理论

广义的“人格”和“个性”是同义词,但具体到适用范围,人格和个性习惯的使用位置有所不同。比如,在研究复杂微妙、千人千面的人性差异规律理论时,更多的研究者将其研究内容称为人格理论。可以说,对于人性差异规律的理解,人格心理学家仁者见仁、智者见智,在各自的研究中采用了多种不同的途径。这些研究途径和内容虽然有时会有重叠,但整体而言,他们在研究对象和研究方法上可以说大相径庭,大体可以划分为三种不同的研究传统——临床的、相关的和实验的。这三种取向的发端时间相同,延续至今,虽然时有重合但更多的时候是在单独进行自己的探索,从不同的角度看待个性。

历史上关于个性的理论主要包括特质论(可观察的、长时间存在的行为模式),弗洛伊德的心理动力学理论(行为的无意识因素),罗杰斯、马斯洛的人本主义理论,以及认知理论。

一、类型和特质人格理论

想想你如何向招聘专员介绍你的独一无二、不可替代?一般而言,你会努力想要通过有限的几个不同的、描述你行为的形容词把自己从芸芸众生中区分出来。这种对自己或者他人的行为进行分类的倾向似乎是人的本能,而这就是最早的描述人格的方法——类型和特质人格理论的选择。

(一)类型理论

很多人喜欢在日常生活中使用人格类型,因为类型划分简单明了,很容易理解。需要注意的是,人格类型往往暗含着全和无的现象,如果把一个人归类为一种类型,那这个个体就不能被归类于该理论中的其他类型。

早期的类型理论之一就是上一节专栏中介绍的气质体液说。这种理论的生理基础已经在现代医学中得到证伪,但它的描述类型太典型,以至于艾森克的特质理论中还能找到它的影子。

总体而言,类型理论认为,个体可以被分为某些特定的“类型”,这些类型是独立的、不连续的,但这种类型是否可以包含了解个体所需的全部重要信息?显然,复杂个体很难囊括于几个形容词中,因此,特质理论应运而生。

(二)特质理论

1. 阿尔伯特的特质理论。阿尔伯特将个性结构看作个体行为的关键决定因素,认为决定个体行为的并不是环境。许多现代的特质理论都遵循了这一立场。阿尔伯特将特质看作个性的框架和个性的根源,特质促使行为具有一致性。阿尔伯特确定了三种特质:首要特质、核心特质和次要特质。首要特质影响一个人如何组织生活,但并不是所有的人都会发展出这样明显的首要特质;核心特质代表一个人主要特征的特质,相对于次要特质更有助于预测个人行为特定的特征。

2. 卡特尔的特质理论。卡特尔在阿尔伯特等前辈研究的基础上,提出人类个性的 16 种因素,并将其称为根源特质。卡特尔认为,这 16 种因素是个体表面行为的潜在根源,而这一根源就是我们常说的个性。与此相对应,卡特尔编制的 16 种个性因素问卷得到广泛应用。

3. 艾森克的特质理论。艾森克根据个性测验的数据推出三个范围很广的维度:外倾性(内源导向的或外源导向的)、神经质(情绪稳定的或情绪不稳定的)、精神质(善良的、体贴的或有攻击性的、反社会的)。他将外倾性和神经质两个维度组合起来建立了一个环状图形,这个图形中的任何一个象限代表希波克拉底所提出的四种个性类型中的一种(如图 4-1 所示)。但作为一种特质理论,艾森克允许

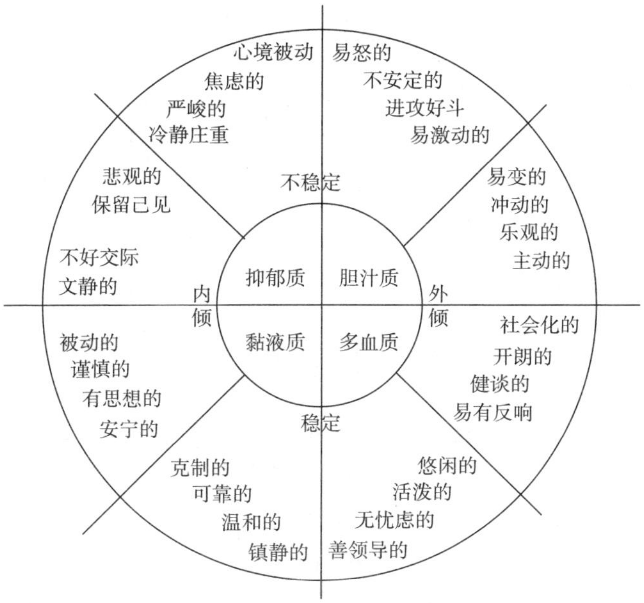

图 4-1　艾森克的个性环状图

这些分类中个体变异,个体可以落在这个圆圈中的任何一点上,一个人可以非常外向,也可以不那么外向;情绪可以非常不稳定(神经质的),也可以是非常稳定的。并且圆圈上列出的特质描述了内外向和神经质两个维度的组合。

4. 五因素模型。近年来,以阿尔伯特和奥伯特为代表的更多学者认为,五因素可以最好地描述个性结构。这五个维度非常宽泛,每一个维度都包含许多特质,这些特质有着各自独特的内涵,但又有一个共同的主题。个性的这五个维度在日常生活工作中常被随意地称为"大五",虽不够严谨但又因朗朗上口而深入人心。

这五个因素(见表5-1)都是两极的,对特定的特质项目进行描述。需要声明的一点是:它们只是勾画出了一个分类的方法,如果要对个体进行描述,我们可以将这五大因素看作是将人与人进行相互区别的最重要的维度。

表5-1 五因素

因素	双极定义(意义相似/意义相反)
外向性	健谈的、精力充沛的、果断的/安静的、有保留的、害羞的
和悦性	有同情心的、善良的、亲切的/冷漠的、好争吵的、残酷的
公正性	有组织的、负责的、谨慎的/马虎的、轻率的、不负责任的
情绪性	稳定的、冷静的、满足的/焦虑的、不稳定的、喜怒无常的
创造性	有创造性的、聪明的、开放的/简单的、肤浅的、不聪明的

从简单的类型和特质学说的讲解可以看出,它们努力对不同人的个性进行精确的描述,但其静态的或者稳定的个性结构的描述难以解释行为的产生和发展。在这个方面,心理动力学给我们的启发更大,因为它们尤其关注个体内相互冲突并导致个性变化和发展的驱动力。

二、心理动力学的个性理论

心理动力学的个性理论认为,强大的内在驱动力塑造个性并引发个体行为。作为心理动力学的创始人,弗洛伊德的个性理论对个性理论的起源和发展、心理本质等都进行了解释。弗洛伊德认为,人的所有行为都是由动机引发的,动机的激发过程就是一场人格大战:本我和超我无休止的战斗,自我进行调和。人格的差异其实就是不同个体的本我、自我和超我的运作特点。

本我(id)就是原始驱动力的储存处,它非理性地运作,只追求即时的满足而不考虑所渴望的行为是否被社会认可。或者说,本我被快乐原则支配,这种快乐特指性、生理和情感的快乐。

超我(superego)是一个人的价值观的储存处,大致上和良心的概念相对应,而且还包括理想自我的内容。总体而言,超我被道德原则支配,会坚持做那些正确的事情。既然弗洛伊德认为的本我都是受制于社会要求所不容的本能,那按照外界要求逐步形成的符合父母等成年人价值观要求的超我必然和本我矛盾重重。

自我(ego)是一个基于现实的自我,代表一个人社会现实的观点。自我受现实原则支配,这种原则为快乐的需求提供现实的选择,当本我和超我产生矛盾时,自我会折中,尽量满足两者需要,而当本我和超我之间压力非常大时,自我很难制定出最优的折中方案。可以说,自我防御机制就是自我在寻求表现的本我冲动与否定它们的超我要求之间的日常冲突中发展出来的保护自身的心理策略。

总体而言,弗洛伊德的理论是关于正常和异常人格功能的最复杂、最全面和最引人注目的理论观点。然而,像任何理论一样,对这个理论的最佳态度应该是对它的每一个成分进行检验和验证。已经有研究表明,还没有获得同一性的个体更可能使用自我防御机制。现在的学者们努力规范精神分析中的模糊概念,将专注于历史和过去的精神分析理论转向对未来和行为的预测,他们的这些理性规范的科学研究行为使得该理论对现代心理学的影响得以扩展和深化。

三、人本主义理论

人本主义从个人、意识经验与成长潜能整合的角度理解人格,其理论核心是强调自我实现的潜能。所谓的自我实现(self-actualization)是指个体不断努力开发自身才智与能力,实现个人潜能的倾向。

人本主义的代表人物如罗杰斯、马斯洛、霍尼等都认为,个体行为由其内在的不断以积极方式发展变化的驱力推动,朝着达到自我实现的方向不断努力。整体而言,人本主义理论具有整体性、先天倾向性、现象学性和存在性的特征。

(一)马斯洛的需要层次论

和我们熟悉的马斯洛的五层需要层次论不同,马斯洛其实提出了八层需要层次,从低向高依次为:生理需要、安全需要、归属与爱的需要、尊重需要、认知需要、审美需要、自我实现需要和超越需要。显然,马斯洛是如此乐观地看待人类,他认为人有超越个人潜能的能力,超越需要会导致更高层次的意识状态和人在宇宙中的宇宙观,当然,很少有人能超越自我获得这种精神力量。除了超越需要之外的七大需要分为两类:较低的前四层称为基本需求(basic needs),较高的后三层称为成长需求(growth needs)。其中自我实现的需要置于个体需要层次结构的顶点,作为一种建设性的、指导性的力量,驱动个体不断扩展自我并做出积极的行为。

(二)罗杰斯的无条件积极关注

无条件的积极关注最早由罗杰斯提出,也称为正向关注或者积极关怀。作为一个心理咨询师,罗杰斯认为,咨询者应该以积极态度看待来访者,对来访者的言语和行为的积极面、光明面给予有选择的关注，利用其自身的积极因素促使来访者发生积极变化。无条件的积极关注意味着在治疗的每一个时刻，治疗者都需要乐于接受病人可能会有的混乱、恐惧、愤怒、蔑视、痛苦以及其他各种各样的情感。这种关注是没有任何先决条件的，而且不管病人的情感正确与否或合适与否。这种态度向病人传达的信息是，治疗者乐于接受他们此时此刻真实的自我。无条件积极关注不仅对于来访者很重要，对于儿童成长和成人也同样重要。更重要的是，成人需要无条件的、积极的自我关注，悦纳自我，而不是关注那些自己试图改变的缺点。

（三）霍尼的真实自我

霍尼坚信，人们的“真实自我”需要一个良性的环境氛围才能得以实现，如果社会存在激烈竞争，使其感受到潜在敌意，儿童就会产生基本焦虑。为了应对基本焦虑，个体就会发展出人际防御（接近、对抗或者疏远）和内部防御（在潜意识中创造了一种“理想化的自我意象”，以及和这个相适应的僵化的尊严/骄傲系统）。这种人会完全遵循“应该法则”行动。霍尼和马斯洛、罗杰斯一样，都认为人本主义治疗的目的就是帮助个体获得自我实现的快乐，加强个体内部人性中的建设力量，支持他们不断走向自我实现。

人本主义的人格观和弗洛伊德理论站在人性的两端：弗洛伊德太过悲观，关注充满矛盾、创伤和焦虑的人性，反复回味那些本已经或者应该被压抑的痛苦经验；而人本主义强调充分发挥自我的潜能，直接关注生活的不断改进，倡导并驱动人们追求快乐与自我实现的健康人格。当然，人本主义也不是完美无缺的，有批评者指出，人本主义中的核心概念界定不清，而且过分强调自我作为经验与行为来源的地位，不可避免地忽略了那些影响行为的重要环境因素。

上述三类人格理论都强调某种内部机制，它们推动着相应的特定行为并进一步形成人格的功能结构基础。社会学习和认知理论与此不同，它们更多关注个体的行为差异，认为环境事件影响行为。其中，社会学习理论认为习得的习惯的总和产生个性，如果要完整地理解个性和社会生态学就必须全面地考察所有的这些因素，而认知理论强调心理过程在人们对现实的感觉和知觉印象进行组织时的重要性。

考虑到社会认知学习理论更多的应用体现在人类学习活动中，相关理论内容将在学习章节再行介绍，这里不再展开，但我们一定要认识到，认知理论对当前学术思潮的贡献很大，突出了影响个体行为的环境因素。例如，米希尔认为，人们对特定的环境信息的反应取决于他们的信息编码过程、期望、信念、目标、价值观和自我调整。坎特认为，人们的差异在于生活目标的选择、所拥有的知识和他们实现目标时采用的策略。

总之,不同的个性理论对我们理解个性做出了不同的贡献:特质理论从静态的角度分析了个性的结构;精神分析的潜意识和本能提醒我们关注无意识动机过程对个体行为和情绪的影响,关注个性的形成和发展;社会学习理论和个性理论关注个体对当前行为环境的感知。我们越完整地全面理解不同学派的人格理论,越能更全面地了解人的差异与引发机制。

第三节　个体差异与管理

一、人-职匹配理论概述

工作的心理学理论基础之一是人-职匹配理论,其基本思想为:①承认个体差异普遍存在;②每一种职业由于其工作性质、环境、条件、方式等的不同,对工作者的能力、知识、技能、性格、气质和心理素质等有不同的要求;③人们应该根据自己的个性特点寻找职业,也就是说,进行职业决策(如选拔、安置、职业指导)时,应根据一个人的个性特征选择与之相对应的职业种类,即进行人-职匹配,从而满足个体需要和兴趣,最大限度地发挥个体的潜力。该理论认为,如果人-职匹配得好,个性特征与职业环境协调一致,工作效率和职业成功的可能性会大大提高;反之,工作效率和职业成功的可能性会很低。

匹配模式的出现可以追溯到最早的职业指导理论:"特质-因素理论"(Trait-Factor Theory),其核心思想就是"人-职匹配"(matching men and jobs)。该理论假定:个体都具有独特的能力模式与特性,而不同的职业对个体有不同要求,职业指导可以通过心理测验认识个体特征,帮助个体寻找"特质"和具体职业要求之间的最佳匹配,使个体充分发挥作用,同时最大限度地提高工作效率。该理论自20世纪初形成以来,对职业指导产生了深远影响,而今已发展成为"个体与环境相匹配"模式[person-environment (P-E) fit]。其中,最有代表性的是约翰·L. 霍兰德(John L. Holland)的人格类型理论(Personality Typdogy Theory)。从特质-因素理论和人格类型理论的具体内容中,我们可以充分理解人-职匹配的核心思想。

(一)特质-因素理论

特质-因素理论的渊源可追溯到18世纪心理学的研究,直接建立在弗兰克·帕森斯(Frank Parsons)著名的职业指导三步法思想之上,由美国职业心理学家E. G. 威廉斯(E. G. Willianson)发展而形成。

☞ 专栏 4-6　帕森斯著名的职业指导三步法

第一步,评价求职者的生理和心理特点(特性)。通过心理测量及其他测评手段,获得有关求职者的身体状况、能力倾向、兴趣爱好、气质与性格等方面的个人资料,并通过会谈、调查等方法获得有关求职者的家庭背景、学业成绩、工作经历等情况,并对这些资料进行评价。

第二步,分析各种职业对人的要求(因素),并向求职者提供有关的职业信息。包括:①职业的性质、工资待遇、工作条件以及晋升的可能性;②求职的最低条件,如学历要求、所需的专业训练、身体要求、年龄、各种能力以及其他心理特点的要求;③为准备就业而设置的教育课程计划,以及提供这种训练的教育机构、学习年限、入学资格和费用等;④就业机会。

第三步,人-职匹配。指导人员在了解求职者的特性和职业的各项指标的基础上,帮助求职者进行比较分析,以便选择一种既适合其个人特点,又有可能得到,并能在职业上取得成功的职业。

特质-因素理论认为,个别差异现象普遍存在于个人心理与行为中,每个人都具有自己独特的能力模式和人格特质,而某种能力模式及人格模式又与某些特定职业相关。每种人格模式的个人都有其相适应的职业,人人都有选择职业的机会,人的特性都是可以客观测量的。

特质-因素理论强调个人所具有的特性与职业所需要的素质与技能(因素)之间的协调和匹配。为了对个体的特性进行深入详细的了解与掌握,特质-因素理论十分重视人才测评的作用,可以说,特质-因素理论进行职业指导是以对人的特性的测评为基本前提的,它首先提出了在职业决策中进行人-职匹配的思想,奠定了人才测评理论的基础,推动了人才测评在职业选拔与指导中的运用和发展。

(二)人格类型理论

美国职业心理学家霍兰德创立的人格类型理论对人才测评的发展产生了重要影响。

在人格和职业的关系方面,霍兰德提出了一系列假设:①在现实文化中,可以将个体人格分为六种类型:实际型、研究型、艺术型、社会型、传统型与企业型。每一特定类型人格的人,会对相应职业类型中的工作或学习感兴趣。②环境也可以区分为上述六种类型。③人们寻求充分施展其能力与价值观的职业环境。个人的行为取决于个体的人格和所处的环境特征之间的相互作用。在上述理论假设的基础上,霍兰德提出了人格类型与职业类型模式。不同类型人格的个体需要不同的生活或工作环境,例如,“实际型”的个体需要实际型的环境或职业,因为这种环境或职业才能给予其所需要的机会与奖励,这种情况称为"和谐"(congruence)。如果类型与环境不和谐,该环境或职业就无法提供个人的能力与兴趣所需的机会与奖励。

☞ 专栏 4-7 霍兰德的 6 种职业人格类型

霍兰德在其所著的《职业决策》一书中描述了六种人格类型的相应职业。

1. 实际型(realistic),又称技能型。这种类型的工作大多需要熟练的技能,如机械、生产技术、手工艺技能、机械装置与运转方面的技能,比如,飞机机械师、木工等。

具有这类倾向的个体,往往稳健、务实,喜欢从事规则明确的活动及技术性工作,甚至热衷于亲自动手创造新事物。他们的身体技能及机械协调能力较强,他们希望工作任务明确而具体。另外,这类人不善言谈,对于人际交往及人员管理、监督等活动不大感兴趣。

2. 研究型(investigative),又称调查型。这种类型的工作大多包含智力的、抽象的、分析的、独立的定向任务,具备智力或分析才能,并将其用于观察、评估、衡量、形成理论、最终解决问题的工作。比如,科学研究人员、教师、工程师、电脑编程人员、医生、分析员、设计师和生物学家等。

具有这类倾向的个体,独立倾向明显,喜欢理论思维或偏爱数理统计工作,对于解决抽象性问题具有极大的热情,对于人员的领导及人际交往兴趣不大。

3. 艺术型(artistic)。典型的职业包括艺术方面的如演员、导演、艺术设计师、雕刻家、建筑师、摄影家、广告制作人等;音乐方面的如歌唱家、作曲家、乐队指挥等;文学方面的如小说家、诗人、剧作家等。

具有此类倾向的个体,对具有创造、想象及自我表现空间的工作显示出明显偏好。他们善于通过语言动作、色彩和形状表达审美原则,比较喜欢独立行事,不太合群。他们和研究型倾向的人相同之处在于创造倾向明显,不太喜欢结构化程度较高的任务及环境,对于机械性及程式化的工作不感兴趣。不同之处在于艺术倾向明显的好自我表现,重视自己感性,直觉力较好,情绪变化较大。

4. 社会型(social)。这种类型的工作要求与人打交道、咨询、培训、辅导、说劝能力;能够不断结交新的朋友,从事提供信息、启迪、帮助、培训、开发或治疗等事务。例如,学校教育(教师、教育行政人员)以及社会教育(咨询人员、公关人员)、社会福利事业、医疗与保健、各种直接为人服务的和商品营销方面的职业等。

具有此类倾向的个体,喜欢以人为对象的工作。他们具备高水平的沟通技能,习惯于与人商讨或调整人际关系面临的问题,不太喜欢以机械和物品为对象的工作。他们的语言能力通常优于数理能力,善于言谈,乐于与人相处,给人提供帮助,具有人道主义倾向，热情助人，责任心也较强。

5. 传统型(conventional)，又称事务型、常规型。这种类型的职业特征高度有序、要求明晰。典型的职业包括银行职员、图书管理员、会计、出纳、统计人员、计算机操作人员、办公室职员、法庭速记员、成本核算员和打字员等。

具有此类倾向的个体对于规则模糊、自由度大的工作不太适应，不喜欢主动决策，习惯于服从，一般较为忠诚、可靠，偏保守，工作中与人的交往会保持一定的距离。但是他们工作仔细、有毅力，对社会地位、社会评价比较在意，通常愿意在大型机构做一般性工作。

6. 企业型(enterprising)，又称经营型。这一职业的环境特点是需要言行反应，有说服和管理他人的能力，完成监督性角色；要求具备经营、管理、劝服、监督和领导才能，以实现机构、政治、社会及经济目标。典型的职业如项目经理、销售人员、营销管理人员、政府官员、企业领导、法官、律师、厂长、各级领导、管理者、政治家、推销员、批发商、零售商调度员和广告宣传员等。

具有这种兴趣倾向的个体非常自信，有较强的支配欲和冒险精神，喜欢影响、管理、领导他人，他们通常善于制订新的工作计划、事业规划，设立新的组织，并积极地发挥组织的作用进行活动。他们不喜欢具体精细或需要长时间集中心智的工作。

霍兰德用一个六边形(见图 4-2)简明描述了这六种类型之间的关系。

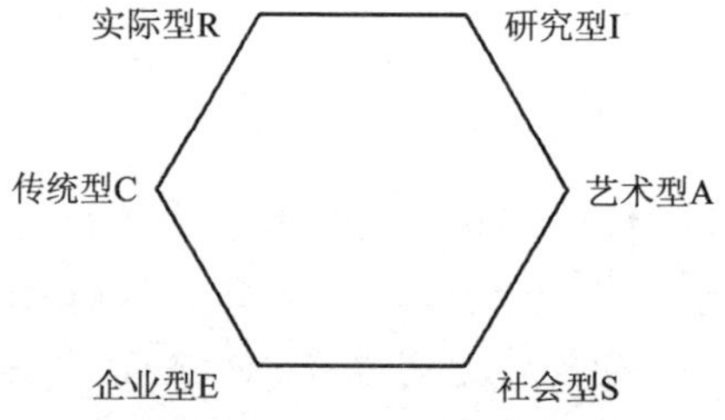

图 4-2　霍兰德六大人格类型图示

从图 4-2 可以看出，霍兰德所划分的六大人格类型并非并列的，而是有着明晰的边界。每一种类型与其他类型之间存在不同程度的关系，大体可描述为三类：①相邻关系。属于这种关系的两种类型的个体之间共同点较多，例如，属于实际型 R 和研究型 I 的人都不太偏好人际交往，这两种职业环境下的个体也都较少有机会与人接触。②相隔关系。属于这种关系的两种类型的个体之间共同点较相邻关系少。③相对关系。在六边形上处于对角位置的，属于相对关系的两种类型，个体之间共同点少，因此同一个体对处于相对关系的两种职业环境均表现浓厚兴趣的情况较为少见。

依据霍兰德的人格类型理论,在职业决策中最理想的是个体能够找到与其人格类型重合的职业环境。一个人在与其人格类型相一致的环境中工作,容易得到乐趣和内在满足,最有可能充分发挥自己的才能。如具有现实型兴趣的人希望在现实型的职业环境中工作,以更好地发挥个人的潜能。霍兰德编制了一套职业适应性测验(The Self-Directed Search,SDS)配合其理论的应用。

(三)人-职匹配理论的现实地位

尽管人-职匹配理论来源于职业指导,但该理论强调人、职之间的协调,抓住了工作中的主要要素——人、职,从而促使研究者深入分析人、职的本质特点。但在这个职业更迭和流动加速的时代,原有职业不断淘汰、更新,各种新型职业层出不穷,未来也必定会出现目前无法预计的改变。现有的静态职业分类标准,显然不能对新型职业和未来职业进行有效划分。因此,静态理论与动态社会的矛盾日益突出。

二、胜任力模型

传统上,工作分析是为了识别与工作角色密切相关的责任和任务,但事实上有时很难将职责信息和工作分析、人员选拔、绩效考核以及团队激励等进行有机整合,因此,现代组织中逐渐流行用胜任力分析、定义人本取向的评估标准。这里需要解释一下胜任力和能力之间的关系:能力更多的是强调个体潜在特征,胜任力针对的是一个人的职业工作绩效,许多因素能够影响一个有能力的人的工作绩效,这些因素包括从环境条件到不可预测的事件等。能力是胜任力的先决条件,但它们不是同一个概念。

(一)胜任力的概念

"胜任力"曾是当代心理学研究的热点,它起源于1973年麦克利兰(McClelland)发表的文章《测量胜任力而非智力》。1982年,麦克利兰等人出版了《胜任的经理:一个高效的绩效模型》一书。自此,胜任力开始在管理界使用,并在西方国家企业人力资源管理中得到广泛应用。至20世纪90年代,胜任力研究进一步发展,最终得到学术界的认可。目前,在企业与组织的人力资源管理工作中,有关胜任力理论和模型的使用越来越多,并已经从当初识别培训需求的一个辅助工具,慢慢发展成为一个目标明确的开发性活动。

胜任力是指能将某一工作(或组织、文化)中有卓越成就者与表现平平者区分开来的个人的深层特征,它可以是动机、特质、自我形象、态度或价值观、某领域知识、认知或行为技能——任何可以被可靠测量或计数的并且能显著区分优秀与一般绩效的个体特征。胜任力具有三个重要特征:①与工作绩效有密切关系,甚至可以用来预测员工未来工作绩效;②与工作任务相联系,具有动态性;③能够区分业绩优秀者与业绩一般者。

（二）胜任力模型

胜任力模型是指担任某一特定任务角色需要具备的胜任力的总和。当研究者想要了解成功完成某项工作员工必备哪些个人特点时，就需要完成胜任力建模（competency modeling）过程。在实践领域中，研究者已经开发出非常丰富的胜任力模型。目前，代表性的胜任力理论模型主要包括冰山模型和洋葱模型。

1. 冰山模型。斯宾塞（Spencer）认为，工作人员含有五种类型的胜任力：动机（motives）、特质（traits）、自我概念特点（self-concept characteristics）、知识（knowledge）和技能（skills）。

冰山模型把胜任力形象地描述为漂浮在海面上的冰山，知识和技能是海面以上的部分，容易改变；而自我概念、特质和动机部分属于潜藏于海平面以下的深层部分，不易改变，它们是个人驱动力的主要部分，也是人格的中心能力，可以预测个人工作上的长期表现。该模型如图 4-3 所示。

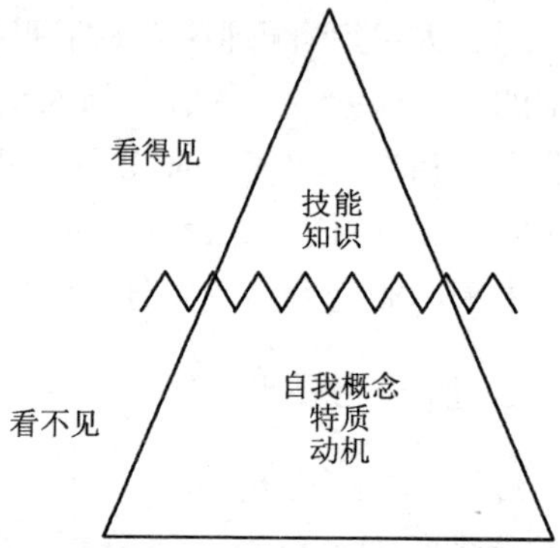

图 4-3　冰山模型示意图

2. 洋葱模型。在冰山模型的基础上，斯宾塞将胜任特征推广应用到人力资源的甄选和培训上，提出“素质洋葱模型”，素质洋葱模型中的各核心要素由内至外分别是动机、个性、自我概念与价值观、态度、知识、技能等。该模型如图 4-4 所示。

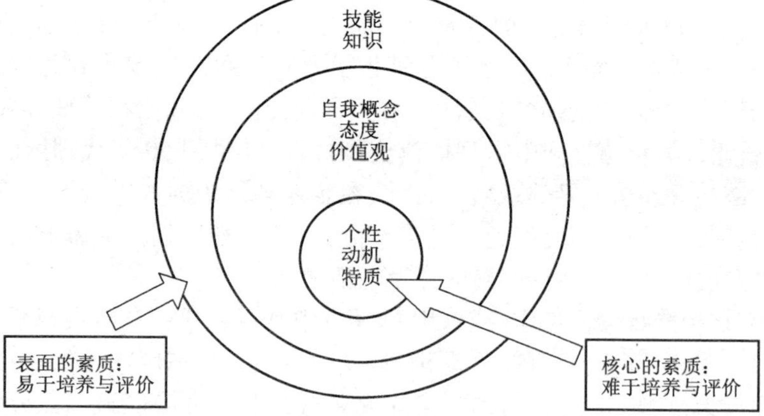

图 4-4　洋葱模型示意图

洋葱模型的本质内容与冰山模型一样,但是此模型更突出胜任力表述的层次性。这个模型中最表层的是知识和技能,由表层到里层,越来越深入,最里层、最核心的是个性、动机和特质,是个体最深层次的胜任特征,最不容易改变和发展。

(三)与职业相关联的胜任力模型研究

麦克利兰博士指出:传统的智力和能力倾向测验不能预测职业成功或生活中的其他重要成就;一般能力,或者说智力不能很好预测工作成就。因此,他强调回归现实,从第一手材料入手,直接发掘那些能真正影响工作绩效的个人条件和行为特征,为提高组织效率和促进个人事业成功做出实质性的贡献。他把这种直接影响工作业绩的个人条件和行为特征称为胜任力,而且明确指出确定胜任力的过程需要满足两条基本原则:第一,能否显著地区分工作业绩;第二,必须以客观数据为依据。

1. 麦克利兰的观点。麦克利兰创建的 Mcber 公司在胜任力方面的研究成果已经成为当今全球胜任力研究与应用的基础。1981 年,他的同事博亚齐斯(Boyatzis)建立了管理人员的胜任特征通用模型。他提出管理者的胜任特征模型包括 6 个特征群以及下属的 19 个胜任特征。它们分别是目标与行动管理群(效率导向、生产力、分析运用概念和关注影响)、领导群(自信、运用口头简报、逻辑的思考和概念化)、人力资源群(运用社会权力、正面思考、管理团体流程和精确的自我评价)、指导属下群(启发他人、运用单向权力和自发性)、专注他人群(自我控制、认知的客观性、精力与适应性和关注亲密关系)、专门知识群(记忆和专门知识)。

2. 斯宾塞的观点。1989 年,斯宾塞为构建一个普遍的胜任特征模型,对科技界、教育界、制造业、销售业、服务业、政府机构、军队、医疗保健以及宗教等行业与组织中的 200 多种工作进行了研究,分析出几百项与优秀绩效相关的工作行为。并进一步将这几百项工作行为与其他的研究结果相比较、综合,产生了 760 个独立的行为事件。进而,对几乎在所有的研究中都被提及的 360 个行为事件进行归类,最终产生了 21 项基本个人胜任力和胜任力词典,这一胜任力模型及其词典已经成为同类研究遵循的典范。

同时,根据不同的工作类型,建立了包括专业技术人员、销售人员、社区服务人员、经理人员和企业家五大类通用行业模型,列出了能预测大部分行业工作成功与否的最常用的胜任特征。主要分为六大类:①成就特征,如成就欲、捕捉机遇、坚持性、信息搜寻、守信、主动性、关注秩序和质量;②助人或者服务特征,如人际洞察力、客户服务意识;③影响特征,如个人影响力、权限意识和公关能力;④管理特征,如指挥、团队协作、培养下属和团队领导;⑤认知特征,如技术专长、综合分析能力、判断推理能力和信息寻求;⑥个人特征,如自信、自我控制、灵活性和组织承诺。

3. 高层管理者的胜任特征。有研究表明,企业高层管理者(行政、业务总监)

的胜任特征及其权重分布是：决策能力(0.4)、洞察预见能力(0.3)、计划安排能力(0.2)和组织协调能力(0.1)。商务类员工(市场、销售、客服)胜任特征的权重分布是计划安排能力(0.25)、沟通表达能力(0.25)、谈判说服能力(0.25)、应变能力(0.15)和组织协调能力(0.10)。

4. 中国企业人力资源专业人员胜任力缺失的特点。美国密歇根大学 ROSS 商学院戴维·尤里奇(Dave Ulrich)和韦恩·布鲁克班克(Wayne Brockbank)教授发起的，收集了近 20 年的研究成果，进行全球人力资源胜任力调研。其间他们和清华大学经济管理学院合作展开了针对中国企业的人力资源专业人员胜任力状况的研究。尤里奇访华时在清华大学的演讲中，根据他们的研究成果，指出了中国人力资源从业人员胜任力的缺失。

在尤里奇的研究模型中，人力资源胜任力模型分为六个维度：可信任的积极实践者、文化管理者、人才管理者/组织设计者、战略变革设计者、业务联盟和日常工作战术家。依据他的调查，中国的人力资源管理明显处于刚刚起步阶段。"人力资源专业人员的从业经历非常短，大部分不超过 5 年。他们所承担的常常是诸如支付工资、招聘人员或者解聘人员等日常事务，而不是更重要的工作。"

调研显示，在"可信任的积极实践者"、"文化管理者"以及"人才管理者/组织设计者"上，中国的人力资源人员得分都大大少于美国、加拿大、拉美国家和澳大利亚等地区的人力资源人员得分。一位中国企业的人力资源部经理这样评价他的工作："更多的是一种执行，而不是参与决策。"尤里奇认为，人力资源人员在企业内应该成为一个主动的、积极的角色。这就包括要公正地传导人力资源成果，建立信任关系，塑造组织，保持战略灵敏度，促进变革和使文化个性化等。由此看来，中国人力资源人员的影响力和贡献力还有很大的成长空间。

尤里奇根据调研结果指出：中国人力资源从业人员胜任力的缺失现状对于中国人力资源从业人员提升其胜任力，实现自身成长十分有益。

总之，胜任素质模型在理论上具有相当的优越性。组织立足于工作绩效，明确工作对个体的要求。在了解工作对个体要求的基础上，针对工作胜任力模型的可塑性高低确定招聘、选拔与培训的重点内容：可塑性低的核心工作胜任力内容就是招聘、选拔重点关注的内容，可塑性高的胜任力内容就是培训的重中之重。以胜任力模型为核心的人力资源管理自成体系，在西方国家的企业实践中取得了良好的效果。但由于文化适应性、人员素质以及基础管理的限制，现阶段它还无法在我国大多数企业真正运行，而只能作为一种观念被引入，用于影响传统人力资源管理体系。

无论是从招聘理念，还是从招聘技术和方法的角度，基于胜任力进行人力资源管理，已成为现代人力资源管理的重要发展内容。基于胜任力模型的招聘流程就是利用胜任力模型，采用合适的甄选工具为企业找到具有高绩效潜能的员工的过程,其主要思路是根据人力资源战略规划,确定出所要招聘人才的岗位,并将胜任力模型融入工作分析中,制定招聘方案,再根据岗位申请表和简历进行初步筛选,然后利用基于胜任力模型的行为面试及其他辅助甄选工具,再次筛选人才,最后对候选人进行基于胜任力模型的背景调查,并整合各种甄选工具所得出的数据,进行比较,选出最符合岗位胜任力要求的人才。

三、积极心理治疗的现实能力理论

随着工作模型的动态变化,经典的人格类型,以及胜任力模型,无论是对人的描述,还是对职位要求的描述,都难以达到管理需要。我们需要更精细的衡量指标,更具情景性的理论观点。这里我们介绍一个混合式的人格理论——积极心理治疗,它从个体的认知观念出发,关注人格的形成,强调人的潜能开发。

(一)积极心理治疗理论概述

积极心理治疗(positive psychotherapy)是由诺斯拉特·佩塞施基安(Nossrat Peseschkian)1969 年在德国开设自己的心理诊所之后,逐渐形成的心理治疗思想。与从疾病出发、把患者看成是疾病载体的传统的心理治疗有所不同,积极心理治疗从人的发展的可能性和能力出发,强调每个人天赋的潜能在解决心理问题中的重要性。积极心理治疗中的"积极"概念,意思是说治疗并非首先以消除病人身上现有的紊乱为准,而是首先在于努力发动患者身上存在的种种现实能力或者说自助潜力。积极心理治疗拓展了积极心理健康的实践领域,丰富了积极心理健康的内涵,为确立积极心理健康教育奠定了实践基础。积极心理治疗的目标是:激发、累积和发展自身内在的基本能力和积极潜力,摆脱心理问题,帮助来访者成为健康人。总体而言,积极心理疗法并不是将关注点集中在疾病上,而是集中在人的实际的或潜在的能力上。

积极心理治疗理论中有两个重要概念:认识能力和爱的能力。积极心理治疗认为,人最初具备这两种能力,这两种基本能力在不同的文化条件下分化为每个人的现实能力,这些能力在应对现实时如果不能很好协调、配合就会发生各种心理冲突,人就会出现心理疾病。

作为一种心理治疗理论,该理论有相当多的内容解读心理疾病的发生和治疗与现实能力的关系。考虑到我们并不是心理咨询和治疗专业,因此咨询与治疗的相关内容就不在这里赘述了。作为人力资源管理专业人员,我们需要及时发现个体是否存在影响工作绩效的超乎寻常的古怪行为,及时转诊,避免误诊就好。或者说,我们会从人格理论的角度解读积极心理治疗的相关内容,要知道作为个体的基本积极力量,积极心理治疗投入的大量的精力致力于促进个体的现实能力。

如上所述,在积极心理治疗理论中,现实能力成了一个无所不包的"百宝箱",

这就泛化了能力的概念。从人格理论的角度,我们可以把积极心理治疗中的现实能力理解为解读个体差异的特质。激发人的认识能力和爱的能力在个体的生活过程中逐渐发展出了多达 26 种现实能力,由爱的能力发展出的 13 种现实能力称为原发能力,由认知能力发展出的 13 种现实能力称为继发能力。但如果将积极心理治疗理论看作一种典型的人格特质理论也不准确,积极心理治疗理论借鉴了精神分析理论的观点,关注原发能力和继发能力产生的根源,强调童年经验,同时还强调文化环境对个体差异的影响;积极心理治疗理论还有认知论的倾向,关注认知对个体行为差异的决定性影响,强调认知差异对个体行为的影响。因此,整体而言,积极心理治疗理论更适合于被看作是一个人格理论的综合体,提醒我们关注个体差异产生的根源及其认知要素的动态性特征。

(二)现实能力的类型

从“爱”的能力发展出来的现实能力称为“原发能力”,包括以下 13 种:接纳、榜样、耐心、时间、交往、性、信任、自信、希望、信念、怀疑、坚定、整合。从“认知”能力发展出来的现实能力称之为“继发能力”,包括以下 13 种:准时、清洁、条理、顺从、礼貌、坦白、忠诚、公正、勤奋、节俭、可靠、精确、谨慎。这 26 种能力的组合应用,构成了一个人的行为常模和他的社会功能模式。这 26 种现实能力都是很好理解的名词,其内涵也基本符合我们的常识。

☞ 专栏 4-8　原发能力的定义

接纳:一个人对一系列对象建立不同程度的积极的感情关系的能力。

榜样:一个人模仿他人或为他人树立模仿模式的能力。人们不仅模仿提供榜样的人的行为方式,而且也模仿被他视为私事的态度、观点和情操。

耐心:一个人按照自己、他人或一种情况原有的那个样子去接受自己、他人或一种情况的能力。

时间:一个人塑造时间进程和自己对过去、现在和未来关系的能力。

交往(关系):一个人建立和培养社会关系的能力。

性:一个人对自己或伙伴建立性关系或具有性动机关系的能力。

信任:一个人能将事情托付给另一个人并对他有安全感的能力。信任首先是在第一能力和爱的能力中产生的,他涉及整个的人,有时也涉及周围所有的人。

自信:反映出别人对自己的信任的信任。

希望:一个人超越当前的时刻,同自己的能力以及自己伙伴和集体的能力建立积极关系的能力。

信念:一个人对未知建立关系并逐步接近它,直到把一部分未知变成已知的能力。

怀疑:一个人对一种信仰提出疑问以及对各种内容进行区分和比较的能力。

坚定：一个人经过一段怀疑状态之后做出不再引起负罪感的决定的能力。

整合：一个人将自己的现实能力、基本能力、价值体系和经历整合起来的能力。除了这种统一之外，一个人还有自己个性的统一，把自己身体的功能、特征和需要同环境和时代整合起来的能力。

☞ 专栏 4-9　继发能力的定义

准时：遵守预期的或约定的时间的能力。

清洁：保持身体、衣服、日常用品、空间、环境乃至性格的洁净性的能力。

条理：组织和整理自己的感知和环境的能力。（准时是时间的条例，礼貌—诚实是人际关系的条理，勤奋是工作耗费方面的条理）。

服从：遵循一个外部权威的请求、要求和命令的能力。

礼貌：一个人塑造人际关系的能力。

坦白/开诚布公：一个人公开说出自己的想法、需要或利益并提供作息的能力。

忠诚：一个人同他人建立和长期维持一种固定关系并让他人觉得自己的行为可信的能力。

公正：一个人在自己和他人之间平衡利益的能力。

勤奋：一个人为了达到一定目的而长期坚持一种大多是紧张而劳累的行为方式的能力和意愿。

节俭：一个人经济地运用钱财、实物、能力和精力的能力，这种能力的两个极端就是浪费和吝啬。

可靠：当我们能依赖一个人时，我们才说他可靠。即使我们不在场时，他也能像约定的那样完成任务而不至于让我们失望。

精确：按照规定完成任务。准确性越大，出错的可能性越小。

谨慎：以关于精确、仔细和对错的某种内心尺度为前提（标准），如果一个人做事符合他的这种内心尺度，即符合他的良知，我们就说这个人是谨慎的。

总体而言，原发能力和个体情绪情感有更多关系，继发能力和职场要求关系密切。不同现实能力的组合就是职场胜任力中需要的各种特质。人有不同水平的现实能力，而外在环境要求、个人期望又有差异。这样，心理冲突出现的可能性就太大了。

大家可以从现实能力的角度分析我们职场中需要的各种工作要求，从这个角度出发评估工作能力完全符合确认胜任力的两个标准：第一，能否显著地区分工作业绩；第二，必须以客观数据为依据。而且，随着职场环境的变化，职场要求随之不断变化,与此相矛盾,胜任力模型的搭建相当复杂,需要时间检验,迅速变化的职场要求和需要较长时间才能梳理成型的胜任力模型之间形成了显而易见的矛盾。相反,现实能力对个体的能力评估相对完整,并可以囊括不断变化的职场要求。可以说,现实能力就是我们人生宝藏的26颗珍珠,更稳定、更全面地代表了工作能力的组成成分。大家可以尝试以现实能力理论为基础理解自己或者自己的父母和伙伴,理解工作能力和胜任力。相信我,这个过程会很有意思。

本章小结

1. 人-职匹配的基本思想大体可以用三点进行陈述:①个体差异普遍存在。②每一种职业由于其工作性质、环境、条件、方式的不同,对工作者的能力、知识、技能、性格、气质和心理素质等有不同的要求。③进行职业决策时应该进行人-职匹配。该理论认为,如果人-职匹配得好,个人的特征与职业环境协调一致,工作效率和职业成功的可能性就可以大为提高。

2. 目前的代表性胜任力模型主要有两种:冰山模型和洋葱模型。胜任力分析的步骤是心理测量技术的典型体现,大体经过以下几步实现:①确定所分析岗位的绩效标准;②选取分析样本;③获取样本有关胜任特征的数据资料;④确认工作任务特征和胜任力要求;⑤验证胜任特征模型。

3. 类型理论将个体分为互相不重合的类别,而特质论从连续的维度上对人格的概念进行划分,其中的大五人格是跨文化意义上的代表性理论;弗洛伊德的心理动力学理论强调所有的行为都是有动机的,而且动机在无意识水平上发生作用,维护道德的超我与追求现实的自我试图调和寻求快乐满足的本我,自我防御机制有助于个体应对由于强大的内心冲突而产生的焦虑;人本主义理论认为,个体行为由其内在的不断以积极方式发展变化的潜力所推动,朝着达到自我实现的方向不断努力;社会学习和认知理论认为,人们的行为受到环境因素的影响。班杜拉提出一个由个人、环境和行为交互影响的理论。其中自我效能感是人们采取何种行为的一个最主要的影响因素。

4. 积极心理治疗的现实能力理论用13种原发能力和13种继发能力对个体特质进行了描述。

思考题

1. 向父母或者长辈、朋友了解他们的工作内容,了解职业特点,明确适合不同职业个体的个性特征。

2. 向父母或者长辈、朋友了解他们的工作，明确特定工作工种的胜任特征。

3. 到实习单位时，尝试了解单位工作说明书的完成过程。如果有条件，你知道怎么去完善它吗？

4. 你能感受到现代社会对你提出什么新要求了吗？

5. 依据积极心理治疗理论，大家可以找一些大佬看看，比如，马云、马化腾的现实能力。他们的行为模式有什么典型不同？或者我们就看看我们自己，你能发现你自己的现实能力哪些比较突出，哪些相对没有存在感？不同的现实能力和你理想职位要求是否契合？

6. 尝试分析一下我们工作常常涉及的诸如沟通能力、合作能力、创新力，这些工作能力在现实能力中的表现特点。

案例

张雪峰高考志愿填报十条铁律：

第一条

普通家庭不求人，报考医学、军校或师范。

第二条

富裕家庭的继承人，选择金融、经济或管理类专业。

第三条

毕业后想高薪，选择名校的电子通信、计算机专业。

第四条

人工智能、大数据等热门专业，需要到名校学习，因为有好老师。

第五条

如果不能进名校，尽量不选经管类专业。

第六条

生化环材等专业要慎重考虑，不适合读硕博的人不要选择。

第七条

农林、地矿、石油等专业和建筑行业，需要到野外工作，需要做好心理准备。

第八条

艺术专业需要大量费用，需要有天赋和运气，毕业后就业机会较少。

第九条

医学和法学专业很辛苦，需要提前做好心理准备。医学专业有很好的发展前景，而法学专业需要有相关证书。

第十条

天才上大学是为了改变世界，普通人上大学是为了找到一份好工作，认清自己很重要。

案例讨论：

1. 对于张雪峰的具有明显实用主义倾向的专业选择建议，你如何评价？你觉得上述的所谓“十条铁律”的合理性在哪里？局限性又在哪里？

2. 建议你听一听张雪峰的直播，这个一家之言很有代表性。你可以对应本章所涉及的人-职匹配、工作能力的内容想一想：张雪峰的建议有哪些可取之处？又有哪些内容有失偏颇？

拓展资料

凯恩，莫内，莫罗．内向性格的竞争力[M]．北京：中信出版集团，2019.

第五章

知　觉

★ 本章需要掌握的内容 ★

1. 知觉的定义、种类与特点
2. 影响知觉的因素
3. 社会知觉的种类、特点
4. 常见的社会知觉偏差
5. 人力资源管理心理学中的知觉偏差管理

不同的个体对同一件事物的理解是不同的。事实上,人们所知觉的世界,不一定是现实的客观世界,而是人们在知觉与认知过程中按照自己的看法所构成的世界。人们的心理和行为以他们知觉与认知的世界为基础,因此,要学习人力资源管理心理学,必须了解人们的知觉与认知过程。

第一节　知觉过程

知觉的基础是感觉。人们无时无刻不处于感觉之中。梵高作品中耀眼的色彩,摇滚乐的曲调和节奏,酷暑里西瓜的甜爽,路边鲜花的芬芳,亲吻的温柔接触……这些都是不同类型的感觉。感觉是指人脑对直接作用于感觉器官的客观事物个别属性的反映。知觉过程从感觉开始,以感觉为基础,是客观事物直接作用于感官而在头脑中产生的对事物整体的认识。知觉与感觉的不同,在于感觉是对事物个别属性的反映,如颜色、气味、味道等,知觉则是对于事物的各种不同属性的总和以及它们之间相互联系的反映。

一、知觉概述

感觉是人们很熟悉的心理活动，是人脑对直接作用于感官的客观对象的个别属性的反映。知觉以感觉为基础，比感觉要更复杂，并常和感觉交织在一起，被称为感知活动。根据反映论的观点，知觉是人脑对直接作用于感官的客观事物的整体反映；根据信息加工的观点，知觉通常是在感觉信息的基础上，由于知识经验的作用，经过人脑的加工，对客观对象做出直接解释的认识过程。如果没有感觉为基础，没有以往知识经验的作用，人的知觉很难发生。

产生知觉通常需要多种分析器（由感受器、传入神经、神经中枢构成的机能结构）的协同活动。当然，由于知识经验的作用，单一分析器也能产生完整的知觉。也就是说，如果人们只用眼睛看，或耳听、鼻嗅、舌尝、触摸等，也能知觉出不同的事物。

人的知觉活动是一个较复杂的心理活动过程。该过程一般有以下几个环节：①从感觉资料（即背景和线索）中选择知觉对象；②对局部资料或不完整的线索、信息进行回忆补充；③对信息与线索进行加工并组织构成完整的对象；④对知觉对象做出适当解释并用名称标志它。

可按不同划分标准对知觉进行分类。

根据知觉活动中占主导地位的感受器的不同，可将知觉分为视知觉、听知觉、嗅知觉、味知觉等。具体而言，对物体的颜色、形状、大小、状态的知觉属于视知觉，对声音的节奏、高低、远近的知觉属于听知觉，通过鼻子判断物体发出的气味属于嗅知觉，对食物的酸甜苦咸的知觉属于味知觉。在知觉过程中，除了占主导地位的感受器以外，常常有其他感觉成分参加。如人们在看电影时，视觉和听觉同时作用，形成视听知觉。

根据事物都有空间、时间和运动的特性，可以把知觉区分为空间知觉、时间知觉和运动知觉。空间知觉是对物体空间特性的知觉，具体指物体的大小、距离、形状和方位等在头脑中的反映。空间知觉是一种较复杂的知觉，需要人的视觉、听觉、运动觉等多种感受器的联合活动来实现。在生活、学习中，空间知觉具有重要的作用。例如，学习汉字时，需要正确辨别上下、左右，否则难以顺利地掌握汉字的结构；下楼梯时，如果人们不知道有几阶台阶、每阶台阶有多高，就容易摔倒。时间知觉是对事物发展的延续性、顺序性的知觉，具体表现为对时间的分辨、对时间的确认、对持续时间的估量、对时间的预测。时间，既没有开始也没有结束。生活中，人们对时间的知觉既可以借助于自然界的变化，如太阳的东升西落、月亮的阴晴圆缺、四季的变化等；也可以借助于生活中的具体事件或自身的生理变化，如数数、节假日、上下班等；还可以借助于时钟、日历等计时工具。除此之外，个体的情绪状态也会影响人们的时间知觉。研究表明,在悲伤的情绪下,人们常常觉得时间过得很慢;相反,在欢快的情绪下,人们总是觉得时间过得非常快。

运动知觉是对物体在空间位移和移动速度快慢的知觉。人们对物体运动的知觉是通过多种感官的协同活动实现的。世界上万事万物都处在运动当中,运动知觉具体细分为真动知觉、似动知觉和诱动知觉。真动指真实发生了位置和距离的变化。例如,静止时观看马路上行驶的汽车。似动指看起来在动,实际上物体并没有发生运动。例如,我们在看 3D 电影的时候觉得银幕发生了巨大的位移和空间距离变化,但实际上银幕并没有发生任何的位移和距离的改变。诱动指人们感觉在运动的物体本身并没有运动,而是由于其他物体的运动,使人们觉得它在运动的现象。例如,我们坐在列车上,看见列车两旁的景物在迅速向后移动,实际上,它们并没有发生任何的运动,只是由于列车在迅速前进,使我们产生了诱动知觉。

根据知觉对象是否属于人,还可以把知觉区分为社会知觉和物体知觉。对人的知觉即社会知觉。除对人的知觉外,其他各种知觉都可称为物体知觉。显然,对人的知觉和物体的知觉有着明显的不同。首先,对物体的知觉是单向的,对人的知觉则是双向的,因此对人的知觉相对来说就更复杂。其次,对物体的知觉关注的多是自然属性,较为稳定,而对人更多关注的是其社会属性,较易变化。此外,物体知觉较少受个人偏好的影响,社会知觉常受个人偏好的影响。

二、知觉的特点

(一)知觉的选择性

人所处的客观世界是丰富多彩且复杂多变的,面对冗杂的信息,为了节省时间和精力,人们会有选择性地把少数事物作为知觉的对象,以便对它们认知得比较清晰和深刻。人会在知觉过程中,把知觉对象从背景中区分出来,优先加以清晰地反映,这种特性就是知觉的选择性。其中,被清楚地知觉到的客体叫知觉对象,未被清楚地知觉到的客体叫背景。比如,利用红笔来圈注重点知识,那么红线部分就是我们要识别的对象,其余部分则是背景。

在知觉中,知觉对象和背景的关系是相对而言的,它们可以相互转换。当我们把某一事物作为知觉对象时,其他事物就成了背景;反之,我们选择另一事物作为知觉对象时,原来作为对象的物体就会成为背景。知觉的对象和背景经常相互交替出现,但却不可能同时出现(如图 5-1)。

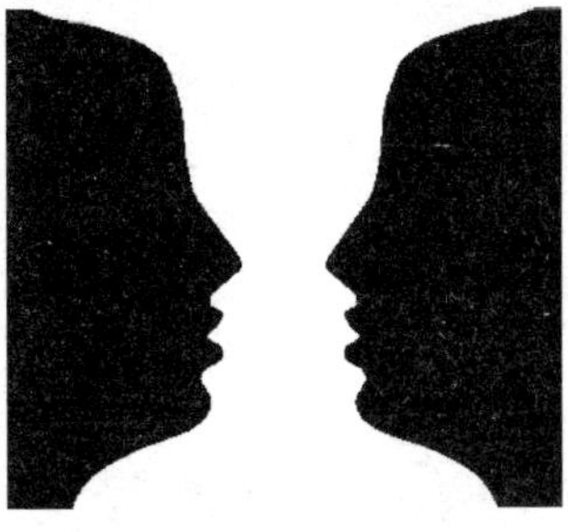

图 5-1 知觉的选择性

把对象从背景中区别出来,一般要取决于三个条件。

第一，当对象与背景的差别越大、对比越大时，对象越容易被感知，如万绿丛中一点红，用白粉笔在黑板上写的字，夜深人静时隔壁的电话铃声；反之则不容易被感知，如冰天雪地中的白熊、穿着迷彩服藏在草地中的士兵。

第二，当对象是相对活动的而背景是相对不动的，或对象是相对不动的而背景是相对活动的，对象也容易被感知，如夜空中的流星、大合唱时不张嘴的人。

第三，当对象是自己熟悉的、感兴趣的内容时，或与人的需要、愿望、任务相联系时，也容易被感知，如在嘈杂的环境中听见有人喊自己的名字，在书店中迅速发现所需书籍等。

(二)知觉的整体性

当客观事物的多种个别属性同时作用于人的感官时，人们会将其知觉为一个有机联系的整体，即使在刺激不完备时，知觉者仍能保留完整的认识，这就是知觉的整体性。例如，把立方体看作是一个整体而非几个平面。

知觉的整体性主要包括三层含义。

第一，由关键部分推出整体。如"窥一斑而知全豹"。

第二，由部分和部分推出整体。如画家寥寥几笔简笔画就可以看出画的对象是小狗。

第三，部分改变不影响对整体的认知。如数字 13 如果与 A、C 放在一起，就会容易被认为是 ABC。

知觉的整体性往往取决于四种因素。

第一，知觉对象的特点。如接近(时间或空间上)、相似、闭合、连续的刺激物容易被知觉为一个整体。

第二，对象各组成部分的强度关系。知觉对象强度大的组成部分具有重要的意义，它往往决定对知觉对象的整体认识。

第三，知觉对象各部分之间的结构关系也影响知觉的整体性，同样一些部分，处于不同的结构关系中就会成为不同的知觉整体。

第四，知觉的整体性主要依赖于知觉者本身的主观状态，其中最主要的是知识与经验。当知觉对象提供的信息不足时，知觉者总是以过去的知识经验来补充当前的知觉。

(三)知觉的理解性

在知觉过程中，人们总是根据已有的知识经验来解释当前知觉的对象，并用语言来描述它，使它具有一定的意义，这就是知觉的理解性。

在对知觉对象理解的过程中，经验最为重要。人的知觉与记忆、思维等高级认知过程有着密切的联系。人在知觉的过程中，不是被动地认识知觉对象的特点，而是以过去的认识经验为依据，力求对知觉对象做出某种解释。因此，人们已有的知识经验不同,对同一事物的理解可能是不同的,正所谓“一千个读者就有一千个哈姆雷特”。此外,知觉的理解性还受人的情绪、动机、态度以及实践活动任务等因素的影响。

（四）知觉的恒常性

在知觉过程中,当知觉的条件在一定范围内发生变化时,人的知觉映象仍然保持相对不变的特性就是知觉的恒常性。知觉的恒常性对于人的正常生活具有重要的意义,它使得人能在不同的情况下,按照事物的实际面貌反映事物,有助于人们对客观事物的正确认识。知觉的恒常性主要包括以下几种。

1. 形状恒常性。同一个物体,知觉者从不同的角度看,该物体在眼中的成像会发生变化,但知觉者实际知觉到的物体形状不会改变。例如,一扇从关着到打开的门,在我们眼中门的成像从矩形变换到梯形,但我们并不会觉得这扇门真的变成了梯形的门(见图 5-2)。

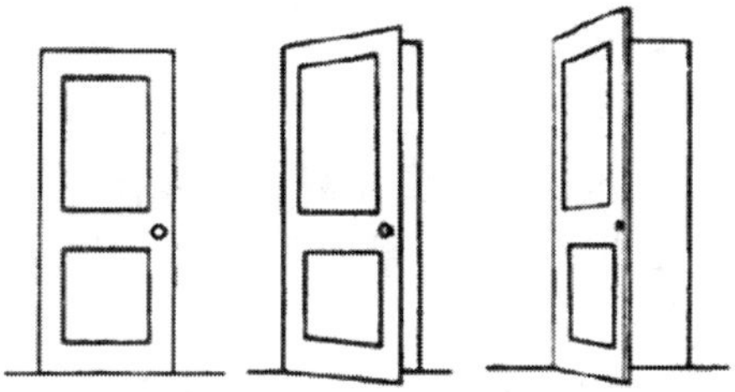

图 5-2 知觉的恒常性

2. 大小恒常性。在一定范围内,不论观看距离如何,知觉者仍然倾向于把物体感知为特定的大小。虽然一个物体离我们越远,在视网膜上成像越小,但我们不会因为离它远一些就认为它变小了,这就是大小恒常机制在起作用。例如,在 5m 和 10m 距离之外分别去看同一个人,他在我们视网膜上的成像因为距离不同而改变,但是我们知觉到这个人的大小是不变的。

3. 亮度恒常性。在照明条件改变时,物体的相对明度或视亮度保持不变。例如,无论是在阴暗的地方还是在光亮的地方,黄金都是光亮的,煤块都是暗淡的。

4. 颜色恒常性。个体对熟悉的物体,当其颜色由于照明等条件的改变而改变时,知觉者仍把它感知为原来的颜色。例如,红旗在不同的光照下,我们总是把它知觉为红色。

5. 声音恒常性。尽管物体离我们的距离发生了变化,声音听起来减弱了,但我们仍然把它感知为原来的声音。例如,远处的雷声或火车鸣笛声,如果只按生理上的听觉信息判断,其响度未必高于近处的敲门声,但在实际感知的过程中,我们总会觉得雷声或火车鸣笛声较大。

三、影响知觉的因素

影响知觉的因素是多方面的，有客观条件、主观因素和错觉现象。

（一）影响知觉的客观条件

知觉产生的先决条件是达到一定阈限值的客观刺激物。影响知觉的客观因素主要包括以下方面。

1. 刺激物的强度。刺激强度是知觉的一个重要条件。刺激太弱或太强都不利于人的知觉。太弱的刺激在阈限值以下，不会引起感觉；太强的刺激，虽能引起人的注意，但知觉不易持久、不够清晰，还容易使人产生抑制并感到疲劳。

2. 刺激物的对比。两种刺激同时或相继出现时，由于彼此影响，能够加强两种刺激之间差异的知觉强度。例如，同一个人穿上横条纹的衣服会显得胖些，而穿上竖条纹的衣服会显得瘦些。刺激物的对比并没有改变刺激的绝对强度，而是相对刺激强度在起作用。通过改变对象与背景之间的对比能够影响知觉的效果。这种现象在视、听、嗅、味、皮肤知觉中都很明显，因而在生活实践及各种职业活动中都有重要作用。

3. 刺激物的活动性。活动的对象要比静止的刺激更容易被知觉选择。例如，夜空中的流星、人造卫星、霓虹灯广告、冒烟的香烟广告、斟倒中的饮料广告等，都更容易被人们知觉。

4. 刺激物的新颖性。人们更容易知觉那些新颖的刺激，或是熟悉内容的不寻常结合。其中的原因在于，新颖的事物能刺激人们的好奇心，促使人们去探究；熟悉的事物能让人产生感情，吸引人们去关注它。此外，新颖刺激不仅能激发人的新异感，引起知觉选择，而且能减少由单调刺激引起的疲劳，维持较长的知觉。

5. 刺激物的重复。同样的刺激多次重复出现，会使知觉印象深刻而又清晰。当然反过来，重复的刺激也可能引起知觉定势效应，妨碍知觉的选择。

（二）影响知觉的主观因素

影响知觉的主观因素很多，这里仅就几种主要的心理原因做分析。

1. 知识经验。人的知觉是一种习得行为。没有知识经验，知觉很难产生。知识经验直接影响着知觉的选择性、整体性、理解性、恒常性等多种特性。它易使人知觉熟悉的对象，忽略不熟悉的事物。对同一事物，由于知识经验不同，幼儿、少年、成人在知觉恒常性方面的差异很大。学习和经验不仅使人们对某些事物产生不同层次的了解，也可能形成不同的认识和观点。

2. 定势效应。定势是受先前经验的影响而产生的心理活动的准备状态。这种准备状态对知觉产生不同的影响。例如，按键式电话上有“重拨键”（REDIAL）和扬声器(SPEAKER),但如果人们习惯了老式拨号盘电话,就很少会想到使用新式电话的这些功能,这就是定势对人知觉产生的消极影响。

☞ 专栏 5-1　定势效应

利波(Leeper)于 1935 年曾做了如下实验:

材料是三张图画,其一是少妇,其二是老妇,其三是少妇与老妇的双关图。

将被试分为三组。

第一组直接看双关图,结果 65%的被试视为少妇,35%的被试视为老妇;

第二组先看少妇图 15 秒,后看双关图,结果 100%的被试视为少妇;

第三组先看老妇图 15 秒,后看双关图,结果 95%的被试视为老妇。

可见,定势的影响作用非常明显。

3. 暗示与从众心理。暗示是指在无对抗态度和情绪的情况下,用含蓄、间接的方式对人的心理施加影响,使人按一定的方式知觉和行动。暗示的方法有言语的、表情的、手势的和行为的等。多数是受他人暗示,也有自我暗示。有人曾做过如下实验:请某人对 27 名儿童作了 5 分钟演讲之后,试验者向儿童提问:“演讲人哪只手里拿着帽子?”结果 24 人回答(左手或右手)拿着帽子。实际上该人并没拿帽子。这就是语言暗示在起作用。

从众心理即指在团体压力下,个人的知觉与行为有不知不觉地遵从多数的倾向。这种倾向有时会妨碍人的正确知觉与行为反应。

4. 需要与动机。凡是能满足人的需要、激发人的动机的刺激都容易被人选择并纳入知觉范围。对个人有价值的东西、感兴趣的活动,不仅容易被知觉选择,而且还有被夸大的倾向。例如,在沙漠中长途跋涉的人,对绿洲、甘泉的知觉甚为敏感;待业者对招工信息尤为关心;一个饥饿难忍的人只注意摆在面前的食物,而对周围的其他事物视而不见。

5. 情绪因素。人的情绪对知觉有多方面的影响。一般来说,人们乐意知觉愉快的事情,记忆效果也好;对不愉快的事情,往往会有意或无意地回避它。情绪还会影响人对时间的知觉与评估。对望眼欲穿的事情,人们恨它到来得太慢,而对想回避的事情又觉得它来得太快。

6. 注意。注意是人选择、指向并集中于环境中部分刺激对象的心理活动。注意对于知觉和其他各种心理活动具有搜索选择、指引定向、集中维持以及监督调节的功能。这些功能对员工的智力开发、发明创造、生产效率、安全防卫都有重要意义。

7. 个性与思维特征。个性影响人们对事物的观察,包括观察什么和如何观察。

不同个性的人,知觉的广度和深度有显著的差异。思维是概括反映事物本质特性的理性认识活动。人的思维在广阔性、深刻性、独立性、批判性、灵活性、敏捷性、逻辑性等方面存在差异。这些思维的差异,会影响知觉活动及其他认识活动。例如,有人是分析型,有人是综合型;有人客观知觉事物,有人习惯主观臆测;有人全面知觉事物,有人常常以点概面、以偏概全。

总之,一个人的知觉是主观和客观因素相互影响、相互作用的结果。由于客观世界是错综复杂、千变万化的,人与人之间在个性、兴趣、需要等方面也各不相同,所以人们对同一事物会产生不同的知觉。

(三)错觉现象对知觉的影响

正常情况下,人们对于外部世界的知觉是相对准确的,能够比较真实地反映客观事物的特征与属性。然而,客观对象之间的相互影响也可能导致知觉上的错误。如果我们的知觉没能准确地反映客观事物的特性,出现了某种歪曲,则会产生错觉。

常见的错觉种类有大小错觉、形状和方向错觉、形重错觉、运动错觉等,其中大小错觉、形状和方向错觉统称为几何图形错觉。

1. 大小错觉。

(1)缪勒-莱尔错觉(Müeller-Lyer illusion),也叫箭形错觉。两条长度相等的直线,如果一条直线的两端加上向外的两条斜线,另一条直线的两端加上向内的两条斜线,那么前者就显得比后者长得多(如图5-3)。

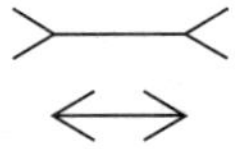

图5-3 缪勒-莱尔错觉

(2)潘佐错觉(Ponzo illusion),也叫铁轨错觉。两条辐折线中间有两条等长的直线,结果一条看上去比另一条长(如图5-4)。

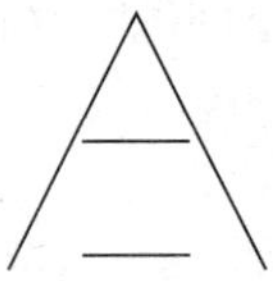

图5-4 潘佐错觉

(3)垂直-水平错觉。两条等长的直线组成倒“T”形,一条垂直,一条水平,但看上去垂直线要比水平线长(如图5-5)。

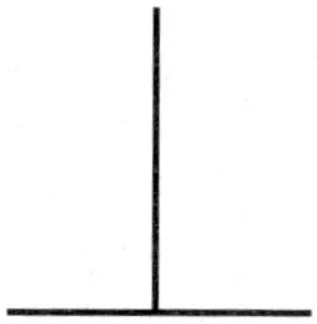

图 5-5 垂直-水平错觉

（4）贾斯特罗错觉（Jastrow illusion）。两个相同的扇形环，被包在下面的扇形环比上面的扇形环看上去要大些（如图 5-6）。

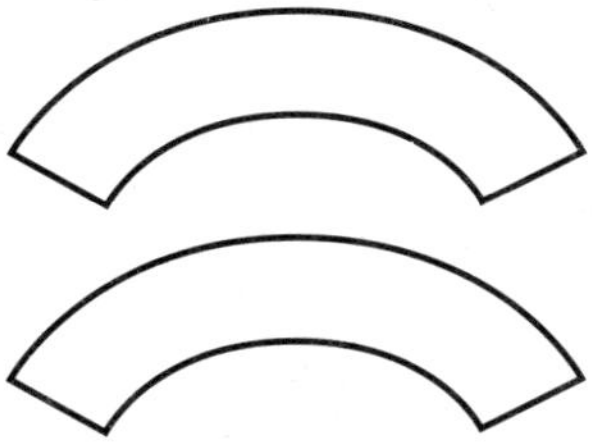

图 5-6 贾斯特罗错觉

（5）多尔波也夫错觉（Dolboef illusion）。两个面积相等的圆形，被大圆的包围的圆显得小，被小圆包围的圆显得大（如图 5-7）。

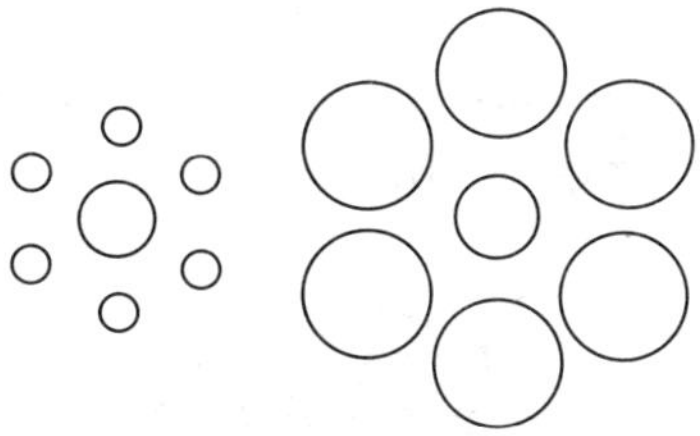

图 5-7 多尔波也夫错觉

2. 形状和方向错觉。

（1）佐尔拉错觉（Zöllner illusion）。一些平行线由于附加线段的影响，容易被看成不平行的（如图 5-8），一系列与短线交叉重叠的倾斜长线，看起来这些长线摆放得零零散散，很快就要相交——但实际上这九条“倾斜长线”全部都是平行的。佐尔拉错觉的形成，是由于短线与长线所成的角度引发了深度知觉。

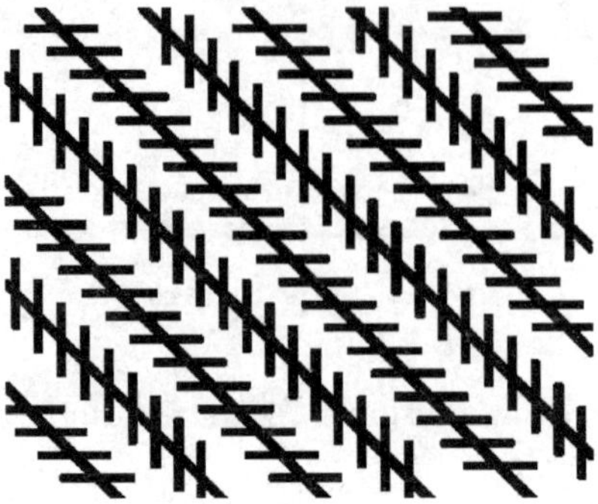

图 5-8　佐尔拉错觉

（2）冯特错觉（Wundt illusion）。两条直的平行线由于附加线段的影响，看上去中间变狭，两端变宽，好像是弯曲的（如图 5-9）。

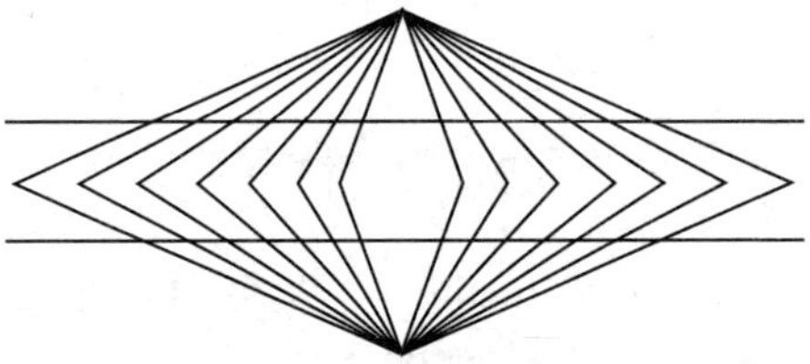

图 5-9　冯特错觉

（3）爱因斯坦错觉（Einstein illusion）。由于周围许多环形曲线的影响，正方形的四边看上去好像是弯曲的（如图 5-10）。

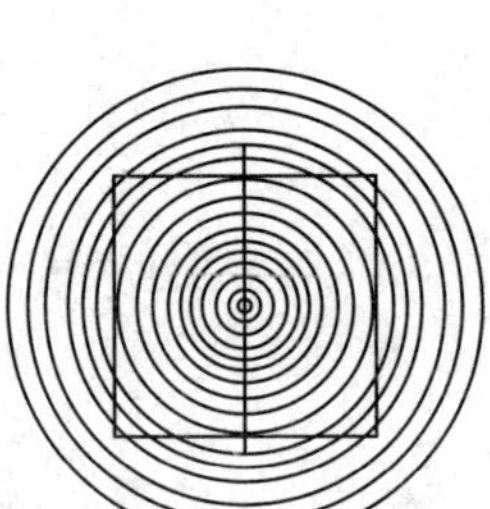

图 5-10　爱因斯坦错觉

（4）波根多夫错觉（Poggendorff illusion）。被两条平行线切断的一条直线，看上去像是错位的、不在一条线上（如图 5-11）。

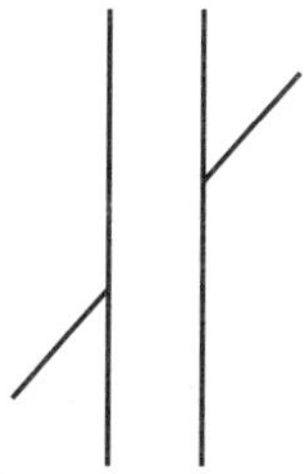

图 5-11 波根多夫错觉

3. 形重错觉。形重错觉是指由于物体体积大小的不同而引起重量判定上的错觉。例如,用手托起一斤铁和一斤棉花,会觉得铁比棉花重得多。这是受经验、定势的影响而产生的心理错觉。

4. 运动错觉。运动错觉是由于物体与参照系关系不同而造成的。例如,坐在向前行驶的火车车厢里,望向窗外,你会觉得路边的树木仿佛在向后疾驶。又如,有些实际上静止的图像,会看起来像在缓慢运动(如图 5-12)。类似地,图 5-13 也属于运动错觉,被称为大内错觉。看着图片,慢慢移动你的眼睛,看看中间的圆形是不是在移动。

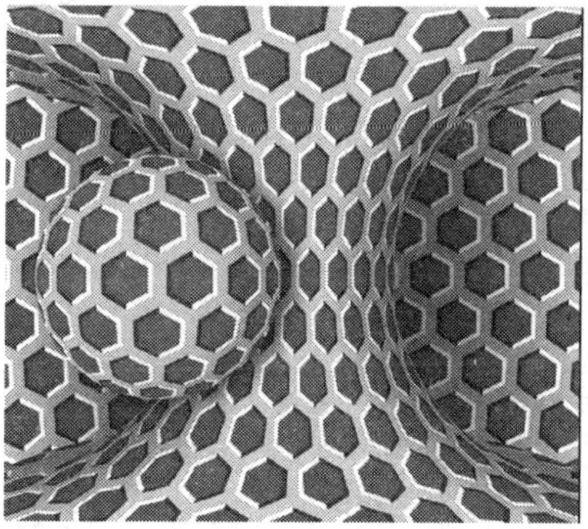

图 5-12 似动图片

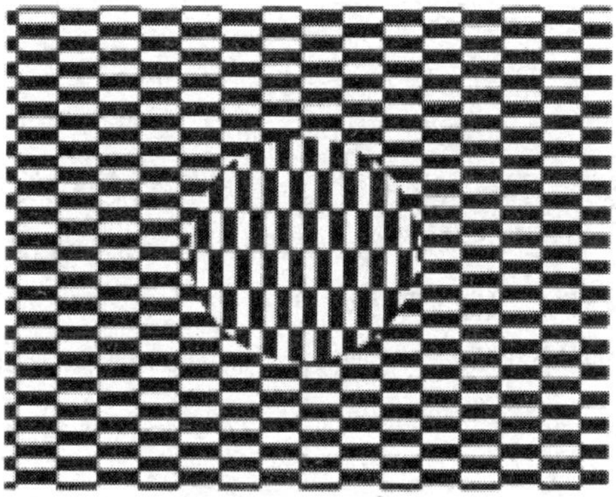

图 5-13 大内错觉

第二节　社会知觉

社会知觉是指在社会情境中以人为对象的知觉，是对由人的社会实践所构成的社会现象的知觉。人总是在同他人的交往中产生各种关系。因此，在人力资源管理实践过程中，了解社会知觉的有关内容，有助于更好地认识他人、知人善任，提高工作效率，同时有利于协调好人际关系，增强团队内部凝聚力，更好发挥个人潜能。

一、社会知觉的种类

社会知觉主要包括对他人的知觉、人际知觉、角色知觉和因果关系知觉。

（一）对他人的知觉

对他人的知觉主要是指通过对他人外部特征的知觉，取得对他们的动机、感情、意图、性格、仪表风度等综合性的认知。人生活在社会环境之中，必须和他人打交道、认识他人。对他人的知觉依赖于许多因素，概括起来包括两个方面：一是知觉对象的外部特征，包括一个人的仪表、风度、言谈、举止和各种外部表情。俗话说"听其言观其行而知其人"。我们了解和认识一个人，主要是根据他的言论和行为来做出判断。一般来说，一个外貌端正、举止文明、谈吐文雅的人在初次见面时总会给人留下良好的印象；而一个其貌不扬、举止不雅、谈吐粗俗的人，初次接触难免给人留下不好的印象。二是知觉的组织结构，知觉的组织结构是指一个人在知觉他人时并非像照镜子似的机械地反映他人，而是通过个体的心理折射而完成知觉过程的。知觉主体总是具有一定观点和态度的人，知觉主体的态度必然会影响其对他人的知觉。例如，一个道德观念很强的人，在知觉他人时，往往会按照一定的道德标准对人们进行知觉归类；一个注重智力特征的人，总是喜欢按聪明程度把人们加以区分。总之，一个人对他人的知觉既受对象外部特征的影响，又受主体知觉组织结构的影响。

（二）人际知觉

人际知觉是对人与人之间关系的知觉，包括对人的个性特点、行为反应的了解，对人与人之间交往特点、亲密程度的判断和理解。人际知觉的特点在于有明显的情感因素参与知觉过程。在生活中，人们彼此之间在交往中相互影响，从而形成特定的态度，并且在态度的基础上，还会产生各种各样的情感，如疏远与亲近、同情与厌恶等。同时，在人际知觉过程中产生的各种情感，又会反过来影响人际知觉。例如，人们愈是彼此接近、交往频繁，就愈容易产生友谊和好感，反之亦然。所谓

“爱屋及乌”,就是因为情感影响了人际知觉。在群体中,人与人之间由于不同的情感态度会造成各种各样的关系。人际知觉往往受到这种以情感为纽带所形成的各种关系的影响。人际知觉在组织管理中具有重大意义,它常常是领导者了解各种人际关系从而做好与人相关工作的重要途径。

(三)角色知觉

角色知觉是指个体对自己所处社会与组织中的地位的知觉。它反映一个人在社会系统中的地位以及相应的权利、义务和职责。一个完整的角色知觉过程包括角色认知、角色行为、角色期望和角色评价。

角色认知是知觉主体对自身应在社会和组织中所处的地位及应承担责任的认知。例如,父亲是一家之长,应当承担对家庭生计以及抚养和教育子女之责;教师应当是人类文化与知识的传播者,学生灵魂的塑造者、心理健康的维护者;企业管理者应当搞好生产经营活动,确保企业经济效益和社会效益的提高。角色行为是由社会或组织赋予角色的某种社会行为模式。在社会实践活动中,各种人际关系的建立,常常以彼此对应的角色为基础。只要你获得了某种角色,社会的其他人就会以相应的角色行为来要求你。例如,领导者要善于计划、组织、指挥、协调和控制组织的各项活动,要高瞻远瞩、雷厉风行、敢于冒险等。角色期望又称角色期待,是指组织或他人对个体承担某角色所应有的行为所寄予的希望与期待。一般来说,组织或他人对个体的角色期望是相对规范化的行为。尽管这种规范化的行为标准不是每个人都能做到的,但是角色期待可以发挥皮格马利翁效应,产生一定的激励作用。角色评价是指他人对个体的角色扮演状况的评论与估价。

(四)因果关系知觉

因果关系知觉是指在有关的一系列社会知觉中对其因果关系的知觉。这种社会知觉的形成,一方面要求知觉者具有丰富的某种社会知觉;另一方面取决于有效的思维参与,形成对已有知觉间因果联系的知觉。我们经常能够形成这样的知觉:某员工受到其他人的敬重,是因为他过去经常表现出援助他人的行为,后者为因,前者为果,这就是因果关系知觉。对因果关系知觉的应用,可以帮助管理人员更好地了解员工行为,进行有效的管理。

二、社会知觉的特点

(一)知觉对象的特殊性

社会知觉的对象是有意识的人、复杂的社会环境和人际关系,对这些对象的知觉必须依赖一些特殊的表现形式进行。比如,通过他人的言谈举止、表情、态度等来认识和判断。由于人能体验自己的内心世界,因此社会知觉的主体同时也是社会知觉的对象。在这样的情况下,无论是知觉的主体,还是知觉的对象,都可能掩饰自己的内在动机，使得人们的社会知觉判断可能是不准确的。

（二）加工过程的特殊性

社会知觉是个体更为复杂的认知活动。正确的社会知觉需要对知觉对象的各种信息进行组织和加工，社会知觉的过程不仅需要知觉主体基于社会经验对有关信息、线索进行选择和识别，还包括分析、比较、归纳、概括、判断、推理等思维活动。

（三）社会知觉的利益性

社会知觉的主客体能够理解彼此间的行为对对方的利害关系，于是知觉者和被知觉者都可以有意识地操纵和利用彼此。当个体能够预测他人可能做出的行动时，他自己便可以预先计划自己的行动，相互间的期望会影响彼此的知觉。

（四）社会知觉的复杂性

客观世界是纷繁复杂的，社会环境也是千变万化的。由于宗教信仰、民族文化等的差异，生活在不同地区的人们，其社会知觉判断也会不同。此外，社会知觉的主体可以不直接接触客体，而是通过第三方的口头描述来认识客体。但第三方的描述可能会受其自身需要、态度等因素的影响，这会妨碍主体感知客体的准确性。

三、社会知觉偏差

（一）晕轮效应

晕轮效应是指在人际知觉中形成的一种“以点概面、以偏概全”的夸大社会印象。某种被强烈知觉的品质或特点，就像月亮的光环一样，向周围弥漫、扩散，从而掩盖其他品质或特点。因此，晕轮效应又被形象地称为光环效应、成见效应、光晕现象，是主观推断的泛化、定势的结果。当个体建立了对某知觉对象某方面的正面印象时，就会倾向于认为该知觉对象的所有方面都是好的；反之，当形成对某知觉对象某方面的负面印象时，就更倾向于认为该知觉对象的所有方面都是不好的。这两种现象都属于晕轮现象。

☞ 专栏5-2　有一种错误叫“晕轮效应”

普希金狂热地爱上了“莫斯科第一美人”娜坦丽，并且和她结了婚。虽然当时有好友劝普希金要好好考虑婚事，但普希金认为娜坦丽是莫斯科贵族冈察洛夫的女儿，她受过良好的教育，还有非常好的见识、口才、仪态和气质。因此，普希金说：“一个漂亮的女人也必然有非凡的智慧和高贵的品格。”然而娜坦丽虽然容貌惊人，但与普希金志不同道不合。当普希金每次把写好的诗读给她听时，她总是捂着耳朵说：“不要听！不要听！”相反，她总是要普希金陪她游乐，出席一些豪华的晚会、舞会，普希金为此丢下创作，弄得债台高筑，最后还为她决斗而死，一颗文学巨星就这样过早地陨落。

普希金这种识人方式其实是一种晕轮效应。晕轮效应常表现为：一个人对另一个人的看法受到最初印象的影响，进而看不准对方的真实品质。现实中，人们对他人的认知判断往往过于片面，如果认知对象被标明是好的，他就会被“好”的光圈笼罩着，并被赋予一切好的品质；如果认知对象被标明是坏的，他就会被“坏”的光环笼罩着，他所有的品质都会被认为是坏的。正如日月的光辉，在云雾的作用下扩大到四周，形成一种光环作用。

在招聘与选拔过程中，当评价一系列不同的内容时，主考官很容易受到一个特定特征的影响。比如，一个应聘者的毕业院校恰好和主考官相同，那么主考官就有可能会由点及面地判断应聘者在所有的方面都很好。在考核与评价过程中，晕轮效应也常常出现。如果领导对下属某一个业绩要素的评价较高，常常也会对这个下属的其他业绩要素给予较高的评价。尤其是当领导和下属之间的关系特别好或特别不好时，这样的倾向更容易出现，使得评价结果不够可靠。

（二）首因效应和近因效应

首因效应是指一个人最先给人留下的印象较为深刻，往往造成先入为主的印象。如果一个人在初次见面时给人留下了良好的印象，就会影响人们对他以后一系列行为的解释，反之亦然。近因效应则是指最后给人留下的印象最为深刻，往往对人有强烈的影响。心理学的研究证明，首因效应和近因效应都在人的知觉中起着重要作用，但它们在不同条件下有不同的影响。一般来说，在感知陌生人时，首因效应有更大的作用；而在感知熟悉的人时，如果其在行为上出现某种新异的表现，则近因效应会起更大的作用。

☞ 专栏 5-3　近因效应：留下最好的“最后印象”

在面试即将结束的时候，主考官问应聘者：“如果我们今天不打算给你机会，你会怎么想？”

应聘者不卑不亢地回答道：“没能让你了解全部的我，很遗憾。其实我也知道我刚才的表现不是很好，我也不能把它归咎为不善言辞，可能我真的没有做好充分的准备。”

主考官点点头：“好的，你回去等通知吧！”

虽然该应聘者在整个面谈中都表现平平，但主考官觉得最后一句话是他的亮点，说明他的态度很诚恳。这样的态度打动了主考官，他当即决定录用该应聘者。可以看出，近因效应在这位主考官身上起着重要的作用。

在招聘与选拔过程中，如果主考官固着于第一印象或者仅仅依赖于最先发生的行为进行判断，忽略后面的信息，会使应聘者不能被全面、客观地评价。在考核与评价过程中，由于记忆力的原因，评价者对员工的近期表现往往印象深刻，而对远期发生的事情印象比较模糊，因而会不自觉地以近期的记忆或印象代替员工在整个被考核期的工作表现情况，造成“以近代远”的考核与评价误差。

(三)刻板印象

刻板印象指的是人们对某一类人或事物产生的比较固定、概括而笼统的看法。刻板印象可以帮助我们简化对世界的认识过程：在人际交往或认识事物时，由于时间和精力有限，我们往往会基于人或事物的某一个特征或属性，而联想到其他有关的大量特征。这种没有证据的判断，是一种自动化的知觉捷径。基于刻板印象形成的错误判断，短时间内很难被检验和改变，从而可能导致偏见、排斥甚至歧视等问题。

☞ 专栏5-4　不要轻易给对方定性

苏联社会心理学家包达列夫曾经做过这样一个实验，将同一个人的照片分别给两组被试看，照片上的人的面部特征是眼睛深凹，下巴外翘。他分别向两组被试介绍情况，给甲组介绍情况时说“此人是个罪犯”，给乙组介绍情况时说“此人是位著名学者”，然后，请两组被试分别对此人的照片特征进行评价。

甲、乙两组被试的最终评价结果如下：

得知照片上的人是罪犯后，甲组被试认为，此人眼睛深凹表示他凶狠、狡猾，下巴外翘代表着其顽固不化的性格；相反，得知照片上的人是著名学者之后，乙组被试认为，此人眼睛深凹，表明具有深邃的思想，下巴外翘反映了他具有探索真理的顽强精神。

两组评价的极大反差，原因在于人们对社会中不同类型的人都持有一定的定型认知。罪犯常常给人的印象是负面的，所以当人们把照片上的人当罪犯来看时，自然就把其眼睛、下巴的特征归类为凶狠、狡猾和顽固不化；而学者给人的印象往往是有素养的，因此，当人们把照片上的人当学者来看时，就会把相同的特征归为思想的深邃性和意志的坚忍性。

在招聘与选拔过程中，如果主考官认为某个群体的成员是懒惰的，他可能会有意地避开雇用或提拔属于该群体的个体，导致不公平、不客观的选拔结果。同样，在考核与评价过程中，以固有的对某一群体的概念，笼统、僵化地进行判断和评价，会阻碍评价者以发展的眼光看待被评价者，影响客观公正性。

一项有关主管人员对护士工作质量评价的研究表明：当护士年龄在21~29岁

时，主管人员对这些护士的业绩评价要高于护士的自我评价；当护士年龄在30~39岁时，主管人员的评价与护士的自我评价基本相同；当护士年龄在40~61岁时，主管人员的评价要低于护士的自我评价。这一结果可能意味着“评价对象的年龄会影响主管人员的业绩评价”。另一项研究也表明，高业绩的男性员工所得到的评价明显高于高业绩的女性员工所得到的评价。总之，评价者头脑中原有的固着观念（例如，有关年龄和性别的偏见）会影响他们对不同评价对象的考核评价结果，甚至导致评价结果大大偏离实际的工作业绩。

（四）其他评价偏差

在招聘与选拔过程中，当面试官不止一个时，德高望重者的评分往往成为风向标，从而影响面试官的评分；在讨论某项评分时，如果评分者甲的判断受到评分者乙的认可，那么在另一项评分时，评分者甲更有可能接纳评分者乙提出的建议。此外，团体评价往往与个体评价不同，几个“相对苛刻”的面试官集体讨论打出的最终分数往往惨不忍睹，而几个“心慈手软”的面试官集中在一起，其最终分数往往很漂亮。

在考核与评价过程中，常常存在居中趋势、偏松或偏紧倾向。居中趋势是指在确定评价等级时，评价者很可能避开最高或最低的等级，采取中庸的方式，将大多数评价对象评定为中间的等级。偏松或偏紧倾向是指评价者倾向于对所有人都给予较高或较低的评价。这种过于集中的评价结果由于缺乏区分度，难以在员工考评和组织激励等方面发挥积极的作用。

第三节 知觉偏差管理

在现实生活中，知觉的偏差往往是无意识的，我们可能对此毫无觉察，但它对我们的决策却能产生显著影响。在人力资源管理实践中，尤其是在招聘与选拔、考核与评价的过程中，主考官和评价者的知觉偏差往往会产生较大的影响。了解人力资源管理中常见的知觉偏差，并在实践中尽量避免和控制这些知觉偏差带来的影响，是组织管理始终面临的一项挑战，具有重要的现实意义。

一、招聘与选拔中的偏差管理

（一）培训主考官

对主考官进行培训非常重要。研究证明，培训能够提高不同评分者之间评定结果的科学性，显著提高评分者信度。为了保证面试的顺利进行和客观有效，要谨慎选择主考官并进行相应培训，确保主考官评价技能达到要求。作为专业的面试人员，主考官应当掌握知觉偏差的相关知识，同时对自己的偏见态度具有相当的敏感性，以便最大限度地减少对应聘者的偏见，尽量避免错误判断。

（二）规范面试记录过程

如果可以，面试内容应做记录，记录必须以应聘者的行为为基础。考官需要观察应聘者的非言语行为、言语（包括说的、想说但没直接说的）、时间细节（尤其是沉默时），避免一般性的陈述（如他是性格开朗的、沟通能力强的）、避免推测（他笑了，因为他觉得我问到了他的长处）等。要知道，每个人的意见和解释都带有主观性，面试中的具体行为表现才是考官之间进行客观讨论的基础依据。因此，准确记录观察的结果（尤其是关键言语和动作）可以降低考官由于首因效应、近因效应等而产生的知觉偏差，有助于达成一致的评价意见。

（三）规范评估结果

为了避免主考官的主观臆断对面试结果产生不良影响，现实操作中往往采取多个考官对一个应聘者的面试形式。这样做的好处是一个主考官的判断不能完全决定面试结果，但这样做的潜在问题是，除非一个应聘者非常出色，得到多位主考官的一致肯定，否则将有高有低的多个分数取平均值，会导致不同应聘者的得分差异变小，即测量学上的“区分度不足”。因此，考官需要发展如下技能，尽可能地避免这些偏差，参见表 5-1。

表 5-1　招聘与选拔中考官的行为

有效技能	无效技能
从几个关联资料中得出结论	从一个方面的证据得出结论
把资料与相关的胜任力相联系	从自己的个人观点出发
从多文化的视角解释应聘者的行为	从评价者自身的文化视角解释应聘者行为
根据在评价中观察到的证据讨论应聘者	引入评价过程职位的传闻和观点
向同事询问信息，通过提问澄清问题	强加自己的意见，固执己见

二、考核与评价中的偏差管理

（一）设置考核评价体系

在考核与评价过程中，避免知觉偏差的关键是评价者本人要能够意识到这个问题，同时，设定相对细致的考核评价指标体系。以中层领导人际管理能力的评价步骤为例，第一步，给出人际管理能力的操作定义，即包含“对他人的了解深度”等维度的内容；第二步，针对各个维度建立不同水平的评价指标（如表 5-2）；第三步，依据陈述清晰的指标，对不同对象的人际管理能力进行评价。

表 5-2 人际管理能力的行为特征样例

等级	人际管理能力的行为特征
维度 1	对他人的了解深度
1 分	对他人缺乏了解，误解他人的知觉及行动或感到意外，或者以种族、文化或性别的刻板印象看待他人
2 分	未显现对他人明确的洞察力，但也没有证据显示对他人产生严重误解
3 分	了解情绪与行为，但不能将两者有效结合
4 分	了解情绪与行为，并能将两者有效结合
5 分	不仅了解情绪和行为，并了解含意，以及现有尚未说明的想法、担心或感觉；有意识地引导他人自动自发地采取行动
6 分	了解根本问题所在，深知某人对持续感受、行为或担心的原因；能客观评价特定个体的优缺点
7 分	了解复杂的根本问题，了解他人的基本态度、行为模式或问题的复杂原因
维度 2	倾听与回应他人
1 分	缺乏同情心，以自我为中心，冒犯他人，常让员工吃“闭门羹”
2 分	未显示倾听之意或者倾听不恰当
3 分	听出他人的感受或含意，或他人前来倾诉时洗耳恭听，有时会提出问题，以确定说话者的分析、判断，以了解他人的心理来解释他过去的行为
4 分	在 3 分基础上表现出倾听意愿，例如，营造机会，或是积极设法去了解个体以达到影响、培养、帮助他人的目的
5 分	在 4 分基础上预测他人的回应，利用倾听与观察获得了解，预测他人的反应并预先做好准备
6 分	有回应的倾听，回应人们关心之事，能轻而易举地实现有效沟通；或是以助人的态度表达对人们的关心
7 分	在 6 分的基础上采取行动提供帮助，对经由主动提出或观察得知的问题提供协助解决办法

（二）完善考核评价机制

科学严谨的考核机制可以在一定程度上降低知觉偏差的影响。为了避免考核与评价过程中不公平现象的发生，至少可以从以下几个方面做出努力。第一，做好考核评价的日常基础工作，建立健全考核机构，开发考核信息系统，完善考核申诉制度并设置合理的申诉程序。第二，确保评价者清楚地了解工作业绩评价过程中容易出现的问题，弄清问题所在有助于避免问题的出现。第三，选择更为精确的业绩评价工具，如通过等级评价法把可以进行高低评价的所有员工排列在一条纵向或者横向的线段上，避免评价者产生评价偏差。测量可以检测的行为有助于提高评价者的客观公正性，同时也可以促使评价对象的真实表现。同时需要注意的是，每一种评价工具都有其适用条件，评价者应仔细考虑各种工具的长处并使之充分发挥。第四，对评价者进行事前培训，例如，可以先为评价者放映一部关于员工实际工作情况的录像带，然后要求他们对这些员工工作业绩做出评价，进而有针对性地分析评价中出现的各种误差效应。

☞ 专栏5-5　可验证性是影响可信度的重要因素

不管员工想要给评价者留下多么完美的印象，他们的努力也只有在评价者相信的时候才有效。心理学研究表明，是否能够成功地自我展示包含着两方面的因素：一个是形象本身（尽可能呈现自己最好的形象），一个就是形象的可信度（确保展示的形象可信）。几乎每个员工都想要给评价者留下能干又勤奋的良好印象，但评价者如何才能判断这些表现是真实的还是伪装的呢？想要"一双慧眼"，就必须了解影响自我展示可信度的因素。

影响可信度的最主要因素是可验证性，即评估对象说的话是否可以找到相关事实的检验。例如，一个人可以吹嘘自己是个下棋高手，但如果有个棋手在旁边可以比试一局，可能情况会完全不同。这就提醒评价者：评价指标如果是可以检测的，评价对象就不敢弄虚作假；如果评价者是内行，了解行业特点，评价对象就会收敛自己的自夸言论。

（三）重视考评结果反馈

由于看待问题的角度不同，组织的考核评价结果与评价对象的自我感知之间必然存在一定的差异。如何帮助评价对象接受这种差异并正确理解考评结果，需要有效的反馈和沟通方式。例如，应当将考评结果反馈集中于员工的行为本身（如销售额正在下降），而不是集中在人身上（如你的工作态度不够积极）。积极的人际互动和开放式的沟通可以减少由于知觉偏差带来的分歧和矛盾。

☞ 专栏5-6　沟通小故事

张三和李四同时受雇于一家超级市场，从最基层做起。不久，张三受到总经理的青睐，一再提升，直到部门经理。李四却像被人遗忘了一样，还在最基层。终于有一天，李四忍无可忍，向总经理提出辞呈，并痛斥总经理用人不公。总经理耐心地听着，他了解这个小伙子，工作肯吃苦，但似乎缺少点什么，如果直接说太伤李四自尊，而且他也不易接受。于是他开始一次有意识的考核，要求李四马上到集市上去，看看今天有什么卖的。李四很快从集市回来说刚才集市上只有一个农民拉了车土豆卖。"一车大约有多少袋，多少斤？"总经理问。李四又跑去，回来说有10

袋。“价格多少?”李四再次跑到集市上。总经理望着跑得气喘吁吁的他说:“请休息一会儿吧,你可以看张三是怎么做的。”说完就叫来张三,请他马上到集市上去,看看今天有什么卖的。张三很快从集市回来了,汇报说到现在为止,只有一个农民在卖土豆,有10袋,价格适中,质量很好,他带回几个,让总经理看。这个农民过一会儿还将弄几筐西红柿上市,据他看价格还公道,可以进一些货。这种价格的西红柿总经理可能会要,所以张三不仅带回了几个西红柿样品,还把那个农民也带来了,他现在正在外面等回话呢。

这个故事往往作为员工做事要有头脑的案例出现在各个版本的职员培训手册里,事实上,从评价者反馈评估结果的角度可以看到,该超市的总经理是个很会沟通的评价反馈者。

三、评价中心技术——知觉偏差管理实例

在全球性竞争日益激烈的今天,企业面临的一项重要挑战是如何准确寻找到适合组织的优秀人才。作为综合性的人事测评方法,评价中心技术被广泛应用于现代企业中,被认为能够有效地控制组织在人员招聘与选拔过程中的潜在偏差。

☞ 专栏 5-7 评价中心技术在招聘选拔中的应用

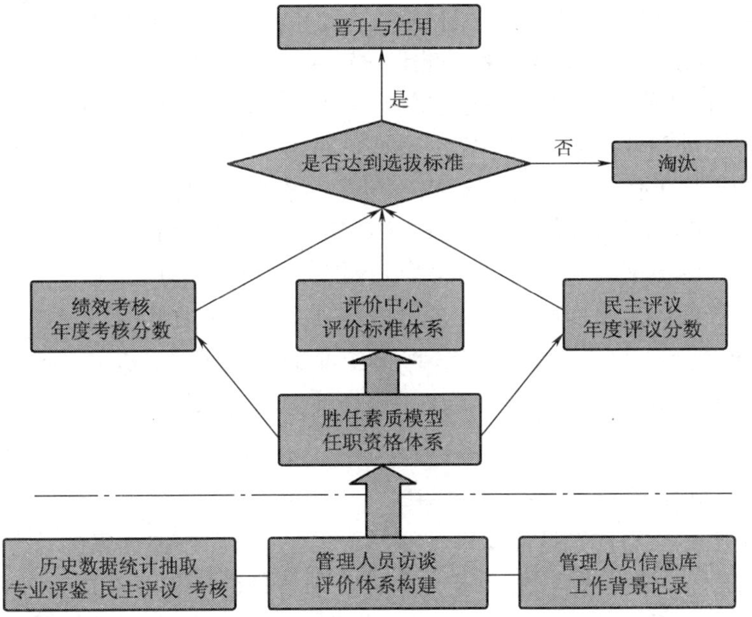

（一）评价中心技术的概念

1929 年，德国心理学家建立了一套用于挑选军官的非常先进的多项评价过程，这就是评价中心技术的雏形。第二次世界大战期间，美国的战略情报局使用小组讨论和情景模拟选拔情报人员，并获得成功。美国电话电报公司在工业组织中首先使用评价中心技术，该评价工作从 1956 年一直持续到 1960 年，结果证明：在被提升到中级管理岗位的员工中，有 78%的员工与评价中心的评价鉴定一致；在未被提升的员工中，有 95%的人与评价中心在 8 年前认定的缺乏潜在管理能力的判断相吻合。此后，许多大公司，如通用电气公司、国际商用机器公司、福特汽车公司、柯达公司等都采用了这项技术，并建立了相应的评价中心机构。

研究者普遍认为，建立具体的、可信的测量通常会减损概念本身的丰富含义，这是无法避免的问题，最好的解决方法是使用不同的测量方法测量概念的不同方面。比起使用单一的研究方法做出预测，使用多种研究方法做出不同的预测更能充分利用现有研究方法的种种优势，这是应用评价中心的初衷。

所谓的评价中心技术（Assessment Center），是指在有限的时间和特定的环境中，运用多种方法和技术，同时对多个人进行管理素质测量和评价的一套标准化程序。评价中心主要采用的测评手段包括文件筐、小组讨论、面试、心理测验、结构化面试和管理游戏等。每一种方法都有其优点和使用范围，综合采用谈话、观察、实验等方法，可以对不同方法所得结果进行相互比较和验证，提高测评结果的可靠性。大量的实践证明，综合利用多种测评手段和方法可以让人员测评准确性达到 70%以上，而仅仅通过面谈或观察的测评准确性一般在 50%左右。

一般而言，评价中心技术会把被试放在一系列模拟的工作情境中，由企业内部的高级管理人员和外部的心理学家组成评价小组，采用多种评价手段，观察和评价被试在这些模拟工作活动中的心理状态与行为表现，从而评估被试各项能力或预测其潜能，了解被试是否胜任某项工作或者其工作前景如何。当然，研究者也可以在此过程中了解被试的不足，以便确定重点培训的内容和方式。

和设计严格的实验、调查相比，评价中心强调情境的真实、自然（提高研究的外部效度）；和情境自然的观察法相比，评价中心的研究本身又是严格的（提高了研究的内部效度），从而较为理想地解决了以往研究内部效度和外部效度不能同时得到保证的矛盾，将研究方法发展的生态化趋势生动地展现在我们面前。

（二）评价中心的特点

评价中心的核心技术是情境模拟测试，即通过创设一种逼真的管理情境或工作情境，将候选人放入情境中，要求其完成各种各样的工作。在这一过程中，专业考官在一旁认真观察、记录候选人的行为表现，然后客观评价候选人的若干能力和素质。在此过程中表现出如下典型特点。

1. 针对性。评价中心测评法模拟特定的工作条件和环境，并在特定的工作情境和压力下实施测评。根据不同层次人员的岗位要求和必备能力，设计不同的模拟情境，具有很强的针对性，可避免“高分低能”的倾向。

☞ 专栏5-8 评价中心的模拟情境

评价中心的模拟情境一般不会使用特定工作情境，这样做的风险很大。质疑声首先来自选拔对象：没有特定背景知识的候选人会理由充分地声称选拔对自己不利；具有特定背景知识的候选人会质疑活动材料的准确性，从而误入歧途，因此评价中心更愿意将任务设定在一个完全中立的情境中。

2. 可靠性。评价中心由多个主试小组成员分别对被试给予评价，减少了因被试水平发挥不正常或个别主试人评价偏差而导致的测评结果失真。每项测验后，一般会请被试说明测验时的想法以及处理问题的理由。在此基础上，主试进一步评定被试处理实际问题的能力和技巧，使评价结果的可靠性大大增加，从而有效提高评价中心的信度。

3. 有效性。评价中心综合运用多种测评技术与手段，不仅能很好地反映被试的实际工作能力，还可以测评其他方面的各种能力和素质。从测量学的角度讲，评价中心和其他所有的选拔工具相比具有最好的效标效度。

☞ 专栏5-9 一些选拔工具的效标效度

选拔工具的效标效度

效度	选拔工具
好（0.5以上）	评价中心 如：能力测验 结构化面试（基于个人简历或行为胜任力）
中等 0.3~0.49	筛选书面申请的客观方法 如：个人传记、培训和经验评价、加权的申请表格 责任心
低 0.29以下	非结构化面试 兴趣、爱好 教育背景、笔迹学 人格问卷

资料来源：TAYLOR I. 评价中心实用手册[M]. 李中权，等，译. 北京：中国轻工业出版社，2009：8.

4. 预测性。评价中心具有“识才于未显之时”的功能,模拟的工作环境为尚未进入这一层次的人员提供了一个发挥其才能与潜力的机会,对于测评人员的素质和能力具有一定的预测作用,在预测效度方面让人满意。总之,评价中心技术通过设计特定的工作状态(如群体互动、一对一的单向或书面沟通的环境),运用多种测评手段,整合多位测评者的评价结果,对候选人现有能力,更对其潜在能力提供客观、公正的评估,很好地解决了“评估候选人工作能力及潜能”这一人才测评中的难题。

(三)评价中心的应用范围

目前,评价中心技术已经得到广泛而深入的应用,许多大企业普遍建有自己的评价机构,有自己的评价中心机构和专职测评师;小企业因实力较小,通常采用联合的方法,几个企业共同建立一个测评机构或者与专业测评服务机构建立稳固的测评代理业务。通常专业测评机构拥有技术优势和人才优势,可以为客户提供多层次、全方位的测评代理服务,比如,构建岗位胜任力模型、设计模拟情境练习、提供评价中心方案、进行人员招募和选拔、开展人员质量评估和培训等,从而改变了原有的单一招聘功能,实现评价中心功能的进一步拓展。

☞ 专栏 5-10　评价中心的应用范围及使用范本

1. 评价中心的应用范围

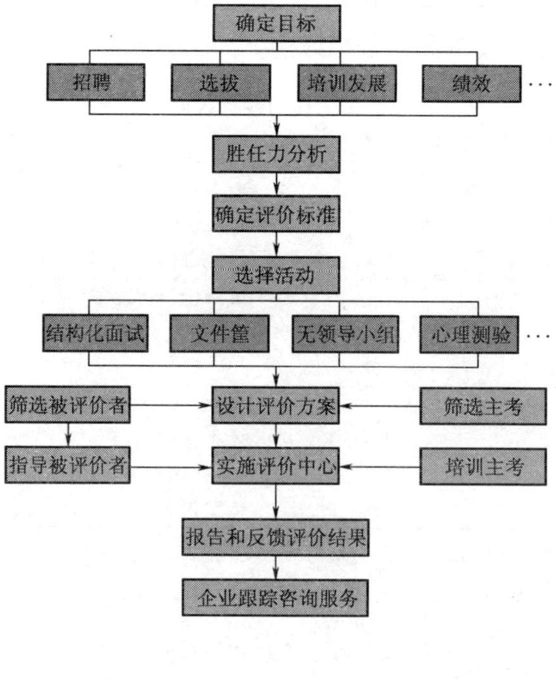

2. 评价中心的使用范本

在联合利华官网上可以清晰地看到其人才招募信息，其中管理培训生项目竞争最为激烈。"商业夏令营"作为通向管理培训生的唯一通道，在联合利华招聘中占有重要地位。每年7月，联合利华会在上海松江的户外拓展中心举行为期三天的夏令营。2009年"商业夏令营"的三天流程大体如下：

第一天

上午：到达户外拓展中心之后，做简单的调整、分组、休息后进行小组介绍展示。之后进行第一项活动"盲走游戏"。扮演盲人的同学需要遮住眼睛，在同组同学的指令下跨过地面各种障碍到达终点。

下午：户外拓展训练。

穿越迷魂阵：同队的几个同学一路纵队排在"迷魂阵"入口。迷魂阵多为由方格构成的"I"字形。入阵后，队员不得再提问，不能用任何声音和文字语言进行沟通，也不能在"迷魂阵"中做任何记号。当第一个选手在阵中踏入错误路线时，教练会吹哨子，该选手即刻"牺牲"，退出迷魂阵并排在队列的最后，第二个队员开始尝试……如此类推，直至所有队员都按照正确的线路通过。

横渡冰河：各组的任务是所有队员突破（用最短的时间"渡过"）"冰河"，但"冰河"上没有桥，队员也没有其他"渡河"工具，只能利用"冰河"上漂浮的十块"浮冰"。每人一块A4大小的白色硬板（"浮冰"）。"渡河"过程中，队员身体的任一部分都不能与"河面"接触。自离岸起，在整个"渡河"过程中，任何时刻每块"浮冰"都要被踩住，否则"浮冰"会被"冲走"。

紧急空降：用筷子、报纸、胶带、气球等工具制作一个可容纳5枚鸡蛋的空投器。从空中投向地面，碎的鸡蛋越少实验越成功。

晚上：广告之夜。通过话剧方式对联合利华旗下各个产品进行宣传，联合利华派出的指导师为他们提供所需的各种材料、设备。表演结束后，评委评出广告大奖和最佳广告创意奖。

第二天

上午：大型户外游戏——宝藏传奇（定向越野）。在广阔的区域内探访各个城市，购买需要的原材料和技术，在最短的时间内到达拥有最多财富的城市，最后在规定时间内返回城市进行交易。各小组可按照自己的方式进行寻宝，例如，小组成员一起走、分头行动、向园内行人租借交通工具。

下午：龙舟大赛。分三轮进行比拼。

第三天

到联合利华总部参观，联合利华各部门经理对本部门做详细介绍。

据悉，联合利华对人员素质的考评通过"三三五"法则进行衡量。

三性：目的清晰性、实际创造性、市场导向性；三精神：企业家精神、团队合作精神、自信诚实精神；五能力：客观分析的能力、影响他人的能力、领导他人的能力、发展他人的能力、从经验中学习的能力。依据上述夏令营中的活动，请逐一分析，明确各个活动与“三三五”法则评估能力的关系。

资料来源：DUNCAN O D. Notes on social measurement：historical and critical [M]. New York：Russell Sage，1984.

本章小结

1. 知觉是对于事物的各种不同属性的总和以及它们之间相互联系的反映。知觉具有选择性、理解性、整体性和恒常性的特点。

2. 人的知觉活动是一个较复杂的心理活动过程。该过程一般有以下几个环节：①从感觉资料（即背景和线索）中选择知觉对象；②对局部资料或不完整的线索、信息进行回忆补充；③对信息与线索进行加工并组织构成完整的对象；④对知觉对象做出适当解释并用名称标志它。

3. 影响知觉的因素是多方面的，有客观条件、主观因素和错觉现象。

4. 如果我们的知觉没能准确地反映客观事物的特性，出现了某种歪曲，则会产生错觉。常见的错觉种类有大小错觉、形状和方向错觉、形重错觉、运动错觉等。

5. 社会知觉包括对他人的知觉、人际知觉、角色知觉和因果关系知觉。

6. 在人力资源管理实践中，尤其是在招聘与选拔、考核与评价的过程中，经常出现晕轮效应、首因效应和近因效应、刻板印象等社会知觉偏差。

7. 评价中心技术是指在有限的时间和特定的环境中，运用多种方法和技术，同时对多个人进行管理素质测量和评价的一套标准化程序。评价中心主要采用的测评手段包括文件筐、小组讨论、面试、心理测验、结构化面试和管理游戏等。评价中心技术具有针对性、可靠性、有效性和预测性等特点。

思考题

1. 简述知觉的特征，并举例说明。
2. 简述影响知觉的因素，并举例说明。
3. 简述社会知觉的类型与特点。
4. 简述人力资源管理心理学中的知觉偏差类型及管理。

案例

三个员工

王刚被任命为某品牌地板专卖店的店长，星期一一大早就兴冲冲赶到新店履职。王刚很高兴，自己才刚刚工作不到两年，由于表现出色，销售业绩突出，别人需要用三五年甚至更长时间才能得到的晋升机会，自己不到两年就得到了，而且还是回到自己曾经起步的那个店。虽然在那里的同事现在都调走的调走，转行的转行了，但还有一点小小的衣锦还乡的感觉，据说现在店里三名员工都不错。"还有20分钟就到上班时间了，相信店里的三个员工早已精神饱满地站在门口，等待自己的到来吧。"王刚有点暗自得意地想。

走进店里，王刚高兴的心情一扫而光，甚至有点不快。他看到的景象和自己的想法大相径庭：员工甲正趴在销售柜台上睡觉，而且看起来睡得还很香；员工乙正在打电话，嘴里还在反反复复地说："宝贝，别着急，一下班我就过去陪你"；员工丙看起来还做点正事，在店里专心致志地修一辆自行车！

看到这样的景象，王刚心里暗暗地想："也许我和他们三位共事的时间不会太长。"

思考：如果你是王刚，接下来你会怎么做？

看到王刚走了进来，正在修自行车的员工丙赶紧站了起来，说："您就是新来的店长吧，欢迎欢迎！"王刚什么都没有说，只是点了点头，场面有点尴尬。员工丙一边赶紧清理自行车和地上的工具，一边说："这是咱店里的车，是店里以前的一个员工留下的，别看这辆自行车不太好，对咱店可是太有用了，最近有点问题，趁上班前我想把它修一修。"王刚又看了看自行车，原来正是自己调走前留下的，不禁有点动容。

员工乙这时也放下了电话，"不好意思，店长，我女儿病了，在医院里要我陪，但是店里的事多，没办法，只能打个电话安慰她了。"接着，员工甲看了看他说："昨晚一个客户的地板被楼上的水冲了，我在客户家忙了大半夜，忙完后，也快到上班时间了。"

听完员工的话，王刚想，做了店长，也许我还有许多东西要学，也许我能和他们在一起很长时间。

案例讨论：案例给了你什么启示？

分析提示：人们往往只相信自己眼中看见的东西，却忘了凡事都有因果关系，许多事情在进入视线的那一瞬间，其实早已被掐头去尾，完全失去了本来面目。

拓展资料

原光. 管理心理学[M]. 北京:清华大学出版社,2016.
朱颖俊. 组织行为与管理[M]. 武汉:华中科技大学出版社,2017.
勾训,黄胜. 心理学新编[M]. 成都:西南交通大学出版社,2018.
向延光,杨再述. 管理心理学[M]. 武汉:武汉工业大学出版社,1998.
刘永芳. 归因理论及其应用[M]. 济南:山东人民出版社,1998.
刘玉梅. 管理心理学理论与实践[M]. 上海:复旦大学出版社,2019.
王晓霞. 管理心理学[M]. 天津:天津人民出版社,1999.
程正方. 现代管理心理学[M]. 北京:北京师范大学出版社,2011.
齐长立,赵国山. 管理心理学[M]. 北京:中国传媒大学出版社,2013.

第六章

员工的激励

★ 本章需要掌握的内容 ★

1. 内容型激励理论、过程型激励理论和行为型激励理论的基本内容
2. 领导激励的原则和方式

个体行为管理的核心问题是激励。激励(motivation)是管理过程中的一项重要工作,其直接目的是提高人的积极性,充分发挥人的创造性,使人力资源得到最大限度的发挥。而需要和动机是推动人类行为的内部根本原因。只有了解人类行为的原因,才能预测、激励、引导行为,提高个体行为的积极性。本章以动机、需要与激励等激励理论为主线展开。

第一节　激励的基础:需要与动机

作为人格的基本单元,需要和动机概念涉及为什么的问题——个体为什么会有这样的行为。传统上,这个问题可以细分为以下三个子问题:①激活问题:个体是由什么激活的?②选择问题:个体为什么选择这种或那种活动趋向?③反应问题:面对同样的刺激,为什么个体会做出不同的反应?既然这些问题对于我们而言的重要性不言而喻,那么,了解需要和动机概念的必要性就显而易见了。

一、动机

动机是一个概括性的术语,它是对所有引起、支配和维持生理和心理活动的过

程的概括。和心理学中的很多概念一样,有关动机也没有一个普遍接受的定义。在各种定义中通常包括了以下词语:渴望、需要、愿望、目标、追求,需求。作为一个过程,动机一般是指源于个体生理上或者心理上的缺失,从而激发行为或者驱力,使个体向着特定的目标或者诱因而努力。但不管怎样,大家都是用这个概念来分析一个人做事的原因。图 6-1 形象地说明了动机的最基本的过程:需要唤起了指向诱因的驱力。

需要 ——→ 驱力 ——→ 诱因

图 6-1　基本的动机过程

可以说,从一个系统的观点上看,动机存在着以下三个既相互作用又像相互独立的因素。

(一)需要

当个体在生理上或者心理上不平衡的时候,需要就产生了,当然,也有例外,一个事业成功的个体也许会有越发强烈的成就需求。

(二)驱力

很多时候,我们会用动机来表示同样的含义,或者说驱力和狭义的动机同义。因此,我们需要通过上下文的背景知识区分动机的定义范畴。驱力主要用来缓解需要,在动机的过程中,驱力处于核心位置。

我们通常从以下三个方面衡量驱力:一是方向,即个体试图要做的事情(比如,你愿意从事工作的属性);二是强度,即行为的唤醒水平(比如,你愿意为工作付出多少努力);三是坚持性,即行为的持续性(工作坚持多长时间)。

(三)诱因

诱因是可以减轻需要、降低驱力水平的任何事物。获得诱因就可以重新恢复生理或者心理上的平衡,减轻或者消除驱力的影响。

基本动机过程中的这些因素是我们理解动机和动机理论的基础。不同动机理论阐述的核心要素各有不同,但不外乎就是上述三类因素。我们依此将工作动机理论划分为三类,在第二节详细阐述。

二、动机的一般类型

(一)基本动机

基本动机,或者说生理动机,并不是说这些动机处于其他动机之前,我们将其称为基本动机只是因为它们在人的成长时间表中出现得最早。事实上,在更多的情境下,相对于基本动机,一般动机和次级动机是占据主导地位的。

界定一个动机是否为基本动机的标准有两个：首先必须是本能的、非习得性的；其次，它是基于生理的。这样，最普遍的基本动机就包含了饥饿、睡眠、性。

我们这里没有将基本动机称为生理动机，是因为有一些一般动机也是生理性的。

（二）一般动机

一般动机处于基本动机和次级动机之间，这类动机也是非习得性的，但其生理基础和上面说的基本动机相比没有那么明确。所以说，一般动机处于基本动机和次级动机之间的灰色地带。和基本动机相比，一般动机和组织行为的关联性明显加强。一般动机大致分为两类：①好奇心、控制和活动动机；②情感动机。

1. 好奇心、控制和活动动机。无论是我们的经验或者实验都告诉我们一个不争的事实：包括我们人类在内的动物似乎有一种天生的驱力，驱使他们去探索、控制物体或者仅仅是活动起来，我们人类从出生就有定向反射能力，会说话后很快就要问：这是什么？那是什么？为什么？尤其是在一个陌生环境里这种现象表现得尤其如此。这种驱力伴随着孩子的成长，成人的这种好奇、控制和活动的驱力或者被压抑，或者被更好地满足。有研究表明，不允许这种类型的驱力得到表达和满足可能会导致个体、组织和社会死气沉沉，甚至更严重的后果。大多数时间花在自己对其缺乏控制力的工作上的人，早亡的风险高出43%，那些进行枯燥、被动工作的人，其早亡率也要高出35%。

2. 情感动机。情感动机很复杂，有些情感因素可能和基本驱力中的性驱力紧密联系，有些情感因素又和次级驱力中亲和因素相联系，以至于有些心理学家并认为情感驱力不是一个独立的驱力类型，但不管怎么样，我们将其单独放在这里就是想提醒大家：情感动机在组织中扮演的角色越来越重要。当今世界，我们每天都要面对人与人间、团体间以及国家间的冲突，生活的质量、家庭的价值以及个人的权利在现代社会中变得越来越重要。想一想我们呼吁的、渴求的诸如爱、温暖、包容、感恩，都在反复强化着情感因素。

（三）次级动机

和基本动机、一般动机相比，次级动机是人类行为中最重要的内容。随着经济的发展，人类社会越来越复杂，在对行为的激励上，位于习得的次级动机占据激励的主战场。这很好理解，我不饿不渴的，你用食物和矿泉水就很难激励我。饥饿和口渴的动机在经济高度发展的现实世界中，已经很难激励个体行为。

次级动机的基本特点是：习得的，和学习紧密联系的。人类的很多动机都符合这样的标准，其中常被提及的次级动机有：成就动机、权利需要、亲和需要、安全需要和地位需要。这些动机我们在未来的工作动机理论中再进行讲解，这里我们只是从内源性（intrinsic）和外源性（extrinsic）的角度对这些次级动机进行分类。

外源性动机是由其他人分配的，比如，工资、福利和晋升等我们希望获得的内容，也包括避免惩罚、解雇等。内源性动机是由个体内部产生的，比如，责任感、成功感、成就感，还有竞争感等。

我们必须记住，这两种动机并不是完全独立的。许多激励因素既包含外源性动机也包含内源性动机，比如，绩效工资和奖金，有员工对其进行客观评价：给多少钱干多少活儿。这显然符合外源性动机的归属；但如果与此同时，在一个组织的竞争环境下，你获得了"优胜"，这种奖励似乎能产生更大的成就感，其内源性动机的表现更为突出。总之，动机的外源性和内源性有复杂的关系。

为了深化对内源性动机和外源性动机的理解，这里我们需要引入认知评价理论。认知评价理论认为，一项任务可能本身具有内源性激励，但是当外源性激励因子与这个任务结合在一起的时候，真正的动机水平可能会降低。简而言之，外源性动机可能会破坏内源性动机。

☞ 专栏 6-1　过度理由效应

但整体而言,消极的外源性动机,诸如威胁、最后期限、命令、压力,以及强加的目标都会成为降低内源性压力的关键因素。积极的外源性动机,诸如鼓励、自行安排时间进度、晋升等又可能增加个体内源性动机。

第二节　工作动机理论

激励的理论有很多,总结起来大致可以分为三类:着重研究行为产生原因的内容型激励理论;着重研究动机与行为之间关系的过程型激励理论;着重研究激励目的的行为改造型激励理论。

一、内容型激励理论

内容型激励理论着重研究行为产生的原因,旨在分析人的需要和动机是如何推动行为的,以马斯洛的需要层次论、奥德弗尔(Alderfer)的 ERG(Existence Relatedness Growth)理论、麦克利兰(McClelland)的激励需要理论和赫兹伯格(Herzberg)的双因素理论最为著名。

(一)马斯洛的需要层次论

1943 年,美国人本主义心理学家马斯洛在《人类动机理论》一书中首次提出人的需要是有层次的。1954 年,他在《动机与人格》一书中进一步完善了自己的理论,之后,这一理论从心理学界走向管理学界,在世界各国产生了巨大影响。

马斯洛认为,无论生活在何种文化背景下,人的心理需要有共同的特点,即人生来就渴望满足一系列需要。这些需要由低到高可分为:生理需要、安全需要、归属需要、尊重需要和自我实现需要(见图 6-1)。一般来说,人类的需要总是随着低层次需要的满足而逐步向高层次需要发展,只有低层次需要满足了,高层次需要才会变得重要。与此同时,低层次需要在得到满足后就不再有激励作用。马斯洛认为,需要总是逐层得到满足,直到最后自我实现需要变成主要的激励因素。

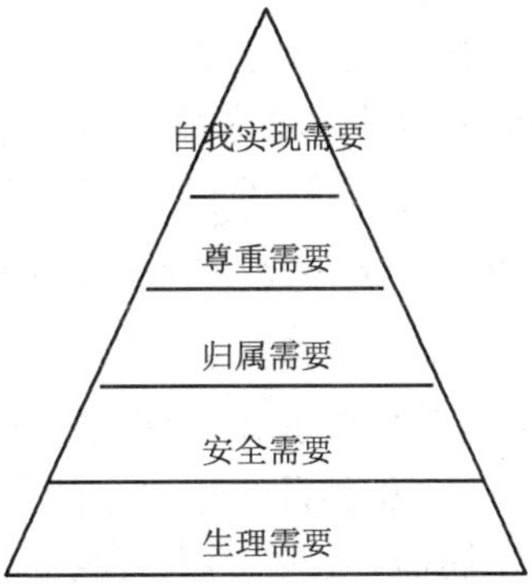

图 6-1　马斯洛的需要层次论

领导使用这一理论对员工进行激励时首先要了解员工的需要,不同时期、不同国家、不同企业以及同一企业中不同员工的需要不仅是不同的,而且是动态的,这就要求领导者经常性地用各种方式进行调查,弄清员工有哪些待满足的需要,然后有针对性地采取激励措施。

（二）奥德弗尔的 ERG 理论

耶鲁大学教授奥德弗尔对马斯洛的需要层次理论进行了修订(见表 6-1)。他认为,人的需要不是五种而是三种,即生存需要、关系需要和成长需要 。在他看来,哪个层次的需要获得满足越少,则人们对这种需要的渴求就越强烈;低层次需要越是获得满足,人们就越会追求高层次需要;如果较高层次需要得不到满足,人们对较低层次需要满足的欲望就会加强。例如,有一份工作对你很有挑战性和吸引力,你就会非常看重工作本身带来的乐趣,甚至会因此而忽略薪水的高低;反之,如果一份工作对你来说既没有新鲜感,也没有挑战性,那你就可能更在乎物质报酬,以此求得平衡。

表 6-1　马斯洛理论与 ERG 理论的区别

马斯洛的需要层次论	ERG 理论
基于满足—前进的逻辑,即个体的较低层次需要相对满足后再向高层次需要前进	满足—前进,还包含挫折—倒退。挫折—倒退表示在较高层次需要没有相应满足或受挫情况下,需要重点可能会转向较低层次
比较重视以低层次需要的满足作为追求高层次需要的条件	不认为在诱发高层次需要之前一定要先满足低层次需要。一个人的背景或相应的环境有时会使关系需要比尚未满足的生存需要处于更优先的地位
未满足的需要使人对与此相关的目标有积极性,这是激发人的行为动机的起点	不认为缺乏、剥夺是激发需要的唯一途径,给予一定的满足刺激,人的积极性更高

ERG 理论蕴涵了“挫折—倒退”维度,也就是说,人的高层次需要得不到满足时,会转入低层次需要,而不是停留在原来的层次。如果一个人满足成长需要的努力不断遭受挫折,那么相互关系需要就会取而代之成为激励动力,即挫折将导致退化。ERG 理论具有较好的变通性,根据该理论,个体总是处于满足自身需要的激励状态,当个体成长需要无法满足时,管理者可以通过一些具体的激励措施和手段使员工修正自己的行为,转向满足相互关系需要或生存需要。

（三）麦克利兰的激励需要理论

激励需要理论是麦克利兰提出的。他认为,人在较高层次上有三种需要,即追求优越感与寻求成功欲望的成就需要、促使别人顺从自己意志的权力需要、寻求与他人建立友善且亲近关系的归属需要。对一个组织来说,这三种需要都是有价值的,归属需要强烈的人有利于在组织中建立良好的人际关系,有利于人们的身心健康和相互合作。权力需要强烈的人可以有效地组织、协调、领导其他人完成工作目标。而成就需要强烈的人则有较强的责任心和进取心,追求成功、敢于冒险,有较好的工作绩效。在他看来,这三种需要都蕴藏于人的潜意识之中,个体在意识层面无法清晰感知。

其中,成就需要是激励的核心,是企业成长和国家发展的重要基石。在他看来,个体的激励水平更多取决于其追求卓越、力求成功的意愿强度。高成就动机的人喜欢寻求挑战,愿意通过奋斗目标的实现体现自身的价值,但他们不会选择高难度目标,因为他们喜欢得到工作绩效的及时反馈,这是其产生成就感的重要方式。根据麦克利兰的理论,在人力资源开发时,测量、评价个体的成就需要后再分派工作和职位无疑会提高组织的运行效率。

☞专栏 6-1　如何训练提高成就需要

成就感训练的方法虽然较复杂,一般由专家指导 9~25 人,按如下步骤进行:

1. 介绍成就需要具有激励作用的原理,以及这方面的研究成果。

2. 说明成就需要的意义。为了测试受训者的成就需要,专家会展示一幅静态的画面(如,一位身着西装的男士斜躺在转椅上,神情坦然地凝视着窗外的景色),请受训者根据这幅画,描绘出一篇短故事,并预见将会发生哪些事情。然后,将受训者编的故事与高成就需要的人所编的故事进行比较,进而帮助受训者发现自己在这方面的差距。

3. 受训者学习如何成为一位具有高成就需要的人,即让受训者了解高成就需要的人喜欢哪些能提高个人职责、反馈、适度风险的场合。专家将用个案的方式,并根据受训者已有的经验说明这些观念。

4. 由专家指出具有高成就需要的人在行为方面有哪些特征,以供受训者进行比较。

5. 由各受训者以书面形式设定目标,责成自己以成就为导向的方式完成这一目标,过一段时间后检查进展情况。

(四) 赫兹伯格的双因素理论

赫兹伯格认为,员工的态度会影响工作绩效,但他不认为满意的反面是不满意。20 世纪 50 年代,他和同事采用“关键事件法”对美国匹兹堡地区 11 个工商机构的 200 多名工程师和会计师进行调查。结果发现,被访者对工作不满意的因素大多与外部的工作环境有关,而满意的因素则大多由工作本身而产生(见图 6-2)。据此,他提出工作行为要受两个因素的影响:一是工作内容的影响,促使人们产生工作满意感的激励因素;二是导致人们产生不满的保健因素。激励因素的改善能充分、有效、持久地调动员工的工作积极性,产生工作满意感;而保健因素大多与工作环境或工作条件相关,这些因素处理不当会导致员工的不满,甚至严重挫伤员工工作的积极性。

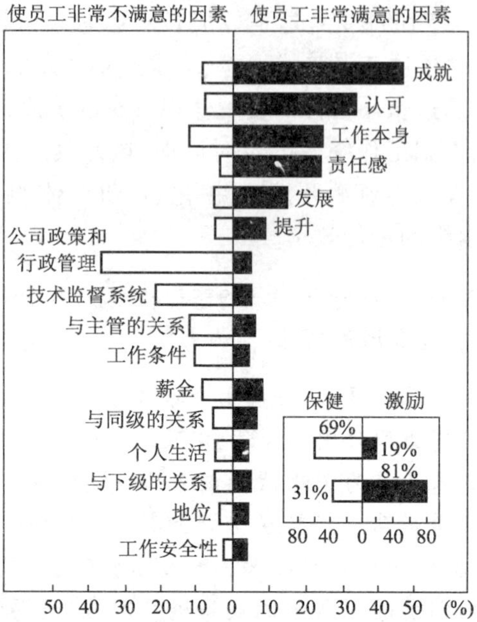

图 6-2　激励因素和保健因素的比较

基于上述分析，赫兹伯格认为，让人满意和防止人不满意是两回事。提供保健因素只能防止牢骚，消除不满，却不一定能激励员工。要想激励员工，就必须强调成就感、认同感、价值感以及工作本身的价值。

二、过程型激励理论

过程型激励理论侧重从动机产生的角度研究人采取行动的心理过程，强调按照正确的方式激励，主张通过科学的激励措施达到有效的激励效果。比较有代表性的理论包括弗鲁姆（Vroom）的期望理论、亚当斯（Adams）的公平理论和洛克（Locke）的目标设置理论。

（一）弗鲁姆的期望理论

1964 年，弗鲁姆首次在《工作与激励》一书中提出激励的期望理论。他认为，个体之所以能够积极地从事某项工作，是因为这项工作能够帮助他们达成目标，满足某方面的需求。也就是说，某项活动对人的激励力取决于该活动结果给个体带来的价值，以及实现这一结果的可能性，用公式表示为：

$$M = V \times E$$

其中：M（motivation）为激励力，表示个体对某项活动的积极性程度，以及希望达到活动目标的欲望程度；V(value)为效价，即活动的结果对个体的价值大小；E(expectancy)为期望值，即个体对实现这一结果的可能性判断。这个公式是期望理论的核心，它指出影响激励力有两个关键因素，即效价和期望值，具体关系见图 6-3。

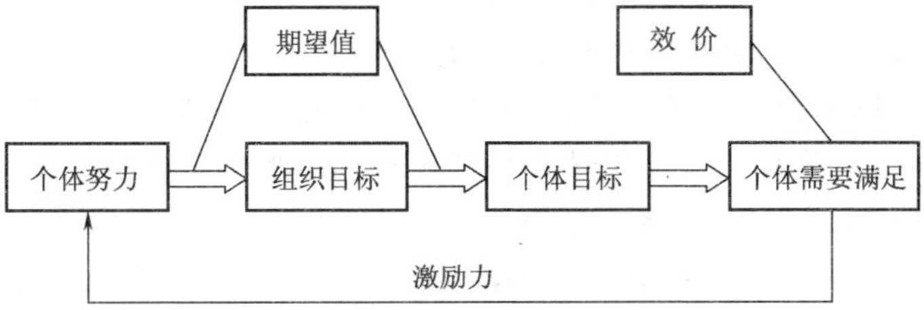

图 6-3　效价和期望值对激励力的影响

这里的效价是与组织目标连接的个体目标所能带来的个体需要满足的程度；这里的期望值包括个体经努力后能达到组织目标的概率，以及组织目标能实现个体目标的概率，期望值是这两个概率的乘积。

（二）亚当斯的公平理论

公平理论是亚当斯根据认知失调理论提出的激励理论，主要研究奖励和满足之间的关系。亚当斯认为，在组织中，员工对自己是否受到公平合理的对待非常敏感，有时他们关注的不是他所获得报酬的绝对值，而是与他人或过去比较的相对值。人们往往喜欢不断地与他人或过去进行比较，判断公平与否，从而对自己工作积极性产生影响。如果个体发现自己的收入与他人收入相等，或者现在的收入与过去的收入相等，便认为是合理、正常的，因而心情舒畅，并努力工作；相反，就会产生不公平感，进而出现一系列有针对性的心理措施应对这种不公平的情绪状态。

（三）洛克的目标设置理论

目标设置理论是美国心理学家洛克在 1967 年提出的。他认为，人的任何行为都受目标驱使，因此，给员工设置合适的目标可以激励员工（见图 6-4）。

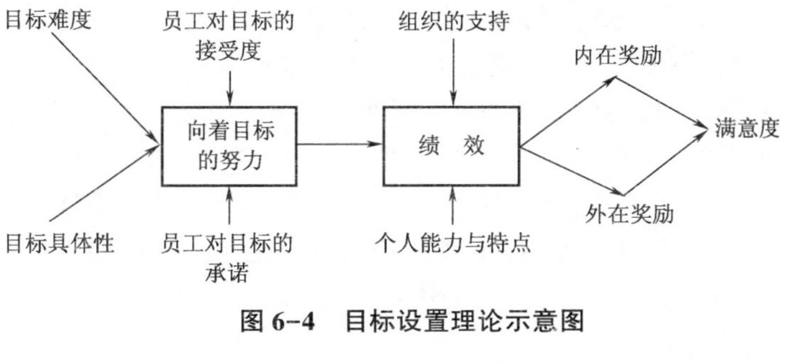

图 6-4　目标设置理论示意图

☞ 专栏 6-2　目标设定理论(Goal Setting Theory)

埃德温·洛克是美国马里兰大学的心理学教授,他于1967年提出的目标设置理论认为,目标是一个人试图完成的行动目的。它是引起行为的最直接动机,使个体行为朝着一定的方向努力,并将自己的行为结果与既定目标相对照,及时进行调整和修正,以实现目标。这种使需要转化为动机,再由动机支配行动达到目标的过程就是目标激励。重视并尽可能设置合适的目标是激发动机的重要步骤。目标激励的效果受目标本身的性质和周围变量的影响。

目标理论认为,最根本的激励是高度重视目标设置并尽可能设置合适的目标。目标具有两个最基本的属性:目标的具体性,即目标能够精确观察和测量的程度;目标难度,即目标实现的难易程度。此外,还要注意目标的可接受性,即目标被员工认可的程度。

在洛克看来,目标使个体明确自己要完成什么工作,以及需要付出多大努力。明确的目标本身具有激励作用。目标设置理论建议,在组织管理中实现目标明确化,而不是简单地告诉员工"请尽你的最大努力去做",同时在工作中要求及时给予反馈,说明与目标的距离。对某些工作,还需要员工参与目标设置,以便增强目标的合理性、可接受性,增加员工对目标的认同感,进而产生更大的激励作用,提高工作绩效。

三、行为改造型激励理论

行为改造型激励理论认为,激励的目的是改造和修正人们的行为,这一理论将研究重点放在如何改造和转化人的行为方面,是一种变消极为积极的激励理论,代表观点主要有挫折理论、归因理论和强化理论。

(一)挫折理论

挫折理论主要研究人在遇到挫折后会有什么行为反应,以及管理者如何应对这些反应。挫折是一种普遍存在的社会心理现象,可以分为沉重的挫折、轻微的挫折,长期的挫折、短暂的挫折等。挫折不都是负向的、消极的、破坏性的,挫折可以是正向的、积极的和建设性的。挫折产生的原因多种多样,个体对待挫折的容忍力也各不相同。遭受挫折后,有的人会采取理性的应对方式,如继续努力、改变行为方式、调整目标等;有的人则会采取攻击、退化、固执和冷漠等非理性的应对方式。

挫折型激励理论主张,在激励过程中,将个体的需要、动机和目标等因素全部纳入激励模型。当既定目标实现时,个体会解除紧张感,感受到激励,进而产生巨大的成就感。当既定目标未实现时,个体会心理紧张,体验到挫折感。针对挫折感，该理论主张通过改变环境、分清是非和心理咨询等多种方法引导人们在挫折面前避免消极的，甚至是对抗的态度，进而用积极的态度改变人的行为。

☞ 专栏 6-3 挫折理论

挫折理论主要揭示人的动机行为受阻而未能满足需要时的心理状态，并由此而导致的行为表现，这将有助于管理者采取措施将受挫对象的消极性行为转化为积极性、建设性行为。关于挫折的研究，在西方一直是个热点，并产生了许多理论流派。这里介绍其中的三个代表性观点。

1. 挫折—攻击理论。由美国耶鲁大学社会心理学家多德拉等提出，认为攻击行为往往是挫折的结果。他们认为，攻击性行为的发生总是以挫折的存在为先决条件的，同时，挫折的存在也总会导致某种形式的攻击行为。挫折的这种作用充分体现在广泛的社会关系中。如经济萧条或战乱之后，个体容易产生挫折心理，当人们找不到工作，买不到需要的物品，生活的各方面受到限制时，各种形式的攻击行为到处可见。挫折—攻击的原则是：攻击行为的产生与个体受挫折驱动力的强弱和范围、以前遭受挫折的频率、对攻击行为后果的估价等有关。此外，他们提出，应该区分"挫折"和"被剥夺"两个不同的概念。一个人不会单单因为某种东西而遭受挫折，只有当一个人在既定的情境中无法获得他想获得的东西时，才会遭受挫折。

2. 需要和紧张的心理系统理论。德国著名心理学家勒温认为，需要的满足是避免挫折的重要条件。他认为，如果个体需要得不到满足，就会出现紧张、焦虑等心理状态，从而使心理失去平衡，产生失败的情绪体验，即挫折感。个体在其需要压力下，会产生一种紧张的心理状态，激发一种满足需要的动机，以求获得心理平衡，否则就会产生挫折体验。

3. 社会文化理论。代表人物是新精神分析学派的沙利文和人本主义心理学派的罗杰斯。这种理论重视社会环境和文化因素对个体行为和人格特征的影响，认为挫折的产生是由于个体"向上意向""自我实现"受到压抑的缘故。为避免挫折的产生，新精神分析学派主张自我整合和调节的作用，强调个体的自尊以及对未来的乐观态度；人本主义心理学派强调尊重人的价值、发挥人的创造力、完善人际关系等。

（二）归因理论

1. 归因的概念。归因是指人们对自己及他人活动的原因加以分析、解释和推断的过程。人们在日常生活中，无时无刻不在对自己的行为、对别人的行为、对发生在自己周围的各种事情寻找原因、做出解释。比如,我为什么会生病?他今天上班为什么迟到?公司为什么要裁员?如此等等。那么,人们是如何对诸如此类的问题做出解释的?人们对这类问题做出的解释又会如何影响他们随后的思想、行为和动机,从而有助于或有碍于他们掌握新的技能、适应新的环境的呢?这些问题都是归因理论所关心和要解决的问题。

2. 归因理论的发展。

(1)海德的归因理论。归因理论最早是由奥地利心理学家弗里茨·海德(Fritz Heider)提出的。他在20世纪40—50年代对普通人在日常生活中寻求原因的活动进行了开创性研究,并将研究成果加以总结,于1958年出版了《人际关系心理学》一书。一般认为,《人际关系心理学》一书的出版是归因理论产生的标志,海德则是公认的归因理论的创始人。

海德的归因理论是关于人的某种行为与其动机、目的和价值取向等属性之间逻辑结合的理论。海德认为,人们具有理解世界与控制环境两种需要,使这两种需要得到满足的最根本手段就是了解人们行动的原因,并预言人们将如何行动。海德认为,行为的原因或者在于环境,或者在于个人。如果把行为归因于他人的影响、奖励、运气、工作难易等环境原因(外部归因),则行动者可以对行为结果不负责任;如果把行为归因于人格、动机、情绪、态度、能力等个人原因(内部归因),则行动者就要对其行为结果负一定的责任。例如,一个学生考试不及格,可能是由于来自客观或他人等方面的环境原因,如课程太难、考试不合理等;也可能由于来自主观和自己等方面的个人原因,如个人不聪明、不努力等。

(2)凯利的归因理论。1967年,美国社会心理学家哈罗德·凯利(Harold Kelley)提出三维归因理论,对海德的归因理论进行了扩充和发展。凯利认为,可以从三个方面探讨行为的原因:一是归因于从事该行为的行动者,二是归因于客观刺激源,三是归因于行为产生的环境。以"教授甲批评学生乙"为例,既可归因于教授甲(行动者),如教授甲是个爱批评人的人;又可归因于学生乙(刺激源),如学生乙懒惰;又可归因于环境,如环境使教授甲误解了学生乙。这三个原因都是可能的。

凯利认为,要找出真正的原因需要注意三个方面的行为信息,即一致性、一贯性和特异性。一致性是指该行为是否与其他人的行为相一致,如果每个教授都批评学生乙,则教授的行为是一致性高的;一贯性是指行动者的行为是否一贯,如教授甲是否总是批评学生乙,如果是的,则一贯性高;特异性是指行动者的行为在不同的情况下对不同的人是否相同,如教授甲是否在一定情况下对学生乙如此,而对其他学生则不如此,则特异性高。

凯利的归因理论指出,如果一致性低、一贯性高、特异性低,则应归因于行动者。具体而言,其他教授都不批评学生乙,但教授甲总是批评学生乙,教授甲对其他学生也如此,此时应归因于教授甲。如果一致性高、一贯性高、特异性高,则应归因于对手。具体而言,每个教授都批评学生乙,教授甲也总是批评学生乙,教授甲不批评其他学生,此时则应归因于学生乙。如果一致性低、一贯性低、特异性高,则应归因于环境。具体而言,其他教授都不批评学生乙,教授甲也不总是批评学生乙,教授甲只是在一定情况下批评了学生乙,对其他学生未加批评,此时应归因于环境。

(3)韦纳的归因理论。1972年,美国心理学家伯纳德·韦纳(Bernard Weiner)在海德归因理论的基础上提出成败归因理论,韦纳从认知的角度出发,对归因的实质进行了解读。韦纳认为,人们对成败原因的分析可归纳为以下六个原因:能力,个人评估自己能否胜任该项工作;努力程度,个人反省在工作过程中是否已经尽力;工作难度,凭个人经验判定该项任务的困难程度;运气,个人自认为此次各项成败是否与运气有关;身心状况,工作过程中个人的身体及身心状况是否影响工作成效;外界环境,除上述五项外,尚有其他与此有关的影响因素,如别人帮助、评分不公等。韦纳按照三个维度区分了这六种因素的性质(如表6-2):因素来源,指影响成败因素的来源,是来自内部,还是来自外部。在这一维度上,能力、努力及身心状况三项属于内部因素,其他各项则属于外部因素。稳定性,指影响成败的因素在性质上是否稳定、是否在类似情境下具有一致性。在这一维度上,六个因素中的能力与工作难度两项不易随情境改变,是比较稳定的;其他各项则均不稳定。可控性,指影响成败的因素能否由个人意愿所决定。在这一维度上,六个因素中只有努力一项是可以凭个人意愿控制的,其他各项均非个人所能控制。

表6-2 归因的三维度六因素模式

因素维度	因素来源		稳定性		可控性	
	内部	外部	稳定	不稳定	可控	不可控
能力	√		√			√
努力程度	√			√	√	
工作难度		√	√			√
运气		√		√		√
身心状况	√			√		√
外界环境		√		√		√

韦纳的归因理论主要有以下三个结论:人的个性差异和成败经验等影响着他的归因;人对上一次成就的归因会影响到他对下一次成就行为的期望、情绪和努力程度等;个人的期望、情绪和努力程度对成就行为有很大的影响。具体而言,一个

人如果把考试失败归因为缺乏能力，那么在以后的考试中，这个人还会预计自己会失败；但如果把考试失败归因为运气不佳，那么这个人对以后的考试成绩会期待更高。这也就是说，如果一个人总是失败并把失败归因于内部的、稳定的、不可控的因素（例如，自己能力差），会使得他产生自我放弃、听天由命的心理。韦纳认为，教育和培训会帮助人们在成就需要方面有所发展，教育培训的重点是让人们相信，努力与不努力大不一样。

☞ 专栏 6-4　小测试：你是内控者还是外控者？

对以下 10 个问题中的每一个，用以下的量表对其内容做出同意或不同意的表示。

1=非常不同意　2=不同意　3=有些不同意　4=无所谓

5=有些同意　6=同意　7=非常同意

1. 因为我努力工作，经常会获得我想要的东西。
2. 我在制订计划时，几乎肯定它能实现。
3. 我更喜欢那些要碰运气而不是纯粹技巧性的竞赛。
4. 只要我想，我能学会任何事情。
5. 我的主要成就都归功于我的能力和努力工作。
6. 我通常不设定目标，因为依计划行事很困难。
7. 竞争会使卓越受阻。
8. 由于运气好，人们经常会前进。
9. 在任何形式的考试或竞赛中，我都想知道相对于其他人而言，我做什么会更好。
10. 致力于做那些对我而言太难的事是无意义的。

注：其中第 3，6，7，8，10 是反向记分题。

你的得分是多少？

一项对大学生使用该问卷的研究发现：男性均分 51.8 分，女性均分 52.2 分。你的得分越高，你的内控制点也越高；得分低，则与外控制点相联系。

一般认为，内控者由于倾向于把成功认知为自己的能力和勤奋，而把失败归结为自己的努力不够，因而在事后分析原因时，往往把失败作为需要付出更大努力的标志。这样，无论成功还是失败，都能够促进个体更加勤奋，更加努力，因而内控者的成就动机比较强，其成功的可能性也比较大，内控者充满自信，相信自己能够控制成功和失败，因而他们能积极地适应中等的、适度的挑战，选择现实的工作任务。而外控者一般倾向于从外部找原因，认为成功是运气较好，而失败是运气不好、任务太难完成。这种个体成就动机较弱，对活动无兴趣，逃避有关活动。在被迫选择时,不是怀着侥幸心理选择太难的任务,就是从保险的角度选择过于简单的任务。在失败的情境中,他们显得无能为力,往往会中止努力。当然这并不是说,内控水平越高越好,科学的观点是帮助个体发展平衡的控制结构,正如先人告诉我们的:谋事在人,成事在天。

利用归因理论,管理者可以通过改变人的认识改变人的行为。也就是说,当下属在工作中遭受失败后,领导者可以帮助他寻找失败原因(归因),引导他继续保持努力行为,争取下一次成功。

资料来源:BURGER J M. Personality:theory and research[M]. Belmont,Calif:Wadsworth,1986:400-401.

在某种程度上说,所有动机理论和类型划分都有些任意性,不同理论间一般都有一些重叠,而同一类型的理论内容内部也存在一些差异。所以,理解掌握动机理论需要尤其关注不同理论的使用条件及其局限,博采众长才能更好地实现激励。

第三节 激励理论与管理

就激励而言,我们并不缺少理论,但在组织管理中要想达到理想的激励状态,还需要领导者具有较高的激励技巧,使用适当的激励方法。领导是一门艺术,激励是领导者手中最有用的管理工具。

一、激励过程

未满足的需要是激励过程的起点,需要的满足是激励过程的结束。就本质而言,激励的过程就是由刺激变量(目标、诱因等)引起机体变量(个体需要、动机等)产生激活与兴奋状态,进而引起积极的行为反应,促进目标实现,提高工作绩效的过程。在这里,激励的动力、激励行为的指向和保持是领导激励的核心。基于个体能力和激励水平的工作绩效,即绩效 $=f($能力 · 激励$)$,是领导使用激励手段时不可回避的重要问题。

通常,激励过程始于下属对需要的判别,然后下属会寻找满足需要的途径,消除由需要而引发的心理紧张感,接着下属会选择指向目标的行为采取行动,向着目标前进。在下属为目标而努力的过程中,领导者对其行为会做出正向或负向的评价,一旦来自领导者的评价反馈给下属,他们又会主动修正自己的需要(见图 6-5)。

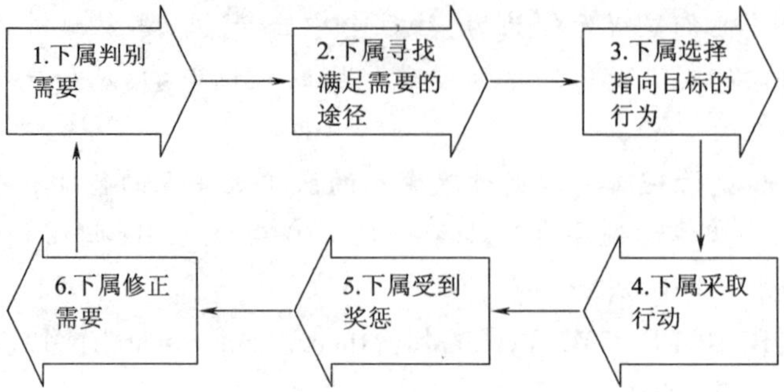

图 6-5　激励过程

与以上过程一致,领导者激励过程的不同阶段可以采取不同的激励行为:①调查研究,了解下属的需要;②诱导下属产生组织所需要的目标;③分析组织内外环境及其对组织的影响;④制订激励措施和方法;⑤考核,分析绩效;⑥落实激励措施。

二、激励原则

激励的直接目的是提高员工积极性和创造性,领导者激励下属必须把握一定的原则,否则无法达到激励的目的。这些原则包括:

(一)相容性原则

人有千差万别,需要各不相同,即使同一个人在不同时期需要也会有变化。要使激励有效,领导者首先要识别、了解和掌握下属的需要,搞清每个人当前最需要的是什么,需要多大程度的激励。只有有针对性的激励措施,才能使下属的效用得到最大程度的发挥,并以最小的成本获得最大的激励效果。

(二)可持续性原则

下属能够保持的高度积极性是组织保持强大生命力的核心,要使下属一直保持积极状态,需要不断实施激励措施。激励的可持续性,要求领导者一方面不断变化激励方式;另一方面在采取某一激励措施时不要只考虑当前,要有长远打算。

(三)赏罚并举原则

赏罚是从正反两方面强化人的合理需要,限制不合理需要。只有通过赏罚并举,才能树立正面榜样、反面典型,形成良好的风气。

(四)公平性原则

个体在考量自己的付出与得到时,不仅重视得到的绝对值,还会将所得进行社会的横向比较和历史的纵向比较。领导者在激励时要充分考虑到一个群体内以及群体外相关人员激励的公平性问题,摒弃平均主义。

(五)多样化原则

激励的本质就是满足下属多样化的需要,不同的下属有不同的具体需要,同一个下属在不同时期的需要也不一样。需要经常变化,所以领导者在实施激励手段时不要拘泥于一种形式,应视情况不同灵活运用多种激励方式。

(六)制度化与艺术化相结合原则

制度化是激励的显性措施,是激励公平性的重要保证。一方面,合理有效的人力资源制度和政策实际上就是一套激励制度。奖惩、晋升、培训等都应该有明确的制度规定。另一方面,激励的产出是下属的工作效率和工作效果,具有很大的时效性和灵活性,所以激励时要操作巧妙,以精神激励为主,把握好激励的技巧和尺度。

(七)激励目标与组织目标相结合原则

激励的目的在于调动下属工作的积极性,有利于实现组织目标。要调动下属的积极性,激励就必须有利于下属实现个人目标。下属个人目标与组织目标的关系非常复杂,因此在激励过程中,一定要努力寻找各层次利益和目标的结合点。

三、激励方式

总体而言,组织内激励下属的方式可分为两类:外在报酬的激励和内在需求的激励。外在报酬来自管理人员和政策、制度,内在需求来自工作和下属自身。

(一)外在报酬的激励

外在报酬指下属在工作之后获得的工资、奖金、福利、休假和娱乐等酬劳,其实质是金钱。采用外在报酬方式激励下属,实施的关键在于把握好下属对金钱的态度,针对不同态度采取不同激励措施。

一般说来,个体的生活背景、经济状况、需要、个性等都会影响他对金钱的看法。对于一个经济状况良好、追求高层次需求满足的人来说,物质激励的作用有限;而对于一个把工资视为主要收入来源的下属,适当的物质酬劳可以激发其极大的工作热情。另外,高成就动机的人比较关注自我实现,而低成就动机的人则相反,相比之下,物质激励对后者的作用更大。

使用外在报酬激励措施时还要注意"金钱不是万能的",它对一个人的作用会受到社会文化因素的影响。比如,当单纯的物质奖励、金钱刺激无法使下属产生认同感时,他对奖金的价值评价会下降;当下属为了取得组织内其他人的认同,力图消除团体成员对自己的压力时,就会希望自己和大家差不多,不再重视奖金收入。

(二)内在需求的激励

内在需求的激励指职务内的满足,也叫直接满足,是人们从工作中直接获得的满足。重视内在需求的人往往把工作看作是寻求社会满足和得到社会尊重的途径,甚至将其视为表现个人能力、施展抱负、行使权利、获得成就以及发挥创造能力的机会。如果工作任务能满足自主、成就以及创造等高层次需求,那么就可以激励下属更大的工作热情和工作潜力。所以,对内在需求强烈的个体,工作内容的丰富化是一项有效的激励措施。需要指出的是,工作内容丰富化不能解决组织运行中的全部问题,因为工作对每个人的意义不同,所以每个人对待工作的态度也不同。只有当下属普遍感到不能发挥能力所长时,才可以将工作内容丰富化作为主要激励手段。

工作满意度是内在需求的另一个重要体现,它与认知、情感和行为倾向一起,共同构成个体对工作的态度体系。韦克斯勒(Wexley)和雅克尔(Yakl)提出了工作满意决定因素的假设模式,参见图6-6。

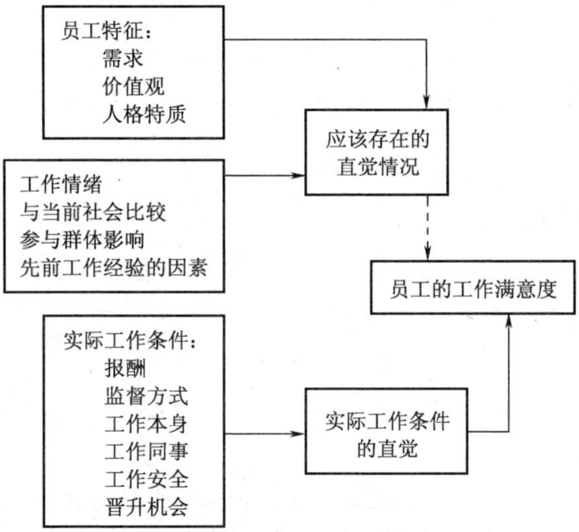

图6-6 工作满意决定因素的假设模式

他们认为,要想使员工达到较高的工作满意度,可以从以下方面着手:

(1)充分训练员工。组织为员工提供训练机会的多寡,直接决定员工工作的投入程度,进而影响其工作效率。较多的训练机会可以激发员工的工作热情,满足他们的自尊心。

(2)善于创造次级目标。现代员工对组织的终极目标一般注意不够,他们更关心自身的目标能否达到,自我需要能否满足。所以,必须经常向员工介绍达到总体目标的次级目标,使员工看到自己的成就,激发他们的工作热情。

(3)定期报告成绩。当一个工作团体清楚地意识到他们的工作绩效时,其生产动机就高,而且效率也好。

(4)安排适当环境。工作的心理环境和物理环境整洁与否,对员工的情绪影响很大。整洁的工作环境有助于提高工作效率。

(5)扩大工作范围。工作过于简化,如工作周期短、性质单调等会使员工在工作中产生心理疲劳,进而影响工作效率。延长工作周期、增强责任感、增加工作范围等可以提高员工的工作兴趣,从而消除心理疲劳和对工作的厌烦感。

(6)给予适度授权。授权是组织管理制度的基础,给予员工适度的授权,可以加强员工工作的自主性,激发他们的工作潜力和负责精神,提高工作效率。

四、激励技巧

领导者对下属实施激励是个永恒的课题,中国特有的历史和文化告诉我们,在使用国外激励理论时要根据实际情况去粗取精,做好本土化工作。具体实施时,中国的领导者可以尝试以下技巧。

(一)给下属描绘"共同愿景"

从基本面观察,企业的"共同愿景"主要回答两方面的问题:①企业存在的价值,这里不仅涉及泛泛的伦理判断,而且更多地涉及企业所在行业发展趋势以及企业自身在行业内部的发展趋势问题,这是一个战略判断问题。②企业的"共同愿景"必须回答下属依存于企业的价值。企业有存在价值并不代表企业中的员工都有价值感。

(二)要注意用行动去昭示部下

"语言的巨人,行动的矮子"现象在现实生活中比比皆是,此种做法是组织中领导者的大忌。正如日本东芝公司总裁士光敏夫所言"部下学习的是上级的行动"。对领导者来说,希望下属做什么首先自己应身体力行。

☞ 专栏 6-5 领导"说"与"做"的五种组合

作为领导,当然不可能不"说",却更忌讳不"做"。"说"与"做"简单的组合有五种,其示范作用各有不同:①说了,不做,副作用最大;②不说,不做,副作用次之;③不说,做了,有积极作用;④边说,边做,有很好的示范作用;⑤做了,再说,示范作用次之。这五种状态中,我们提倡第四种"边说,边做",其积极作用最大。做的过程对领导者来说是一个了解真实状况的过程,对被领导者来说是一个被感召的过程,在这一过程中,"说"更有目的性,更具指导性。

(三)善用"影响"

影响是一种"肯定"的思维,它肯定人的主观能动性,强调以人为本,承认个体都会有意识地追求自身价值。作为领导者，其主要任务是运用组织的目标与自身的人格魅力感召、启发员工，让下属产生自我感知，迸发工作的原动力，从而产生巨大的行动能量。持这种观点的领导秉持“影响别人最好的方法就是放弃控制他们”的观点，其下属工作的主动性相当突出。

（四）授权后要信任

授权以后不信任下属的突出表现是，授权以后再横加干涉，下属无所适从，只好静坐观望，领导反过来又认为下属无主动性，要推动，因而愈加干涉，下属越发反感，由此形成恶性循环。

领导者如果能够认识到授权并充分信任的重要，不仅对下属极有好处，对领导者也利多弊少，那么他就会积极主动地充分放权。授权以后的充分信任等于给下属一个平台、一种机会，充分尊重的感觉让其有一个广阔施展抱负的空间。授权并充分信任对于领导者自身也有莫大好处：把事情简单化，有充裕的时间去思考重大决策问题。由此可知，领导者万万不可忽略人的感情因素，只有信任他人者才会被信任，领导者如果能够设身处地地为下属着想，得出的结果将是“士为知己者死”。

（五）要注意公正第一的威力

公正生“威”。一般来说，大家会尊敬态度强硬但公正的领导人，而强硬只有与公正相伴，下属才可能接受。公正本质上是秩序上的公正。如对员工的奖惩要特别强调有据可依，不搞无中生有的奖罚。公正意味着在制度面前人人平等。公正的立足点是制度管人，而不是人管人。公正强调让事实说话，让数字说话，注重精确性和有效性。

（六）要注意沟通的实质性效果

沟通对于领导者来说具有特殊意义：沟通的过程是争取支持的过程。领导的本质就是被领导者的追随与服从。成功领导者的下属支持率必须高于70%，如果小于60%则很危险，低于50%就是不合格。沟通过程是吸取智慧的过程，好的方法、主意、决策雏形等都可以从沟通中得到。沟通是激励下属最好也是最廉价的方式。领导者认真聆听、询问，虽然不可能解决所有问题，但员工依此获得尊重。此外，沟通过程中纯语言的功用十分有限，领导者应更多地重视从意识深层解剖自己，再转化为相应的为下属所欢迎的沟通方式。

除此之外，领导者在激励下属时还要考虑以下问题：

（1）信守诺言，不能失信于人。失信一次就会造成千百次重新激励的困难。

（2）激励要体现个体差异，一定要使工作表现最好的人成为最满足的人，使其他人明白奖金的实际意义。

（3）使员工明确自己与组织的繁荣发展息息相关，使员工工资定额和奖金总额的多少与组织的繁荣与否自然浮动,增强员工与组织同舟共济的信心。

(4)适当控制期望概率,在员工失败或遇到挫折时提高其期望概率,在员工期望过高时督促其冷静、客观,防止挫折心理和挫折行为的产生。

(5)加强对员工公平心理的疏导,使大家树立正确的公平观,认识到"绝对的公平是不存在的",避免盲目攀比,避免"按酬付劳"。

(6)注意掌握激励时机和激励频率。激励时机受激励频率影响,直接影响激励效果。复杂、难度大的任务激励频率宜低;简单、易完成的任务激励频率宜高。目标不明确,需要长期见效的工作激励频率宜低;任务明确,短期见效的任务激励频率宜高。对需要层次较高、事业心较强的人激励频率宜低;对关注眼前利益、目光短浅的人激励频率宜高。

(7)奖励的同时要有惩戒措施。奖励是一种正强化、正激励,可以满足人们的物质和精神需要,是调动员工积极性的理想手段;惩罚是负强化、负激励,可以减少组织非期望行为,是管理工作中不可或缺的重要手段。实际运用时,要以奖励为主,惩罚为辅。

☞ 专栏 6-6　制度与激励的关系

人类的一切活动都与制度有关。经济学的一条重要原理就是:人们会对激励做出反应。不同的制度安排会对一个人产生不同的激励,从而导致他产生不同的行为反应,显然,制度非常重要。不同制度系统之下,个体行为取舍天差地别。制度的改变就是人们行为规则的改变,从而导致人们行为的改变。

心理学激励理论中有很多应用。这里,我们仅举一个具体例子,让大家体会一下心理学理论对激励实践的作用。

这是一个有关学术圈的故事。

学术界每年都有各类项目的申请,比如国家社科基金项目,申请人必须在新年后提交申请报告。比如是 3 月 15 日,过期不候。抽象地想,科学工作者的工作往往有条不紊、按部就班、从容不迫,但事实上,尽管可以在年前忙碌,但我们中的大多数人会赶在截止日期之前突击"交作业",每年在临近截止日期时突然出现大量申请报告。

这当然不利于评审工作的有效开展。

有申请主办方下放权力,规定各单位申请书提交数量。目的部分达到了:项目归属部门的评审项目数量减少,他们这个部门的评审压力减少了,但下一级部门的任务却增加了,也就是说整体工作量并没有减少。而且,与权力下放、资源有限相伴随的往往是腐败和特权。

美国国家科学基金会(NSF)也面临同样的问题,论文提交量与时间的关系曲线一目了然：临近截止日期时会突然出现大量申请。

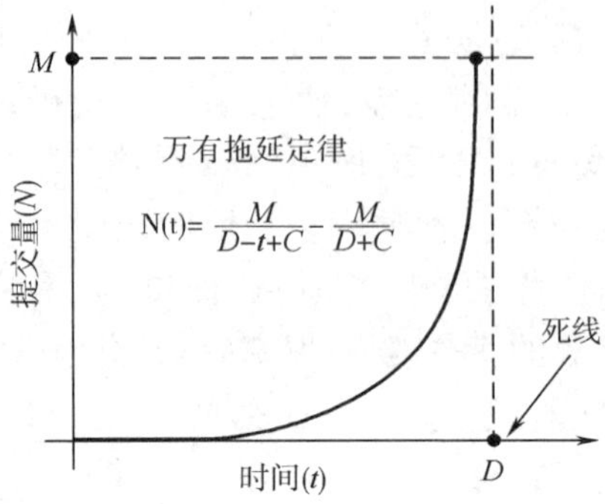

美国国家科学基金会(NSF)项目提交时间与提交量的曲线关系图

NSF长期被这一现象所困扰。怎么办？心理学研究发现，人们的行为更习惯受到特殊信号刺激的激发，截止日期往往可以刺激个体兴奋，做出准备和提交论文的行动；如果一切太平，没有截止日期，似乎一天一天没有什么变化，个体容易陷入倦怠。

以此为依据，2015年美国国家科学基金会(NSF)决定取消某些项目的截稿日，大家以后可以随意投稿！

效果如何呢？改革涉及的是四项地球科学类大项目。地球科学项目副经理罗杰·胁本(Roger Wakimoto)在一次咨询委员会会议上公布了结果。

自2015年4月开始实施的取消截止日期计划，到2016年3月，这四个项目一共收到327份申请，比2014年的804份少了一半还多。

一方面申请书提交数量减少，当然就有效减轻了评审(merit review)压力。

再一方面，比减少数量更重要的是：提交申请书质量的提高。没有截止日期了，还很粗糙的申请书哪里好意思提交？追求完美的学者会更精益求精地修改申请书。

胁本在会上说："这是一项值得在整个基金会中推广的经验。"

本章小结

1. 激励是管理过程中的一项重要工作，大致可分三类：着重研究行为产生原因的内容型激励理论，着重研究动机与行为之间关系的过程型激励理论，着重研究激励目的的行为改造型理论。

2. 内容型激励理论着重研究行为产生的原因，旨在分析人的需要和动机如何推动行为,以马斯洛的需要层次论、奥德弗尔的 ERG 理论、麦克利兰的激励需要理论和赫兹伯格的双因素理论最为著名。

3. 过程型激励理论侧重从动机角度研究人采取行动的心理过程,强调按照正确的方式激励下属,主张通过科学的激励措施达到有效的激励效果,代表观点包括弗鲁姆的期望理论、亚当斯的公平理论以及洛克的目标设置理论。

4. 行为改造激励理论认为,激励的目的是改造和修正人们的行为,这一理论将研究重点放在如何改造和转化人的行为方面,是一种变消极为积极的激励理论,代表观点主要有挫折理论、归因理论和强化理论。

5. 领导进行激励时要遵循相容性原则、可持续性原则、赏罚并举原则、公平性原则、多样化原则、制度化与艺术化原则、激励目标与组织目标相结合原则。

6. 组织内激励下属的方式总体上可分为两类:外在报酬的激励和内在需求的激励。外在的报酬来自管理人员和政策、制度,内在报酬来自工作和下属。

思考题

1. 高成就需要的人一定是出色的领导吗?

2. 内容型激励理论、过程型激励理论和行为型激励理论的主要观点是什么?试对它们进行比较。

3. 根据期望理论,领导者应如何激励下属?

4. 在人力资源管理工作中如何做好外在激励? 如何做好内在激励?

5. 不公平感产生的原因有哪些? 此时下属会有什么样的行为表现? 消除下属不公平感有哪些措施?

6. 你的学习需要督促吗? 想一想促使你努力学习的因素有哪些,请将它们和激励理论中强调的因素对应起来。

7. 如何评价现在普遍存在的 996 和白加黑现象? 支持方为什么支持? 反对方为什么反对? 这些要素和激励理论是什么关系?

8. 如何看待现实中时常出现的 PUA(精神控制方法)? 作为激励的反面代表,请你思考如下内容:PUA 为什么会频频见效? 其核心要素是什么? 它着重强调的是哪些激励要素?

案例

华为的“奋斗者协议”

从 30 年前一个默默无闻的小企业发展成为今天全球通信行业的领导者,华为的发展让世人惊叹的同时，也留给我们很多思考：在华为的奋斗历程中，有多少是必要的成分？有多少是无益的消耗？有多少是一股反向的力，把华为这个高速列车拉向偏离轨道的方向……本文将从双因素理论视角看华为的管理实践。

在完成了最初的创业和品牌积累后，华为在2010年出台了一个举措，即要求员工“自愿”签订奋斗者协议，协议内容是自愿放弃休年假和晚上加班的加班费，以及服从组织安排去艰苦的地方。依据此协议，华为把员工分为奋斗者和劳动者，签署协议的员工成为公司的奋斗者，有奖金、加薪、优先配股等待遇；不签署协议的员工成为劳动者，他们可以享受休年假，但不能享受超额的分红和奖金收益。大部分员工都签署了协议，少数没有签署协议的员工逐渐被边缘化，陆续离开华为。员工的工作时间属于公司政策和管理制度，服从安排去艰苦的地方属于工作条件、稳定与保障，是保健因素；而员工持股、奖金体现了“工作本身、认可、成就和责任”，对目前中国知识员工具有重要的激励作用。华为对待保健因素与激励因素的态度，从此协议已经可见一斑。

在华为，公司为员工提供的激励因素和保健因素经常以对立选项的形式出现：合理的休息时间、个人生活、稳定、保障与股权、职业发展之间存在冲突。甚至在激励因素内部也存在着冲突，对很多公司来说，工作丰富化是让员工获得成长、进步的一个重要管理措施，在华为，工作丰富化却可能意味着认可的丧失和成就感的失落。

1. 加班

从天涯社区上华为员工的吐槽，到后来所做的华为内部调查，员工对协议要求放弃休年假和晚上加班的加班费极不满意，然而为了奖金、股权和晋升机会，大多数员工仍然“被自愿”地签订了协议。实际上，华为一直有加班传统。由于工作时间长、工作压力大，没有足够的时间休息和调整，导致员工健康、心理频频出现问题，很多高管和员工都有抑郁症、焦虑症，甚至发生过员工过劳死、自杀等事件。这样高压力的工作下，华为的人均生产率并不高，与国外巨头、国内领先的同行相比都存在着很大的差距。加班背后其实是华为员工“即使无事可做也不能回家”的无奈。事实上，相比延长工作时间，华为更应该重视如何提高员工的工作效率。

2. 非本地化

成为奋斗者的员工要接受公司安排去艰苦的地方，包括一些条件恶劣，甚至有危险和战乱的国家，接受者享有高额津贴和晋升机会，不接受者则与晋升无缘。这一政策可从两方面看：一方面，高额津贴体现了华为的公平，是值得称颂的；另一方面，晋升主要应该考虑员工的能力及与职位的匹配性，而工作地点涉及个人生活的很多重要方面，企业应尊重员工本人的真实意愿，以此否定员工的职业发展，则过于强硬和绝对。如果说以上政策是开拓海外市场不得已的决策，那么华为内部普遍实施的非本地化策略令人难以接受，为保证员工全身心投入工作，不至于在陪伴家人、与同学和朋友聚会上投入过多的时间，华为常把员工安置在远离家乡的城市，员工在熟悉了所在城市后又常常被调去一个新的城市，为了顾及家庭，很多员工最后不得不选择辞职。

3. 岗位轮换制度

华为的中高层管理者都要轮岗，这种轮岗制度看似让管理者获得了不同部门、不同岗位的工作经验，以及新岗位带来的挑战性，实际上却是以牺牲工作中的人际关系、地位、稳定等保健因素为代价的，有时甚至会因为破坏了认可、成就感等激励因素，而导致员工忠诚度下降或离职。华为的轮岗制度强调"干部能上能下"，今天严厉批评下属的主管明天可能就成为下属的同事甚至下属。如1996年市场部集体大辞职时，市场部代总裁毛生江被安排出任一个部门经理，地位一落千丈，意味着以前的贡献全部抹平，尽管毛生江接下来的几年里经历了多次岗位轮换，屡屡做出突出业绩，成为轮岗制度的典范，在升任公司副总裁后的两年里他却离开了华为。岗位轮换制度还会沦为整顿或边缘化某个管理者的方法，暗示公司对他的不认可，如曾经的技术领军人物李一男被调离中央研究部后，黯然出走创办港湾网络，一度成为华为主要竞争对手。

资料来源：张宁．从双因素理论看华为"奋斗者"协议[J]．特区经济，2017(12)：32-33.

案例讨论："奋斗者协议"否定了什么？保健因素和激励因素哪个更重要？华为的物质激励还能走多远？

拓展资料

王垒．组织管理心理学[M]．北京：北京大学出版社，1998.

罗宾斯．组织行为学精要[M]．郑晓明，葛春生，译．北京：电子工业出版社，2005.

张德．人力资源开发与管理[M]．北京：清华大学出版社，2002.

林秉贤．管理心理学[M]．长春：吉林人民出版社，2004.

第七章

学　习

★ 本章需要掌握的内容 ★

1. 学习的本质与分类
2. 各种学习理论的基本原理
3. 把握培训个体的心理特点
4. 如何客观评价培训效果

在日常生活中，"学习"这个词的使用频率相当高。作为心理学中发展最为成熟的领域之一，学习理论帮助我们了解学习的性质、学习的过程、学习的条件，以及影响学习的诸多因素，为教学和管理实践提供了科学的基础。事实上，众多心理学家对学习持有广泛不同的观点——行为主义、认知主义、人本主义等。个体可以充分体会各种理论的使用条件和要求，在实践中学会思考和总结。

第一节　学习概述

从蹒跚学步、牙牙学语开始，人类的学习从未间断。作为探索世界、获取知识的方式，学习已经成为人们日常生活中不可缺少的一项重要内容，它与个人的发展和社会的进步息息相关。

一、学习的含义

关于学习，不同时期的理解是不同的。通常来说，学习有广义和狭义之分。

（一）广义的学习

从广义上来说，学习是指人和动物在生活中通过实践或训练获得的、由经验而引起的比较持久的心理和行为变化的过程。不仅人类有学习，动物也有学习，学习是人和动物最重要的一种活动。为了更好地理解这一概念，要把握以下几点：

第一，学习的发生是由经验引起的。经验是个体在后天活动中获得的，那些由于遗传、成熟或疲劳等导致的行为变化，不能称之为学习。例如，鸟儿筑巢、青春期男孩子变声等都不属于学习。此外，此种经验不仅包括外部环境刺激、个体的练习，还包括个体与环境之间复杂的交互作用。

第二，学习是个体适应环境的手段。个体生活在瞬息万变的世界里，四季交替、潮起潮落、物价涨跌、人事变更……个体要生存必须适应环境的变化，与环境保持动态平衡，正所谓物竞天择、适者生存。因此，学习是一种适应活动，学习者与环境的相互作用是学习得以发生的客观基础。

第三，学习使个体行为或能力发生相对持久的变化。暂时性的行为变化不能称之为学习，例如，婴儿学习说话时，偶然间可能发出“妈妈”的音，但不能由此断定婴儿已经学会了叫“妈妈”。只有当他能持久地把这一声音符号和母亲联系在一起时，才可以说他学会了叫“妈妈”。当然，学习所获得的行为也并不是永久性的，其持续的时间受学习内容、练习程度的影响。

（二）狭义的学习

人们日常所说的学习即狭义的学习，是指人的学习，指在社会实践活动中，以语言为中介，经思维活动而自觉、积极、主动地掌握人类历史的社会经验，以积累个体经验的过程。人的学习不仅能以直接的形式获得个体经验，而且还能以语言为媒介间接地掌握人类社会历史经验，这是人所具有的高级心理功能，是动物所不具有的。

二、学习的分类

学习是一种极其复杂的现象，涉及不同的对象、内容、形式和水平等，因此很难对其进行统一的分类。下面介绍几种较有影响的分类方法。

（一）我国流行的学习分类

根据学习内容，我国教育心理学家冯忠良将学习分为三类。

1. 知识学习，即知识的掌握，包括知识的领会、巩固和应用三个环节，解决的是知与不知、知之深浅的问题。

2. 技能学习，又分为心智技能学习和操作技能学习两种，解决的是会不会的问题。

3. 行为规范的学习，又称为社会规范的学习或接受，是把外在于主体的行为要求转化为主体内在的行为需要的内化过程。行为规范的学习既包括社会规范的认识问题,又包括规范执行及情感体验的问题,因此比知识技能的学习更为复杂。

(二)加涅的学习分类

根据学习水平,美国著名学习与教育心理学家罗伯特·加涅(Robert Gagne)将学习分为八类。

1. 信号学习。在经典性条件的基础上形成,对某种信号刺激做出特定的反应,其过程是:刺激—强化—反应。如小孩看见穿白大褂的护士从而联想到打针,进而表现出恐惧。这是最基本的学习。

2. 刺激—反应学习。在操作性条件反射的基础上形成,与经典性条件作用不同,其过程是:情境—反应—强化。学习时具有一定的情境,个体做出反应动作后得到强化,故该行为将再次出现并得到巩固。如学生在课堂上正确回答问题从而得到表扬,多次经历后会变得爱在课堂上回答问题。

3. 系列学习。又称连锁学习,是指一系列刺激—反应的联合,各种技能的获得都离不开系列学习。

4. 言语联想学习,也是一系列刺激—反应的联合,但它是由言语单位所联结的连锁,如将单词组成合乎语法的句子。

5. 辨别学习。学习识别多种刺激的不同之处,并对之做出不同的反应。

6. 概念学习。对刺激进行分类时,学会对一类刺激做出同样的反应,也就是对事物的抽象特征的反应。

7. 规则或原理学习。规则或原理指两个或两个以上概念的关系。规则或原理学习就是对概念关系的学习。

8. 解决问题的学习。即学会在不同的情境下,运用所学规则解决问题。

加涅的这一分类由简单到复杂,由低级到高级。前三类学习都是简单反应,许多动物也能完成,而且事实上这几类学习大多是从动物实验中概括出来的。

此后,加涅进一步对学习的分类进行了研究,又提出了五种学习概念。

(1)言语信息学习。通过言语讲述传达某种信息的能力,即我们通常所称的“知识”,学习解决“是什么”的问题。

(2)智慧技能学习。即学习应用概念、规则办事的能力,学习解决“怎么做”的问题。如运用运算规则解答习题等。

(3)认知策略学习。即学会如何学习,这是个体通过学习掌握支配自己的注意、学习、记忆和思维的能力,是学习者用以管理自己的学习过程的方式。

(4)态度学习。即品行,指通过学习获得对人、对事、对物、对己的选择倾向。

(5)动作技能。即技能,指通过练习获得的、按照一定规则协调自身肌肉运动的能力。

(三)奥苏伯尔的学习分类

美国当代著名教育心理学家戴维·奥苏伯尔(David Ausubel)从两方面对认知领域的学习进行了分类。一方面,根据学习的方式将学习分为接受学习和发现学习;另一方面,根据学习材料与学习者原有知识结构的关系,将学习分为意义学习和机器学习。这两个维度互不依赖,彼此独立。

1. 接受学习,是学习者被动接受教师的传授获得知识的学习。对学习者来说,学习就是被动接受知识的过程,学习中不要求学生主动去发现什么,只要求他们把学习的内容内化为自身的知识,并能在恰当的时候把知识提取出来或加以运用。

2. 发现学习,是通过学习者对现实的能动反应及发现创造获得知识的学习。它强调,学习的首要任务不是内化,而是发现,在学习过程中要求学习者必须通过自己的探索去发现知识。

3. 意义学习,是指学习者利用原有经验进行新的学习,建立新旧知识的联系。例如,进入高中阶段的学生在初中物理的基础上再学习高中物理知识就是一种典型的意义学习。

4. 机械学习,是指学习中所得经验间无实质性联系的学习。也就是说,学习者不能理解所学知识之间的相互关系,只能逐字逐句地背诵要求掌握的知识,常常表现为死记硬背。

第二节 学习理论

学习理论是揭示人类学习活动的本质和规律,解释和说明学习过程的心理机制,指导人类学习的心理学原理或学说。众多心理学家从不同角度、利用不同方法关注于不同问题,形成了不同的学习流派,提出了各式各样的学习理论,主要包括行为主义学习理论、认知主义学习理论、人本主义学习理论、建构主义学习理论。其中,行为主义学习理论主要包括经典条件反射理论、操作性条件反射理论、社会学习理论。

一、经典条件反射理论

经典条件反射学习理论的形成过程分为两步,第一步是巴甫洛夫发现经典条件反射,并提出经典条件反射的原理。第二步是华生将经典条件反射运用于学习领域,将经典条件反射原理发展成学习理论。因此,可以认为经典条件反射理论的创立者是巴甫洛夫和华生。

（一）巴甫洛夫的实验

20世纪初，俄国生理学家伊万·巴甫洛夫（Ivan Pavlov）对经典条件反射进行了大量研究，最著名的实验是巴甫洛夫的狗的唾液条件反射。实验过程如下：巴甫洛夫给狗做了一个简单的外科手术，从而可以精确测量出狗所分泌的唾液量。进行实验时，当他把食物放在狗的面前，狗的唾液分泌量明显增加。当他藏起食物只是摇铃时，狗不分泌唾液。然后，巴甫洛夫将食物和铃声结合起来，每次狗得到食物之前都会听到铃声，如此反复。于是，狗听到铃声后就立即开始分泌唾液。后来，狗即使只听到铃声而没有得到食物，也会分泌唾液。事实上，通过建立食物与铃声的联系，狗已经学会了一种新的反应，即听到铃声后分泌唾液。

在巴甫洛夫的实验中，食物称为无条件刺激物，它的出现一定会使狗做出唾液分泌反应，像这样只要无条件刺激物出现就会发生的反应称为无条件反应。铃声原本是中性的，通过反复与无条件刺激（食物）相结合的强化，最终成为条件刺激，引起了原本只有无条件刺激才能引起的行为反应，即狗在仅有铃声时也做出唾液分泌反应，成为条件反应。可见，经典条件反射是一种刺激替代的过程，是由一个新的、中性的刺激，替代了原先自然引发反应的无条件刺激的过程。在条件反射形成过程中，无条件刺激引起特定的反应是前提条件，即无条件反射是条件反射的基础。

从根本上说，经典条件反射的学习是建立条件刺激与无条件刺激之间的联系。当有吸引力的刺激物与中性刺激物多次相互匹配时，中性刺激物就会变成条件刺激物，因而拥有无条件刺激物的性质（见表7-1）。

表7-1 条件反射建立过程

第一步	无条件刺激→无条件反应
	（食物）→（唾液分泌）
第二步	中性刺激+无条件刺激→无条件反应
	（铃声）+（食物）→（唾液分泌）
第三步	多次重复第二步
第四步	条件刺激→条件反应
	（铃声）→（唾液分泌）

（二）华生的实验

约翰·华生（John Watson）是行为主义学派的开派者，是美国第一个将巴甫洛夫的研究结果作为学习理论基础的人。他认为，学习就是以一种刺激替代另一种刺激,从而建立条件反射的过程。在华生看来,人类出生时只有几个反射和情绪反应,所有其他行为都是通过这样的条件反射,建立新刺激—反应联结而形成的。他将经典条件反射运用于学习领域,形成了经典条件反射理论。

华生根据经典条件反射的原理,做了一个著名的恐惧形成的实验——小阿尔伯特实验。实验对象是11个月大的婴儿阿尔伯特。华生首先让阿尔伯特接触一个中性刺激小白兔,阿尔伯特毫无害怕的表现,甚至想用手去触摸它。后来,华生会在兔子出现后,紧接着用铁锤敲击一段钢管发出使婴儿害怕的响声(无条件刺激)。经过3次结合,单独出现的小白兔开始引起阿尔伯特害怕与防御的行为反应。6次结合后,阿尔伯特的反应更加强烈,随后泛化到相似的刺激:阿尔伯特开始对任何有毛的东西感到害怕,如老鼠或其他制成标本的动物,甚至是有胡子的人。

华生根据此实验提出,有机体的学习就是通过经典条件反射的建立,形成刺激与反应之间联结的过程。

☞ 专栏7-1 经典条件反射的基本规律

巴甫洛夫和华生的实验及所提出的经典条件反射原理,实际上包含了许多重要的学习规律,主要包括学习的习得与消退、分化与泛化。

1. 习得与消退

条件反射是条件刺激反复与无条件刺激相匹配引起的,是后天习得的。其中,条件刺激与无条件刺激之间的时间间隔十分重要。一方面,条件刺激和无条件刺激必须同时或近于同时呈现,间隔太久则难以建立联系;另一方面,条件刺激作为无条件刺激的信号,必须先于无条件刺激呈现,否则也将难以建立联系。

条件反射建立以后,如果多次只给条件刺激而不用无条件刺激加以强化,条件反射的反应强度将会逐渐减弱,最后将完全不出现,这被称为条件反射的消退。例如,狗在习得铃声与食物的联系之后,如果出现铃声后并不出现食物,狗分泌的唾液会越来越少,甚至消失。但这种消退现象只是暂时的,休息一段时间以后,当条件刺激再次单独出现时,条件反应仍会以很微弱的形式重复出现。当然,随着进一步的消退训练,这种自发恢复的条件反射又会迅速变弱。条件作用越巩固,消退速度越慢;反之,消退就越快。

2. 泛化与分化

条件反射一旦确立,其他与该条件刺激相类似的刺激也能诱发条件反射,这被称为泛化。例如,曾经被一条大狗咬过的人看见非常小的狗,也可能产生恐惧。条件反射泛化的强度与两个条件刺激之间的相似程度有关,相似程度越高,反应强度越强,反之越弱。

分化指的是通过选择性强化和消退，使有机体学会对条件刺激和与条件刺激相类似的刺激做出不同的反应。例如，如果只在圆形光圈出现时才给予食物强化，而在呈现椭圆形光圈时，则不给予强化，那么狗便可以学会只对圆形光圈做出反应，而不理会椭圆形光圈。

总体来看，巴甫洛夫与华生提出的经典条件反射理论，对于促进有机体学习过程的了解与研究，促进学习理论的发展有重要意义。然而，经典条件反射是被动的，由于事件的发生而使我们以某种特定的方式进行反应。它产生于对具体的、可识别的事件做出的反应，只能帮助我们解释一些简单的反射行为。但现实生活中的大多数行为，尤其是个体的复杂行为，都是主动自觉的，而不是被动反射的。比如，员工准时上班，遇到困难寻求老板的帮助，在无人监督时消极怠工等行为。因此，要想进一步了解这些行为是如何习得的，还应该学习操作性条件反射的知识。

二、操作性条件反射理论

（一）桑代克的联结主义学习论

爱德华·桑代克（Adward Thorndike）是心理学史上第一位用动物实验来研究学习的人。桑代克对学习理论的最大贡献是他从动物和人类学习的实验中总结出一系列学习规律，提出了试误说。他认为，动物的基本学习方式是试误学习，在试误过程中形成刺激—反应之间的联结。

桑代克的试误学习理论是根据其对动物的实验结果提出的，其中最著名的是猫逃出迷笼的实验。实验中，桑代克把一只饥饿的猫放入箱内，箱外放着食物。一开始，饿猫在箱内又抓又咬，拼命挣扎，想逃出箱子吃到食物。无意中它触到踏板，门被打开，饿猫逃出了迷箱，吃到了食物。桑代克记下猫逃出迷箱所需的时间后，又把它放回箱子，继续进行下一轮实验。猫在箱内仍然乱抓乱咬，不过下一次逃出箱子所需要的时间会少一些。如此反复，猫逃出迷箱所需的时间越来越少，无效的动作也逐渐被排除。直到最后，猫只要一进迷箱，便去按动踏板，逃离迷箱，获得食物。

桑代克根据实验的结果，认为猫是在经过多次尝试错误之后，在刺激环境和正确行为之间形成了联结，从而掌握了开门的方法。饿猫被关在箱内，箱外的食物就是刺激。猫按动踏板逃出迷箱是它所要学习的行为或反应。在刺激环境下，如何做出适当反应达到逃脱目的，就是“刺激—反应”的联结，而联结的形成就是学习。桑代克认为，学习的实质就在于有机体形成刺激与反应之间的联结。

根据多次动物实验的研究，桑代克提出了一系列学习律，其中有三条学习律影响最大，并且一直是心理学研究的主要课题和争论的焦点。

1. 准备律。个体对某种刺激做出反应与其是否做好准备有关。个体在准备状态下做出反应,如果反应得到满足,以后在相同情况下,就会做出相同的反应。

2. 练习律。练习律指重复一个学会了的反应将增加刺激—反应间的联结,刺激—反应联结练习和使用次数越多,就变得越来越强;反之越弱。

3. 效果律。刺激与反应之间联结加强或减弱受到反应结果的影响。对预先设定的结果进行反应,若反应得到奖励,那么刺激—反应间的联结会增强;若反应受到惩罚,那么刺激—反应间的联结就会减弱。

桑代克的学习理论基本上是行为主义的、机械的,他无条件地援引动物实验材料来说明人的学习,把人的学习与动物的学习等同起来,从而抹杀了人类学习的特点,忽视理智的作用,这是不够严谨的。事实上,人的尝试可能是积极主动的,是一种基本的分析和综合的过程,与动物对自然的适应有着本质区别。尽管桑代克的学习理论存在一些问题,但他的研究成果对以后学习问题的研究提供了重要的借鉴意义。

(二)斯金纳的操作性条件反射理论

伯尔赫斯·斯金纳(Burrhus Skinner)是美国心理学家,操作性条件反射理论的创始人,新行为主义的主要代表人物之一。受桑代克试误学习理论及效果律的影响,斯金纳提出了著名的操作性条件反射理论。操作性条件反射是人类和动物的大多数重要行为的学习基础。操作性条件反射是指在某种情境中,由于个体自发的反应所产生的结果而导致反应强度的增加,并最终与某一刺激建立起新的联系的过程。

斯金纳认为,所有的行为都可分为两类:应答性行为和操作性行为。应答性行为是由已知的刺激引起的,正如巴甫洛夫的经典条件反射行为,有机体被动地对环境刺激做出反应。操作性行为则不是由已知的刺激引起,而是由机体自身发出的,该行为由于受到强化而成为在特定情境中随意的或有目的的操作,有机体主动地进行这些操作,以达到对环境的有效适应。

为了准确研究操作性行为,斯金纳设计了著名的实验装置"斯金纳箱",并进行了一系列的实验研究。实验过程如下:斯金纳箱内装有一操纵杆,操纵杆与另一提供食物的装置连接。实验时把饥饿的白鼠置于箱内,白鼠在箱子里自由活动,偶然触碰操纵杆,食物自动掉落。白鼠吃完食物后继续活动,偶然触碰操纵杆得到食物的反应—刺激会继续发生,这种在行为之后出现的刺激对行为本身是一种强化。白鼠在一次次获得食物刺激的奖励下,逐渐学会主动地反复触碰操纵杆获取食物。这就是一个操作性条件反射的过程。

实验发现,白鼠在偶然的行为反应后得到了食物刺激,通过反复刺激之后,它学会了通过触碰操纵杆来取得食物的反应,即形成了触碰操纵杆与食物刺激之间的联结，触碰操纵杆成为获取食物的手段。它这一行为的习得是不断强化的结果。

强化是形成操作性条件反射的关键。在条件作用中，凡是能增加反应概率的刺激和事件都叫强化物。斯金纳按照强化的性质，将强化分为正强化和负强化两种类型。正强化通过呈现愉快刺激增强反应概率，负强化通过终止不愉快刺激增强反应概率，两者都能增强之前的行为反应。相反，撤销正强化和呈现负强化都会导致反应概率下降，它们是对操作性行为进行惩罚的过程。

正强化和负强化在人类行为学习中都是经常被运用的方法。比如，企业可以通过奖金、赞赏、升职等正强化的方式，或者收回批评、减少加班等负强化的方式，引导员工重复产生某一行为。反之，企业也可以用批评、降薪、开除等惩罚方式，消除某种不符合要求的行为。尽管惩罚在改变行为方面是一种有效的方法，但是它在塑造行为中的效果不如强化好，而且带有很多消极的影响，应该有条件地使用惩罚。正强化和负强化的作用及其与惩罚的关系可见表 7-2。

表 7-2　强化类型与惩罚

反应概率	刺激增强	刺激消除
增加	正强化(呈现愉快刺激)	负强化(消除不愉快刺激)
降低	惩罚Ⅰ(呈现不愉快刺激)	惩罚Ⅱ(消除愉快刺激)

☞ 专栏 7-2　强化物与强化程序

强化还可划分为初级强化和条件强化两类。其中，初级强化物是任何本身具有强化作用的刺激，例如，食物、水、安全等。如果某个刺激本来不具备强化作用，只是因为它与具有强化意义的刺激联系起来而获得了强化作用，则称它为次级强化物或条件强化物。例如，金钱对儿童来说不是强化物，但当儿童知道钱能换糖时，它就能对儿童的行为产生效果。

强化程序主要是指实施强化在时间上和频率上的规则。强化程序的变化对行为的形成有很大的影响。强化程序可以分为连续强化和间隔强化两大类，其中间隔强化根据时间和比率、固定和可变两个维度又可以分为定时强化、定比强化、变时强化和变比强化四种强化程序。

不同的强化程序所导致的行为习得的速度、反应的速度和行为消退的速度是不同的。具体而言，连续强化比间隔强化习得行为的速度要快，间隔强化比连续强化具有较高的反应率和较低的消退率；定时强化由于有一个时间差，有机体每得到一次强化后反应速度都会下降，此后逐渐加快反应速度，直到下一次强化到来，反应率上升；定比强化对稳定的反应率比较有益，而变比强化则对维持稳定和高反应率最为有效。相比固定的强化方式而言，变化的强化方式作用下行为消退得更慢。在实际应用中，可将上述强化程序组合起来使用。

比较桑代克的猫的实验和斯金纳的白鼠实验，既有相似之点，也有不同之处。相似点是两种学习都依赖于动物做出自发的反应动作，因此归之为操作性条件反射理论。不同之处在于，桑代克的实验是刺激在前，偶然发生的反应在后；而斯金纳的实验是自发的反应在前，刺激在后。而且桑代克的笼中的无关刺激较多，因此猫要经过大量错误动作的尝试，才能辨别有关的刺激。

操作性条件反射是斯金纳更为宽泛的行为主义概念的一部分。行为主义认为，紧随刺激物之后所发生的行为并没有经过大脑的思考。斯金纳的激进行为主义学说把感觉、思考及其他心理状态等因素排除在行为发生的原因之外。简言之，就是人们会把刺激物及某些反应相联系，但是这种联系与人们意识层的活动无关。该理论否认了意识的特殊性质，同样犯了机械主义的错误，具有片面性。

☞ 专栏 7-3 操作性条件反射理论的运用：行为塑造

斯金纳认为，“教育就是塑造行为”。复杂的行为可以通过塑造而获得。塑造指通过小步强化达成最终目标。也就是将目标行为分解成一个个小步子，每完成一小步就给予强化，直到获得最终的目标行为，这种方法也叫作连续接近。

以训练老鼠压杠杆为例。一只饥饿的未经训练的老鼠刚被放到斯金纳箱中时，不容易自发地做出压杠杆的行为，它可能会在里面来回走动，嗅一嗅等。当老鼠转向食物杯时，实验者操作一个手工盒子，送食物到食物杯中。食物的滚动声会吸引老鼠的注意，老鼠会靠近杯子去吃食物。每当老鼠接近杯子时，实验者就送一粒食物。很快老鼠会花大部分时间靠近杯子。因为杠杆是靠近杯子的，老鼠很容易会碰到杠杆，当它出现了第一个压杠杆动作时，立即给予强化，从这时起，实验者就只在老鼠碰到杠杆时才给食物强化。最终，老鼠学会了压杠杆获得食物。

驯兽师对于行为塑造非常熟悉，诸如训练狗握手、猫站立之类都通过塑造达成。人类行为亦然。要想教会孩子一首儿歌，应先要求孩子读出第一句，然后读连续的二三句，最后才是整段儿歌。

三、社会学习理论

社会学习理论的代表人物是美国著名心理学家阿尔伯特·班杜拉（Albert Bandura）。虽然班杜拉与斯金纳同属行为主义学习理论的阵营，都重视讨论强化与学习的关系,但是,作为新行为主义,班杜拉的观点介于行为论与认知论之间,将学习看作个体向别人行为模仿的交互过程。

（一）交互决定理论的基本内容

班杜拉认为,人类有自我反省和自我调节的能力,不仅是环境的消极反应者,而且是环境的积极塑造者。据此,班杜拉提出三元交互决定论,指出“人们不只是由外部事件塑造的有反应性的机体,也是自我组织的、积极进取的、自我调节和自我反省的”。

三元交互决定论深入分析人的认知因素及其与行为、环境之间的相互作用。根据班杜拉的理论,人的行为、认知以及环境三者之间构成动态交互决定关系,三者之间任何两个因素双向互动关系的强度和模式,都随行为、个体、环境的改变而发生变化,并非固定不变,如图 7-1 所示。个体内部感受与自身行为之间存在相互决定的关系:一方面,个体的信念、期待、情绪、目标和意向等主观认知因素影响、决定或制约着他的行为表现;另一方面,行为的内部反馈和外部结果反过来又部分地决定他的思想信念和情感反应等。同样,尽管环境作为行为的对象或现实条件决定着行为的方向及其强度,但行为也改变着环境以使其更加适应人的需要。个体和环境的关系表明,虽然个体的人格特征、认知机能等是环境的产物,但反过来说,环境的存在及其作用不是绝对的,而是潜在的,取决于个体的认知把握。潜在的环境因素只有受到个体的注意或认知把握,才能被激活或转换为现实的环境力量,对他的心理活动产生影响。

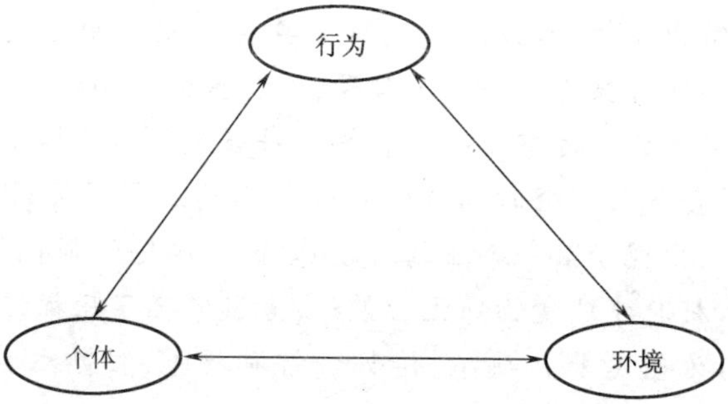

图 7-1　三元交互决定论的因果模型

根据这一互动的因果模型,班杜拉认为,人对环境的反应是认知的、情感的和行为的。但更为重要的是,通过认知,人们也控制了他们的行为,这不仅影响着环境,而且也影响着人自身的认知、情感和生理状态。个体能动性的观点是社会认知论的核心思想。班杜拉不仅强调个体的内部因素,而且强调个体拥有的信念在自身行为调节中的核心作用。

（二）社会学习理论中的重要概念

三元交互决定论的人性观使之必然强调人的一系列基本能力，其中班杜拉最为强调的五种基本能力是符号化能力、预见能力、替代能力、自我调节能力和自我反省能力。以下主要介绍两个影响最为深远的概念。

1. 观察学习。班杜拉虽不否认传统行为主义主张的由反应结果引起的学习现象（他称之为亲历学习），但他认为更普遍、更有效的学习方式是观察学习。

在一项典型的观察学习实验中，班杜拉将儿童分为三组，让他们观看一个成人对一个大型玩偶进行拳打脚踢。第一组看到一个成年人采取攻击行为后受到了另一个成年人的奖励。第二组看到一个成年人采取攻击行为后受到了另一个成年人的惩罚。第三组是控制组，该组儿童看到一个成年人采取攻击行为后，既没有受到奖赏，也没有得到惩罚。然后，实验者把儿童一个个单独领到一个房间去。房间里放着各种玩具，包括洋娃娃，让儿童玩 10 分钟，通过单向观察屏观察儿童的行为。结果发现，成年人的攻击行为所导致的结果（奖励或惩罚），是儿童是否自发地模仿这种行为的决定因素。也就是说，看到成年人受奖励的那一组儿童，比看到成年人受惩罚的那一组儿童，表现出更多的攻击行为。但是，如果给予足够的诱因，如告诉儿童只要模仿观察到的行为就可以得到糖果，那么结果发现，三组在模仿攻击行为方面没有任何差异。这说明，榜样行为所得到的不同结果，只是影响到儿童模仿的表现，而对学习几乎没有什么影响，因为在榜样受到惩罚的条件下，儿童也习得了这种行为，只不过没有表现出来而已。

观察学习主要是一种信息加工过程，观察者将有示范原形的行为结构及其环境事件的信息转换成符号表征，作为观察者日后表现这种行为的内部指导。从这个角度看，观察学习可以分为 4 个子过程：①注意过程。观察者将其心理资源如感觉通道、知觉活动、认知加工等专注于示范事件的过程，是示范事件影响观察者从而产生观察学习的入口，它决定着个体从大量示范事件中选择什么作为观察对象以及从观察对象中获得什么信息。如实验中儿童观察到成年人的攻击行为以及行为导致的结果。要观察他人进行学习，个体首先必须注意所需要学习的事件，观察的细致程度也就决定了学习示范事件的相似程度。另外，榜样本身的特征也对观察者的注意过程有影响。②保持过程。观察者将在观察过程中获得的有关示范行为的信息转换成表象的或语义概念的符号表征，并储存于记忆之中以备后用的过程。例如，实验中儿童模仿成年人的攻击行为正是因为这一行为被编码储存到了记忆中。在这个过程中，认知演习也起着重要作用，即将示范事件或行为在头脑里像放映电影那样放一遍。保持过程以符号表征能力为基础。③生成示范行为。生成示范行为是观察学习的操作技能方面，即观察者在外显行为水平上实现示范行为的符号表征，它是一个不断接近的概念匹配过程。④动机过程。如果观察者没有学习被示范行为的动机,注意和保持过程就不会导致生成过程。

按照班杜拉的观点,学习的产生依赖于激发动机,吸引和保持注意,积极回忆与实际操作等一系列过程,只有实现了这些过程,个体才能实现有效地学习。

2. 自我效能感。自我效能感是指个体对于自身完成某项指定任务的能力的自我知觉。作为自我反省和自我调节能力的核心,班杜拉指出,在有了相应的知识、技能和目标时,自我效能感就成了行为的决定因素。依据以上描述,自我效能感与自信相似,但仔细分析,二者之间存在差异。自信是指个人在处理一般事务时的一种积极态度,与自卑相对。更多的研究者将自信—自卑看作人格成分,认为其具有弥散性的特点。但自我效能感是指个体对自身某一特定方面能力的自我评估,高度的自我效能感与习得性无助相对,具有指向性特点。

☞ 专栏 7-4　习得性无助

习得性无助是美国心理学家马丁·塞利格曼(Martin Seligman)1967 年在研究动物时提出的。这项经典实验的主人公是可怜的狗,它先是被关到笼子里,只要蜂鸣器一响,就会被施以电击,电流虽不足以致命,但足够让它痛苦万分。在封闭的笼子里,无论狗怎么上蹿下跳,都无法摆脱电流的侵袭。经过如此反复多次的实验后,心理学家改变实验条件,将笼子门打开,蜂鸣器响过后并不立刻施加电击。然而,那条狗非但没有从笼子里逃出来,反而在大门敞开的笼子里等待痛苦的降临,甚至不等电击出现就倒地抽搐。心理学家把这种受到多次挫折之后产生的无能为力感称为习得性无助。

1975 年,塞利格曼用大学生被试进行了如下实验。被试分为三组:第一组听一种噪音,这组被试无论如何也不能使噪音停止。第二组也听这种噪音,不过通过努力可以使噪音停止。第三组是对照组,不给被试听噪音。进行一段实验之后,让被试进行另外一种实验。实验装置是一只"手指穿梭箱",当被试把手指放在穿梭箱的一侧时就会听到一种强烈的噪音,放在另一侧时,就听不到这种噪音。实验结果表明:在原来的实验中,第二组和第三组被试都学会了把手指移到箱子的另一边,使噪音停止,而第一组被试,他们的手指仍然停留在原处,听任刺耳的噪音响下去,却不把手指移到箱子的另一边。

为了证明习得性无助对以后的学习有消极影响,塞利格曼又做了另外一项实验。他要求被试把字母排列成字,比如,ISOEN、DERRO 可以排成 NOISE 和 ORDER。完成这一任务,必须掌握 34251 的排列规律。实验结果表明,原来实验中产生了无助感的被试,很难完成这一任务。

(1) 自我效能感的作用。作为一种动机理论,自我效能感理论指出,自我效能感可通过认知、动机、情绪和选择四大过程使个体对环境产生能动的反应,从而对个体本身未来能力的增长及行为操作产生重要的推动作用。首先,自我效能感决定人们对活动的指向性。在某一领域具有强烈自我效能感的个体,将困难当作挑战而不是威胁,他们会选择难度较大的任务,从而充分展示和锻炼自身能力。效能感低的人,总是怀疑自己的做事能力,因此总是设定较低的目标,以致自身能力发展受阻。其次,自我效能感影响人们对活动的坚持性。自我效能感水平高的个体在行动中精神饱满、对事物自身怀有浓厚的兴趣,显然,这有助于取得最佳活动效果。即使失败,也会归因于努力不够,相信可通过坚持不懈的努力克服困难,因此不会轻易放弃。相反,自我效能感低的人极易成为压力和抑郁的牺牲品,他们对事物缺乏兴趣。他们在面临困难任务时,注意力分散,总是专注于自身的不利条件,而不是考虑如何解决问题,很容易放弃努力、承认失败、改变目标,且需要较长的时间恢复效能感。

(2)自我效能感的来源。依据班杜拉的解释,自我效能感建立在正确的自我评估之上,而正确的自我评估得益于以下四个方面:第一,亲身经验。个体以往的经验是自我效能感最重要和最直接的来源。轻松得到会使人对事件难度准备不足,一旦受挫就会一蹶不振。只有经过意志努力,克服重重困难,最终取得成功的过程才会使个体得到强劲的自我效能感。第二,替代性经验。个体首先通过社会比较过程判断他人能力的高低,然后通过信息提供过程观察与自己能力相近的人,并从他们的成功操作中,获取有效解决问题的策略。总之,个体越是认为某一个体与自身相似,对方在某一事件上的成败就越能够提高或降低自身效能感水平。第三,社会激励。一个充满鼓励、信任的外部环境,可以在一定程度上提高自我效能感;相反,当旁人认为个体自身无力完成某项工作时,个体在面临困难时就极易放弃。第四,生理和情绪状态。精力充沛和心情愉快可以降低焦虑水平、抑制不良情绪,从而提高自我效能感。

四、认知学习理论

(一)格式塔学派的学习理论

认知学习理论认为,学习是一个解决问题的过程,而不是在刺激与反射之间建立联系的过程。早期的认知学习研究以格式塔学派为代表。格式塔是德文 gestalt 的音译,意为“完型、完整”。格式塔学派认为,人的心理不是分裂的,而是有机的整体,主张从整体研究心理活动。

作为格式塔学派的代表性人物之一,德国心理学家沃尔夫冈·科勒(Wolfgang Kohler)较早研究认知学习现象,他对黑猩猩解决问题的行为进行了一系列的实验研究。

一项经典的实验过程如下:将香蕉挂在黑猩猩跳起来也够不到的房间天花板上,房间里有一些箱子,但并不在香蕉下面。起初,黑猩猩企图通过跳跃取得香蕉,但没有成功。于是,黑猩猩不再跳了,在房间里走来走去。突然,黑猩猩在箱子面前站立不动,然后很快地把箱子移到香蕉下面,爬上箱子,从箱子上起跳,取走了香蕉。有时候站在一个箱子上仍取不到香蕉,黑猩猩还会把两个或几个箱子叠起来,然后成功取走香蕉。

科勒认为,这就是对问题情境的一种"领悟",黑猩猩解决问题是因为突然发现了事物之间的关系,对问题情境进行改组,才使问题得以解决的。认知心理学派认为,学习不是尝试错误的过程,而是知觉经验的重新组织,是一种顿悟。因此,科勒的学习理论也被称为"完形—顿悟说"。其主要观点包括:第一,学习的实质在于构建完形。第二,学习的过程是由顿悟实现的。第三,刺激与反应之间的联系是以意识为中介的。

总而言之,科勒指出学习不是盲目的尝试,而是对情景认知后的顿悟。顿悟是个体自发地、对某种情景中各个刺激之间关系的豁然领会。由此可见,顿悟的实质是知识结构发生了跃进,是将陌生的知识和信息融入个体的知识整体架构中,从而使得其长久性地获得这一知识。

☞ 专栏7-5　格式塔学派理论对培训教育的启示

格式塔学派的观点直接影响到今天认知学习理论的形成与发展。格式塔学派认为,学习的实质是构造与组织一种完形,而不是形成刺激与反应的联结。

1. 接近法则,是指按照刺激物间距离关系而组成知觉整体经验的心理倾向,即人在接受各种刺激时,知觉倾向于将在空间上或时间上接近的各刺激物归属于一类。如图(a),尽管都是竖线,但由于空间距离不同,人们会将竖线两两一组进行划分,而将最右侧知觉为一单独竖线。实际教学中,培训师常常忽略不同概念之间的关系,甚至用相同的符号系统(例如,1,2,3)罗列存在包含关系的知识,淡化知识体系之间的逻辑性,从而降低了授课效率。因此,知觉的整体感不仅存在于空间和时间上的接近,教学表达中也应当特别注意语言的一气呵成与抑扬顿挫。

2. 相似法则,是指按照刺激物相似特征组成知觉整体经验的心理倾向,即在接受多种刺激物时,知觉上倾向于将在某方面特征(如大小、形状、颜色等)相似的各刺激物归属于一类。如图(b)在方阵中,虽然斜叉和方块距离相等,但我们会把它看作是斜叉和方块交错的纵列,而不会看作是横行。依据相似法则,培训师应该用颜色、题号等方式,正确表示概念的关系,以便学生自然而然地将知识系统正确分类,同时避免产生误解。

3. 封闭法则,是指知觉刺激物本身的条件并不闭合,也不连接,而观察者将不闭合的刺激物看成一个完整的图形。如图(c)中,还是类似图(a)的7条线,但会让人产生完全不同的知觉效果:右侧两两成对,而最左侧是一单独右括号。封闭法则提醒培训师,授课时一定要注意前后呼应,强化内容的完整性。最简单的方式就是在言语上加强“下面我们开始……”等过渡的连接词。

4. 连续法则,是指依据知觉刺激物本身的条件,在心理上产生连续的知觉结果。如图(d),人们总是将它看成是一条直线与一条曲线的交会,而不是多个不连接的弧线与横线的交会。在培训的多媒体教学过程中,制作PPT时应该特别注意建立每页幻灯片之间的关系,以便于培训师回应前面的教学内容以及最后进行总结。

总的来说,在教学培训的每一个环节都存在局部和整体的问题。培训师应该通过有效的教学组织和安排,促使学生形成有机联系的知识框架。

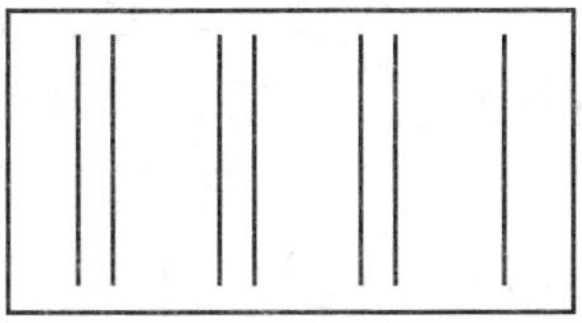

(a)接近法则

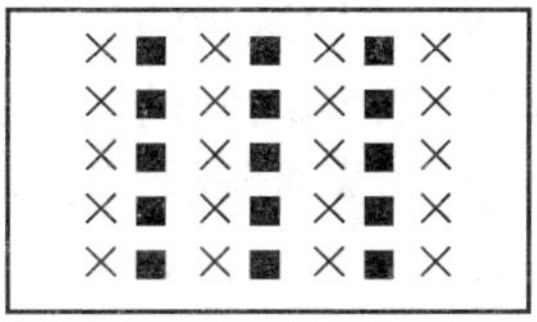

(b)相似法则

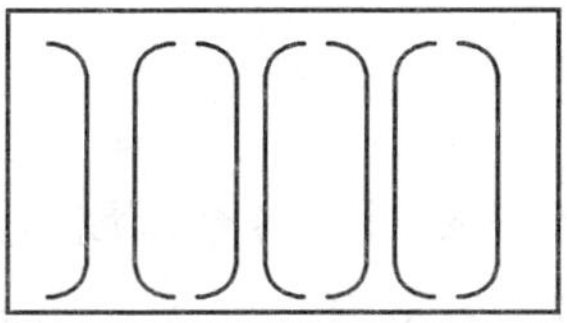

(c)封闭法则

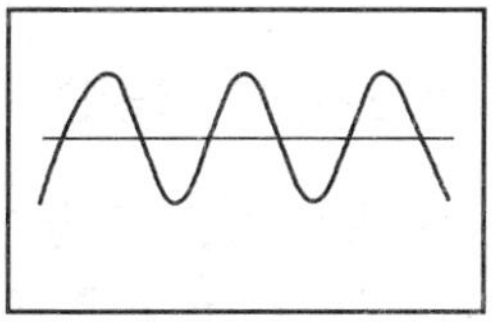

(d)连续法则

(二)现代认知学习理论

认知学习理论认为,环境只是提供潜在的刺激,这些刺激是否受到注意或被加工,取决于学习者内在的心理结构。客观环境中的潜在刺激多种多样,并时时刻刻存在,但个体对这些刺激未必都会产生反应。其原因在于,个体会根据自己内部的认知结构,对外在刺激进行选择和加工,赋予特定的意义。因而,个体的心理结构和认知结构在学习活动中有着举足轻重的作用。心理结构是指学习者认知、概括自然和人类社会的方式,而认知结构是这些方式的符号表征系统。个体在自身心理结构的影响下,与客观环境相互作用的过程中,不断地修正自己的心理结构,反过来又影响未来与环境的相互作用。当新的经验改变了学习者现有的心理结构时,学习就发生了。因此,学习的过程是个体内部心理结构改组和形成的过程。由此可见,认知理论要研究的是个体处理其环境刺激时的认知过程,而不是外显的刺激与反应。

作为现代认知学习理论的代表,杰罗姆·布鲁纳(Jerome Bruner)的认知结构学习理论提出,学习的实质在于主动形成认知结构,主张学习每门学科的内在结构,并且这种学习需要经历获得、转化和评价三个阶段;同时强调利用头脑中的已有经验主动学习新的结构性知识。此外,加涅的信息加工学习理论指出,学习就是对知识进行编码加工的过程,强调学习的实质是后天经验引起的较稳定的变化。奥苏伯尔的认知同化理论提出,已有的认知结构对于新知识的学习是一种充分条件,学习就是将新旧知识建立联系的同化过程。

根据以上认知学习理论的基本观点,国内外研究者提出了一系列指导教学设计的原则:第一,用直观的形式向学习者展示学科内容结构,让学习者了解教学内容涉及的各类知识之间的相互关系。第二,学习材料的呈现应适合学习者认知发展水平,按照由简到繁的原则组织教学内容。第三,学习应力求理解,这样才能有助于知识的持久和可迁移。第四,向学生提供认知反馈,可以确认他们的正确知识以及纠正他们的错误学习方法。第五,学习者自定目标是学习的重要促动因素。第六,学习材料既要以归纳序列提供,又要以演绎序列提供。第七,学习材料应体现辩证冲突,适当的矛盾有助于引发学习者的高水平思维。

五、人本主义学习理论

人本主义者认为,心理学应该探讨完整的人,而不是对人各个从属方面(如行为和认知)进行分割地、还原论地分析。在他们看来,大多数心理学家都是从第三人称的角度考察人的行为,而研究心理学的真正方式,是通过一个人自己考察自己,即从第一人称的角度考察行为。人本主义者的共同信仰是:每一个人都具有发展自己潜力的能力和动力,个体可以自由选择自己发展的方向和价值,并对自己选择的结果负责。人本主义的基本假设是:在任何情况下,一个人的行动取决于他怎样从他自己的角度知觉世界。因此,他们非常重视一个人看待自己、看待他人的方式。人本主义者认为,行为与学习是知觉的产物。一个人大多数的行为都是他对自己看法的结果,真正的学习涉及整个人,而不仅仅是为学习者提供事实。真正的学习经验能够使学习者发现个体独特的品质,发现自己作为一个人的特征。从这个意义上说,唯一真正的学习就是“成为一个完善的人”。

☞ 专栏 7-6 “屡战屡败”与“屡败屡战”

习得性无助告诉我们,以往的失败经验和教训会导致个体形成听天由命的行为反应。但人不是普通的动物,不会心甘情愿受制于命运的摆布。从个体心理特点来讲,习得性无助描述的就是在愿望多次受到挫折以后,表现出来的绝望和放弃的态度。这时的基本心理过程是退缩,当然对人来说,还有自我怀疑、自我否定和自我设限等。这会使人变得悲观绝望,听任外界的摆布,任自己的命运随着外力的强弱而波动起伏,"现实一次次地给我以沉重的打击,我终于放弃","理想已让现实磨平"。

有一个历史故事是这样的:一个在外与敌国作战的将军,由于种种原因总是吃败仗。在又一次被敌人打败之后,他急奏皇帝,一方面报告情况,一方面寻求对策,要求援兵。他在奏折上有一句话是"臣屡战屡败……"他的上司看到这个奏折,觉得不妥,于是拿起笔来,将奏折上的这句话改为"臣屡败屡战……"原字未动,仅仅是顺序的改变,顿时将原本败军之将的狼狈变为英雄的百折不挠。作为一个"完整的人",就要学会克服内心的恐惧和障碍,从而具备顽强的意志和高远的智慧。"完整的人"不是"屡战屡败"的愚人,而是"屡败屡战"的斗士。

人本主义学习理论强调人的自主性、整体性和独特性,认为学习是个人自主发起的、使个人整体投入其中并能产生全面变化的活动,人内在的思维和情感活动极为重要。人本主义学习理论的主要代表人物是亚伯拉罕·马斯洛(Abraham Maslow)和卡尔·罗杰斯(Carl Rogers)。

(一)马斯洛的学习理论

马斯洛是美国社会心理学家,人本主义心理学的主要创始人之一。马斯洛学习理论的内涵主要体现在两个方面:第一,个体的成长在于自我实现人格的满足。马斯洛把需要分为五个层次:生理需要、安全需要、归属与爱的需要、尊重需要、自我实现需要。他认为,人的需要是相互联系、相互依赖和彼此重叠的,它们排列成一个由低到高逐级上升的层次。只有低级需要基本满足后,才会出现高一级需要,只有其他需要相继得到满足后,才会出现自我实现的需要;层次较高的需要发展后,层次较低的需要依然存在,但对行为的影响较弱。马斯洛认为,人的潜能是自我实现的,而不是教育的作用使然,教育的作用只在于为个体提供一个安全、自由、充满人情味的心理环境,正是由于人有自我实现的需要,才使得有机体的潜能得以发挥、保持和增强。第二,学习不能由外力产生,只能靠内发。教师不能强制学生学习,学习的活动应由学生自己选择和决定。教师的任务只是辅导,学生本身就具有学习的潜在能力。

(二)罗杰斯的学习理论

罗杰斯认为,人类天生就具有学习的愿望和潜能,这是一种值得信赖的心理倾向,可以在合适的条件下释放出来;当学生了解到学习内容与自身需要相关时,学习的积极性最容易激发;学生在一种安全的环境下可以更好地学习。基于这样的学习基本观点,他提出以下教学观点:第一,以学习者为中心。罗杰斯认为,学习者具有求知向上的潜在能力,应把他们看成是“人”,而不是“较大的白鼠”(行为主义的观点)与“较慢的计算机”(认知心理学的观点)。学校和教师必须尊重学习者,把他们视为学习活动的主体。第二,强调有意义学习或经验学习。有意义学习是学生的认识、情感,乃至整个身心都参与的学习,而不是单纯只有认知的学习。应给学生充分的自由,根据其兴趣、爱好以及理想选择有关的学习内容,以便于学习和保持。第三,学习者的意愿、态度、情感和价值观是影响其学习的主要因素。第四,教师是学生学习的促进者。第五,最有用的学习是学会如何进行学习。罗杰斯强调学生参与学习的过程,在“做”中学。

六、建构主义学习理论

建构主义也译作结构主义,其最早提出者可追溯至瑞士的让·皮亚杰(Jean Piaget)。建构主义者强调个体主动性在建构认知结构过程中的关键作用;也有些建构主义者强调认知过程中学习者所处的社会文化历史背景的作用,研究“活动”和“社会交往”在人的高级心理机能发展中具有的重要作用。

☞ 专栏 7-7　皮亚杰的建构主义

瑞士心理学家皮亚杰是认知发展领域最有影响的一位心理学家,是发生认识论的创始人。1918 年,他获得瑞士纳沙特尔大学博士学位,论文题目为《阿尔卑斯山的软体动物》。皮亚杰于 1921 年任日内瓦大学卢梭学院实验室主任,1924 年任日内瓦大学教授。先后当选为瑞士心理学会、法语国家心理科学联合会主席,1954 年任第 14 届国际心理科学联合会主席。此外,皮亚杰长期担任联合国教科文组织领导下的国际教育局局长和联合国教科文组织助理干事之职。皮亚杰还是多国著名大学的名誉博士或名誉教授。

皮亚杰创立的关于儿童认知发展学派称为日内瓦学派。皮亚杰的理论充满唯物辩证法的思想,从内因和外因相互作用的观点研究儿童的认知发展。他认为,儿童是在与周围环境相互作用的过程中,逐步建构起关于外部世界的知识,从而使自身认知结构得到发展。儿童与环境的相互作用涉及两个基本过程——同化与顺应。同化是指把外部环境中的有关信息吸收进来并结合到个体已有的认知结构(也称“图式”)中,即个体把外界刺激所提供的信息整合到自己原有认知结构中的过程;顺应是指外部环境发生变化,而原有认知结构无法同化新环境提供的信息时所引起的个体认知结构发生重组与改造的过程,即个体的认知结构因外部刺激的影响而发生改变的过程。可见,同化是认知结构数量的扩充(图式扩充),而顺应则是认知结构性质的改变(图式改变)。个体就是通过同化与顺应两种形式达到与周围环境的平衡:当能用现有图式同化新信息时,个体处于一种平衡的认知状态;而当现有图式不能同化新信息时,平衡即被破坏,修改或创造新图式(即顺应)的过程就是寻找新的平衡的过程。

(一)建构主义的学习观点

建构主义认为,学习是在一定情境(即社会文化背景)下,借助其他人的帮助(即通过人际间的协作活动)而实现的意义建构过程。因此,建构主义学习理论认为,情境、协作、会话和意义建构是学习环境中的四大要素。

1. 情境。学习环境中的情境必须有利于学生对所学内容的意义建构。也就是说,在建构主义学习环境下,教学设计不仅要考虑教学目标分析,还要考虑有利于学生建构意义的情境创设,并把情境创设看作是教学设计的最重要内容之一。

2. 协作。协作发生在学习过程的始终。协作对学习资料的搜集与分析、假设的提出与验证、学习成果的评价直至意义的最终建构均有重要作用。

3. 会话。会话是协作过程中不可缺少的环节。学习小组成员之间必须通过会话,商讨如何完成规定的学习计划;此外,协作学习过程也是会话过程,在此过程中,每个学习者的思维成果(智慧)为整个学习群体共享,因此会话是达到意义建构的重要手段之一。

4. 意义建构。意义建构是整个学习过程的最终目标。所要建构的意义是指事物的性质、规律以及事物之间的内在联系。在学习过程中帮助学生建构意义,就是要帮助学生对当前学习内容所反映的事物的性质、规律以及该事物与其他事物之间的内在联系达到较深刻的理解。这种理解在大脑中的长期存储形式就是当前所学内容的认知结构。

由以上所述学习的含义可知,学习的质量是学习者建构意义能力的函数,而不是学习者重现教师思维过程能力的函数。换句话说,获得知识的多少取决于学习者根据自身经验去建构有关知识的意义的能力,而不取决于学习者记忆和背诵教师讲授内容的能力。

(二)建构主义的学习方法

建构主义提倡在教师指导下的、以学习者为中心的学习。也就是说,建构主义既强调学习者的认知主体作用,又不忽视教师的指导作用。教师是意义建构的帮助者、促进者,而不是知识的传授者与灌输者。学生是信息加工的主体,是意义的主动建构者,而不是外部刺激的被动接受者和被灌输的对象。

学生要成为意义的主动建构者,就要在学习过程中从以下几个方面发挥主体作用:①要用探索法、发现法建构知识的意义。②在建构意义过程中,要求学生主动搜集并分析有关的信息和资料，对所学习的问题提出各种假设并努力加以验证。③要把当前学习内容所反映的事物尽量和自己已经知道的事物相联系，并对这种联系加以认真的思考。联系与思考是意义构建的关键。如果能把联系和思考的过程与协作学习中的协商过程（即交流、讨论的过程）结合起来，学生建构意义的效率会更高、质量会更好。协商有自我协商与相互协商两种，自我协商是指自己和自己争辩什么是正确的，相互协商则指学习小组内部相互之间的讨论与辩论。

教师要成为学生建构意义的帮助者，就要在以下几个方面发挥指导作用：①激发学生的学习兴趣，帮助学生形成学习动机。②通过创设符合教学内容要求的情境和提示新旧知识之间联系的线索，帮助学生建构当前所学知识的意义。③为了使意义建构更有效，教师应在可能的条件下组织协作学习（开展讨论与交流），并对协作学习过程进行引导，使之向着有利于意义建构的方向发展。引导的方法包括：提出适当的问题以引起学生思考和讨论；在讨论中设法把问题一步步引向深入，加深学生对所学内容的理解；启发、引导学生自己发现规律，纠正错误和片面认识。

伟大的科学家牛顿（Newton）曾有一句名言："在科学上，你的进步是站在前人的肩膀上的。"而有心理学家经过对心理学史的考察和分析后认为，将牛顿这一名言用于心理学时需要做一些修改而变成"在心理学上，你的进步是踩在前人脸上的"。这可能有些夸张，但确实揭示了一些客观事实。实际上，一种学习理论的形成与发展，往往都是牺牲了已有的其他学习理论的。一开始，他们的论点可能都比较粗糙；随后，他们在论战中不断地修正、完善自己的理论，捍卫自己的观点；最后，这种学习理论或者被后继者进一步发展，或者被他人所取代。可以说，这种情况一直延续到现在。因此，完全可以有把握地说：目前有关学习的概念、假设和理论，在一定的时候也终将会被某种更健全的观念、更精细的程序和更完满的理论体系取代，从而更有效地服务于实践。

第三节　人力资源管理实践中的学习

人类学家阿什利·蒙塔古（Ashley Montagu）说："毋庸置疑，我们生来就具有基因所赋予地做出各种行为的潜能，但这些潜能变成实际能力的方式则取决于我们所受的训练，取决于学习，我们真正继承的是塑造和完善自身的能力，是自己不成为奴隶，而成为命运的主宰。"作为人力资源管理中的重要模块，培训就是实践学习和激发潜能的重要途径。

从理论上评判，培训具有许多优势与功能，但事实是这样吗？结合学习理论，思考下面的培训违背或者遵从了哪些理论?

一、两个培训实例

(一)一个失败的例子

位于广州的北辰公司是民营化工企业,自从1996年投产以来,业绩一路飙升,销售额与利润均取得了令人瞩目的成绩。在总经理的推动下,公司在2000年建立人力资源管理体系,但完整的培训体系却一直没有构建。2004年初,吴芳从外企跳槽到北辰公司担任专职培训经理,负责组建培训体系。经验丰富的吴芳在两名培训专员协助下,不到三个月的时间,完成了公司员工的培训需求调查及分析评估、培训机构筛选、培训对象分类、培训方式的确定及年度的培训计划等工作。

第一次培训是根据营运总监的要求进行销售技巧培训。在总经理的要求下,吴芳让客户支持、市场及产品开发人员均参加了这次培训课程。课程的讲授者是广州某知名管理咨询公司培训师。在课程开始之初,培训师注意调动员工参与的激情,将一些游戏穿插在课程中间,使觉得新鲜的员工积极配合培训师的训练要求。但这样的热情仅仅维持了一个上午,下午开始出现员工中途退出的现象。到了第二天上午,虽然员工都严格按照公司的要求签到,但培训师开讲不久,溜号的员工不时出现,到下午,课堂里从开课之初的70人剩下不足20人。多数员工都对课程的需求与实用性提出疑问,特别是非销售部门的员工,认为销售技巧对他们而言,缺乏实用性。更有员工尖刻地指出,这种技巧培训是在浪费公司的金钱。在公司高管人员的支持下,吴芳仍然继续努力推动培训课程的开展。

吴芳推出了配套的激励政策,同时加强了培训过程的监控管理,但就在当天课程结束之后,吴芳收到不少假条。不少中层管理人员也在请假,看得出来,他们显然对培训心不在焉。

为什么会这样?吴芳在培训之前进行了培训需求调查,这些培训课程都是针对员工需求做的,应该符合员工需求,可是踌躇满志的吴芳遭遇了挫折和失败,面临着无奈和尴尬。依据学习理论,你觉得吴芳犯了哪些错误导致了这样的后果?

(二)一个成功的例子

世界上有6个迪士尼乐园,经营最成功、生意最好的是日本东京迪士尼。美国加州迪士尼营业了25年,有2亿人次参观;东京迪士尼最高纪录一年可以达到1 700万人次参观。在迪士尼管理者看来,员工培训必不可少,而且他们的培训重点是扫地员工,因为游客来迪士尼最有可能遇到的工作人员就是扫地员工。即使有些扫地员工是暑假工作的学生,他们只在这里工作两个月时间,但是迪士尼也要用2天时间培训他们。

第一天上午学习如何扫地。扫地有三种扫把:一种是用来扒树叶的;一种是用来刮纸屑的;一种是用来掸灰尘的。这三种扫把的形状不一样。怎样扫树叶不会让树叶飞起来?怎样刮纸屑能把纸屑刮干净?怎样掸灰才不会让灰尘飘起来?这些看似简单的动作都需要严格培训。而且扫地时还另有规定:开门时、关门时、中午吃饭时、距离客人15米以内等情况下都不能扫。

第一天下午学照相。十几台不同品牌的,世界最先进的数码相机摆在一起,每种都要学,因为客人会让员工帮忙照相,他们可能会带世界上最新的照相机来这里度蜜月、旅行,如果员工不会照相,不知道这是什么东西,就不能照顾好顾客。

第二天上午学习如何抱孩子和换尿布。孩子的妈妈可能会叫员工帮忙抱一下小孩,如果员工不会抱小孩,动作不规范,不但不能给顾客帮忙,反而会增添顾客的麻烦。员工不但要会抱小孩,还要会替小孩换尿布,给小孩换尿布时要注意方向和姿势,这些都要认真培训,严格规范。

第二天下午学辨识方向。有人要上洗手间,“右前方,约50米,第三号景点东,那个红色的房子”;有人要喝可乐,“左前方,约150米,第七号景点东,那个灰色的房子”;有人要买邮票,“前面约20米,第十一号景点,那个蓝条相间的房子”……顾客会问各种各样的问题,所以每一名员工要把整个迪士尼的地图熟记在脑中,对迪士尼的每一个方向和位置都要非常明确。

你觉得迪士尼乐园的员工培训有什么特色吗?

二、把握培训中的个体心理特点

事实上,培训是否能够顺利进行,取得预期成效,在培训设计时就已决定,其中,最突出的一个心理问题在于是否可以有效激发员工的学习动机。学习动机的激发是指在一定教学情境下,利用一定的诱因,使已形成的学习需要由潜在状态变为活动状态,形成学习的积极性。成人的学习活动有其自己的独特规律,为更好地培养和激发成人学习动机,实践中必须探求成人学习需要,激起成人的学习期待;培养成人正确的学习态度,为其创造良好的学习环境;不断提供多样化的教育服务;设计难度适当的、持续的学习任务;及时向成人学员反馈学习结果;必须注重成人经验对学习的影响,使他们在实践中学以致用。根据学习理论至少可以从以下几个方面入手。

(一)探求学习需要,强化学习目的性

学习动机和学习效果之间有着相互制约的关系,而成人都是从实际工作中来的,参加培训的重要动力就是解决实际问题,如果培训师能够使培训对象意识到自己会在工作中遇到培训师讲述的问题,培训对象就能更清醒地认识到学习的价值,从而极大激发学习动机。吴芳应经理要求让客户支持部、市场及产品开发人员参加有关销售技巧的培训,培训课程和培训对象文不对题,这就使培训对象产生抵触

的消极情绪;相反,迪士尼扫地员工培训内容目的性极强,员工能够明确了解这些培训内容和以后工作内容之间的关系,要想成为一个合格员工,他就不会不认真学习。

(二)维护内部学习动机,培养正确的学习态度

心理学实验证明,表扬、鼓励和信任,往往能激发一个人的自尊心和上进心,但奖励的原则应是精神奖励重于物质奖励,否则易造成“为钱而工作”的心态。同时,奖励要抓住时机,掌握分寸,不断升华。管理者如果希望自己的员工积极参加培训,在给予恰当物质奖励的同时,还必须让员工产生足够的内部动机,如自我提高动机。如果一个员工勤奋、上进,是因为喜欢这份工作,喜欢这家公司,而不只是简单地因为工资而工作,员工的自我价值自然会高。处于管理岗位的人会发现,奖励的刺激会在某种程度上促使员工保持高涨的热情,对生活困难的个体尤其如此。但是如果在很长一段时间里保持奖励不变,就会使奖励成为工作的必要条件,一旦失去外在奖励或者奖励无法满足其需要时,结果甚至还不如从前。因此,培训乃至任何管理行为不仅是一种策略,更是一种艺术,它应包括精神上的沐浴,而不是单纯的物质刺激,要想使一个人持续不断地努力,应该激发其内在的动力,而不能只靠外在奖励。吴芳在没有主动激发员工培训内部动机的前提下,盲目使用奖惩,将培训人员的培训与经济利益挂钩,使得员工原本就不强烈的内部动机完全被外部奖惩湮没,是不理智的。

(三)借助或者回避团体影响,创造良好的学习环境

在不能确定团体意图和组织意图是否一致的时候,一定要慎重考虑团体意志对组织意志的干扰。吴芳组织培训的失败还在于,她来公司只有3个月时间,还不足以使她能够对该团队的以往培训经历、培训内容要求、培训方法喜好做出全面的把握。如果相当比例的培训者不愿意积极投入培训活动中,就会形成一种消极的团队氛围和责任分散,导致培训无法正常开展。

☞ 专栏7-8 责任分散

法国农业工程师格林曼(Greenman)设计了一项拉绳实验:把被试者分成一人组、二人组、三人组和八人组,要求各组用尽全力拉绳,同时用灵敏的测力器分别测量其拉力。结果发现:二人组的拉力只是单独拉绳时二人拉力总和的95%;三人组的拉力只是单独拉绳时三人拉力总和的85%;八人组的拉力则降到单独拉绳时八人拉力总和的49%。“拉绳实验”中出现1+1<2的情况与“一个和尚挑水喝,两个和尚抬水喝,三个和尚没水喝”的现象一致。

心理学家用“责任分散”解释上述现象:如果是一个人完成任务,个体责无旁贷;如

果有两个人或更多的人，这种责任就会自动地分散到每个人头上，个体自身体验到的责任压力会减弱到极小的程度，努力似乎对于每一个人来说都成了别人的事。

换一种情形，当一个人单独进行选择时，他必须担当起所有的责任，特别是当他的选择还关系到别人利益的时候，他会特别慎重，从而做出更为保守的选择。但当大家组成一个小组，集体做出决定时，责任就被扩散了，即大家都有这样的思想：如果出了问题，责任是大家的，不是我一个人的。因此，由集体出面做出选择往往更为冒险，这是值得我们提高警惕的。

（四）实施多样化教学方法，强化沟通效果

虽然实例没有充分讲述吴芳请来的培训师采取了什么样的教学方法，但如果只是在培训开始的时候介入一些热身活动，那么可以断定员工不太可能因此对培训保持长时间的兴趣。补充性的外部动机（如物质奖罚措施）和欢乐驱动的内部动机（以热闹吸引注意力）都不足以维持员工的学习坚持性。无论是多么让人喜欢的活动，只要想坚持下去，就一定会有疲倦和乏味掺杂其中，真正能够保持员工兴趣的只能是培训内容本身的价值所在。因此，培训首先要做的是内容的科学与实效，并在此基础上关注培训形式。

☞ **专栏 7-9　人的思维特点**

人的思维依据抽象水平的高低可以分为动作思维、具体形象思维和抽象逻辑思维。因为个体思维的发展一般是从动作到具体再到抽象，所以很多人会误认为动作思维、具体思维水平低于抽象逻辑思维。但事实上无论是动作思维（例如，通过肢体动作表达内心情感的舞蹈演员）、具体形象思维（例如，通过栩栩如生的雕塑、意境深远的水墨画表达思想的艺术家），还是抽象逻辑思维（例如，利用符号系统和语言表达严密推理的数学家）都能达到一个很高的水平。一方面，我们不能因为个人偏好某种思维形式就厚此薄彼；另一方面，我们也应该意识到不同个体的主导思维形式可能不同，培训的形式应该考虑这样的问题。

尽管思维的个体差异明显，但依据年龄我们还是可以找到一些思维规律：有人说"80 后""90 后"是"被电视抱大的孩子"，事实证明，年轻人确实在思考问题时越来越依赖于形象呈现；而"60 后""70 后"更倾向于利用文字符号和语言系统，理性的推理可能是他们更接纳的培训方式。

三、客观评价培训效果

评估培训效果，一般是分层级进行的。应用最广泛的是唐纳德·柯克帕特里克(Donald Kirkpatrick)的四层培训评估模型:第一级关注学员反应层面,指学员对培训内容和过程的反应和感受,用于回答"参加者觉得这堂课怎么样,会向其他人推荐这门课吗?";第二级关注学员的学习效果,确定学员在培训结束时,是否在知识、技能和态度等方面得到了提高,用于回答"参加者学到东西了吗?";第三级关注学员的行为改变,确定培训参加者在多大程度上通过培训而在工作中发生了行为改变;第四级关注培训结果,从部门和组织的范围,了解培训为组织带来的改变,用于回答"培训为企业带来了什么影响"。这四个层次的评估,实施从易到难,费用从低到高。一般最常用的方法是第一级的评估,而最有价值的数据是第四级。

(一)反应层面

反应层面的主要评估方法有问卷、面谈、座谈和电话调查等。具体衡量的尺度一般为5级或者7级。为了明确了解学员的倾向性,也可以采取6级评分。

这个层面评估的优点是简便易行,是最基本、最普遍的评估方式。缺点是不够客观,例如,对老师有好感而给课程全部高分,或者因为对某个因素不满而全盘否定课程。

实施时的基本建议是:①与历史数据或其他公司数据比较;②对于大公司而言,在全面铺开某个课程之前先试讲,结合使用问卷、面谈和座谈等方式;③推进不同主题课程时,要及时反馈,如马上填问卷等。

(二)学习层面

学习层面主要的评估方法有考试、演示、讲演、讨论和角色扮演等。

这个层面评估的优点是对培训学员有压力,使他们更认真地学习;对培训师也是一种压力,使他们更负责、更精心地准备课程和讲课;学习是行为改善的第一步。缺点是压力很可能促使学员回避,导致报名不够踊跃。再者,这些测试方法的可靠度和有效性有多大?测试方法的难度是否合适?这些评估方法并不一定是工作行为转变的最好参考指标。

实施时的基本建议是:慎重选择合适的评估方式。例如,对那些基于知识的培训(包括技能培训)采用考试方式;如果采用演示、讲演、讨论和角色扮演等方式,应事先让学员知道规则、时间及考核者。

(三)行为层面

行为层面的评估方法主要有观察、主管评价、客户的评价和同事的评价等。

这个层面评估的优点是:评估目标和培训目的直接吻合,可以直接反映课程的效果;由于可以使高层领导和直接主管看到培训效果,促使他们更支持培训。缺点是不经济,评估占用相关人员较多时间和精力;实施过程不受欢迎;问卷设计和结果的解释难度较大。

实施时的基本建议是:①选择适合行为考察的课程,如公司行为、时间管理等。

②注意选择合适的评价时间。间隔时间太短,学员可能还未熟练掌握,难以反映培训的长期效果;间隔时间太长,影响因素增加,难以对培训效果进行有效评价。③争取主管配合,要让主管了解培训对公司的意义并深入沟通评估目的和方法。

(四)结果层面

结果层面的测量指标主要有质量、数量、安全、销售额、成本、利润和投资回报率等。

这种评估方式的优点显而易见,企业及企业高层主管在培训上投资的根本目的就是为了提高这些指标。如果能在这个层面上拿出翔实的、令人信服的调查数据,不但可以打消高层主管投资于培训的疑虑,而且可以指导培训课程计划,将有限的培训费用投入最可能为企业创造经济效益的课程中。但这一评估效果往往很难做到,原因如下:①这个层面的评估首先需要时间,在短期内很难有结果;②对这个层面的评估缺乏必要的技术和经验;③必须取得管理层的合作,否则无法获取相关的数据;④数据结果的影响因素难以抽离,很难分辨哪些指标的变化与评估课程有关,在多大程度上有关。

实施中的基本建议是:安排参照组(其他条件相同,只是未参加该培训课程)对照评价。

总之,测量与评价是培训工作的一个重要环节,必须有精确的方法用以测量学员的培训效果(短期效果和长期效果),并查明这些结果是否和培训目标相符。事实上,评估在培训程序的开始阶段、中间阶段和结束阶段都是重要的,因此,培训的评估往往需要持续地、系统地搜集大量资料。

☞ 专栏 7-10 罗西与亨利著名的反馈效应心理实验

实验目的:不同的反馈方式会影响学习效果吗?

自变量:学习结果的反馈方式。

将被试随机划分到三个实验组,各自包含一种反馈方式(第一组,每天告诉学习结果;第二组,每周告诉一次学习结果;第三组,一次也不告诉)。

因变量:小组学习成绩。

实验过程:依据上述分组情况进行 8 周教学。然后,将第一组与第三组对调,第二组不变,再进行 8 周教学。

实验结果:第二组学习成绩稳步前进;第一组与第三组的情况在反馈方式变化上发生逆转,即第一组的学习成绩逐步下降,而第三组的学习成绩突然上升。

结果说明:及时知道自己的学习成果对学习有非常重要的促进作用,并且即时反馈比延时反馈效果更好。

本章小结

1. 学习是指人和动物在生活中通过实践或训练而获得,由经验而引起的比较持久的心理和行为变化的过程。不仅人类有学习,动物也有学习,学习是人和动物最重要的一种活动。学习的发生是由经验引起的,学习是个体适应环境的手段,学习使个体行为或能力发生相对持久的变化。

2. 经典条件反射理论是指一个刺激和另一个带有奖赏或惩罚的无条件刺激多次联结,可使个体学会在单独呈现该刺激时,也能引发类似无条件反射的反应条件。华生提出,有机体的学习就是通过经典条件反射的建立,形成刺激与反应之间联结的过程。

3. 操作性条件反射是指在某种情境中,由于个体的自发的反应产生的结果而导致反应强度的增加,并最终与某一刺激间建立起新的联系的过程。强化是形成操作性条件反射的关键。

4. 班杜拉交互决定理论的基本内容是:人类不只是由外部事件塑造的有反应性的机体,也是自我组织的、积极进取的、自我调节和自我反省的;人的行为、认知以及环境三者之间构成的关系是动态交互制约的关系,三者之间任意两个因素双向互动关系的强度和模式都不是固定不变的,而是随着行为、个体、环境的改变而发生变化,且相互制约的。

5. 认知学习理论认为,个体的心理结构和认知结构在学习活动中具有重要作用,教学中一定要注意环境信息与认知结构的契合与一致。

6. 人本主义学派认为,学习是学习者获得知识、技能和发展智力,探索价值观、态度和潜能,并最终达到自我实现的过程。学习的基本原则是尊重学习者,教师是学习的促进者、鼓励者、指导者。

7. 建构主义学派认为,学习是在一定的情境中,借助其他人帮助而实现意义建构的过程;其中情境、协作、会话和意义建构是学习环境中的四大要素。

8. 培训要把握培训个体的心理特点,探求学习需求,强化学习目的性;维护内部学习动机,培养正确的学习态度;借助或者回避团体影响,创造良好的学习环境;实施多样化教学方法,强化沟通效果。

思考题

1. 说明学习的含义以及学习的特点。
2. 简述加涅与奥苏伯尔对学习的分类。
3. 简述认知学习理论的基本内容。

4. 简述建构主义学习理论的基本内容。
5. 论述学习理论与员工培训的关系。
6. 结合培训案例分析如何客观评价培训效果。

案例

松下电器:自我开发训练

有人说,松下电器之所以能屹立于世界企业之巅达半个世纪之久,其根本原因得益于它对员工的教育训练。

松下电器公司除了在职教育训练员工外,更为经常的是让员工自我开发训练。自我开发训练是企业人员自我主动地通过一些方式提高自身素质,包括道德品格、知识技能、身体素质等在内的整体素质的训练活动。它是人们取得知识的一个重要途径。简单而言,自我训练就是企业人员针对自己的实际情况,为获得自身的发展,自主做出学习决定的过程。一般地,松下的自我开发训练有三种:以个性为基础的无意识自我开发,如以父母、师长为榜样的自我开发;为了解自己的缺点、弥补不足而进行有意识的自我开发;为了完成较高层次的目标、自行选定必要的开发课题所依据目标的自我开发。

松下公司在员工的这些计划中总结了一套可行的自我开发方法予以推广,这些方法是:以研究的态度进行工作的方法,依据经验的自我启发方法,参观、调查、利用企业组织环境的方法,利用企业制度的方法,利用企业人事环境的方法,利用公司各种机构的方法。

在松下公司中,自我开发会得到上司的指导和关心。公司中的管理人员在日常业务之外,和员工一起谈论一般的社会问题。对于员工的任何意见,做到不生气,一直说到他们完全明白为止,有过错就督促他们改进。管理人员还会时常关心员工的进步状况,不与工作脱节,在工作中彻底信赖员工的能力,但绝不妥协。

松下公司还实行一些相关的制度来保证员工的自我开发。例如,公司实施的轮读制,每月两次在研究室内召开"杂志会",管理人员会将每天发生的事情迅速传达给员工,公司内部要求设立互相交换意见的地方。

公司要求管理人员能够做到大规模的权限委让,时常与员工讨论试验结果,并指示工作重点。同时,还要把自己读过的书介绍给员工,介绍适当的文献和专门书籍,给员工适当的刺激,把全部精力集中在目前的工作上,指出员工日常工作中的缺点,使其设法改善。为培养基础能力,鼓励员工进夜间短期大学进行培训。

资料来源:胡欣,袁秋菊. 培训与开发[M]. 重庆:重庆大学出版社, 2017.

案例讨论:

1. 请对松下公司培训管理方面的经验进行分析。

2. 松下公司针对培训运用了哪些学习理论?

拓展资料

莫雷.教育心理学[M].北京:教育科学出版社,2007.

班杜拉.思想和行动的社会基础:社会认知论[M].林颖,王小明,等译.上海:华东师范大学出版社,2001.

施良方.学习论:学习心理学的理论与原理[M].北京:人民教育出版社,1996.

鲁森斯.组织行为学[M].王垒,姚翔,等译.北京:人民邮电出版社,2009.

罗宾斯.组织行为学[M].李原,孙健敏,译.北京:中国人民大学出版社,2005.

廖策权,梁俊.教育心理学[M].长春:东北师范大学出版社,2018.

左银舫,洪明,董一英.教育心理学[M].武汉:华中科技大学出版社,2015.

黄大庆.教育心理学[M].北京:首都经济贸易大学出版社,2019.

第八章

领　导

★ 本章需要掌握的内容 ★

1. 领导的内涵
2. 领导的功能及其实现
3. 领导有效性理论:特质论、行为论、权变论的主要内容
4. 魅力型、变革型/交易型、真实型、伦理型、愿景型领导以及跨文化领导的内涵

影响组织和企业兴衰的关键因素是人,只要人的工作积极性和工作潜力被激发,一个组织就能蒸蒸日上。对于任何一个组织,无论是学校、企业,还是政府机关,领导的作用至关重要。组织的高效运行在很大程度上取决于领导能否很好地发挥激励的作用,不同的领导行为对人的心理有不同影响,引发人的不同行为表现。因此,对于领导的研究已成为人力资源管理心理学中的重要课题。

第一节　领导概述

领导是管理工作的重要组成部分,在组织运行中无处不在。领导者身负重任,其思想观念、心理素质、能力水平等不仅影响个人的工作成效,更通过领导行为影响下属和群体作用的发挥,进而影响整个组织的行为和绩效。

一、什么是领导

（一）领导的概念

什么是领导？管理心理学家从不同角度提出了很多看法："领导是对一个组织起来的群体为确立目标和实现目标所施加影响的过程"；"领导是影响人们自动为完成群体目标而努力的一种行为"；"领导是指挥群体在相互作用的活动中解决共同问题的过程"；"领导是影响人们使之跟随着去完成某一共同目标，是一门促使其部属满怀信心和热情地完成任务的艺术"；"领导是在某种情况下，经过意见交流过程所实现出来的一种为了达成某种目标的影响力"。

简而言之，领导就是引导和影响个人或组织在一定条件下实现目标的行动过程。领导角色理论认为，领导实质上是一个角色行为实施的过程。要提高群体的工作效率，领导必须扮演两种角色：一是技术专家角色，需要精通业务，能够专门负责解决各种专业技术问题；二是情绪专家角色，负责保持群体正常的心理气氛，解决工作中出现的人际关系问题。只有这两种角色相结合，才能真正达到提高工作效率的目的。

（二）领导的特征

领导者是领导过程中的指导者、指挥者和组织者，能够推动和影响一批人，并通过这批人完成组织目标。这使得领导的特殊性在于，它本身是一种"投入"，"产出"的却是他人的行为。

虽然领导者是领导行为的主体，但领导者对被领导者的作用却是双向的、动态的。在这个过程中，领导者不仅要激励、领导和影响被领导者，也要接收来自被领导者的信息，修正、调整自己的行为。因为人的心态、感受和能力会不断变化，所以领导者与被领导者之间的关系也会不断发生变化。而且事实上，领导过程也是领导者、被领导者和环境相互作用的过程。因此，领导效率的高低和领导工作的成败并非完全取决于领导者本身，还取决于被领导者和环境。也就是说，领导效率是领导者、被领导者和环境相互作用的结果，用公式表示如下：

$$领导效能=f(领导者\times被领导者\times环境)$$

☞ 专栏 8-1 领导与管理是同义语吗？

领导是管理的一个方面，是管理活动的一部分，除了领导，管理还包括计划、组织和控制等内容。领导者不一定是管理者，管理者也不一定是领导者。

领导从根本上讲是一种影响力，是一种追随关系。一个人之所以成为领导者，是因为他能满足人们的需要，被人们追随。因此，领导者既存在于组织中，也存在于一定的群体中;既存在于正式组织中,也存在于非正式组织中。

管理者是组织中有一定职位并负有责任的人,只存在于正式组织中。有的管理者可以利用职权迫使人们从事某项工作,但不能影响他人去工作,他并不是领导者。有的人虽然没有正式职权,却能凭借个人魅力去影响他人,在某种程度上发挥着领导的作用。

为了使组织更有效,不仅要让领导者从事管理工作,更应该把管理者培养成好的领导者。

二、领导的功能及其实现

(一)领导的功能

领导的功能主要通过领导者所从事的活动内容和所承担的职责体现。国内外学者对领导功能的观点尚不一致,但基本功能概括起来应有两个方面:①组织功能。实现组织目标是领导的最终目的,围绕这个目的,领导者必须充分利用各种条件,制定组织目标并做出决策;要合理地使用人力、物力和财力,做到人尽其才、物尽其用,保证组织目标的实现;要建立科学的管理系统,提高管理的科学性。②激励功能。一个领导者能否激发和调动职工的工作积极性,是考核的主要指标之一。在组织中,即使目标再好、组织再合理、管理再科学,如果领导者不能很好地发挥自己的激励功能,也难以实现组织目标。

一个优秀的领导必须同时发挥组织功能与激励功能,才能把被领导者的积极性引导到完成组织目标的轨道上来。

(二)领导功能的实现

实现领导功能的关键在于领导者的影响力。所谓影响力是指一个人在与他人交往中,影响或改变他人心理与行为的能力,即被领导者对领导者命令、劝告及建议的反应。正是依靠影响力,领导者在组织或群体中实施领导行为,把人吸引到自己的周围,获取成员信任,使成员心甘情愿地追随自己。从这个角度讲,与其说领导是一种能力、一个过程,不如说它是一门艺术。越是高层次的领导行为,其中的复杂性和不确定性就越多,艺术的成分也就越大。

1. 影响力的构成。一般来说,领导者的影响力可以分为强制性影响力和自然性影响力两种(如图 8-1)。

(1)强制性影响力。强制性影响力建立在强制权、奖赏权、合法权与亲和权的基础上,又称为权力性影响力,一般情况下只有居于领导地位的人才有。它主要由以下三种因素构成:①传统因素。数千年的等级社会,使人们形成了一种观念,认为领导者不同于普通人,并逐渐形成一种社会规范,使得被领导者在传统观念上对领导者有一种自然服从。但是随着传统社会逐渐被现代社会所代替,这种由传统附加给领导的影响力将逐渐减弱。因此,传统因素是一种只可借用、不能依赖的力量。②职位因素。领导者的职位越高,权力越大,下属对其敬畏感越强,影响力亦越强,而这种力量往往同领导者的人格没有直接关系。个人一旦失去了领导职位,这种影响力也就随之消失。③资历因素。资历是领导者的历史状况(即资格和经历),人们对资历较深的领导者会产生一种敬重感,其言行容易使下属从心理上信服。但是资历只可说明过去,不能证明现实。因此它也是只可借用、不能依赖的力量。总的来说,强制性影响力带有强迫性和不可抗拒性,多以外推力的形式发挥作用。在它的作用下,被领导者的心理和行为主要表现为被动和服从,所以,它对人的激励作用有限。

- 领导者影响力
  - 强制性影响力(核心是权力)
    - 传统因素(服从感)
    - 职位因素(敬畏感)
    - 资历因素(敬重感)
  - 自然性影响力(核心是领导者的素质和行为)
    - 人格因素(敬爱感)
    - 才能因素(敬佩感)
    - 情感因素(亲切感)

图 8-1　领导者的影响力构成

(2)自然性影响力。自然性影响力建立在个人专长和品质基础之上,又称为非权力性影响力。它的形成更多地由领导者个人素质决定,如人格、才能、知识和情感等因素:①人格因素。人格因素主要指领导者的道德品质、作风等,优秀的品格会给领导者带来对下属的巨大感召力。②才能因素。领导者的才干、能力是构成其影响力的主要因素。一个才能卓越的领导者不仅能帮助组织有效地达到目标,还会增强员工的信心,使下属产生敬佩感,从而自觉接受领导者的领导。③情感因素。情感是人对外界事物的心理反应,是人对某一对象所持有的态度体验。人与人建立良好的情感便能产生亲切感,有亲切感的人与人之间,相互的影响力比较大。领导者如果平时对人和蔼可亲,关心体贴下属,那么下属更会发自内心地服从与接受。自然性影响力表面上没有明显的约束力,但实际上不仅确实具有影响力的性质,而且常常能发挥权力性影响力所不能发挥的作用。

☞ 专栏 8-2　影响力总是必要的吗

虽然我们一直在强调影响力,但它并非总是很重要。在许多情况下,领导行为与事件无关,某些个体工作或组织的变化成了影响力的替代品,使其对员工工作态度和工作效率的影响（无论是正面还是负面）失效。如员工的性格、特征、经历、训练、职业定位或独立的要求等都能抵消影响力的作用。

即便是有领袖气质的领导者，也未必如公众和媒体所想的那样包治百病。他们或许能将组织拉出泥潭，但当危机平息，恢复原状后，他们可能会表现不佳。那种强有力的自信行为在危机中恰到好处，而在平常状态中则是不利因素。具有领袖气质的管理者通常自以为是、专制，而这些行为都会使真正对组织有益的人远离，并将组织引入危险的道路。

天生做事干脆利落、斩钉截铁的员工和天生容易满足的员工几乎不需要领导者。而组织的一些特点，诸如目标明确、纪律严明、精诚团结等也会在一定意义上起到影响力的作用。

虽然影响力仅仅是解释组织行为过程的一个独立变量，但在某些情况下它对于员工的生产力、缺勤、跳槽和工作满意度等现象的影响作用很大。

2. 影响力的基础。社会心理学研究表明，被领导者是否服从领导者与传统因素、盲从因素、理智因素和信从因素有关，图 8-2 很好地说明了这个问题。

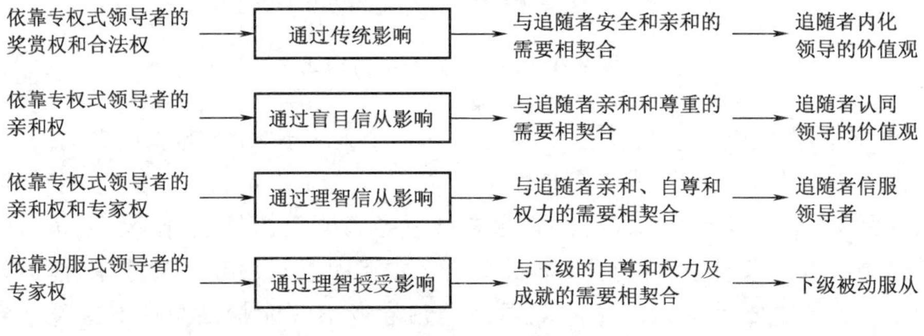

图 8-2　影响力的社会心理基础

3. 影响力与权力。如前所述，影响力是影响一个群体实现目标的能力，它可以来源于组织等正式渠道，也可以来源于个体魅力等非正式渠道。个体在影响力作用下可以改变自己的行为，也可以不改变自己的行为，拥有一定的自主性。权力则指一个人影响另一个人的能力，它可以使个体做一些在其他情况下不可能做的事情，强制性特点表现得更为突出。

此外，两者在目标的相容性、研究重点等方面也有很大差别。权力不要求构成权力关系的双方具有共同的目标，只需要双方存在依赖性关系；而影响力则要求领导者和被领导者双方目标具有相当的一致性。影响力的研究大多关注领导方式和风格；而权力的研究则更关注赢得服从的手段，实施者也不局限于个人。

☞ 专栏 8-3　领导者提高影响力的手段

领导者影响力的重要基础是权力，但有了权力仅仅是有效领导的开始，权力要配合多种有效的影响手段才能发挥作用。这些有效的手段主要指：

以身作则（leading by example），即领导者或管理者的言行一致，能够相互印证。这是一种非常简单而有效的手段。

直截了当（assertiveness），这种做法要求领导者直接对员工提出要求，详细具体地告诉对方你希望他做的事情，并且表达与其相关的感受。另外，经常检查下属工作也是直截了当的一种表达方式。

逢迎讨好（ingratiation），指通过礼貌的行为获取他人对自己的喜爱，有两种具体的讨好下属的行为：以友好的方式提出工作要求；在提出工作要求前表扬相关员工。一个优秀的领导者不应过于依赖这种影响手段。

理性（rationality），指诉诸道理和逻辑的倾向，即用理性影响他人，如让下属明白完成某项工作的道理等，这也是领导者经常使用的一种影响手段。

利益交换（exchange），指通过互惠互利影响他人，一般来说，缺乏足够职位权力和个人权力的领导者使用此手段较多。

寻找上级的援助（upward appeal），即向比自己职位高的人求援，这是间接利用权力人物施加影响的方法。如果经常使用，领导者的形象会受损，而且这样做也会降低一个领导者的权威性。

咨询（consultation），即在决策前向他人征求意见。这是一种标准的领导者影响手段。被咨询者因此会更好地服从领导者，因为他参与了决策过程。当员工的目标和领导者的目标一致时，这种影响手段效果最佳。

玩笑（joking and kidding），善意的玩笑往往能有效地影响他人。多数情况下，人们不会在意玩笑中的冒犯。当直截了当说明问题会被误解为压力或批评的时候，玩笑往往具有意想不到的效果。

第二节　领导有效性的理论

在一个组织中，只有有效的领导才具有激励作用，无效的领导不仅没有激励作用，反而会降低领导威信，甚至会影响组织效率。一般来说，有效的领导是区分成功组织和非成功组织的重要因素，行为科学家认为，领导者是所有组织中最基本、最重要的资源。关于领导有效性的研究很多,这里着重从研究内容和发展趋势角度介绍特质理论、行为理论和权变理论。

一、领导特质理论

如果能找到某一类领导,能够提高组织绩效,那么就可以通过教育、培训等方法,来塑造领导者,进而更有效地利用资源,提高组织的管理水平。研究者通过大量的观察、记录那些成功的组织,分析成功组织的领导者有什么样的特征,并且归纳总结出共性。由于这一理论的研究者力图从领导者本人所具备的特质找出有效领导的特征,因此,形成的相应研究成果被统称为特质理论,也称特征理论,这是关于领导有效性最早的研究。根据研究者解释的不同,可以把这类理论分为传统特质理论和现代特质理论。

(一)传统特质理论

传统特质理论认为,领导者具有某种固有的特质,这些特质是天生的。如果一个人生来没有当领导的天赋,那么他永远也当不上领导。为了发现领导者的"天赋",研究者从身高、体重、外貌、精力、智力、目的意识、敏感、热情、友好、综合力、道德、专长、决断、坚持、忍耐和勇敢等角度进行深入研究,得出了不同的结论。

在塞西尔·吉布(Cecil Gibb)看来,天才领导者必须具备 7 个特征,即善言词、外表英俊潇洒、智力过人、具有自信心、心理健康、有支配他人的趋向、外向而敏感。拉尔夫·斯托格蒂尔(Ralph Stogdill)则认为,领导者在良心、可靠、勇敢、责任心强、有胆略、力求革新与进步、直率、自信、有理想、有良好的人际关系、风度优雅、愉快胜任工作、身体健康、智力过人、有组织力和有判断力等共 16 项品质上与普通人差异显著。另外一个影响比较深远的观点来自埃德温·吉塞利(Edwin Ghiselli),他认为一个人是否能成为有效的领导者,取决于他是否具有 8 种个性特征(才智、主动性、督察能力、自信心、亲近感、决断力、性别和成熟度)和 5 种激励特征(对工作稳定性的需要、对金钱奖金的需要、对指挥别人权力的需要、对自我实现的需要和对成就职业的需要)。

此外,传统特质理论还总结出有效领导者具有较高的体型、更高的智力、富于自信、喜爱结交、有效的沟通等多项特质。但由于这样的结论与实际出入较大,很快就被学术界摒弃了。

(二)现代特质理论

现代特质理论认为,领导是一种动态过程。领导者的特质是在实践中形成的,可以通过训练和培养造就。为了满足实际工作的需要,选择领导者要有明确标准,培训领导者要有具体方向,考核领导者要有严格指标。当然,背景不同、国情不同,对合格领导者的要求也不尽相同。例如,日本企业界往往要求领导者具备使命感、责任感、信赖感、积极性、忠诚老实、进取心、忍耐性、公平、热情和勇气等特质；而苏联的学者则认为，企业和组织的领导应该是政治成熟、业务精通、道德优良、组织领导能力优秀、工作得力、富有创造精神、能联系群众、能适应现代化要求、精力旺盛和有实际工作成就。

☞ 专栏 8-4 马云：5 项人格特质让 80%的年轻人创业都能成功

如果我马云能够创业成功，那么我相信中国 80%的年轻人都能创业成功。

——马云

马云对年轻人说："我是个很笨的人：算，算不过人家；说，说不过人家。但是我成功了。我想，如果连我都能够创业成功，那我相信 80%的年轻人创业都能成功。"根据自己的创业经历和亲身体会，马云提出了创业者必备的五大素质：自信、勤勉、执着、试错和毅力。

1. 自信

美国《华尔街杂志》在一篇有关企业家的文章中得出结论："成功的企业家都具有能感染他人的强烈自信。"

1995 年，30 岁的马云在西雅图第一次接触到互联网，由此产生了将中国的企业资料放到网页上，向全世界宣传的最初想法。尔后，马云毅然放弃在学校工作的光明前途而投身于未知的互联网行业，家人、朋友、学生都不理解他，但马云心里明白，他相信自己看好的事情。后来，马云在创建阿里巴巴的时候，提出了为 80%的中小企业服务的独特的 B2B 商业模式。这种"疯子设想"在最开始的几年，一直不被人们所看好，而马云毫不在意。

在 eBay 与易趣强强联合，占领中国 80%以上的 C2C 市场份额的时候，马云却宣布进军 C2C 领域，打造淘宝网。这种"蚂蚁"挑战"大象"的行为，让人们再一次认为马云"疯了"。但马云不在乎，他只相信自己的感觉。

当初未知的互联网如今改变了社会的方方面面。不被大家看好的 B2B 模式使阿里巴巴成为中国互联网上第一个盈利的企业；淘宝只用了不到两年时间，就打败了强大的竞争对手 eBay——易趣。马云用事实证明了自己当初选择的正确，用实实在在的成绩使投资商心服口服。

回顾以往的经历，马云认为一定要坚信自己是正确的。他说："我坚信互联网会影响中国、改变中国，我坚信中国可以发展电子商务。我不在乎别人怎么看我，我在乎自己怎么看这个世界。如果别人都认同你了，那还轮得到你吗？你一定要坚信自己在做什么。"

2. 勤勉

搜狐公司董事局主席兼首席执行官张朝阳曾说："自己创业以来，如履薄冰，战战战兢兢，不敢有丝毫松懈。”马云对此也深有同感。逆水行舟，不进则退，注定了创业者们只能是最为劳心劳力、孜孜以求的一个群体。即便挫折重重，依然需要不屈不挠。

有一位创业者曾说：“我们是一群强烈地想改变自己命运的人，东奔西走，殚精竭虑；同时，我们又强烈地想改变他人命运。所以，我们永远都在路上，永远都不知疲倦地向着目标前进。”

3. 执着

3721 搜索引擎的创办者周鸿祎认为，当你创办了一个中小企业，当你梦想着 5 年到 8 年的时间，去创造那些在传统行业、在过去各种条件都没有现在好的条件下，企业家需要用 20 年才能创造出来的财富、才能达到的高度时，你有没有这样一个思想和准备——你要在 5 年时间里，把他们 20 年受到的苦难和挫折都承受了？如果你对这个答案有准备，那就去创业吧！

4. 试错

马云说：“我们必须承认我们所面对的是一项全新的事业，没有经验可以借鉴和拷贝。实验室里大部分的试验是失败和错误的，做试验都是做前人所没有做的事，相信到实验室里的人想的也是如何把事情做好。互联网产业也一样，发展的过程就是试错的过程，这是我们无法回避也是必须经受的考验。面对互联网这个史无前例的产业，试错是唯一的发展之路。”同样的道理，创业大多都没有先例，因此一切都要摸索试验，否则就寸步难行。

在艰难之时解救阿里巴巴的是两个产品：中国供应商和诚信通，而这都是试错的结果。当时阿里巴巴没有盈利模式，能否盈利却是决定其生死的关键。但盈利模式和产品的寻找是个非常艰难、痛苦的试错过程。在试错过程中，阿里巴巴曾经开发了 6 种产品，收效甚微，但是马云依然没有放弃。经过反复试错，阿里巴巴终于在 2000 年 10 月找到既符合公司发展方向又能产生盈利的两个主打产品——中国供应商和诚信通。可以说，阿里巴巴艰难的试错过程，也是马云应变之道的实践过程。其实试错就是应变。互联网产业在不断变化，市场在不断变化。要想成功，就必须在变化中试错，在试错中应变。

5. 毅力

面对困境，中小型企业应该如何生存，马云的回答是“靠毅力取得最大的成功”。第一相信你能存活，第二你要相信有坚强的存活毅力。阿里巴巴跟任何中小企业一样，在 1999 年、2000 年、2001 年也曾面临发不出工资的困境。当时他们没有什么收入，但要活下去，马云告诉自己和他的员工们，就是半跪着也要坚持，坚持到底就是胜利，让自己做最后一个倒下的人。

人贵在坚持，在困难和挫折面前，坚持需要意志，需要毅力。许多人在开创自己的事业时，都跌倒在失败的深渊，从此一蹶不振。马云深信，每次打击，只要你扛过来了，就会变得更加坚强。而当你的抗打击能力强了，真正的信心也就有了。正是基于这样的理解，马云对毅力的理解也就显得与众不同。

马云说：所谓的毅力就是，你不要寄希望于自己成功，这个可能跟大家的想法都不一样，我觉得对我来讲从第一天创业到现在为止，我经常提醒自己这句话，就是我创业是为了经历，而不是为了结果。人的结果都是差不多的，都要去一个地方，就是火葬场。

资料来源：改编自成杰. 永不放弃：马云给创业者的25堂课[M]. 北京：中国华侨出版社，2011.

研究表明，特质理论在解释领导行为时暴露出一些问题。首先，领导特性包罗万象，说法不一，甚至互相有矛盾。例如，从沟通的角度看，领导者应该是热情的，但是从决策的角度说，领导者又需要冷静沉稳。其次，相关研究多是描述性的，并没有说明哪些特质是领导者必须具备的，领导者又应该在多大程度上具备这个特征。最后，并非一切领导者都具备所有这些所谓的特质，而且实际情况是，现实生活中很多具有天才领导特质的人根本不是领导者。此外，特质理论还忽略了下属的因素与情境的因素。这些方面的问题使研究者逐渐转移了研究方向，开始考察领导者偏好的行为风格。

二、领导行为理论

领导行为理论主要从领导者的行为方式探索有效领导模式，相关理论很多，这里主要介绍勒温领导风格理论、领导行为的四分图理论、方格理论和PM理论。

（一）勒温领导风格理论

领导风格是指领导者在领导行为动态变化过程中所表现出来的影响被领导者的方式方法的总和。该理论主要研究领导者的工作风格属于哪种行为类型，对组织成员有哪些影响以及如何影响工作效率。

勒温是这一理论最早的倡导者，他把权力定位为基本变量，把领导者风格分为专制型、民主型和放任型。

1. 专制型领导：也称为独裁型领导，这种类型的领导往往依靠的个人能力和经验来指导组织行动。这种领导在工作中独断专行，不考虑下属的意见和感情；亲自制订工作计划与内容，从不把消息告诉下属，下属没有参与角色的机会，只能察言观色；很少关心下属，与下属有较大的社会距离，没有情感交流。专制型领导通过严格管理、重奖重罚来推进组织目标完成，具有一定的工作效率，但容易造成组织成员的消极态度和对抗情绪，导致员工高流动率、低出勤率，进而导致不满事件增加、劳资纠纷严重、领导者与被领导者关系紧张等。

2. 民主型领导:鼓励下属参与到决策之中,考虑下属的能力与情感;下属拥有较多的自由选择权;以自己的人格(即自然性影响力)感召下属,而不是只靠职位权力命令下属;在参与工作时注重对下属的鼓励和协助,关心、满足团队成员的需要,营造平等和公平的工作氛围。民主型领导比较重视物质需要和精神需要的同时满足。在民主型领导的领导下,组织成员积极主动,表现出高度的主观能动性和创造精神,从而带来高出勤率、低流动率,劳资关系缓和,领导者与被领导者关系和谐,能够形成一定的团队精神,工作效率比较高,能很好地达成工作目标。

3. 放任型领导:把权力完全交给组织成员手中,一切工作都由组织成员自己决定;对团队的工作不参与、不主动干涉也不评论;领导满足于布置任务和提供任务所需要的物质条件,对工作不监督、不控制,也不设置奖惩机制。放任型领导对组织活动没有评判和规定,不关心组织成员的需要和态度,下级往往群龙无首、各自为政、行为失控。这类领导的团队没有凝聚力,工作效率低,往往无法达成工作目标。与专制型领导一样,放任型领导者与成员之间存在较大的社会距离。

☞ 专栏 8-5　社会距离

在现实生活中,我们常发现这样一种现象:一群飞翔的小鸟即使相当地分散,但只要小鸟与鸟群保持一定的距离,它仍能归群,所以鸟群不会离散。在此情况下,如果小鸟离群超过了一定的距离,就会产生不安,这时的距离叫作社会距离。在不断地鸣叫着的小鸟群中,鸣叫声可能起到保持社会距离的作用。

所谓社会距离是指各社会存在体之间在空间、时间和心理上的距离,彼此之间可以相互转换。社会距离可以通过建立评价体系进行量化。社会距离的测量多采用社会距离尺度法。

社会距离尺度法是美国社会心理学家埃默里·布加达斯(Emory Bogardus)创立的,是由研究者设计出一套能反映不同社会关系距离的陈述意见,让被测对象根据自己的实际看法在相应的陈述上做记号,然后将一个群体的所有成员的意见加以统计,制成曲线图,反映一个群体对某个对象所持态度的距离分布;不同的群体对同一事物的态度的距离分布可以做比较,同一群体对几个事物的态度的距离分布也可以做比较。

社会距离尺度法由于方法简便易行,得到普遍使用。我们可以用这种方法来测量民族间的社会距离,为外交和民族政策提供一定的理论根据;也可以用来测量社团之间、企业之间、群体之间的各种社会态度反应,为管理者提供各种人群关系的依据。

有人对美国人和加拿大人的社会距离进行测量,问卷如下:

1. 愿意通婚;

2. 愿意让加拿大人参加社团活动;
3. 愿意和加拿大人做邻居;
4. 愿意和加拿大人做同事;
5. 愿意接受加拿大人为美国公民;
6. 只允许加拿大人来美国观光;
7. 拒绝加拿大人。

要求受试者在上述七项中选出自己认可的一项打上符号。对于其他民族(如西班牙人、希腊人)都采用以上七项内容给以测定,并将几次调查所得的结果加以综合处理,然后绘制成曲线图。处理结果表明,美国人对加拿大人怀有较好的民族相容性,而对西班牙人和希腊人则怀有排斥心理。这一社会距离表明了美国人对三个民族的不同态度。

总的来说,勒温认为,民主型领导的工作效率最高,放任型领导最低。但他同时也指出,在实际工作中,这三种极端的领导风格并不常见,绝大多数领导者的领导风格介于两者之间。继勒温之后,关于领导风格的研究层出不穷,多数人支持勒温的结论,也有人提出了不同看法。例如,有学者认为,独裁型性格的人喜欢有指挥能力的专制型领导;有学者指出,专制作风领导下的军队战斗力最强;还有人认为,这三种领导风格对群体影响并无差异,它们既可导致群体工作的高效率,也可导致群体工作的低效率。

(二)领导行为四分图

这一理论是在 1945 年由美国俄亥俄州立大学开创的,因此也称为俄亥俄模式。他们对大型组织的领导行为进行研究,向组织员工发放"领导行为描述调查表",从收集到的上千个描述领导行为特征的项目中,逐步归纳,高度聚焦,认为领导者行为可以概括为两个维度:关心工作和关心人。

前者是指领导者在组织结构设计、工作职责和关系明确、沟通途径寻找、工作目标确立中表现出来的行为,这种领导多以工作为中心,习惯将眼光放在员工的工作上,要求维持一定水平的工作绩效,强调工作目标的如期实现。后者是指领导者在建立与员工相互尊重、相互信任、倾听下级意见和关心下级工作中所表现出来的行为,这种领导多以关系为中心,往往主动帮助员工解决个人问题、平易近人,对员工一视同仁。

需要注意的是,这两种领导行为并不是相互对立的两个端点,不是注重一方面就必须忽视另一方面,而是可以有任意的组合。可以用四个象限来表示四种组合类型的领导行为:低工作低关系,低工作高关系,高工作低关系,高工作高关系(如图 8-3)。

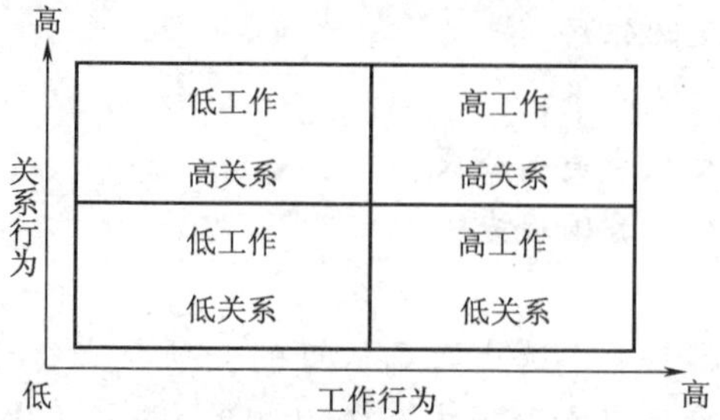

图 8-3　领导行为四分图

（三）领导行为方格图

领导行为方格图是美国学者罗伯特·布莱克（Robert Blake）和简·莫顿（Jane Mouton）在四分图基础上于 1964 年提出的。领导行为方格图改变了以往理论中“非此即彼”的绝对化观点，指出在关心工作和关心人这两种领导行为之间，可以进行不同程度的互相结合。他们将横纵坐标分别划分为九个格，横坐标表示领导者对工作的关心程度，纵坐标表示领导者对人的关心程度。整个方格共有 81 个小方格，每个小方格表示一种领导方式。评价领导者时，只要根据其对工作和对组织成员的关心程度，在图上寻找交叉点即可。图 8-4 描述了 5 种典型的领导风格。

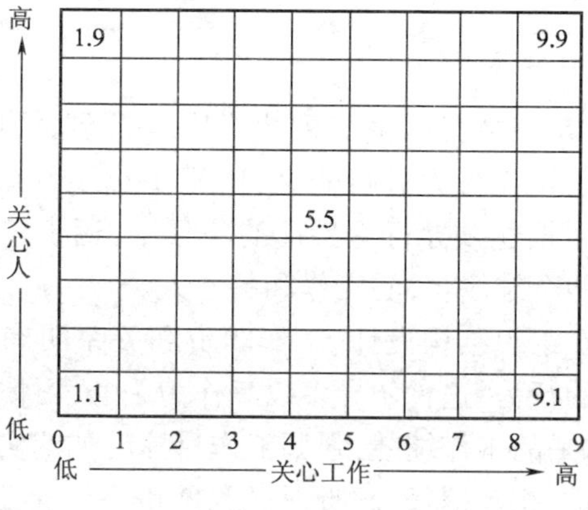

图 8-4　领导行为方格图

1.（1，1）贫乏型：既不关心人，也不关心工作。

2.（1，9）俱乐部型：高关心下属，强调满足下属的需求；不关心工作的完成，对指挥、监督和规章制度不够重视。

3.（9，1）独裁型：对工作高度关心，不关心下属，一切以工作为中心。

4.(9,9)团队协作型:把对工作和人的关心结合起来,既重视组织目标的实现又重视下属的需求,强调组织目标与员工利益之间的一致性,通过协作完成工作。

5.(5,5)中间式:在工作和人的关心间取得平衡,既不偏重关心人也不偏重关心工作,风格中庸,不设置过高的目标。

(四)领导行为的 PM 理论

PM 理论是由日本大阪大学教授三隅二不二提出的。该理论认为,绩效(performance,P)和维持(maintenance,M)是中高层管理者最重要的两项职能。绩效主要是制定目标和计划,并对自己管理的团队施加目标压力,考察的是管理者为实现管理目标而付出的努力;维持主要是建设团队,给团队的每一位成员以关心和帮助。

PM 理论将领导行为分为四种状态(如图 8-5):PM,Pm,Mp 和 pm。基于大量的现场调查结果发现:PM 型管理人员的单位生产量高,对组织的信赖度也高;Pm 型、Mp 型处于中位;pm 型管理人员的单位生产量和对组织的信赖度最低。

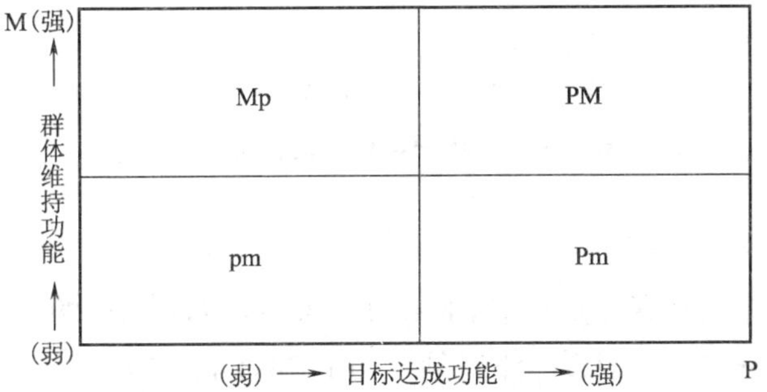

图 8-5 三隅二不二的领导 PM 类型图

总的来说,虽然领导行为理论的相关研究取得了一定的成果,但仍存在欠缺之处。该类理论最主要的问题在于,没有将情境因素考虑到模型之中。实际上,同样的领导方式在不同的环境中会导致不同的结果,这意味着并不存在适用于一切情境的领导方式。

三、领导的权变理论

西方的领导理论在经过了特质理论、行为理论的发展后,有学者提出了领导的权变理论。权变理论又称情境理论,它认为领导效率既不取决于领导者的个人特质,也不取决于某种固定不变的领导行为,而是领导者、被领导者和环境相互作用的结果,是一种动态过程。这一理论摒弃了传统的领导特性天生论,把领导看成是群体情境动力的过程,是当前人力资源管理心理学理论体系中比较推崇的理论之一(如图 8-6)。

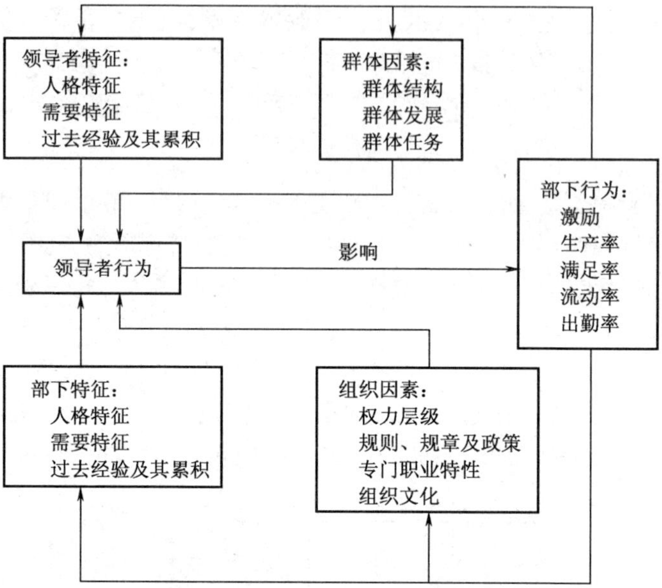

图 8-6　影响领导行为的情境因素

(一)费德勒权变模型

从 1951 年起,弗雷德·费德勒(Fred Fiedler)经过 15 年的调查研究,提出了"有效领导权变模式"。他认为,任何领导方式都可能有效,关键是要与环境情境相适应,所以领导者必须是具有适应能力的人。有效的群体绩效取决于以下两个因素的合理配合:与下属相互作用的领导风格,情境对领导者的控制和影响程度。

对于领导风格,费德勒开发了测量领导风格的最难共事者 LPC 问卷(Least Preferred Co-worker),用以测量个体是关系导向型还是任务导向型。费德勒让被试的领导者回想与自己共过事的同事,选择一位最难的共事者,让被试对照 LPC 量表对这个被选择的共事者进行打分。费德勒认为,LPC 问卷可以帮助确定领导者的风格,如果一个领导者对最难相处的同事给予积极词汇进行描述(LPC 得分较高),则被认为是愿意与同事形成良好人际关系的领导,可以看作是注重关系的领导风格;相反,如果一个领导者给予难相处的同事以消极词汇(LPC 得分较低),则被认为是注重任务的领导风格,不太在乎和同事的关系如何。

关于工作情境,费德勒列出三个维度进行描述,即领导者-成员关系、任务结构和职位权力。领导者-成员关系是判断领导者情境性质最重要的一个因素,用来描述一个组织中成员对其领导者信任、依赖和尊重的程度,程度越高说明领导者的权力和影响力越大；任务结构是次重要因素，表示工作的程序化和规范化程度，程序化高的任务难度通常较小，而程序化低的任务往往难度较大，因为没有确切的方式解决它；职位权力是领导者所有的强制性影响力，如聘用、解雇、奖励、惩罚的权力，被认为是领导情境中最不重要的因素。这三个维度分别有问卷进行测量。

根据这三个条件，费德勒把领导者所处的环境从最有利到最不利分为八种类型。其中，三个条件都具备是最有利的环境，有一项或两项具备是一般环境，三者都缺乏是最不利的环境。通过对 1 200 个团体的研究发现，在最有利（如图 8-7 中Ⅰ、Ⅱ、Ⅲ）和最不利（如图 8-7 中Ⅶ、Ⅷ）的领导情境中，任务导向型是有效的领导类型。而处于一般环境时（如图 8-7 中Ⅳ、Ⅴ、Ⅵ），关系导向型则更有效。一个组织的领导者必须根据所在部门的具体情况改变其领导方式。

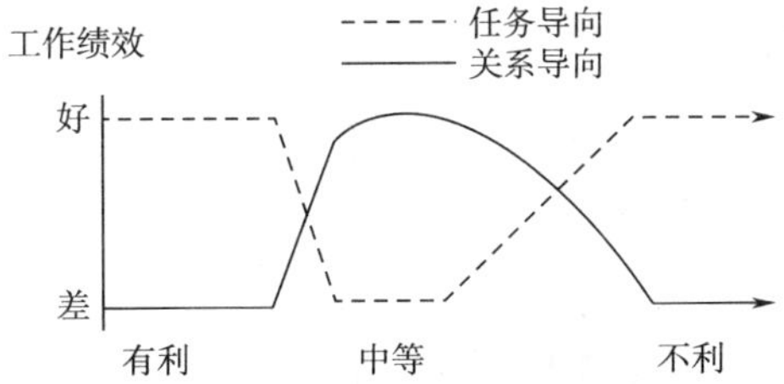

	Ⅰ	Ⅱ	Ⅲ	Ⅳ	Ⅴ	Ⅵ	Ⅶ	Ⅷ
领导者-成员关系	好	好	好	好	差	差	差	差
任务结构	高	高	低	低	高	高	低	低
职位权力	强	弱	强	弱	强	弱	强	弱

图 8-7 费德勒权变模型

依照费德勒的观点，领导者的基本风格是稳定不变的，因此提高领导有效性可以通过两个途径：第一个途径是替换领导者以适应环境。例如，在组织环境非常不利的情况下，如果目前的领导者是关系导向的，那么可以将其换成任务导向的领导者。第二个途径是改变情境以适应领导者。可以通过提高或降低职位权力、提高或降低任务结构化程度来改变环境，例如，当任务导向的领导者处于Ⅳ情境时，可以通过提高任务结构或增加他的职位权力，来提高其领导有效性。

☞ 专栏 8-6 费德勒的 LPC 问卷

LPC 量表由 16 组具有相反意思的词语组成，每一对形容词形成一个 8 级评分标尺，1 和 8 代表两个极端值，中间有 6 个过渡分数值。

快乐——8 7 6 5 4 3 2 1——不快乐

友善——8 7 6 5 4 3 2 1——不友善

拒绝——1 2 3 4 5 6 7 8——接纳

有益——8 7 6 5 4 3 2 1——无益

不热情——1 2 3 4 5 6 7 8——热情

紧张——1 2 3 4 5 6 7 8——轻松

疏远——1 2 3 4 5 6 7 8——亲密

冷漠——1 2 3 4 5 6 7 8——热心

合作——8 7 6 5 4 3 2 1——不合作

助人——8 7 6 5 4 3 2 1——敌意

无聊——1 2 3 4 5 6 7 8——有趣

好争——1 2 3 4 5 6 7 8 ——融洽

自信——8 7 6 5 4 3 2 1——犹豫

高效——8 7 6 5 4 3 2 1——低效

郁闷——1 2 3 4 5 6 7 8——开朗

开放——8 7 6 5 4 3 2 1——防备

(二)领导行为连续体理论

美国学者罗伯特·坦南鲍姆(Robert Tannenbaum)和沃伦·施密特(Warren Schmidt)于1958年提出领导行为连续体理论。在日常工作中,领导者往往面临这样的情形:在处理某个问题时,很难决定自己应该采取何种行为,是自己决策好,还是让下属决策好?是独裁好,还是民主好?领导行为连续体理论可以帮助领导者选择合适的领导方式。该理论指出,在独裁和民主两种极端的方式之间,存在着多种领导方式,这些领导方式通过不同组合构成一个“连续带”(如图8-8),划分为7种领导方式。

1. 领导者自行决策并予以宣布。在这种模式中,领导者确定一个问题,并考虑各种可供选择的方案,从中选择一种,然后向下属宣布执行,不给下属直接参与决策的机会。

2. 领导者向部属“推销”其决策。这种模式同前一种一样,领导者承担确认问题和做出决策的责任。但他不是简单地宣布实施这个决策,而是试图通过阐明这个决策可能给下属带来的利益说服下属接受这个决策。

3. 领导者发表意见并征求下属有无疑问。在这种模式中,领导者提出一个决策,并希望下属接受这个决策。他向下属提出自己计划的详细说明,并允许下属提出问题。这样,下属就能更好地理解领导者的计划和意图,领导者和下属能够共同讨论决策的意义和作用。

4. 领导者提出临时决策并接受修改意见。在这种模式中,下属可以对决策发挥某些影响,但确认和分析问题的主动权仍在领导者手中。领导者先对问题进行思考,提出一个暂时的可修改的计划,并就这个暂定的计划征求有关人员的意见。

5. 领导者提出问题,接受部属建议再做决策。在这种模式中,下属有机会在决策做出以前提出自己的建议。领导者的主导作用体现在确定问题,下属的作用在于提出各种解决的方案。最后,领导者从自己和下属所提出的解决方案中选择一种他认为最好的解决方案。

6. 领导者提出限制条件,要求集体共同决策。领导者将决策权交给下属。领导者的工作是弄清所要解决的问题,并为下属提出做决策的条件和要求,下属按照领导者界定的问题范围进行决策。

7. 领导者允许下属在一定的范围内自由行动。这种模式给予团体充分的自由,在正式组织中很少出现。如果领导者参加了决策的过程,他应力图使自己与团队中的其他成员处于平等的地位,并事先声明遵守团体所做出的任何决策。

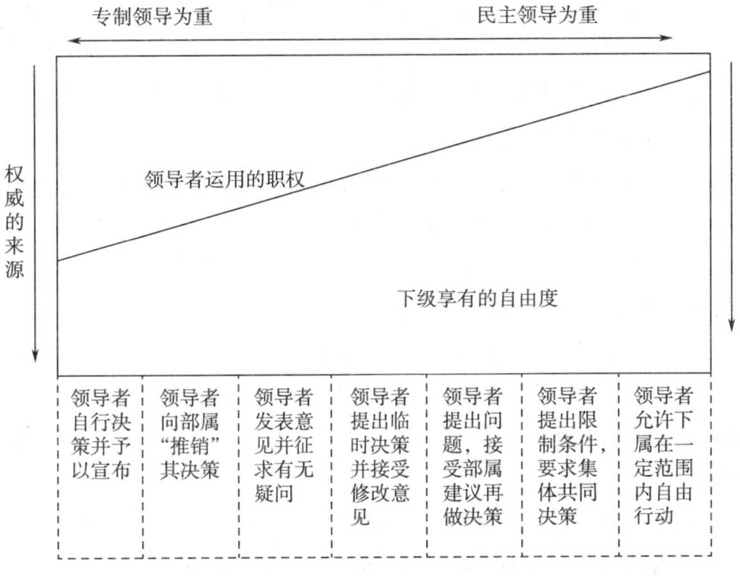

图 8-8 领导行为连续体

在上述各种模式中,坦南鲍姆和施密特认为,不能抽象地认为哪一种模式一定是好的,哪一种模式一定是差的。成功的领导者应根据客观需要把两者结合起来,随环境的变化而变化。有效的领导方式就是能在特定的时间和地点等条件下,选择所需要的领导行为。总的来说,该理论认为领导方式不应是一种固定的模式,而要根据不同情况采取不同的决策。

（三）领导生命周期理论

美国学者亚伯拉罕·卡曼（Abraham Korman）基于领导行为四分图和克里斯·阿吉里斯（Chris Argyris）的“不成熟—成熟”理论，在1966年首先提出了领导生命周期理论，后来由保罗·赫塞（Paul Hersey）和肯尼斯·布兰查德（Kenneth Blanchard）予以发展和完善。

领导生命周期理论是一个三维结构的领导效率模式，它认为有效的领导行为应该把工作行为、关系行为和被领导者的成熟程度综合考虑。这是领导生命周期理论所创新的地方，它考虑到了领导者行为与下属成熟度相适应的问题。所谓的下属成熟程度是指设置工作目标的能力、承担责任的意愿和能力、个体和群体受教育程度的高低以及所具备经验的丰富程度。值得注意的是，年龄是一个成熟的因素，但并非唯一的因素。这里所指的成熟度是指心理的成熟度，而非生理的成熟度。每个人都有一个从不成熟到逐步成熟的发展过程，学者将成熟度分为四种：M_1 代表不成熟，下属缺乏接受、承担任务的能力和愿望，既不能胜任又缺乏自信；M_2 代表初步成熟，下属愿意承担任务，但缺乏足够的能力，有积极性但缺乏技能；M_3 代表比较成熟，下属有完成任务的能力，但没有足够的动机和愿望；M_4 代表成熟，下属有能力而且愿意完成任务。

随着下属由不成熟走向成熟，领导行为也应按“高工作低关系-高工作高关系-高关系低工作-低工作低关系”的模式依次推移。根据工作行为、关系行为和下属成熟度的不同组合，卡曼总结出适用于不同情境的四种有效领导方式，即命令、说服、参与和授权（如图8-9）。

第一象限的领导方式为命令式。这时的下属往往处于职业生涯的早期，年轻没有经验，不能主动承担责任，业务能力较差，成熟度低。应该采取命令式的高工作、低关系的领导形态，强调有计划、有布置、有监督、有检查，否则下属将感到领导不力，不知所措。

第二象限的领导方式为说服式。当下属的成熟度进入初步成熟时，采取工作行为、关系行为并重的说服式领导形态较为适宜。这时，布置工作不仅要说明干什么，还要说明为什么这样做，采取双向沟通的方式阐明任务的意义、解释决策方案的理由，提高其工作能力。

第三象限的领导方式为参与式。当下属更趋成熟时，领导者的任务行为要减少，关系行为要加强，即高关系、低工作。领导者要向下属沟通信息、交流感情，提供情况和建议的同时给他充分发挥能力的自由，增强信任感。

第四象限的领导方式为授权式。当下属成熟度很高、业务能力很强时，领导者应采取低工作、低关系的授权式领导。布置任务后，放手让下属去干，充分发挥下属的主观能动性；在下属需要时，可以给予帮助和支持。否则，过多的关心和支持反而会引起下属的反感。

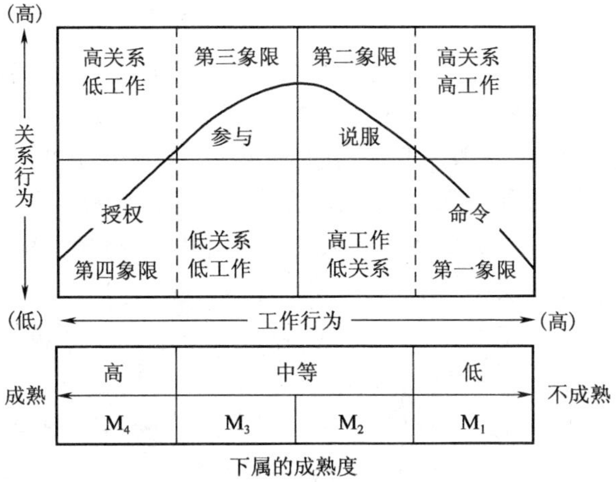

图 8-9 领导生命周期理论

领导生命周期理论为领导的权变理论提供了一个有用且易于理解的模型,再次证明了并不存在某一种适合于各类情境的万能领导方式。领导行为需要配合下属目前的成熟度,并帮助员工发展,加强自我控制。

(四)路径-目标理论

路径-目标理论又称目标导向模式,1971 年由加拿大多伦多大学的罗伯特·豪斯(Robert House)提出。该理论认为,领导者的工作是帮助下属达到他们的目标,并提供必要的指导和支持,以确保各自的目标与群体或组织的总体目标相一致。简而言之,即领导应指明达成目标的途径(如图 8-10)。

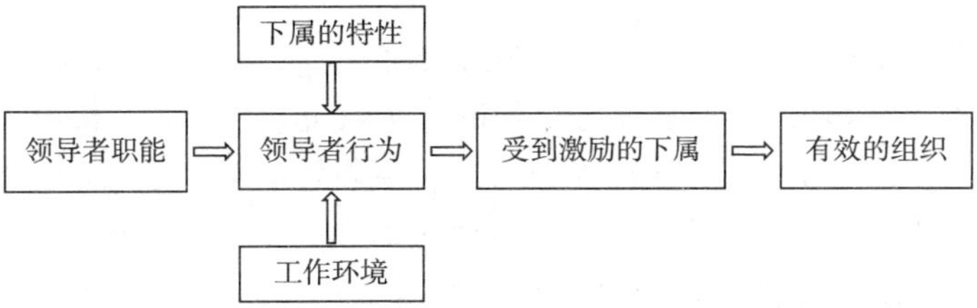

图 8-10 路径-目标理论

该理论认为,领导者必须做到以下三点:①阐明对下属工作任务的要求;②帮助下属清除实现目标的障碍;③在工作过程中为下属提供满足多种需要和成长发展的机会。领导者在这些方面发挥的作用越大,越能提高下属对目标价值的认识,激发其积极性。

豪斯通过调查发现,领导行为四分图中的高工作与高关系组合不一定是最有效的领导行为,应充分考虑情境因素。他认为,领导者在不同情境下可以有不同的领导风格,如指令型领导、支持型领导、参与型领导和成就取向型领导。指令型领导对下属需要完成的任务进行说明,制定明确的工作标准,告知规章制度;支持型领导关心下属、尊重下属,关注下属的福利和需要,真诚地提供帮助;参与型领导邀请下属一起参与决策,征求他们的想法和意见,将他们的建议融入决策中;成就取向型领导鼓励下属完成有挑战性的工作,为下属制定较高的工作标准,寻求工作的不断改进,非常信任下属的能力。

当然,现实生活中究竟采取何种方式,还要看下属的个性特点和环境变化。其中,下属的个性特点包括领悟能力、受教育程度、对成就的需求、对独立的需求、愿意承担责任的程度等。例如,内向型的员工更易于接受参与型领导,而对指令型领导有所抵触;外向型员工则更易于接受指令型领导,不大适应参与型。环境变化包括工作性质、权力结构和工作小组的情况变化等。一般说来,当工作任务不清、下级无所适从时,需要有高工作的领导做出明确规定和具体安排;而面对常规工作或内容明确的工作任务时,下属更喜欢高关系的领导。所以,路径-目标理论强调,领导方式要有权变性。

(五)领导参与模式

领导参与模式是由美国学者维克多·弗鲁姆(Victor Vroom)和菲利普·耶顿(Phillip Yetton)于 1973 年提出的一种全新权变理论,他们把领导行为同参与决策联系起来。领导参与模式提供了包含 5 种领导风格的决策树和 7 个权变因素,用来决定决策参与的形式和程度。弗鲁姆和亚瑟·加哥(Arthur Jago)后来对最初的领导参与模式进行了完善,新模型依然包括 5 种领导风格,但把 7 个权变因素扩展为 12 个。

在确定以何种方式决策时,该模式提出了 5 种领导风格:独裁Ⅰ(AⅠ)、独裁Ⅱ(AⅡ)、磋商Ⅰ(CⅠ)、磋商Ⅱ(CⅡ)和群体决策Ⅱ(GⅡ),具体描述为:

AⅠ:利用自己手头方便有效的信息解决问题或做出决策;

AⅡ:由下属取得必要的信息,然后由领导者决定问题的解决方式;

CⅠ:领导者与有关的下属单独讨论问题,征求意见或建议,所做出的决策有可能受到下属的影响;

CⅡ:将下属组成团体,共同讨论问题,所做出的决策有可能受到下属的影响;

GⅡ:由团体提出并评估各种方案,达成共识。

权变因素:最初的 7 项权变因素通过是、否的形式进行判定,修订后的权变因素有 12 项,通过是、否或 5 级量表的形式进行评定(如表 8-1)。

表 8-1 领导参与模式的权变因素

7 项权变因素
1. 有决策质量上的要求吗?
2. 我有足够的信息做高质量的决策吗?
3. 问题的结构清楚吗?
4. 下属对此决策的接受程度是否会影响决策的执行?
5. 如果我独自决策,下属会接受吗?
6. 该问题的解决是否可使下属分担实现组织目标的责任?
7. 下属之间对最后选择的方案会有冲突吗?
修订后的 12 项权变因素
1. 质量要求:这一决策的技术有多重要。
2. 承诺要求:下属对这一决策的承诺有多重要。
3. 领导者的信息:你是否拥有充分的信息做出高质量的决策。
4. 问题结构:问题是否结构清晰。
5. 承诺的可能性:如果是你自己做决策,下属是否一定会对该决策做出承诺。
6. 目标一致性:解决问题所达成的目标是否一定会对该决策做出承诺。
7. 下属的冲突:下属之间对于优选的决策是否会发生冲突。
8. 下属的信息:下属是否拥有充分的信息进行高质量的决策。
9. 时间限制:是否有相当紧张的时间约束限制了下属的能力。
10. 下属的分布范围:把分散在各地的下属召集在一起的代价是否太高。
11. 动机-时间:在最短的时间内做出决策对你来说有多重要。
12. 动机-发展:为下属的发展提供最大的机会对你来说有多重要。

该理论认为,领导风格与情境的搭配问题可以双向解决,既可以根据环境确定领导者,也可以由领导者根据环境调整自己的行为方式。当然,并不是每个人都有很高的适应环境的变通性。由于性格问题,有的人可塑性强,能灵活改变自己的行为风格以适应环境;有的人性格弹性小,无论环境如何变化,行为都具有高度的稳定性。

(六)领导成员交换理论

在一个组织中,领导对每个下属的态度一样吗,领导分配给每个成员的工作量相同吗,领导在绩效考核时是一视同仁吗?研究领导者区别对待下属的经典理论是领导成员交换理论(Leader-Member Exchange Theory)。

领导成员交换理论是由乔治·格里奥(George Graeo)和玛丽·尤尔拜(Mary Uhl-Bien)在 1976 年首先提出的。他们在研究垂直对偶关系模型(Vertical Dyad Link Model)的过程中,通过纯理论的推导,得到了这样一个结论:领导者对待下属的方式是有差别的。由于时间压力,领导者与下属中的少部分人建立了特殊关系。这些个体成为"圈内人",他们受到信任,得到领导更多的关照,也更可能享有特权。其他下属则成为“圈外人”,他们占用领导时间较少,获得的关照也较少。

后续的研究认为,领导-成员交换关系的形成与发展要经历四个阶段:第一阶段中,领导与不同成员之间发展了不同的关系,形成“圈内”与“圈外”之分。第二阶段中,领导与成员在实际的团队工作中,各自采取行动改进交换关系,“圈内”成员试图保住“位置”,“圈外”成员试图进入“圈内”。在双方努力的过程中,工作绩效与团队绩效也随之发生改进。第三阶段中,领导与成员共同构建基于感情与信任的工作生活情景。第四阶段中,领导-成员的二元关系升华至团队层面,发展为团队-成员交换关系。

当然,实际上在领导者与下属进行相互作用的初期,领导者就可能已经暗自将下属进行了划分。一般来说,具有以下特点的下属容易被领导者视为“圈内人”:与领导者个人特点相似的,如年龄、性别、态度等;有能力的;性格外向、善于沟通和分享的。

第三节　领导研究新趋势

特质理论、行为理论和权变理论等三个阶段的发展,奠定了领导理论研究的基石。后经衍生和细化,越来越多的研究者开始关注一些新兴的领导风格,有关魅力型领导、变革型和交易型领导、真实型领导、伦理型领导、愿景型领导、跨文化领导等领域的研究极大地丰富了领导理论,同时也为企业管理实践提供了有力的参考。

一、魅力型领导

魅力型领导是指那些具有自信并且信任下属,以及具有个性化风格的领导者。魅力型领导的概念来源于20世纪初德国社会学家马克斯·韦伯(Max Weber)提出的“charisma”(魅力)的概念。他认为,魅力是一种超乎常人的能力,仅存在于少数人身上,具有魅力特质的人能够成为领导者,从而对员工施加权威和感召力。韦伯提出魅力这一概念后,学者们将其引入组织管理领域,丰富并充实了这一概念。

☞ 专栏 8-7　领导的魅力

1977年,豪斯在前人研究的基础上,首次提出魅力型领导的概念。他认为,魅力型领导是领导者利用自己所特有的领导方法和领导特质,统一被领导者的目标愿景,并且使他们在实现共同愿景的过程中产生由衷的责任感和使命感。魅力型领导需要具备三种个人特征:高度自信、支配他人的倾向和对自己的信念坚定不移。

随后,瓦伦·本尼斯(Warren Bennis)在研究了90名美国最有成就的领导者之后,发现魅力型领导者具有四种共同的特征:有远大目标和理想;明确地对下级讲清这种目标和理想,并使之认同;对理想贯彻始终执着追求;知道自己的力量并善于运用。

麦吉尔大学的杰伊·康格(Jay Conger)和拉宾德拉·凯南格(Rabindra Kanungo)认为,魅力型领导应该具有的特点为:立志实现理想目标、对目标有强烈的承诺、不随俗、非常有决断力、相当自信、不关心下属的需要、被视为激进的改革者。

研究发现,人们对领导者魅力的评价,与领导者的影响力密切相关。魅力型领导的追随者信心较高,觉得工作有意义,对领导行为有合理化解释的倾向,愿意积极工作,绩效较好,工作满足感较高。

总的来说,魅力型领导的影响力一般来自四个方面:有能力提炼出一种每个人都坚定不移赞同的组织价值观系统;信任下属并且能够获得下属充分的信任;有能力陈述一种下属可以识别到的、富有想象力的未来远景;提升下属对新结果的意识,激励他们为了部门或组织目标超越自身的利益。简单而言,这种领导者对下属有着某种情感号召力,具有未来眼光,而且能向下属传递组织的目标远景,激励他们的工作热情。

越来越多的研究表明,魅力型领导对提高团队创新绩效有一定的正向作用。魅力型领导通过影响员工的工作积极性、激发团队成员的热情、增强员工之间的相互信任,从而提升企业整体绩效。豪斯总结出三种易于发挥魅力型领导的场景:第一种场景是组织所处的外部环境动荡并且面临诸多的风险和挑战;第二种场景是下属对自己的认知或对组织的认知与外部环境有较大偏差;第三种场景是随着外部环境的变化或者内部出现较大的变动,使得原来的领导方式不起作用的时候。综上,在困难时期和危险情境下,魅力型领导发挥的作用更加突出。

虽然魅力型领导对于组织有积极作用,但是同样存在一定的问题:当一个组织的领导者是魅力型领导时,整个组织对领导者的依赖性会很强,不利于组织的健康发展;魅力型领导可能会由于过分的冒险精神和过度的自我优越感,低估组织的外部风险,做出错误的决策,进而给组织带来损失;魅力型领导容易将自己凌驾于下属之上,过分强调个人需求高于一切,造成组织氛围紧张。

二、变革型领导和交易型领导

20世纪80年代,政治社会学家詹姆斯·伯恩斯(James Burns)在其经典著作

Leadership 中提出了变革型领导的概念，变革型领导鼓励员工为了组织利益而超越自身利益，并能对下属产生深远而不同寻常的影响。由于变革型领导也具有领袖魅力，因此和魅力型领导有相似之处。

随着研究的不断深入，变革型领导的内涵和结构也在不断发展。目前，学者们普遍认可变革型领导应具备 4 个特点：领袖魅力，领导者一般具有公认的较高的伦理道德标准和很强的个人魅力，成为下属行为的典范，得到下属的认同、尊重和信任；感召力，领导者向下属表达对他们的高期望值，激励他们加入团队，激发下属的愿景和使命感，凝聚下属的努力以实现团队目标；智力激发，领导者鼓励下属挑战自我，启发下属发表新见解和鼓励下属尝试新的解决方法；个性化关怀，领导者关心每一个下属，针对下属的不同情况给予指导。

与变革型领导相对应的是交易型领导。交易型领导通过与下属交换有价值的东西来满足自己和下属的需求。交易型领导具有影响力是因为员工为了自身的利益而去完成领导者希望的任务。因此，领导者可以就需要做什么、完成工作之后有什么报酬等方面，与下属达成一致。

变革型与交易型领导的区别在于，变革型领导强调组织的整体利益，交易型领导则强调下属的个人利益，前者更偏向于鼓励下属达成更高的成就。交易型领导与变革型领导是共存的、互相补充的，需要因人、因时、因地采取灵活的领导方式。

三、真实型领导

安然事件等管理渎职和公司丑闻发生以来，一种基于自我认知和价值观/道德观的新型领导——真实型领导，逐渐进入学者和企业管理者的视野。弗雷德·卢桑斯(Fred Luthans)和布鲁斯·阿沃利奥(Bruce Avolio)于 2003 年首次将真实型领导定义为“一种根植于高度发展的组织情境和积极心理资本中的领导过程，领导及其下属都能获得更高的自我意识，展示出自我规制的积极行为，促进积极的自我发展”。弗雷德·瓦伦布瓦(Fred Walumbwa)等认为，真实型领导能够清醒地认识到自己和他人的价值观念、道德观念以及知识与能力，并思考如何将其付诸行动；能够觉察到周遭工作环境的变化，充满自信和希望，乐观开朗，并且拥有高尚道德情操。国内一些学者也把真实型领导译为诚信领导、真诚领导等。

目前，真实型领导的四维度模型得到广泛的认可，即自我意识(self-awareness)、内化道德(internalized moral)、平衡信息处理(balanced processing)和关系透明(relational transparency)。自我意识是指领导者能清晰认识到自己的动机、优点与不足，了解他人怎么看待自己，知道如何影响他人；内化道德是指领导者会对自己和他人的行为具有高道德标准的要求，通过自己的内在道德观和价值观驱动自己的行为，在进行决策时保持与内在的价值观一致；平衡信息处理是领导者理性地了解和分析各方信息后再进行决策，也会倾听不同立场的意见；关系透明则强调领导者会对员工展示真实的自我,以坦率和开放的态度分享信息和自己的真实想法,倡导员工自由地表达自己的想法,并因此赢得下属的信任。

总的来说,真实型领导理论特别重视自我意识、自我调节、积极情绪、信任等积极心理状态在领导过程中的作用及机制,主张发掘和培养领导者及其下属的积极心理能力。真实型领导的概念提出以后,学者们从不同的角度对其在组织中的作用机制进行了探讨。阿沃利奥等认为,真实型领导可以通过自身的积极情绪和心理资本,营造积极的组织氛围,增进员工的个人和社会认同,强化员工的积极情绪,从而影响员工的工作态度和工作行为。

四、伦理型领导

从古至今,伦理道德都被视为领导者要素的重要构成。近年来,人们对企业社会责任的关注日益增加,伦理型领导在管理实践和研究领域得到了广泛的关注。

1987 年,乔治斯·恩德勒(Georges Enderle)提出了伦理型领导的概念,并将之界定为一种思维方式,旨在明确描述管理决策中的伦理问题,对决策过程所参照的伦理原则加以规范。之后学者们开始了对伦理型领导的进一步研究。

艾尔·基尼(Al Gini)于 1997 年从社会权利角度出发,认为伦理型领导关注领导者在做出决策、参与组织活动、影响他人的过程中如何使用自己的社会权利;凯南格(Kanungo)指出,伦理型领导者存在关心他人的动机,他们的行动无一例外地由“为了他人的利益”理念指引,伦理型领导的最大动机是利他,而不是利己;迈克尔·布朗(Michael Brown)等基于社会学习视角,认为伦理型领导是领导者通过树立适当的行为典范,并通过双向沟通使下属分享这种行为典范,然后对相应的行为进行强化(如奖励或惩罚)的过程。

以上定义虽各不相同,但都包含了两个方面的内容:一是什么样的领导者是伦理型领导者,即伦理型领导者具备的特质和行为;二是领导者与下属的互动,即伦理型领导者对组织的影响过程。

现有的研究还探讨了中层管理者和高层管理者这两个层面伦理型领导的具体内涵(如表 8-2)。不同层面伦理型领导的内涵维度既有相似性,也存在一定差异。具体而言,高层伦理型领导主要强调与组织整体发展关系更紧密的权力分配、道德规范等相关要素,而中层伦理型领导则更注重激励、引导等对直接下属产生影响的要素。

表 8-2 不同层面伦理型领导的内涵维度比较

研究者(年份)	研究对象	内涵维度
Trevino 等(2003)	高层管理者	坚持以人为本、采取伦理行动、设置伦理标准、拓展伦理意识、执行伦理决策

续表

研究者(年份)	研究对象	内涵维度
Khunti 和 Suar(2004)	高层管理者	授权、动机与性格
Brown 等(2005)	中层管理者	—
Resick 等(2006)	中层管理者	诚信、利他主义、集体动机、激励
De Hough 和 Den Hartog(2008)	高层管理者	道德公平、角色界定、权力分享
Marsh(2008)	高层管理者	细心正念、高度参与、真实可信、持续发展
Martin 等(2009)	中层管理者	诚信、利他主义、集体动机、激励

资料来源:莫申江,王重鸣.国外伦理型领导研究前沿探析[J].外国经济与管理,2010,32(2):32-37.

五、愿景型领导

布尔特·纳努斯(Burt Nanus)指出,愿景是组织可靠的、真实的、具有吸引力的未来,代表组织长期的计划和所有目标努力的方向。愿景为领导者提供行动的目标,并帮助领导者超越目前的情境,实现组织的改进与成长。纳努斯在其专著中正式提出“愿景型领导”一词,认为在组织发展过程中,愿景型领导常会提出真知灼见,驱使成员采用新的行动,去完成新的目标,因此也常被视为革新者或理想的楷模。

对愿景型领导的内涵界定存在三种视角:特质观把提出愿景、沟通愿景的能力作为愿景型领导的关键特征;过程观把愿景型领导视为由“构建愿景-沟通愿景-实践愿景”构成的连续过程;行为观认为,愿景型领导的核心要素是愿景沟通行为。

对愿景型领导的结构主要存在两种观点。第一种观点认为,愿景型领导是一个单维度的构念,仅包含愿景的沟通;第二种观点认为,愿景型领导是一个多维度的构念,包含愿景沟通、愿景内容两个关键要素,现有文献大多基于此,分别对这两个要素进行研究。

愿景型领导的影响因素可以分为个体和群体两个方面。

个体方面的影响因素包括价值取向、领导风格等。领导者的价值取向会影响下属对其领导风格的感知,当领导者表现出与原型相符的特质或行为时,更容易被下属归入这类领导者原型;领导风格对愿景型领导的影响主要体现为当领导者具有某种领导风格时,会倾向于设置具有相应特征的愿景。例如,具有变革型领导风格的领导者更可能提出高强度的愿景内容;相反,具有交易型领导风格的领导者更可能提出与工具性利益相关的愿景内容。

群体方面的影响因素包括组织规模等。组织规模会影响愿景的强度,规模较大的组织具有复杂的等级结构,身处其中的领导者需要处理较多的有关运营、流程和冲突方面的问题。在这种情形下,领导者很难提出高强度的愿景。反而是在规模较小的组织内,领导者更容易提出激励人心的愿景。

六、跨文化领导

在全球化语境下,组织管理者不仅要适应单一文化体系,还应善于在多种文化体系中实现跨文化领导。跨文化领导已经不再是一种选择,而是一种必需。

跨文化领导是一种追求知识的活动。由于跨文化领导是在具有差异性的文化交流过程中形成的,因此,跨文化领导者需要了解不同文化下的价值观念、风俗习惯、制度惯性,对知识素质的要求较高。

跨文化领导是一种在强化自我意识和尊重差异之间求取平衡的活动。对于跨文化领导者来说,强化自我意识比在传统的单一文化体系中显得更为重要。特别是对于高层领导者,需要在多种文化相互碰撞的过程中,通过自我意识的强化,把有效的领导理念和科学的决策贯彻到整个组织之中。值得注意的是,自我意识的强化并不意味着消除文化的差异,而是在尊重差异的基础上形成的。

跨文化领导是一种要求高反馈的活动。在单一文化体系下,人们由来已久的价值观念可以降低领导者在推行决策过程中的成本。因此,相对于跨文化领导来说,传统的领导活动对反馈的需求程度不那么高。但是,在多种文化碰撞与交流过程中,人们对于领导决策及领导方式的评判往往是基于不同的逻辑和价值观念,这就要求跨文化领导者能够及时、畅通地获取反馈信息,从而调整自己的行为,以提高领导绩效。

不同文化背景需要不同的领导风格,领导风格同时也会受到下属期望的影响。跨文化领导者必须根据下属的国别、组织、民族等文化特性调整自己的领导风格。例如,韩国的员工期望领导者具有家长作风,日本的员工更乐于接受谦逊少言的领导者;又如,专制或独裁型领导风格更适合于高权力距离的文化,参与型领导风格则在低权力距离的文化中比较有效。

本章小结

1. 领导是引导和影响个人或组织在一定条件下实现目标的行动过程,其实质是领导行为,核心是影响力。

2. 组织和激励是领导的基本功能。实现领导功能的关键在于领导者的影响力。所谓影响力是指一个人在与他人交往中,影响或改变他人心理与行为的能力,即被领导者对领导者命令、劝告及建议的反应。

3. 领导者的影响力可以分为强制性影响力和自然性影响力两种。

4. 特质理论也称特征理论,该理论力图从领导者本人所具备的特质中找出有效领导的特征,可分为传统特质理论和现代特质理论。

5. 行为理论主要从领导者的行为方式探索有效领导模式,代表性理论包括勒温领导风格理论、领导行为四分图、领导行为方格图和领导行为的 PM 理论。

6. 权变理论又称情境理论,它认为领导效率是领导者、被领导者和环境相互作用的结果,是一种动态过程。这一理论把领导看成是群体情境动力的过程,是当前人力资源管理心理学理论体系中比较推崇的理论。代表理论有:费德勒权变模型、领导行为连续体理论、领导生命周期理论、路径-目标理论、领导参与模式、领导成员交换理论。

7. 领导研究的新趋势有很多,包括魅力型领导、变革型和交易型领导、真实型领导、伦理型领导、愿景型领导、跨文化领导等。

思考题

1. 领导的主要功能是什么?如何实现领导的功能?
2. 简述领导特质论、行为论的主要观点。
3. 论述领导有效性理论对人力资源管理工作的启示。
4. 简述交易型领导和变革型领导的区别。
5. 你还知道哪些领导研究的新理论、新趋势?

案例

厂长们的领导方式

A:任厂长

汽车公司装配厂的任厂长从一上任开始,就不同意公司裁员的做法,他给厂里每个人机会以充分证明他们自身的价值。在他任期内,全厂 500 名职工中只有极少数人被解雇。他首先建造了供职工使用的餐厅和卫生间。午餐时,他还亲自上餐厅,跟职工打成一片。他倾听他们的抱怨,征求他们的意见和合理化建议,鼓励班组定期开会解决共同的问题,并通过“一日厂长制”等活动,创造一切可能的机会让职工参与全厂的长期规划。任厂长不仅坚持每日 2 小时在现场走动办公,而且还为管理人员和一线工人安排了解决问题的对话机会。通过对话,他希望管理人员了解如何为一线工人提供更好的服务,从而激发职工对企业的忠诚。他对下属关怀备至,下属遇到什么难处都愿意和他说,只要厂里该办的,他总是很痛快地给予解决,职工私下说他特别会笼络人。当然,任厂长也承认,装配厂生产效率暂时不如其他同类企业,但他坚信只要他的职工有高昂的士气,定会取得高的绩效。

B:严厂长

某钢厂的严厂长认为,对下属采取疏远的态度,对一个厂长来说是最好的领导方式,所谓的"亲密无间"只会松懈纪律。他一天到晚绷着脸,下属从未见他谈过任何工作以外的事情,更不用说和下属开玩笑了。他到哪个部门谈工作,一进门大家的神情都变得严肃起来,犹如"一鸟入林,百鸟压音",大家都不愿和他接近。严厂长把全厂的工作任务始终放在首位,在他看来,作为一个好的领导者,没必要去握紧每一个职工的手,告诉他们正在从事一项伟大的工作。他总是强调对生产过程、产量控制的重要性,坚持下属必须很好地理解生产任务目标,并且保质保量地完成。他经常直接找下属布置工作,中层管理人员常常抱怨其越级指挥,使他们无所适从。严厂长手下的几员"大将"被"架空"已成家常便饭。职工有困难想找厂里帮助时,严厂长一般不予过问,职工说他"缺少人情味"。久而久之,严厂长感到,在管理中最大的问题是下属不愿意承担责任,他们对工作并非很努力地去做。全厂的工作也只是推推动动,维持现有局面而已。

C:赵厂长

赵大伟是一位经验丰富的企业家。当某市齿轮厂严重亏损、濒临倒闭时,他开始出任该厂的厂长。他的管理哲学是:"管理既是无情的,又是有情的。对工人既要把'螺丝'拧得紧紧的,又要给予其温暖。"赵厂长对下属完全信赖,倾听建议并酌情采用。通过职工参与制,让下属参与生产与决策并给予物质奖励。所形成的全厂长远规划,请职工"评头论足",厂里上下级信息沟通快。鼓励下级自己做出相应决定。他认为,生产率的提高,不在于有什么奥秘,而在于职工及其领导人之间的那种充满人情味的关系。同时,他为员工做出了表率。赵厂长深有感触地说:"走得正,行得端,领导才有威信,说话才有影响,群众才能信服,才能对我行使权力颁发'通行证'。"他到该厂上任后不久,采取了一系列措施:树立效益以人为本的观念;推行融效率与人于一体的目标管理法,通过每个管理人员和职工为各自的部门和个人设置目标,并负责完成,想方设法提高工厂的生产效率;遵循系统管理和专业化分工的原则,综合考虑管理幅度和层次以及职权的合理划分,建立责权明确、分工合理的组织结构体系;突出产品质量和降低成本。在赵厂长上任后的一年里,齿轮厂的生产绩效有了显著提高。

资料来源:刘好. 管理学经典案例解析[M]. 厦门:厦门大学出版社,2018.

案例讨论:运用领导行为方格图,分析案例 A、B、C 各厂长的领导方式。

拓展资料

陈春花. 组织行为学[M]. 4 版. 北京:机械工业出版社,2020.

孙健敏,穆桂斌. 管理心理学[M]. 北京:中国人民大学出版社,2017.

苏慧杰. 管理心理学[M]. 北京:北京理工大学出版社,2018.

段万春. 组织行为学[M]. 重庆:重庆大学出版社,2020.

颜明健. 管理学原理[M]. 2 版. 厦门:厦门大学出版社,2017.

刘松柏,陈燕,张平淡. 管理学:基于能力的原理和方法[M]. 2 版. 北京:中国言实出版社,2018.

边文莉,叶龙,郭名. 真实型领导构念模型研究[J]. 领导科学,2015(32):44-47.

莫申江,王重鸣. 国外伦理型领导研究前沿探析[J]. 外国经济与管理,2010,32(2):32-37.

范雪灵,王小华. 愿景型领导研究述评与展望[J]. 经济管理,2017,39(12):174-189.

第九章

管理沟通

★ 本章需要掌握的内容 ★

1. 沟通的功能
2. 工作中人际沟通基本原则
3. 工作中常见的人际沟通问题
4. 积极心理治疗理论中的沟通关键冲突

现代社会的开放性和竞争性加剧,迫使我们必须成为高超的沟通者和信息管理者。要想在工作环境中处理好人际关系,我们不仅要熟练地对信息进行分类和排序,还要能与不同的人打交道,并与他人直接沟通。在工作中,进行充分的沟通能防止误解指令等问题出现,并且减少时间和精力的浪费,从而提高生产力。有效的沟通,对于个体获得一份满意的工作乃至个体职业生涯发展都很重要。

第一节　沟通概述

一、沟通的功能

研究表明,一个人除了睡眠之外,70%的时间用于进行这样或那样的沟通。沟通是人与人之间相互联系、进行交往的基本形式。个体可以通过沟通达到交流思想、传递感情、互通信息、愉悦身心等目的。组织和群体可以通过沟通使每个成员做到在适当的时机,将适当的信息,用适当的方法,传递给适当的人,从而形成一个健全又迅速有效的信息传递系统,这有利于组织目标的达成。从组织和人力资源角度看,沟通具有控制、激励、情绪表达和信息传递的功能。

(一)沟通可以控制员工的行为

员工必须遵守组织中的权力等级和正式的指导方针,这是组织中沟通控制功能的体现。非正式沟通也能控制员工的行为,如由于群体中某个人工作勤奋而使其他人相形见绌,其他人就会通过非正式沟通的方式控制该成员的行为。

(二)沟通是激励员工的基本手段

通过沟通可以明确告诉员工做什么,如何做,没有达到标准应如何改进。激励的方法和策略很多,如目标管理法、参与管理法等,每种管理方法都有激励作用,都要求管理者同员工保持持续、广泛的沟通和交流。

(三)沟通是释放情感的表达机制

对很多员工来说,工作单位是主要社交场所,在这里他们不仅交流信息,还可以通过沟通表达自己的挫折感和满足感,满足社交需要。

(四)沟通是正确决策的前提和基础

在决策过程中无论是问题的提出,还是评估各种可供选择的方案,都需要个体或群体掌握足够的信息,并进行充分沟通。没有沟通就不可能有正确的决策。

二、沟通的过程

沟通是一个动态过程。沟通发生之前,必须有一个"要被传递的信息",它在发送者与接收者之间传送。沟通时,信息首先被编码(转化为信号形式),然后通过载体(通道)传送给信息接收者,再由信息接收者将收到的信号转译回来(解码)。这样,信息就从一个人传给另一个人。图 9-1 描述了整个沟通过程,这一模型包括信息源、编码、通道、解码、收到的信息、噪声和反馈。

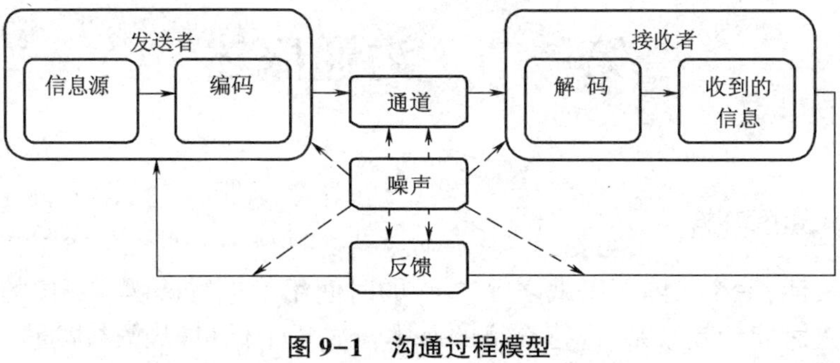

图 9-1　沟通过程模型

信息源把头脑中的想法进行编码而生成信息。信息实际上是经过信息源编码后的实体产品,如言谈话语就是信息。通道指传递信息的媒介,它取决于信息源。信息源必须确定何种通道是正式的,何种通道是非正式的。正式通道由组织建立,传递与工作相关的活动信息,并遵循组织中的既定原则;而个体与社会的信息则通过非正式通道传递。接收者是信息指向的客体,在信息被接收之前,接收者必须将通道中加载的信息翻译成自己能理解的形式,即对信息进行解码。噪声指的是沟通的障碍,它会破坏信息的明确性。噪声的可能来源包括认知偏差、信息过量、语言障碍和文化差异等。反馈是沟通的最后一个环节,通过检查信息传送是否成功、是否符合本意,信息发送者能了解自己的信息是否被接收者有效地理解。

三、沟通的种类

人际交往中的沟通形式多样,各自的特点和功能不同,适用的场合和人群也不尽相同。在管理实践中,根据不同目的选择合适的沟通形式,有助于增强沟通的有效性。按照不同的分类标准,我们可以把沟通分为不同类型。

(一)按功能和目的划分

按功能和目的,沟通分为工具式沟通和满足需要的沟通。所谓工具式沟通主要是指为了传达信息,同时也将传送者自己的知识、经验、意见与要求告诉接收者,以便影响接收者的感知及态度体系,进而改变其行为,以达到组织目标的沟通。满足需要的沟通则是指为了表达感情,消除内心的紧张,以求得对方的同情、支持、友谊和谅解,确立和改善与对方的人际关系,以满足个人精神需要的沟通。

(二)按方向划分

按沟通的方向,沟通分为下行沟通、上行沟通和平行沟通。下行沟通是指自上而下的沟通,即上级将政策、目标、制度、方法等信息传递给下级。上行沟通与之相反,是指自下而上的沟通,即向上级反映情况、问题、要求和建议,并且请求支持等。平行沟通,也称横向沟通,是指同一级相互之间的信息传递。

☞专栏 9-1 人际沟通的四个级别

总体来说,人际沟通有四个级别:适用于初次相识的传统沟通,适用于工作伙伴的探索沟通,适用于普通朋友的参与沟通以及适用于亲密朋友的亲密沟通。这四种人际沟通的层次随着彼此人际交往的深度增加而逐级上升。

通常,我们和陌生人或偶遇的人采用的是传统级别的沟通方式:尽量保持礼貌,开始了解,避免沉默,寻找或谈论无关痛痒的话题,缓解紧张的情绪。如"早上好","今天天气不错"……这也是沟通中最初的尝试。

探索阶段的沟通是面向事实和问题的,谈话也是非个人行为的。我们和同事、邻居、商业伙伴的沟通属于这个级别的沟通。通常,这种关系可能维持多年,但大家的交往仅限于业务,而非私人事情,更不会有自我表白。

当交往双方进入参与阶段后,人们不仅会谈论自己,还会有较多较深刻的自我表白。他们表达自己的感受,描述自己的经历,讨论自己的想法……交往的中心内容是私人的事务和话题。

我们把亲密级的沟通只留给少数加以选择的朋友(亲人)。在这个级别的沟通中,人们表白自己,和他人分享自己的秘密,并承担一定的风险。如“我感觉你不关心我”,“我想让你知道我吸毒”……这类沟通是亲密关系的象征,是双方深刻了解的结果。

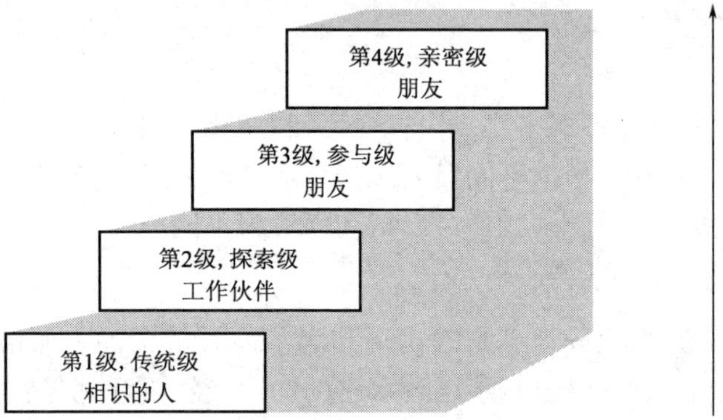

人际沟通的四个级别

(三)按方法划分

按沟通的方法,沟通分为书面沟通、口头沟通和非言语沟通。口头沟通和书面沟通从广义上说都是言语沟通,即以语言文字为工具的沟通。口头沟通是指运用口头语言进行的沟通,如会议、讨论、谈话、报告和电话洽谈等都属于口头沟通;书面沟通是运用书面文字符号进行的沟通,如通知、布告、文件、书信、报刊、电报、传真、电子邮件等。在沟通过程中,除了语言沟通外,人们还经常借助其他的沟通方式传递信息、交流思想感情,如交往距离、手势、动作、体态和眼神等,这些沟通方式一般统称为非言语沟通。非言语沟通是言语沟通的重要补充形式。

(四)按信息传递有无反馈划分

按信息传递有无反馈,沟通分为单向沟通和双向沟通。一般来说,单向沟通是指没有反馈的信息传递。单向沟通比较适合下列几种情况:①问题较简单,但时间较紧;②下属易于接受解决问题的方案;③下属没有了解问题的足够信息,在这种情况下,反馈不仅无助于澄清事实反而容易混淆视听;④上级缺乏处理负反馈的能力,容易感情用事。双向沟通是指有反馈的信息传递,是发送者和接收者相互之间进行信息交流的沟通。它比较适合于下列几种情况:①时间比较充裕,但问题比较棘手;②下属对解决方案的接受程度至关重要;③下属能解决问题,能提供有价值的信息和建议;④上级习惯于双向沟通,并且能够建设性地处理负反馈。

☞专栏 9-2　苹果公司的用户沟通之道

随着以博客、微博、微信、Wiki 以及社交网站等为代表的社会化媒体的广泛使用,企业开始将社会化媒体引入工作场景中,企业社交工作平台的概念也应运而生。常见的企业社交工作平台如表 1 所示。

表 1　常见的企业社交工作平台的类型

类型	典型软件应用
企业办公系统 +社交元素	钉钉、微洽、伙伴、金蝶云之家、今目标、明道企业社会化协作平台、泛微 OA、用友企业空间、北森 tita、纷享销客、i8 小时、Tower、Yammer 等
社交平台+办公场最	微信、微博、QQ、Facebook、Twitter 等

孙元老师等的研究表明,企业社交工作平台具有以下三个核心技术特征(见表 2)。

第一,可及性,是指用户通过企业社交工作平台所能获取的关于工作信息的范围和程度。企业社交工作平台具有一定的文档管理能力,用户可以方便地查找其他用户以往上传和分享过的文件;同时,企业社交工作平台中的分享和沟通往往更广泛,用户可以浏览其他用户间关于工作的沟通内容以及了解更多的同事。

第二,社交性,是指企业社交工作平台能为其用户提供社会交往空间的特性。在该类应用中,用户可以通过群组讨论等功能便捷地发起讨论,可以随时表达自己的想法和疑问,可以和其他用户进行有趣的互动。社交性的特征能让用户更多地观察到别人的互动,以及更容易地参与群体的讨论,从而使用户更容易熟悉不认识的人,有助于彼此间建立起更多的社会关系。

第三,交互性,是指该类软件具有为用户提供可设置、编辑及修改内容的特征,比如,企业社交工作平台中的用户可以设置自己的虚拟形象,可以在软件里编辑及修改内容;为用户提供边界的交互通道,整个系统的信息更新、流转及用户间资源交换的频率将明显加快,用户间的关系将显著加强。

表 2　企业社交工作平台技术特征各变量及典型条目

变量	条目数	典型条目
可及性	27	一位内部审计师:我们一般会把常用的文档共享在里面(QQ 群),大家都可以自由下载

续表

变量	条目数	典型条目
社交性	39	一位项目经理：微洽是有微会议功能的，很方便就能把相关人员拉进来，能够快速有效地开展讨论
交互性	20	一位IT主管：在这个社区上每个人都能很容易发布自己想发布的帖子，不管是关于自己的工作感悟也好还是对于公司的建议也好

总的来说，企业社交工作平台是在传统企业工作系统的基础上融入了社会化媒体的元素，或把社交平台运用在工作场景，有别于以“数据和流程为核心”的流程支持信息技术，以一种“员工为核心”的新一代沟通支持信息技术，它注重开放和平等，有利于打破企业中的层级障碍，使得企业内部的信息流通更顺畅，同时它在设计上还注重实现员工间的实时协作和知识共享，有助于企业内部知识的分享和创造，对员工在线的社会网络起到了提升作用，如图所示，最终提升员工的工作绩效。

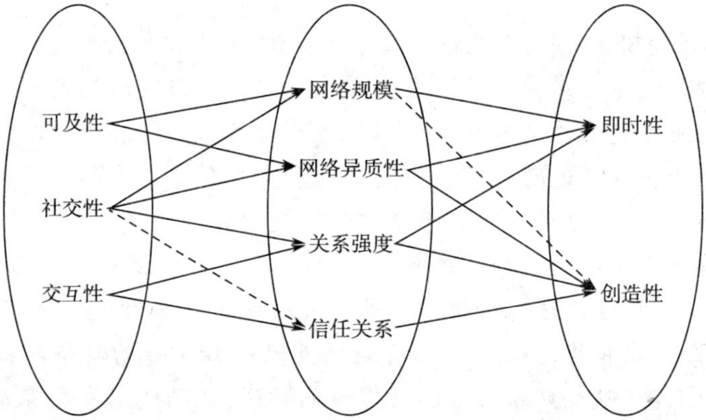

从在线社会网络的视角观察企业社交工作平台，识别企业社交工作平台的核心技术特征，有助于我们深入了解和运用这一新兴的信息技术服务于企业。

资料来源：孙元，贺圣君，尚荣安，等．企业社交工作平台影响员工即兴能力的机理研究[J]．管理世界，2019(3)：157-168.

最后，我们需要澄清一下，本节的沟通都是在微观的个人一对一的层面进行描述的。但事实上，沟通还包括内部的、纵向的互动，管理者需要理解每一层面的动态，才能改善组织沟通。整体而言，一对一的沟通、小群体的沟通、大群体的沟通、外部社会中聚集式沟通或者民众的自发行动，沟通关注的焦点、方式都会不同。

所谓的误解是表达者的宿命。误解的原因很大概率是由于沟通渠道中的要素在表达者和接受者之间出现了偏差和错位,仔细分析沟通要素构成和表现,会有效提高沟通效率。

第二节 人际沟通

沟通的类型十分复杂,而且几乎每一种类型的沟通都和我们生活密切相关,如语言沟通与非语言沟通、口语沟通和书面沟通、正式沟通和非正式沟通。这里我们聚焦于和个人内沟通相对应的人际沟通问题。要知道,沟通不仅可以在个人与他人之间发生,也可以在个人自身内部发生,自言自语是最明显的自觉的个人内沟通过程,而人际沟通特指两个人之间的信息交流过程,这是一种与我们的日常生活关系最为密切的沟通。本节涉及的沟通问题更多是有关人际沟通的知识。

一、人际沟通网络

人际沟通网络是指人际沟通的结构。研究表明,在工作环境中,群体信息和意见沟通存在不同的结构模式。其中正式群体和非正式群体各有一些典型的网络结构。不同的网络构成对群体行为产生不同的影响,进而制约群体的工作绩效。

(一)正式的人际沟通网络

正式的人际沟通网络,是指按照正式的权力系统构成且只进行与工作有关的信息沟通。图 9-2 描述了五种基本的人际沟通网络类型:链式、轮式、环式、全通道式和 Y 式。其中,链式(a)严格遵循组织的命令系统,是单一渠道的垂直沟通;轮式(b)把领导者作为群体所有成员沟通的核心,通常也是垂直式的;环式(c)相当于链式网络的封闭控制结构,是两两之间的沟通,可以是垂直的,也可以是横向的,还可以是垂直和横向结合的;全通道式(d)允许所有的群体成员相互之间进行积极沟通,是最不具层次性结构的沟通形式,沟通方式活跃,常见于同一工作组内的员工或委员会成员之间的沟通;Y 式(e)又称秘书关键式,兼有链式和轮式的特点,是较复杂的垂直沟通。

那么,在工作环境下哪种人际沟通网络更好呢?巴弗拉斯(Bavelas)和巴莱特(Barrett)曾从速度、准确性、士气和核心人物四个方面对不同的人际沟通网络进行了比较(见表 9-1),结果发现,没有一种网络在所有的情况下都能保持最好。由此可见,人际沟通的目的、要求不同,所适用的人际沟通网络也不同。如果有效是指速度快与容易控制,则轮式网络较好;如果有效是指成员满意度和解决复杂问题效果较好,则环式网络较好;如果组织庞大,则链式网络较好;如果主管事务繁重,则采用Y式网络较好。此外,由表9-1还可以看出,不同的沟通网络形成不同的组织权威结构,如轮式代表集权,环式代表分权,链式代表分层,Y式代表秘书受领导者的委托,负责沟通。

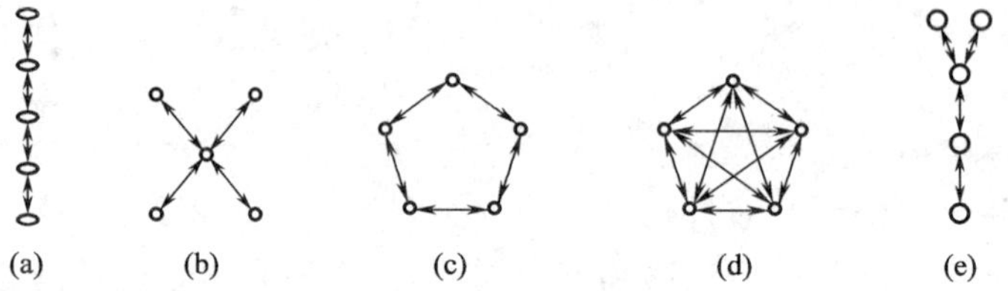

图9-2 各种沟通网络示意图

表9-1 各种人际沟通网络的比较

指标	链式	Y式	轮式	环式	全通道式
速度	适中	适中	快	慢	快
正确性	高	高	高	低	适中
士气	适中	适中	低	高	高
核心人物	适中	适中	高	无	无

(二)非正式的人际沟通网络

信息并不总是沿着正式沟通渠道传播,很多信息也在非正式渠道中流传。所谓非正式的人际沟通网络,是指人们不是在组织系统中沟通信息,而是在私下沟通信息。非正式人际沟通网络常被称为小道消息或传言,它可以自由地指向任何方向,并跳过权力等级,满足群体所有成员的社会需要。

对于任何组织或群体的人际沟通网络,小道消息都是重要的组成部分,它可以起到缓解员工焦虑情绪的作用。研究表明,如果情境对我们很重要,但又无法确定,就容易激起人们的焦虑情绪。而组织中的许多情境,如结构的重组、新领导的任命、人员的调整等,在未正式实施之前必然具有一定的保密性和竞争性。这些事件可能激起员工的焦虑感,此时小道消息就会出现。如果通过小道消息,人们的愿望和期待得不到满足,焦虑得不到缓解,则小道消息会一直持续下去。

☞专栏9-3 如何对待传言

管理者对组织中的传言往往有难言的感受。一方面,他们知道传言是有害的,能破坏正式沟通渠道,尤其在所传信息有误的时候更是如此;另一方面,他们也想知道传言的内容,以便了解隐蔽的企图或潜藏的问题。

聪明的经理会有选择地利用传言。他们知道传言是自然现象,不会听而不闻,也不会神经过敏。说些悄悄话,可以使人们之间的距离缩短,部分缓解彼此的压力,表达关怀。重要的是,经理要避免自己被人认为也是传言的接收者或传递者。他们可以通过推心置腹的下属、同事了解传言的缘起和内容。对无伤大雅的传言,一笑置之;对于可能伤害特定对象或损害组织整体绩效的传言,积极寻求补救措施,防止事态扩大。

研究表明,通过非正式渠道传递的信息有75%的内容可能是不准确的。也就是说,非正式渠道有导致歪曲事实或编造谣言的消极作用。因此,在非正式人际网络客观存在的情况下,应尽量使小道消息的范围和影响限定在一定区域内,并使消极影响降到最低。

二、人际沟通的基本原则

(一)可依赖性原则

工作中的沟通应以信任为基础,彼此信任的气氛是人际交往"双赢"的前提。工作环境中信任气氛的营造应由组织机构负责,而被沟通者应相信沟通者传递的信息,并相信沟通者在解决他们共同关心的问题上有足够的能力。

(二)一致性原则

工作中的人际沟通在方式方法上要与所在组织的氛围和文化相吻合,其方式方法必须建立在对所在单位人际环境充分调查研究的基础上,行为方式和处事原则也要与整体人际环境相一致。

(三)内容决定态度原则

工作中沟通的信息对接收者来说必须具有意义,必须与接收者原有的价值观具有同质性,必须与接收者所处的环境相关。一般来说,人们只接受那些能给他们带来更大回馈的信息。信息的内容决定了公众的态度。

(四)明确性原则

工作中用来沟通的信息必须用简明的语言表述,所用词汇对沟通者和接收者来说具有同一含义。同时,多个权威对同一问题的口径一定要统一,不能有多种口径。

(五)持续性和连贯性原则

沟通是一个没有终点的过程,工作中的人际沟通要达到渗透的目的,就必须对信息进行重复,并在重复的过程中不断补充新内容。

(六)渠道多样化原则

沟通者通常会利用现实社会生活中已经存在的、被沟通者日常使用并习惯使用的信息渠道。在人际沟通过程中,不同渠道的信息在不同阶段具有不同的影响,所以,应有针对性地选用不同渠道,以达到向目标人群传递信息的目的。

(七)考虑被沟通者的接受能力

要想达到好的沟通效果,必须考虑沟通者的接受能力。在工作环境中需要考虑被沟通者的能力,包括接收信息的习惯、阅读能力和知识水平等。

三、常见的人际沟通问题

工作中的沟通问题时有发生,很多因素都会影响人际沟通的效果。一般来说,中性或常规的信息最容易准确传递,而复杂信息或牵涉情绪的信息则容易被曲解。此外,人的情绪状态、知识水平、个体偏见、态度和技能等也会在某种程度上影响人际沟通的效果。工作中常见的人际沟通障碍有以下几点。

(一)信息失真

沟通模型中的大部分因素都可能导致信息失真,进而影响沟通目的。在工作中,环境、时间、思考过程和心态等会分散人的注意力,使信息接收者得到的信息与发送者原本意图不完全一致。编码不认真,发送者发送的信息就会被减少;信号选择不当、信息内容混淆,会使接收者无法感知到发送者的真正意图;信息通道不畅或噪声过高,也会导致沟通失真。信息失真的典型心理表现是曲解和过滤。

曲解与注意力分散有关,代表的是意图传播信息与实际传播的信息之间的差距(见图 9-3)。曲解普遍存在于人际沟通中,通常人们会尽量把想要表达的意思解释清楚,以免发生误解。过滤从某种意义上来说也是一种曲解,它是指信息发送者有意操纵信息,以使信息对接收者更有利。过滤的主要决定因素是组织结构的层级数,组织垂直的层级越多,过滤的机会就越多。只要存在地位差异就会有过滤。

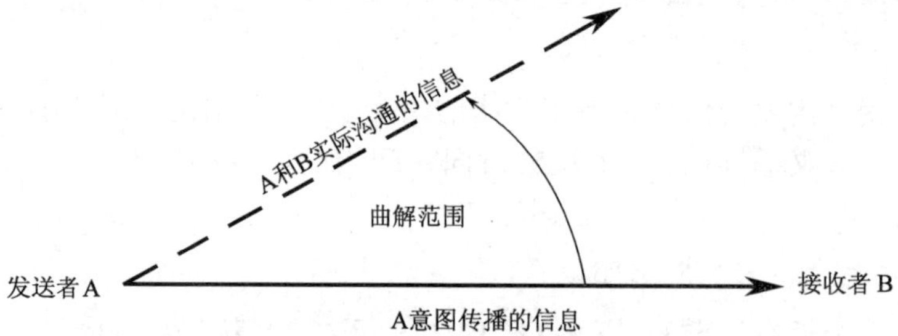

图 9-3　人际沟通曲解的范围

（二）选择性知觉

选择性知觉是指信息接收者根据自己的需求、动机状态、经验、兴趣、地位、背景和个性等因素有选择地提取和处理信息，并在信息上负载个人期望，信息解释呈现差异性。例如，生产部门、销售部门、供应部门的主管关心的内容并不一样，在成堆的信息中，他们总倾向于强调与自己有关的内容的重要性，于是在总经理面前都觉得自己的事情应该优先处理。

（三）情绪

在接收信息时，接收者的情绪也会影响到他对信息的解释。不同的情绪感受会使个体对同一信息的解释截然不同。极端的情绪体验，如狂喜或悲痛，都可能阻碍有效的人际沟通。人们在极端的情绪状态下无法理性而客观地思维，多数时刻会做情绪化判断，使人际沟通无法达到预期效果。

（四）语言、语义

语义是指赋予个体词语的含义。每个人都可能赋予同一个词不同含义，甚至可以在不同环境下给相同的词语赋予不同的含义。在工作环境中，人们通常有不同的背景，并在不同的场合发展自己的行为和技术语言。如果我们能了解其他人是如何修饰语言的，人际沟通中的障碍将大大减少。遗憾的是，人们常常以为他人与自己有着一样的语言风格，或者认为接收者和自己对词语的理解相同，而这个假定完全错误，所以人际沟通障碍不可避免。

（五）防御性

良好的人际沟通依赖于组织和沟通的氛围与文化，支持性的沟通会使人们更愿意倾听，交往双方更坦率、更容易理解，沟通目标也更容易实现。而防御性沟通更多地与猜疑和不信任，甚至心理阻抗有关。当信息接收者觉得发送者沟通的目的带有评价、控制、优越、炫耀、不置可否或模棱两可时，他便会产生抵触心理，或者减少、拒绝接收信息，或者曲解接收到的信息。在工作中，这样的情况意味着低绩效。

（六）沟通焦虑

一些人在沟通过程中总是存在某种程度的沟通焦虑或紧张，他们会回避那些引起紧张的情境，如果无法回避，就会把沟通需要降低到最低水平，进而歪曲工作中的沟通要求。比如，如果口头沟通的焦虑者发现自己很难与其他人面对面交谈，或者对打电话等直接交流手段感到发怵，他们也会依赖于备忘录或信件手段等传递消息。

四、有效的人际沟通方法

(一)使用多种渠道

使用多种渠道传递信息,可以提高人际沟通的有效性。首先,不同的沟通渠道可以让信息接收者获得多种感官刺激;其次,使用不同渠道重复一条信息能够强化接收者对它的理解,从而减少曲解的可能;最后,人们理解吸收信息的能力各有不同,有些人容易理解书面信息,有些人则擅长口头沟通,还有些人准确感知非言语信息的能力比较强,多种角度和渠道的沟通可以最大限度地保证沟通信息的真实、准确。

(二)运用反馈

工作中,很多人际沟通问题是由于误解和信息不准确造成的,如果我们能很好地保障反馈环节在沟通过程中发挥作用,人际沟通中的障碍和矛盾将大大减少。这些反馈包括口头的、书面的和非言语的。运用反馈的方式可以是询问,也可以是让接收者复述。如果复述的信息正确,说明接收者对信息的理解和准确性增强。反馈比直接提问或由接收者总结信息更微妙,它可以让发送者了解信息接收者的反应。此外,及时反馈、绩效评价、工资调整和改变决策,往往代表着重要但更微妙的反馈方式。

(三)使用简单的语言

语言可以帮助我们更好地沟通,有时也可能成为沟通的障碍,所以信息发送者应在沟通前把自己的意思组织清晰并使之容易理解。发送者应谨慎用词,简化语言,使接收者易于迅速、准确地把握,避免误解。

(四)积极倾听

这里讲的"倾听"不同于普通的"听"。普通的听是被动的,倾听则是主动的,是同发送者一同进入主题、思考主题。倾听在人际沟通中扮演着积极主动的角色。接收者在积极倾听时,更注重从发送者的态度、兴趣、需要和期望角度考虑问题,也更重视理解信息的真实含义,因此,获取的信息更全面,也能防止因成见和不连续造成的信息曲解。

☞专栏 9-4　有效的倾听

下面的建议可以帮助我们成为有效的倾听者。

保持眼睛接触。我们用耳朵听,但人们通过观察眼睛判断我们是否在听。保持眼睛接触可以集中人们的注意力,减少精神分散的可能和鼓励发言者。

表现出肯定地点头和适当的面部表情。肯定地点头和适当的面部表情,并辅以良好的视线接触,这些非言语信息都表明他正在认真倾听。

避免走神的动作或手势。表示兴趣的其他方面是避免出现走神行为,许多行为例如看手机、回复信息或观看视频,会使信息发送者觉得接收者很厌烦或没有兴趣。

提问。提问使问题得到阐明,确保理解,并使发送者相信人们都在认真倾听。

解释。有效的倾听者经常使用这样的语句:"我听到你说的是……"或"你的意思是……"解释行为可以很好地检验一个人是否认真倾听,也有助于听得更准确。

避免打断发言者。让发言者说完自己的想法,不要试图猜测发言者思想将往何处去。

不要口若悬河。大多数人宁愿说出自己的想法而不愿听别人说,很多人听别人说,仅仅是因为这是他人听自己说话的代价。说话比较有意思,而沉默会使人不舒服,但不可能在同一时间既说又听,好的倾听者应认识到这一点,不要口若悬河。

(五)克制情绪

人际沟通不可能是纯理性的,尽管我们知道情绪能严重阻碍并曲解信息的传递,但我们仍可能受情绪的控制。如果我们讨厌某件事,我们就可能排斥即将到来的信息,也不去坦诚地表达我们的想法。这种时刻最好的方法是冷静下来,深入沟通。

第三节 职场中的人际沟通

从某种意义上说,沟通是管理的本质。人际间的相互交往,与上司、下属和周围人之间的协调、决策、计划、组织、领导和控制都离不开信息的沟通。管理活动的实践表明,管理者约70%的时间用于和他人沟通,剩下的30%左右的时间用于分析问题和处理相关事务。由此可见,管理者很有必要掌握与他人沟通的技能,同样,被管理者不仅需要专业的知识和技能,也需要具有与他人沟通的能力。著名组织管理学家巴纳德(Bernard)认为:"沟通是把一个组织中的成员联系在一起,以实现共同目标的手段。"没有沟通就没有管理,沟通活动贯穿在各种管理活动中,需要协调的管理活动都离不开有效地沟通。

一、有效沟通

不可否认,组织中的人们不可能不进行沟通,即使沉默也是在传达一种态度。

对于任何一位沟通者,尤其是管理者需要对沟通有一个基本的认识:沟通指的是组织中被理解的信息而非发出的信息。然而从某种意义上讲,每个人都是管理者。个体管理自己的时间,管理自己的工作量,管理自己在组织中的角色、代表组织与外界交流。如果个体运用有效沟通,他们就能在组织中产生更广泛的影响。下述有效沟通原则可以促使每一次的交流都能在开放的、鼓励性沟通中进行。

(一)采用恰当的沟通方式

组织沟通的方式很多,既有正式沟通,也有非正式沟通;既有上行沟通,也有平行沟通、下行沟通。针对不同的信息内容,针对不同的沟通对象,不同的沟通方式获得的沟通效果不同。比如,从沟通的速度上看,口头沟通和非正式沟通优于书面和正式沟通;从反馈性上看,口头沟通比书面沟通更快获得立即的反应;从可控性看,在公开场所宣布的消息很难控制沟通范围和接受对象。因此,根据不同沟通渠道的性质特点,采用恰当的沟通方式对增强组织沟通的有效性十分重要。在这里我们希望大家关注平时更容易被人忽视的非语言沟通方式。

非语言沟通是指使用语言之外的方式传递信息。这种信息有时伴随语言沟通发生,有时单独出现。一般而言,非语言沟通的最大目的是要传送信息背后的情感,如果你认为情感是实现有效沟通的基本内容,就必须重视非语言沟通。

艾伯特·梅拉宾(Albert Mehrabian)统计了沟通过程中的所有三种要素的相对权重,如图 9-4 所示。关于这个图我们需要解释一下:这个研究不是告诉我们沟通的 93%由非语言沟通完成,而是告诉我们信息的不同要素对于他人情感的影响的大小,也就是说这个图并没有体现信息本身内容的重要性;或者我们可以更明确地说,语言沟通的内容的重要性毋庸置疑。

非语言沟通除了图 9-4 包含的面部表情和音调、音量外,还包括诸如姿势、手势、个人外表、人与人的距离。身处不同文化的人,其非语言沟通也有差异,如果能认清这些差异,个体就能和其他文化的人保持更为顺畅的沟通。在和其他文化的人交往以前了解这些差异可以有效避免跨文化沟通冲突,或者更保守的办法就是尽量减少使用非语言信号,避免其他文化人士对这些信号的误读。

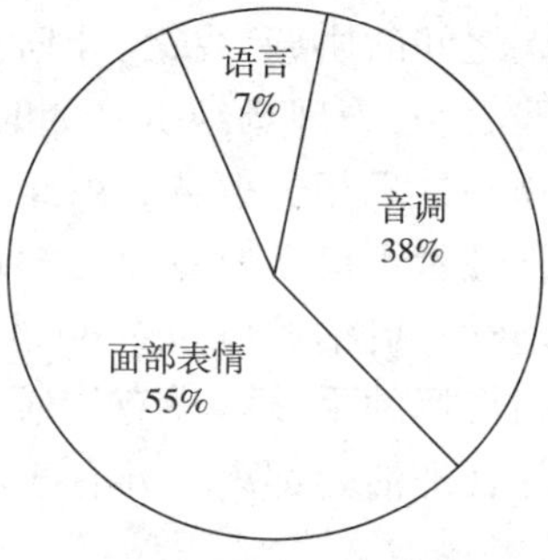

图 9-4　情感对信息的影响

(二)正确使用语言文字

有效地沟通不满足于信息的被接收,而是需要信息被理解。语言使用不当,可能造成理解上的偏差和偏见。选择适当的语言有助于信息表达的明确清楚。语言沟通可以分为口头语言沟通和书面语言沟通。其中,口头语言沟通在组织内部有面对面的访谈、各种会议、培训、演讲等形式,在组织外部有宣传、推销、调查等形式，口头沟通一般具有亲切、生动，有更多表情语调等非语言增强沟通效果，及时反馈，具有灵活、随意应变的特点，当然这都是以说者沟通能力为前提的。同时，沟通不可避免地存在不利于准确表达的问题。因此，在正式的组织沟通中，书面语言沟通因其权威性、正确性、不容易产生歧义、可以永久保存的优点，而占据重要地位。书面沟通在组织中有文件、布告、通知、备忘录等形式，在组织外有市场调查问卷、广告等形式。书面沟通的缺点也是显而易见的：传播速度慢，缺乏反馈，接收者接收意愿不够主动等。

但无论是哪一种语言沟通，都需要语言文字表达的激励性。表 9-2 中的示例告诉我们，一样的事情，不同的文字表达会导致接收者接收到不同的信息。总而言之，沟通中需要选择适当的语言文字，使信息表达清楚明确，无论是口头交谈还是书面交流的形式，都要力求准确地表达自己的意思。同时，作为表达者，需要了解对方的接受能力，根据对方的具体情况确定自己的表达方式和用语；正确选择词汇、语调、标点符号，注意逻辑性和条理。

表 9-2　消极语言和积极语言示例

编号	消极语言	积极语言
1	这是我们的结论，不信可以看我们的报告	经论证我们得到一个很有意思的结论
2	别忘了在下班前把货送到	请在下班前把货送到
3	我希望您对此满意并继续订货	您的满意是我们的服务宗旨
4	这次的报告写得好多了	这次的报告写得更好了
5	我们不允许刚刚参加工作就上班迟到	对刚刚参加工作的人，保证按时上班很重要
6	免费早餐仅限于 20 元内，超出部分请自付	您可以免费享用 20 元以内的早餐
7	外派工作本身就是不确定的，困难比较多	外派工作非常有助于你的职业生涯，但也的确需要克服一些意想不到的困难

（三）积极倾听

正如前文所述，听见和倾听不同，听见是一个生理过程，倾听是一个集中注意力于所听见的声音的有意识的行动。在双向沟通中，倾听技能越好，就越有可能进行广泛而有效的交流和沟通。人们都愿意向他人倾诉自己的不满和怨言，却很少有人能够耐心地倾听他人的倾诉。事实上，倾听不只是一个是或者否的现象，还有程度的不同。

1. 倾听的种类。根据一般的定义，倾听要求一个人投入或专心。表 9-3 列出了各种倾听的种类和不同的特征。

表 9-3　倾听的种类

倾听的种类	特征
随意地	最不费劲的，如看电视、听广播、看短视频和抖音
关注地	要求分析信息、记住内容、向说话者提问
专心地	完全理解说话者的观点、价值观、态度、情绪和感情

除了需要保持积极和专心外，倾听还要求个体暂停其他的脑力活动，尤其是对所听内容的评价。罗杰斯等人相信，“评价倾向”是人际沟通中最大的障碍，个体可以通过学会“理解地倾听”来改进他们的沟通。理解地倾听要求专心再加上设身处地地为他人着想，从内心站在说话者的位置，从说话者的参照框架或视角考虑对方表达的观点和态度。

2. 倾听涉及自我理解。多数的沟通理论认为，人的内心或个体的意识层面是清晰的，但心理学家并不这么认为，人的意识复杂，个体是所有沟通的中心，如果没有认识到自我意识，我们就无法全面理解沟通过程的这一中心部分。更多地了解我们自己不仅对于我们的沟通而且对于我们在广泛的生活领域中的表现都具有至关重要的作用。乔哈里窗为我们提供了在沟通中看待个体的一种视角。

☞ 专栏 9-5　乔哈里窗简介

乔哈里窗是一个四象限的矩阵，以信息对自己和别人已知或未知，将自我划分为四个：公开的、隐藏的、看不见的和未知的，如图所示。

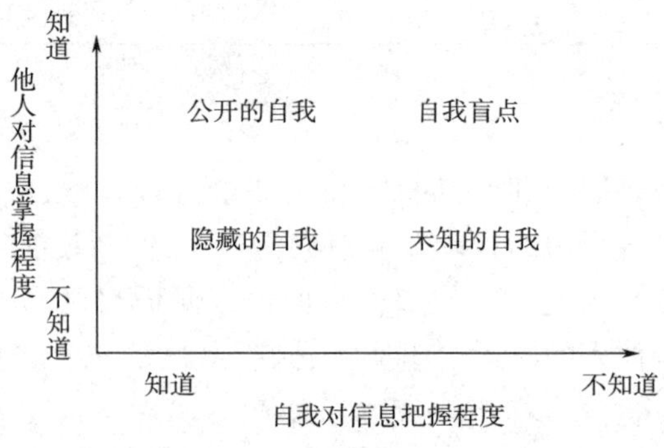

公开的自我代表了我们了解自己所有的信息、行为、态度、感激、愿望、动机和想法,同时他人也知道这些。

隐藏的自我包含了所有我们自己知道但却没有和他人分享的事情,即所谓的秘密。我们对于秘密的态度有两个极端:过分暴露或者过度掩藏,大多数人的表现是处于两者之间,进行有选择性地暴露。

自我盲点是他人了解自我但我们自己却茫然无知的内容。有些人的自我盲点非常大,看不到自己的问题,而有些人的自我盲点很小,也就是他们很了解自己。

未知的自我代表了那些我们和他人都不知道的存在的真相,很多时候我们忽视了它们的存在,但我们必须明确一个观点:它们是人类心智的重要组成部分。正如精神分析强调的无意识是如此重要,如果未知的自我是导致个体问题的根源,我们就不能忽视它的存在,求助于专业咨询师就是一个明智的选择。

乔哈里窗对于我们的有效沟通有相当的指导意义。

首先,它提醒我们公开的自我越少,沟通越流于客套和表面。要知道,作为交换的沟通取决于自己对他人的公开程度。如果我们不让其他人了解我们,我们和他人的沟通就变得困难。当然,这也不是让我们对任何人在任何场合下都要知无不言言无不尽。有效地管理沟通有赖于培育公开沟通所需要的公开自我的氛围。

其次,乔哈里窗给我们提供了一种观察人们在组织中如何沟通的视角。如果说话者自以为自己描述得清楚,而听众不知所云,那就说明说话者可能有意隐藏自我而不是公开自我;如果听众表现出困惑甚至反驳,你要马上提醒自己沟通可能进入了自我盲区,思考问题的过程中,要有和他人积极沟通的意识,这样可以有效避免个体长时间陷入自我盲区而不自知的境地。

最后,乔哈里窗进一步强调了我们需要意识到的一个沟通前提:人的沟通是内在的,由我们的个性类型驱动;我们处理信息的方式是不同寻常的,我们选择自己内在过程的方法也可能是不同的,所有人处理和分析他们内在过程的方式都不一样,认识到这些区别,并尊重这些区别对于管理沟通至关重要。当人们一起工作时,管理者可以用乔哈里窗作为沟通的指导框架,不要纠结于沟通对话中所谓的对或错,而是在变化的认知框架中,渲染公开自我的鼓励性沟通氛围,这样会有助于实现有效沟通。

总之,倾听不仅对个体重要,倾听过程对管理者更加重要。我们还要再次强调,倾听与听见不同,倾听要求集中注意力,既要能够听见,也要能正确地评价信息。对于管理者而言,没有倾听意味着重大沟通损失;对于员工而言,管理者不听或者缺乏注意力,意味着被忽视、不被理解。为了防止这样的损失,管理者可以遵循某种实践原则去倾听。管理的有效性要求管理者必须保持安静,闭上嘴巴去倾听。

二、沟通障碍

沟通障碍是指导致信息在传递过程中出现的噪声、失真或停止的原因或者因素。沟通是一个过程，在这个过程中的各种沟通要素都有可能造成信息沟通的障碍，最为典型的障碍有来自传送信息者的目的不明、表达含糊，接受方的过度加工、知觉偏差，以及沟通渠道不畅。这里我们把关注点放在以下两个方面。

（一）沟通焦虑

所谓的社交恐惧症受到越来越多的关注。有效沟通的一个重要障碍是沟通焦虑。有研究表明，大约5%~20%的人有某种程度的沟通焦虑或紧张，具体表现就是人们感到脉搏加快、呼吸加速，身体处于应激状态，人的思维和反应都会变得不够稳定，身体消耗明显增加。多数人害怕在人群面前说话，沟通焦虑会造成更多的沟通问题，造成信息发送者把精力集中于沟通信息的内容，信息接收者也无法专心于接收信息的含义。

（二）沟通的关键冲突

沟通是让对方理解并接受自己的观点，所以对方是个体沟通中考虑的核心。为了让对方更好地理解自己的表达，在沟通信息的组织上要全面对称、简明清晰并注重礼节，找到说者和听者的平衡，扫除沟通障碍。

第四章有关个体差异的理论介绍中，我们已经初步了解了积极心理治疗理论中个体现实能力的概念。作为一种心理治疗方法，积极心理治疗理论是这样理解心理障碍和疾病的：如果个体的现实能力在它们的发展过程中受到阻碍，或者被忽视，或者各种能力发展不均衡，出现公开或者隐蔽的心理冲突，个体就更容易生病。积极心理治疗理论着眼于冲突和苦恼的积极方面，把病人理解为有自助能力的个体，强调挖掘个人现实的和潜在的能力，从而达到治疗的目的。这个理论提醒我们应该在管理工作中关注个体现实能力的发展和表现，具体到沟通障碍问题，也是同样的。

佩塞施基安指出，各种心理冲突的性质不同，作用大小和影响范围不同，其中“礼貌/坦白”是积极心理治疗理论中的关键冲突；作为“开关机构”，关键冲突决定着进一步解决冲突的方向。

当然，积极心理治疗中礼貌和坦白的含义远远比词典中的定义更丰富。礼貌是指自我适应能力、对放弃欲望的代价及情绪上的反应；坦白是指由能克服阻力满足需要、和自己相处、承担伴随着过激言行所带来的危险的程度。具体到沟通，礼貌更多表达的是个体对于听者需求的关注和接纳，坦白更多表达的是个体对于自身需求的关注和表达。礼貌/坦白这对关键冲突的表现大体是这个样子的：一个人越是压抑对对方的侵略和进攻性，为了别人的利益压制自己的愿望，一个人就越礼貌，我们可以把礼貌看作是一种得到他人关照和承认的社会工具；同时，坦白的人会表达自己的想法，说出自己的需要和兴趣。

很多时候，人们会把有效沟通理解为设身处地替对方考虑、满足对方需求，同时忽略自己的需要，用积极心理治疗的关键冲突解读上述表现就是高礼貌、低坦白。在积极心理治疗理论中，并不会把这种沟通看作是有效沟通。如果说积极心理治疗理论将礼貌看作是说者对听者需要的接纳，而将坦白看作是说者对自己需要的表达，那么高礼貌低坦白意味着听者可能很难意识到说者做出的牺牲，低礼貌高坦白往往意味着说者的自我中心，完全不考虑听者的立场和感受。这就意味着无论是高礼貌低坦白还是低礼貌高坦白，都不能同时满足听者和说者的沟通需要，也就是都存在沟通障碍。消除沟通障碍，实现有效沟通的办法是高礼貌高坦白的沟通方式。

☞ 专栏 9-6　关键冲突中的礼貌表现

礼貌在文明社会中天然具有其道德上的肯定意味，但作为积极心理治疗理论中的现实能力，佩塞施基安一如既往地强调能力水平的适度。这个观念和我们东方文化中的“中庸”思想遥相呼应，相得益彰。我们可以从下面的模拟实例中感受一下过度礼貌的问题。

平安夜不平安

小白受到好朋友小葵的邀请，于 24 日晚 6 点到小葵的家里过平安夜，到时还会有很多好友到场。小白是个非常有礼貌的人，让我们来看看那天晚上的小白。

小白一身正装来访，着实让小葵吓了一跳，小白送上了自己买的礼物——水果、饮料，还有很多零食。小葵很不好意思地收下了。轻轻地走进屋后，小白说明自己特意早些到是想帮忙，可是不巧，小葵家的厨房不大，根本就容不下两个人，小白一进去反而给小葵添了不少乱，小白又是一通道歉。小葵的好朋友陆陆续续到来，小白知趣地退出厨房，和朋友们会合。到了吃晚饭的时候，作为主人，小葵一一为大家倒酒，到小白那里时，小白急忙站了起来，双手托起杯子，小葵尴尬地笑了笑说：“都是朋友嘛，不要这么客气啦。”大家都笑了，小白也不好意思地点了点头。饭桌上大家有说有笑，而小白却很安静地吃饭，每一口都很文雅，时不时还用纸巾擦去嘴上的油渍。大家看着斯文的小白，都下意识地收起自己的放松态度，不自在的人多了场子就有些冷。晚饭用完后，大家坐在客厅聊天、看电视。到了吃水果时间，小葵给大家准备了丰盛的水果，小葵拿了一块橙子给小白，小白站起来忙说谢谢。小葵无奈地笑了笑说：“今天是平安夜，又不是感恩节，你说了那么多次谢谢，我都不好意思了。”小白茫然地点了点头。美好的一夜结束了，大家纷纷向小葵告别。小白说:“小葵,非常谢谢你今天周到的款待,给你添了很多麻烦,真是不好意思了。”小葵笑着摇了摇头,一种陌生的感觉涌上心头。

过度礼貌的小白让小葵产生了距离感:太过正式的服装,过于客套的行为;过于文雅的就餐,过于频繁的道谢。也就是说,适度礼貌很重要,过度礼貌会让人产生陌生感,甚至会有不真诚的感觉。

本章小结

1. 沟通具有控制、激励、情绪表达和信息传递的功能。

2. 工作中的人际沟通需要注意以下原则:可依赖性原则、一致性原则、内容决定态度原则、明确性原则、持续性和连贯性原则、考虑被沟通者的接受能力。

3. 工作中常见的人际沟通问题包括信息失真、选择性知觉、情绪、语言/语义、防御性和沟通焦虑。解决人际沟通问题的方法主要有使用多种渠道、运用反馈、使用简单语言、积极倾听和克制情绪。

4. 依据积极心理治疗理论的观点,沟通中的关键冲突是礼貌和坦白。消除沟通障碍,实现有效沟通的办法是高礼貌高坦白的沟通方式。

思考题

1. 工作中常见的人际沟通障碍及解决途径有哪些?

2. 工作中常见的人际冲突有哪些?激发人际冲突的原因是什么?

3. 如何处理工作中的人际冲突?

4. 网暴在什么情况下容易发生?为了避免网暴,我们可以做些什么?

案例

江静毕业后,在一家广告公司给创意总监于娜做助理,工作的第二天,总经理办公室送来一份文件给于娜,说是3天后要拿出一个创意草稿。当江静把文件送进于娜办公室时,她正在给客户打电话。她看了看江静手里的文件,摆了摆手示意她放在桌上。可忙碌的于娜接完电话后,一时忘了这件事,文件被埋在案头。3天后,总经理向于娜要这个方案的时候,于娜却完全想不起来有这么一回事。她一个电话叫来江静,一通呵斥,批评她办事不力。江静当着总经理的面,一个劲地解释她实际上把文件给了于娜,并把当时的情况形容了一遍。这让于娜很下不来台,不久就借故换掉了江静。

案例讨论:遇到这种事,江静应该怎么做?上司应该怎么做?

拓展资料

郭士顿.只需倾听:与所有人都能沟通的秘密[M].苏西,译.重庆:重庆出版社,2010.

莱特 J,莱特 B.如何正确吵架[M].钟辰丽,译.北京:中国华侨出版社,2019.

沃斯,拉兹.掌控谈话[M].赵坤,译.北京:北京联合出版有限公司,2018.

第十章

群体与团队

★ 本章需要掌握的内容 ★

1. 群体中的个体行为
2. 社会促进和社会懈怠
3. 群体极化和群体思维
4. 群体有效性的标准

我们的个体差异分析往往局限于个体层面,但现实和研究都告诉我们:社会环境中的一些看似微小的方面可能会具有强大的作用,超越了人们在人格特征上的个体差异。这并不是说人格差异不存在或者不重要,而是说尽管人格差异的确存在而且非常重要,但是社会和周围的环境作用是如此强大,以至于它几乎对每个人都具有巨大的、令人惊讶的影响。这一章我们将从群体出发,介绍群体和团队的概念,以及群体互动和群体中的个体行为。

第一节　群体及其形成

一、群体的概念及类型

(一)群体的定义

群体是由两个或多个具有相同目标的长期互动、相互依赖的个体组成的,群体成员认同自己是群体的一部分。群体具有以下三个判断标准：

1. 互动性。群体中的个体是有互动的，通过言语或非言语的方式交换信息。

2. 依赖性。群体中的个体是相互依赖的，这种相互依赖可以体现在情感方面，也可以体现在任务完成方面。成员会在必要时为对方提供情感支持，有时为完成某任务彼此合作，共同努力。

3. 目标认同。群体的存在应该有一定的理由，群体中所有成员拥有共同目标，并且具有群体认同感，认为自己和其他成员同属一个群体。

根据互动性、依赖性和目标认同三个标准，人们一般会将真正的群体和纯粹的多人集合区分开来。需要说明的是，在理论和实践中，团队的概念常常和群体混用，但一般群体的概念相对松散、宽泛，而团队则强调对上述三个标准的严格满足。

（二）群体的类型

根据不同的需要和视角，群体可以划分为不同类型。例如，我们可以根据年龄、性别、民族、社会经济地位乃至群体的大小等各种参数划分群体类型。这些类型中最受人关注的是从不同理论背景提出来的正式群体与非正式群体、首属群体与次属群体。

1. 正式群体和非正式群体。社会心理学家梅奥（Mayo）著名的霍桑实验大家在管理学相关课程中应该已经了解，它的相关研究指出，人们的生产率一方面受到有显著表面结构的正式群体的影响，另一方面也受制于缺乏表面结构的非正式群体的影响。由此，梅奥将群体划分为正式群体和非正式群体。其中，正式群体是指具有正式社会结构的、成员具有明确地位与社会角色划分，并有相应权利和义务规范的群体；非正式群体是指以情感为纽带联系在一起的人群，这一类群体往往是自发形成的，没有明确的社会角色分化和权利与义务的规定。

如果说人们对于正式群体的选择和参与基于理性思考，是通过正式群体参与社会、明确自己的社会立足基点和社会统一性的概念，那么非正式群体的选择和参与则主要基于自己情感上的好恶，是通过参与非正式群体满足自己的情感需要。从个人与社会联系的意义上说，参与非正式群体为人们参与正式群体提供了更多的背景支持。

2. 首属群体与次属群体。首属群体的概念是美国社会学家库利（Cooley）提出来的，它是指个人直接生活其中，与群体成员有充分的直接交往和亲密人际关系的群体。首属群体通常是由于自然的人际交往形成的，它的基点是人际交往与人际关系，通常没有严格的群体规范。首属群体的运转依靠人与人之间的情感联系，而不是规定性的角色关系。由于首属群体常常是一个人最为直接的社会现实，也是其社会影响的最直接来源，这个群体对于个人的社会化起着重要作用。对应于首属群体，也有研究者提出了次属群体的概念，特指区别于首属群体、按照一定规范建立起来的有明确社会结构的群体，如学校、工厂、公司等。这些群体通常有显著不同于首属群体的较大规模，其运转也首先依赖于社会角色关系，群体成员有明确分工。次属群体是人们介入更广泛的正式社会的途径。人们在次属群体中的社会角色起着沟通个人与社会的桥梁作用，个人在次属群体中的正式社会身份，常常是个人社会统一性的核心构成部分，并由此对其自我同一性发挥着重要作用。

二、研究群体的必要性

（一）群体与个体

生活和工作中的群体随处可见，个体常常处于各种群体之中。从心理层面上讲，个体想要增强自己的安全感和归属感，就要努力融入群体。从任务层面上讲，有些任务仅凭个人的力量是无法完成的，必须由群体完成。个体与群体的关系是相互依存的，个体离开群体就失去了与大社会联系的节点，心理活动与行为就失去了直接的参照，就不能获得不断的社会支持与社会比较反馈，因而自我意识就失去了基点。可以不夸张地说，个体离开群体不能生存。即使在现在广泛存在的“死宅分子”，也靠着无处不在的网络群体才能实现吃喝不出门。换个角度说，群体是个体联系宏观社会的中介要素。大社会对于个体的作用往往通过群体实现，个体对于社会的反馈也需要借助于群体来实现，我们需要研究群体如何影响个体的心理与行为。

从群体的角度看，群体是由不同个体组成的。个体的特征与状态，也会直接影响到群体的状况与特点。有意思的是，个体在群体背景下的心理和行为与独处的时候经常有显著差异。个体一旦组成了群体，它就有了不能简单由个体来解释的新的特征和新的特质，一句话：整体大于部分之和。个体组成群体后出现的群体影响，群体心理气氛、士气，群体极化和群体思维等现象，都是个体没有的现象。因此要了解乃至于提高群体的效能，就要从群体的角度分析群体现象。

（二）群体心理与个体心理

我们都知道个体不只是有其自然的一面，也有其心理的一面，即所谓的个体心理，它包括个体身上表现出来的一切心理现象和特点。同样，群体也有其自然的一面和心理的一面。群体的许多特点，通过群体共同或主导的心理倾向表现出来，比如凝聚力、士气等。

个体心理的本质是大脑对客观世界的主观反映，而群体心理则普遍在其成员的头脑中存在，反映群体社会状况的共同或不同心理状况与倾向。由于群体成员相互影响的存在，这种状态与倾向已不简单是个人的特征，而是群体的特点。

总体而言，群体心理与个体心理是密切关联的。一方面，没有个体心理，群体心理就没有基础；另一方面，个体作为群体的成员，其心理状况必定会受到群体心理倾向的感染与影响。

三、群体的发展

群体发展就是群体在完成群体主要任务的过程中其生命周期的轨迹。已有的群体发展研究大体可以分为两类模型。

(一)群体发展的阶段模型

最早由塔克曼(Tuckman)提出的群体发展的五阶段模型认为,一个群体生活随着时间发展而变化:第一阶段是形成阶段,走到一起成为群体的一员;第二阶段是震荡阶段,是内部冲突和领导的确立;第三阶段是规范阶段,达成共识,形成凝聚力;第四阶段是执行阶段,完成任务,实现目标;第五阶段是解体阶段,准备解散和新的开始。群体发展阶段模型的主要过程和特点如表 10-1 所示。

表 10-1 群体发展的阶段模型

阶段	主要过程	特点
定位:形成	成员对群体以及成员彼此之间越来越熟悉、依赖和卷入,接受领导和群体的一致性	试探性的礼貌交流;群体目标、中心不明确;领导是积极主动的,成员很顺从领导
冲突:震荡	过程存在分歧,表达不满,成员之间关系紧张,与领导对抗	批判的思想,敌对状态,极化与联盟形成
结构:规范	凝聚力和团结的增长;角色、标准、关系的建立;信任和交流的增加	过程达到一致,角色的模糊性减少,群体性质的概念增加
工作:执行	目标达成,高任务相关性,强调绩效和生产	决策讨论,问题解决,合作方式成熟
解散:解体	角色终止,任务完成,依赖性减少	分解与退出,独立性和情绪性增加,感到遗憾

人们运用这个模型解释群体形成时,大多假设群体从第一阶段发展到第四阶段,群体会变得越来越有效,但是有关群体有效的因素远比这个模型涉及的因素复杂得多。群体的形成并不总是像理论展示的,从一个阶段发展到下一个阶段。有时候几个阶段会同时进行,甚至回归到前一个阶段。总而言之,动态地解读群体的发展阶段是正确理解理论模型的基本前提。

在塔克曼的阶段模型之后又出现了其他的阶段模型,但万变不离其宗,所有的阶段模型都表现出相同的三个阶段:卷入、控制和情感;而且,在团队发展的不同阶段,团队成员都会表现出索取/奉献的变化。简单而言,就是个体在多大程度上想从团队中获得什么以及在多大程度上希望自己能奉献给团队成员什么,这在团队形成初期和团队发展成熟期的不同阶段是不一样的；同样的，不同的成员在团队发展的同一个阶段，也可能表现出索取或者奉献的程度差异。

基于此，哈佛大学的理查德·哈克曼（Richard Hackman）总结出一个团队发展的一般模型，见表10-2。

表10-2　团队发展的一般模型

阶段	团队中的实时问题				过程中涌现的结构
	个体	人际	团队任务	群际关系	
卷入	成员身份，包括在团队中的位置以及对团队的承诺	依赖，尤其是相对于外在权威	定位：了解工作任务的细节和期待	明确自己团队与其他团队之间的差别：我们是什么而不是什么；谁是自己人而谁不是自己人	团队的边界结构、沟通结构开始逐渐建立
控制	个体影响力的大小以及方向	群体内部权利和影响力冲突	组织：决定谁在什么时候做什么事情，也就是一个团队内部的人事组织问题	在这个阶段其他团队往往被忽视；有些团队也可能会给自己设定某个成功的团队作为楷模	影响和服从的结构
情感	是否被接受为团队内有价值的个体	凝聚力：团队成员间的亲密程度不强也不弱	执行：在已经建立的结构内执行任务	与其他群体竞争	情感或社会人际结构
成长	在团队内探索和尝试新的观念、态度和行为	团队成员之间相互支持和真正地相互依赖	适应性问题解决（对环境敏感）	与其他团队合作	团队内部僵化的、终身制的结构消亡

总体而言，团队的发展不可避免，尽管不同的阶段模型的具体阶段命名有所差异，但阶段模型均假定，团队发展的阶段是依次推进的，没有经历第一个阶段就不可能经历后面的阶段，因此研究者把团队的发展看作一个不断向前的过程，并且认为每个团队都遵循同样的历史道路；环境可能会限制系统发展的能力，但是环境的变化不可能改变发展的阶段和顺序。

（二）团队发展的时间模型

团队发展的时间模型是在阶段模型的基础上提出的。捷西克（Gersick）认为，阶段模型的实证支持往往来自咨询或者培训团队，这种团队往往是在培训过程中临时组成的，没有外在的监督；团队成员以个人成长为目的而没有特定的任务，团队的任务完成情况不需要接受外在的评价，团队任务的完成也没有严格的截止日期。虽然情况往往与此不同，组织中的团队通常存在外在领导和监督，而且他们完成的任务也大相径庭，但团队工作方式的形成、保持和改变的时间选择是高度一致的。

这种模型认为，以接近中点的某个时间作为分水岭，团队发展的过程基本上可以划分为两个平衡阶段。在第一阶段中的团队运行方式与第二阶段有显著不同。如图 10-1 所示。

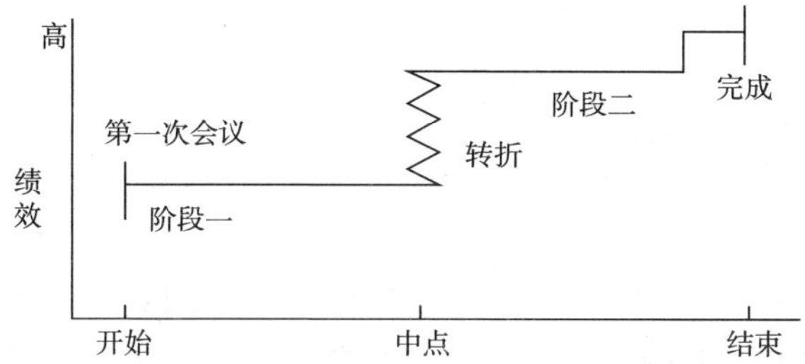

图 10-1 捷西克的团队发展时间模型

第一阶段中的团队首先界定任务、确定目标，并且这些在第一阶段中不容易发生改变。即使有的团队成员有新想法提出，大多也不会被付诸行动。当团队发展到它的生命周期的中间阶段时，团队进入效率更高的第二阶段。这个时候，团队成员感到时间的压力和完成任务的紧迫，他们认识到必须采取行动，必须对原有运行方式做出某种改变，于是团队放弃旧的思维方式，采纳新的见解，以冲刺的方式迅速完成任务。

时间模型提醒我们：首先，开始第一次会议前要充分准备。团队生命周期的一半时间里都会遵循第一时间的模式和策略，因此，在开始第一次会议（开始工作）之前，团队领导要为第一次会议做好充分准备，以便于在第一次会议可以确定第一阶段的工作模式和策略。其次，转型期的中点非常重要。时间模型指出，无论团队之间完成任务持续时间的差异有多大，每个团队的转变阶段都在其团队分配时间的中点上。在这个中点之前，团队已经通过第一时期的努力获得更多的信息，在这个中点修改任务框架、调整团队所做的工作与环境资源和要求之间的匹配，确定设计。如果可以确保团队需要的资源，团队才能在后一段顺利执行计划、完成任务。

总之，群体不容忽视。个体与他人的独特混合会为群体互动提供动力。不管个体的文化背景如何,都会受到他人影响,既有来自他人的个体影响,也有来自群体的影响。我们对群体的复杂性质和影响了解得越多,个体就越能塑造出自身独特的风格,当然,个体也必然会受到群体的影响。

第二节　群体中的个体行为

人是社会性动物,简单的他人是否在场都会影响个体的表现,何况现实中的他人还可能和个体存在千丝万缕的联系。本节就从他人在场展开群体对个体影响的阐述。

一、社会促进和社会懈怠

(一)社会促进

他人在场会促进人的工作绩效,还是相反呢?不同条件有不同的结果。心理学中用两个相反的概念描述这种现象:社会促进和社会干扰。社会促进效应指个体完成某种活动时,由于他人在场或与他人一起活动而造成行为效率提高的现象。

最早用科学的方法研究社会促进的是心理学家特里普里特(Triplett)。他通过实验研究发现,青少年骑自行车的速度,在独自、有人跑步陪伴、与他人竞赛三种情境下差异明显,在有人陪伴尤其是竞争条件下,成绩大幅度提高。他认为,社会促进不仅可以引起行为效率在量上的增加,而且可以提高行为质量。弗里德曼(Freedom)用行为内驱力的增加解释社会促进的作用机制。他认为,群体背景唤起了人们的竞争和被评价的意识。在个体的社会化的过程中,人们已经学会了将社会环境作为竞争情境来看待,在有他人出现的社会情境中,人们会有意无意地感到由社会比较引发的竞争压力,从而使人们行为的内在动力增加。

需要注意的是,社会促进效应并非任何条件下都能满足。当一个人从事熟练的、简单的、技术性不强的工作时,就能起到社会促进作用,即行为效率和质量的提高。比如,学生去图书馆自习与在宿舍自习,学习效率和质量天差地别;员工在公司里办公和远程办公,工作效率亦相差巨大。这就是社会促进的力量。但是,当一个人从事复杂的、生疏的和技术性较强的工作时,社会促进作用不能生效,相反可能会引起行为效率和质量的下降。弗里德曼认为,在一些复杂的思维工作中,群体背景导致人的精神不集中,而完成复杂工作,集中注意是必要条件,因此,他人在场激发了人们过高的焦虑水平,使个体正常的思维活动受到干扰。比如演讲,在公众面前讲话时,过度的被评价的压力导致演讲者过分焦虑,从而忘记该说什么和从何说起，大脑一片空白；对于大多数学生来说，考试过程中，监考老师在身旁走来走去观察自己的答题情况，会显著影响自己的发挥。尤其越是复杂的、生疏的、技术性强的科目，如数理化等，越是容易被影响。这个时候，他人在场就出现了社会干扰作用。

因此，我们在希望利用他人在场产生社会促进作用的时候，也要避免出现社会干扰作用。比如，当我们的某种活动能够进行得比较熟练时，就可以大胆在人前显示一番，这样可以帮助我们进一步提高活动的效率和水平，同时培养起我们的信心，也就是所谓的"化压力为动力"。当没法满足这个条件时，让你自己的计划和工作少被人关注也许是一个更为稳妥的选择，潜下心来修炼才是正道。

☞ 专栏 10-1 对社会促进的三种解释理论

简单在场假说；

评价恐惧假说；

分心冲突假说。

感兴趣的学生可以自己到网上找找上述三种解释理论的具体内容。一般而言，这三种假说能够帮助我们更好地理解社会促进出现的原因。

（二）社会懈怠

社会懈怠是指个人与群体其他成员一起完成某种事情时，往往个人所付出的努力偏少，不如单干时出力多，个人的活动积极性与效率下降的现象。中国寓言"一个和尚挑水喝，两个和尚抬水喝，三个和尚没水喝"描述的就是这个现象。

社会懈怠的产生主要有三个原因。一是因为在社会群体中，大家的工作不受监督，干好干坏一个样，于是开始放任自流；二是团体中的成员会认为其他人可能偷懒，为了公平起见，自己也开始浑水摸鱼；三是受社会作用力的影响，个人的责任感被分散了，所以付出的努力就打了折扣。

鉴于此，我们就需要有一种激励策略，使个体作业成绩可识别化。把个体从团队中提取出来，当个体的行为可以进行单独评价时，人们往往会付出更大的努力。有些篮球教练通过录像和对运动员进行个别评价来达到这一目的；在接力赛跑中，如果有人监控队员并且单独报出每个人的用时，那么整个接力的时间将会更少。管理中也需要注意不要轻易把一件事交给两个人并且要两个人共同负责，一定要有第一责任人。规定第一责任人，既能避免多人争权的冲突，也能避免相互等待，以为是对方负责的等待。

二、社会影响对个体的作用

作为单独的个体，我们都是群体的产物，或者就如乔治·赫伯特·米德(George Herbert Mead)说的，群体内化到个体的意识中才使我们有了自我。事实上，个体接受社会影响的途径多种多样，但最终接受的方式是高度集中的。从众就是典型表现。

（一）从众的经典实验

有三个经典的从众研究实验能够帮助我们更好地理解社会影响对个体从众的作用。

1.谢里夫的社会规范实验。谢里夫的研究又称为自动移动光效果研究，就是让被试观察在黑暗环境中运动的光点，然后让他们判断一个光点运动的距离。要知道，在黑暗环境中没有受过训练的普通人是无法准确判断距离的，因此被试做出了各种各样的距离判断。研究人员提供的判断环境分为两种：被试个人，被试和群体在一起。结果发现（如图10-2），虽然最初被试个人环境下的判断彼此差异很大，但在群体情景中，随着实验的进行，个人对自己的判断不断地调整和修正，最后愈来愈接近群体判断结果的平均值；并且这个判断标准会固定下来，还会在以后的判断中发挥作用。有意思的是，人们会顺从于那些处理环境时看起来自信的人，即便这些人已经不在现场，人们还是会受到这些人的影响。这个实验结果显示：在模糊情境下存在群体依赖和群体压力，并形成了群体规范。

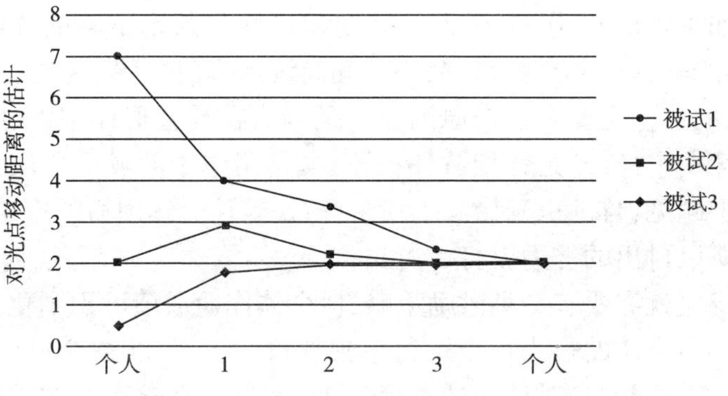

图10-2　谢里夫自动移动光效果实验

总之，谢里夫的规范形成研究分析了模糊情景中的从众现象，他的研究让我们看到了群体压力和群体规范对人们的认知行为所具有的巨大影响力。

2.阿希的群体压力实验。阿希的群体压力实验关注个体对多数派的从众。这个线性判断实验非常普遍，请大家自行查找实验视频，从中可以看到群体压力对从众行为的有力影响。

总体而言,虽然不同被试的从众程度不同,但总的来说有1/3的实验中都出现了从众行为,或者说被试在1/3的实验中选择了和实验者同谋一致的错误答案,而且有76%的被试至少在一次实验中报告了错误答案,即出现了从众行为。后来的研究也同样验证了这一结果,表明人们常常不是与他人的一致性意见进行抗争,反而是选择了从众。

当然,这种从众并不包含所有人。尽管阿希的研究结果表明,即使群体判断明显是错误的,也仍然会存在社会影响,但这并不意味着我们是他人判断的奴隶。阿希的研究中有24%的被试从没有表现过从众行为,只有不到1/3的被试在超过一半的实验中有从众行为。这种完全独立的行为令人振奋。但同时我们还是要意识到:人们常常乐于附和多人选择的判断,或在不确定如何界定周围环境的时候乐于接受别人的判断这一事实,表明我们需要更加深入地研究社会影响力的作用机制。

3. 沙克特的从众研究。心理学家斯坦利·沙克特关注不屈服于影响的异议者。这个精彩的实验研究是这样设计的:将8~10位志愿者组成案例研究小组,小组讨论一名少年犯的案例,为当局提供一份应该如何对待少年犯的建议,其处理方式包含一个7点的爱与惩罚评估量表,1代表爱,7代表惩罚。在被试不知情的情况下安排了3位实验者同谋,这些同谋早已被研究者告知讨论时必须做的特定选择。因为案例设定,研究者有理由相信参与者会倾向于“爱”的处理方式,所以沙克特事先告诉实验者同谋做出与真正被试完全不同的选择。其中,“偏离者”同谋在整个讨论中都坚持选择“7”,并且无论有什么反对意见都不改变决定;“墙头草”同谋在开始也选择“7”,但是在讨论中慢慢改变自己的决定,最终采纳了群体的多数意见;“正常者”同谋在讨论中一直保持和群体中的多数人一致的意见。

讨论中,被试在开始的时候会花费大量的时间和偏离者、墙头草沟通,而很少注意到正常者;一旦被试发现偏离者不打算改变主意,墙头草采纳了全体的意见,针对他们的沟通就会急剧减少。

沟通的最后阶段,沙克特告诉小组中的所有人:小组人太多,不大适合下一个阶段的讨论,因此他们需要决定小组中谁可以留下来。结果显示,大家都拒绝偏离者参与下一个阶段的讨论。

讨论结束后研究人员要求这些人对三个同谋进行评价。结果显示,正常者大家都喜欢,偏离者大家最讨厌。这个实验提醒聪明的异议者面对群体意见时,保护自己的方法应该是:打不过就加入。

☞ 专栏10-2　规范性影响和信息性影响

从这三个实验我们看到,在不确定自己能够做出准确判断的时候,别人自信的时候,担心会受到他人消极评价的时候,人们都会表现出从众行为。但这三个实验中被试所面临的困境是有差异的。谢里夫的被试处于一个模糊的情境下,他们会怀疑自己是否能在这种情境下做得很好,或他们可能会寻求其他人的指导;阿希实验中的被试能够清楚地看出哪个是正确答案,也就是说情境并不模糊,但周围其他人的行为很奇怪,在这种情况下是坚持自己的正确判断从而使得自己显得很不合群,还是符合群体判断而避免这种不适,就是两种不同的选择策略。如果被试公开采纳他人意见,说明与说出正确答案相比,“保持一致”是被试更重视的。

有研究指出,群体压力主要来源于两个方面——规范性影响和信息性影响。规范性影响指的是为了获得别人或者群体的奖赏或逃避惩罚时出现的从众、顺从和服从。如果阿希的被试因为害怕受到被人的嘲笑或消极评价而改变自己的判断,那么被试就是受到了规范性压力的影响。如果人们为了获得准确信息而出现从众、顺从和服从就是信息性影响,谢里夫研究中的从众更有可能是因为信息性影响,这种影响在模糊情境下最容易发生。虽然有时候这两种影响机制是各自独立的,但多数情况下它们会同时起作用。我们常常面对一个复杂情境,我们需要观察他人的判断(信息性影响),同时如果群体已经形成一定的舆论导向(规范性影响),都会影响个体对事件的想法和判断。进而,如果舆论导向和自己的信息判断结果不一致,个体表态就受到规范性影响而感到压力,还要坚持表达个人意见就有受到社会排斥的风险。

我们尝试从信息性影响和规范性影响的角度分析:为什么人们会偏离群体规范?人们对群体规范的偏离对群体而言会有什么后果?用哪种方式对待偏离可以一方面更好地服务于群体利益,另一方面也有助于个体利益的实现?这些问题的解决对于群体的有效性至关重要。

(二)影响从众的因素

如上所述,在不确定自己能否做出准确判断,别人很自信,或者担心会受到别人的消极评价时,人们可能会表现出从众行为。当然上述的因素并不够全面,整体而言,影响从众的因素大体来自两个方面:情境和个人。

1. 影响从众的情境因素。社会心理学家特别关注社会情境因素。他们认为,以下因素会给个体造成一种社会压力,促使人们产生一致的行为:第一,群体规模的大小。当阿希把意见一致的实验者同盟人数从 1 人增加到 15 人,随着群体规模的增大,从众行为增加;当同谋者增加到三四人时,从众水平达到了最高峰,然后从众水平不再因同谋者人数的增加而增加。而且,增加群体人数导致从众行为增加的现象也会受到信息特征的影响,现实模糊时,规范性影响增加;现实清晰时,信息性影响相对于规范性影响更为重要。第二,群体凝聚力。群体中的成员能够相互吸引的话就是有凝聚力的。一般而言,有凝聚力的群体比没有凝聚力的群体有更高的从众行为。朋友说的话我们最愿意听,他们的意见我们最容易接受。第三,社会支持。阿希发现即使只有一个实验者同谋选择正确线段的话,从众水平也会显著下降。这一现象说明任何与多数派意见不同的观点都能够降低规范性的影响,从而减少从众水平。而且,为了获得他人支持自己的异议,一个人应该尽早表达自己的异议,因为事先的社会性支持比规范性压力已经产生之后的社会支持更有效。

2. 影响从众的个人因素。如上所述,尽管社会心理学家认为舆论是决定我们是否从众的最重要的情境压力,但同时,也有研究表明个体是否顺从于群体压力,与个体的价值观和自我概念有关。第一,自我知觉。自我知觉可以从私我和公我的角度进行划分。如果人们认为特定事件属于公我范畴,标准的作用就会更大;相反,当认为特定事件属于私我范畴,从众就会降低。第二,自我控制的需要。有研究发现,个人的控制欲、个体差异有时可以解释人们对社会影响的易感性差异。心理抗拒理论指出,人们认为自己有行动自由的需要,当自由受到限制的时候,人们就会采取对抗的方式维护自己的自由。

除了这些微观环境以及个体因素之外,文化因素也在从众影响因素中占据一席之地。有研究显示,有很多文化并不认可那些由于在意别人的评价而屈服于社会影响压力下的从众行为。一般而言,个人主义的指导原则就是个人利益高于集体利益;而集体主义的主张与此完全相反,因此从众行为在集体主义文化下可能更常见。当然,这并不意味着集体主义下的人们会屈从于任何群体或所有群体的影响。一般而言,集体主义文化下的个体会将内群体的规范当成是普遍有效的,并且对内群体权威自觉服从;另一方面,他们不相信外群体的规范,不愿意在他们的影响下区分群体主张或者行为;集体主义文化下的大部分异议者往往采纳的是外群体的规范。

☞ 专栏 10-3 内群体和外群体

如果将个体是同一群体成员或是其他群体成员来分类,群体可以划分为两类:一类是内群体,它是某个人所属的群体,而这也构成了个体的社会身份的一部分;另一类是外群体,它是某个人并不属于的群体。当我们的内群体成员胜利了,我们感到骄傲和满足,一荣俱荣的现象在各个国家都很常见。内群体成员失败了我们往往会为他们找借口,或者贬低外群体对获胜有功的特质,通过维护内群体成员维护自己的自尊。

有研究指出,不同文化的人们认为的内群体的规范效度不同,这种差异是集体主义文化比个人主义文化表现出更高从众水平的原因之一。

社会影响的形式不仅有从众,还有顺从和服从,有兴趣的读者可以自行学习相关内容。我们这里对于社会影响的阐述,将结束于社会影响理论(social impact theory),对社会影响进行统一解释。社会影响理论由毕博·拉坦纳(Bibb Latane)提出。该理论认为,来自他人的社会影响在某一特定情境下的影响总量取决于三个因素:影响者的数量、实力以及与被影响者的接近性。该理论不仅可以用来预测何时人们会对他人施加影响,而且可以解释人们之间的日常沟通如何对他们的社交思维产生动态性的影响。研究显示,如果人们之间物理距离较近或有定期直接接触,相比于距离较远或接触不频繁时,他们的态度和观念就会有更高的相似性。拉坦纳这样解释这一现象:人们在频繁地相互作用时能够产生具有相似意向或者目的的社会群的倾向。

第三节　工作场所中的群体决策和群体有效性

现代社会越来越依赖团队做出重要的决策,而团队决策的质量是否稳定地高于个体决策质量一直以来都存在很大争议。我们希望的理想团队中,群体拥有多于个体的信息,充分挖掘不同成员所拥有的有效信息可以做出更有效的决策。然而在现实经验和研究中发现,群体并不总是能充分理性地挖掘和利用团队成员拥有的信息。

一、群体决策的表现形式

现实中的群体决策往往无法在群体成员完全理性地进行信息分享并完全基于信息的前提下做出判断。学者一直关注群体的讨论过程,以及它对群体决策结果和对其成员的态度、决策结果的影响,其中最主要的两个发现是群体极化现象和群体思维现象。

(一)群体极化

群体极化现象来源于风险决策的研究。在风险决策中,决策者总是有可能要损失一些东西,也就是所谓的赌注,而冒险意味着失去原本确定可以得到的东西。一般而言,人们是不愿意冒风险的,除非有一定的奖励。奖赏总是大于赌注的,决策者愿意接受的不确定性越大,我们就说该决策者愿意冒的风险越大。

大量的研究显示,群体讨论导致了极化现象。极化现象指的是群体成员中原有的倾向得到加强,使一种观点或态度从原来的群体平均水平加强到具有支配性地位的现象。如图 10-3 所示,按照群体极化假设,群体讨论会使群体的态度倾向朝两级方向运动，使原来不同意见之间的距离加大，也就是说，最初的偏好等级越极端，同一方向的偏移就越大。

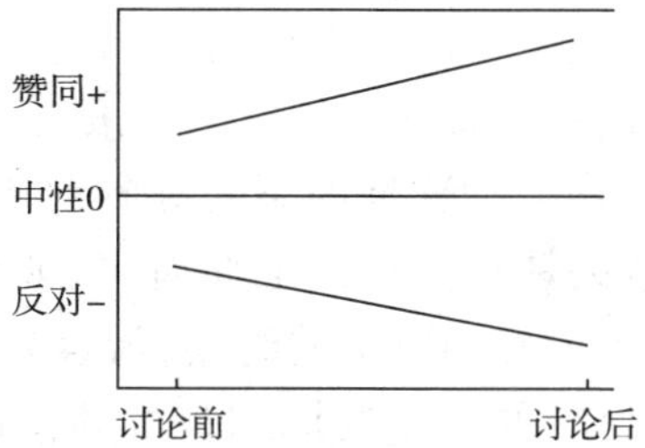

图 10-3 群体讨论对群体态度倾向的影响

资料来源：章志光．社会心理学[M]．北京：人民教育出版社，1996：400.

群体极化现象在日常生活中普遍存在。社会热点话题、网络暴力，现阶段人们关注的事件在其萌芽阶段，人们的认知会更温和，但随着热度的提高，最终往往是极端观点占了上风。如图 10-4 所示。

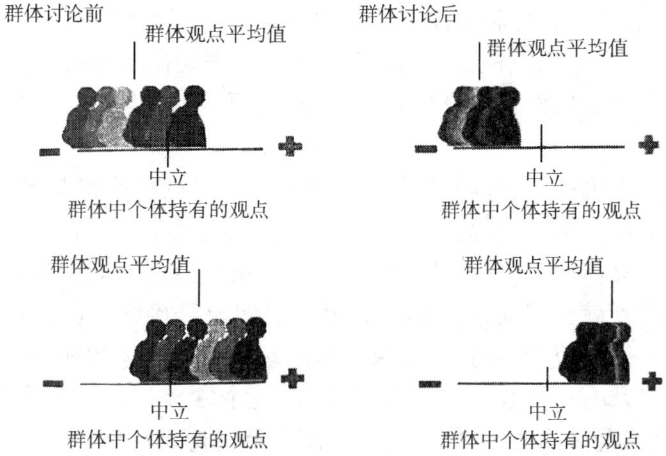

图 10-4 群体极化现象：群体讨论会放大群体成员最初的偏好

资料来源：孙晓敏. 群体动力[M]. 北京：北京师范大学出版社，2017：67.

当然，群体讨论还一定会使得人们愿意冒更大的风险，在讨论之后是更加激进还是更加保守取决于团队共享的深层文化价值观推崇的方向。

（二）群体思维

群体思维的现象和概念最早由耶鲁大学心理学教授欧文·詹尼斯（Irving

Janis)提出。群体思维是指在高度凝聚的群体中,群体成员为避免群体内部的冲突,努力达成一致意见而缺乏对事实和观点的批判性的检验、分析与评价的现象。

詹尼斯对美国对外政策的灾难性事件进行了研究,如珍珠港事件、朝鲜战争、越南战争等。詹尼斯认为,这些灾难性事件中的决策失败,在很大程度上可以归因为决策委员会内部过强的内聚力。这种内聚力导致对不同观点的压制,从而无法对其他可能的方案进行有效的评价。在詹尼斯看来,如果群体想保持一个良好的群体气氛,而不是想做出一个最好的决定的时候,最容易出现群体思维。

詹尼斯认为,形成群体思维的最主要原因是群体高凝聚力。虽然群体成员之间的凝聚力水平较高看起来似乎是一个积极的群体特征,但是当人们深深地卷入一个具有高度凝聚力的群体,群体成员寻求一致意见的努力远远超过了他们现实地评价其他可能的行为方案的动力,那么在追求群体内聚力的过程中,群体中的个体就会逐渐丧失创造性、独特性以及独立的思考能力,为了避免自己的尴尬或者避免激怒群体中的其他成员,群体成员往往避免提出那些超出一致意见所允许的舒适范围的不同观点,进而可能导致群体做出草率的、不合理的决定。这样,群体不会再关注个体的疑虑,群体决策中诸如理性平衡选择的思考优势就随之丧失。

总而言之,群体凝聚力和群体绩效之间的关系并不是直线正相关的,两者之间呈现的是倒 U 形关系。群体会由于缺乏内聚力而表现出群体绩效不良;但是过强的群体凝聚力则会导致群体思维现象的出现,进而导致群体缺乏批判性思维,表现为群体绩效下降。

除了高凝聚力因素外,危险性情境和结构与程序性缺陷也是形成群体思维的影响因素。詹尼斯认为,一旦高水平凝聚力和这两个因素共同作用,群体就更可能出现群体思维。具体而言,当群体面临来自外部威胁或者时间限制的压力时,这个危险性的情境因素就会促使群体成员更想要群体内部接纳自己,他们更可能允许群体成员影响他们的思想和行为;如果群体缺乏系统的决策程序与检查程序,群体和外界的脱离以及有一个强势的命令型领导,这个领导的意见会成为群体的一致性意见,从而使得群体的心理效能、现实检测以及道德判断都处于下降状态。

总而言之,詹尼斯认为,群体思维会直接导致群体决策过程出现缺陷,他提出一个理论分析模型,概括地分析了群体思维从原因到后果的各个环节,如图 10-5 所示。

显然,想要有效地避免群体思维的不良影响,减少主要决策集团的决策错误,无论从群体利益还是从更广泛的社会利益着眼,都具有重要意义。作为管理者,我们需要从制度上鼓励大家对于问题的解决方案或者行动方向提出自己的怀疑或者批评。

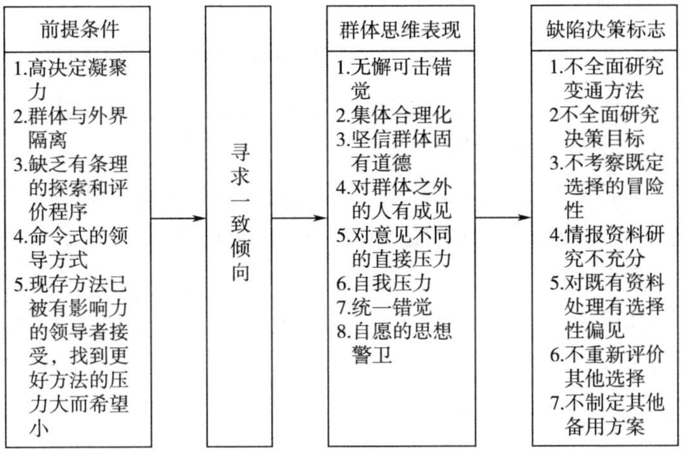

图 10-5　群体思维理论分析模型

☞ 专栏 10-4　防止群体思维发生的十种方法

詹尼斯在《群体决策》中提出了十种具体操作方法用于防止群体思维的发生。

1. 使群体成员懂得群体思维现象,其原因及后果;

2. 领导者应当保持公正,不要偏向任何立场(防止形成不成熟的倾向);

3. 领导者应引导每一位成员对提出的意见进行批评性评价,应鼓励提出反对意见和怀疑;

4. 应该指定一位或多位成员充当反对者角色,专门提出反对意见;

5. 将群体分为小组,让他们分别聚会讨论,然后再全体聚会交流分歧;

6. 如果问题涉及与对手群体的关系,则应花时间充分研究一切警告性信息,并确认对方会采取的各种可能行为;

7. 形成预备决定后,应召开“第二次机会”会议,并要求每个成员提出自己的疑问;

8. 在决议达成前,请群体之外的专家与会并请他们对群体意见提出挑战;

9. 每个群体成员都应向可信赖的有关人士就群体意向交换意见,并将他们的意见反馈给群体;

10. 用几个不同的独立小组,分别同时就有关问题进行决议,最后的决议在此基础上形成,以避免群体思维的不良影响。

二、群体有效性

群体有效性和群体绩效都是描述群体表现如何的概念。群体有效性相对于群体绩效而言更为宏观抽象，而在落实到具体研究层面时，研究者常常会测量群体绩效，以此作为群体最为重要的结果指标。

要知道，探究清楚评价一个团队有效性的标准，不仅对于团队已经完成任务的考核具有直接的指导意义，也为团队的干预、培训和提升提供了最为直接的理论依据。

哈克曼（Hackman）提出的评价工作群体有效性的三大标准，已经得到群体研究领域的普遍认可。

（一）群体有效性的标准

1. 服务客户。一个团队是否有效，第一个标准就是团队的产品或服务是否满足客户的要求。团队领导者要做的第一步就是帮助团队识别其真正的客户的评价标准，然后想尽一切办法帮助团队满足这些标准。现实中，有效团队往往需要通过选择恰当的策略，才能保持自己的生存。可以说，一个好的团队知道并且会满足客户的期望，而一个卓越的团队则积极地影响客户的期望，并且超越客户的期望。乔布斯是这样评价客户需求的：你不能只问顾客要什么，然后想法子给他们做什么。等你做出来，他们已经另有新欢了。

2. 团队的成长。有时候，我们尽管按时完成了团队任务，满足了团队有效性的第一个标准，但如果回顾完成该任务的社会过程，团队成员不再选择在这个团队继续工作下去。这种现象说明群体有效性还是不理想，因为它不符合群体有效性的第二个标准：团队在完成任务的过程中所运用的社会过程能够提升其成员在将来继续合作中工作的能力。想象一下，随着时间的推移，团队成员日益了解彼此的长处和不足，并且日益善于协调彼此的行动，期待彼此的下一个行动并且做出彼此恰当的回应。有效的团队变得越来越善于在严重问题发生之前发现和纠正错误，并且越来越善于注意并且尝试可能的机会。总之，与刚开始一起工作时相比，当工作完成的时候，一个有效的团队会是一个更有能力的绩效单元。

3. 团队成员的学习和满意度。我们都知道在团队工作不畅的时候会有多糟糕，但好的团队是一个学习的好地方，可以拓展个体的知识，使个体获得新的技能，探索对于世界的不同看法，从而产生整体大于部分之和的团体共振效应。团队工作还可以给团队成员带来归属感，给团队成员带来安全感。共同完成一个工作任务的经历会拓展个体的人际关系，有些工作中的人际关系最终会转变为友谊，从而超越团队的背景。

总之，群体有效性的三个标准适用于评价任何类型的团队的有效性吗？当然，不同性质的团队可能对这三个标准赋予不同的权重。明确了团队有效性的标准之后,我们就需要了解促进群体有效性的条件,以期产生群体共振效应。

☞ 专栏 10-5 群体共振效应

群体共振效应是描述人多力量大现象的。如果人这种社会性动物在组成群体后产生了 1+1>2 的效果,创造了更多奇迹,我们就说出现了群体共振效应。

需要强调的是,群体产生积极效应还是消极效应,很大程度上依赖于群体特征。一般而言,拥有以下特征的群体更容易产生群体共振效应。

1. 群体间的竞争环境

稳定和平的创业环境当然是必需的,但稳定环境下是一家独大有利于组织发展,还是残酷竞争条件下有利于组织发展?外有强敌的时候,我们会怎么做?同仇敌忾是我们自然的选择。竞争有助于激发人的潜能,防止人性中的惰性。所以要积极看待竞争,竞争让我们很辛苦,但同时,竞争却促使创新改变和提升。不要说竞争仅仅对组织有利,对个体不利。总而言之,我们不仅要看到它的问题和伤害,同时也要看到它给我们带来的好处或者机遇。

2. 组织目标

好的团队目标有很多好处,它显著提高了团队有效的可能性。好的组织目标具备三个方面的特征:首先,这个目标富有挑战性,这样有助于激励团队成员,激发团队成员的动机;其次,这个目标是清晰的,从而可以有效地引导团队,使团队成员可以依据团队目标选择恰当的工作策略;最后,这个目标是重要的,促使团队充分利用团队成员的知识和技能。

3. 个人吸引力

领导是影响群体绩效的最重要因素。有时候人们会说:一个高凝聚力的群体就是一个管理者手中的定时炸弹,高凝聚力群体的前进方向是突破生产纪录还是限制产出,取决于它的领导。这里我忍不住表达自己的担心,企业发展最终会进入领导的无知领域,这时候如果不知谦卑,自信就是妥妥的傲慢,群体思维不可避免,企业因此付出惨痛代价虽然令人遗憾,但却很正常。

4. 有力的评估方式

评估方式在激励章节多有涉及,这里不再赘述。

5. 频繁互动

频繁互动涉及沟通问题,也涉及工作能力的问题。这里需要强调的是,频繁互动不仅仅是意愿问题,只有团队成员水平相当,成员都主动贡献、互相启发,才有可能实现频繁互动。

(二)促进群体有效性的条件

哈克曼认为,尽管促进群体有效性的五个条件不能保证群体一定具有高绩效,但是群体所具有的这些促进性条件越多,成功的可能性就越大。

第一个条件是团队是一个真正的团队。团队要完成的是真正的团队任务,团队有清晰的边界,团队有明确界定的权力,团队保持相对的稳定性。

第二个条件是团队具有引人入胜的目标。目标要富有挑战、清晰并且重要,这样才可以激励团队成员的动机,使团队成员在选择团队完成任务的策略时能够以团队目标为依据,并且促使团队充分利用团队中每个成员的知识和技能。具体就是要鼓励自我管理的、目标导向的团队任务;应该说明团队的目标,但是对于团队究竟如何完成该目标不做具体的规定。

第三个条件是团队具有促成性的结构。促成性的结构要求团队任务有助于团队内形成集体的内在动机;团队形成有助于绩效的、指向团队所处环境和团队内部人际过程的规范;团队构成要求团队规模较小,团队成员在异质性和同质性上达成平衡,团队成员有充分的完成任务的技能和一定的人际关系技能。

第四个条件是团队处于支持性的组织环境之中。激励与奖励系统是指应该给卓越的团队绩效以认可和鼓励,信息系统是指应该给团队提供完成计划和执行任务所需要的数据与信息,教育系统是指应该给团队提供知识和技能方面的培训以及技术方面的支持。

第五个条件是团队领导为团队提供专业的指导与帮助。专业的指导是指向团队过程的,可以指向团队互动中影响团队成员合作的任何方面,其目的就是采取行动减少过程损失、推动过程增益。

总体而言,真正的团队、引人入胜的目标和促成性的结构是团队有效的最为核心的条件,这三个条件为优秀的团队表现搭建了基础平台。但是团队并不是在真空中工作的。团队所处组织环境的特征以及团队领导的指导行为,可以有助于推动团队最大限度地发挥其潜力,但是也有可能成为团队的阻碍。

本章小结

1. 社会促进对简单任务有促进作用而对复杂任务有抑制作用。

2. 从众指的是在感受到的群体压力下与别人保持行为或观点一致的现象。影响从众的社会影响可以划分为两种类型:信息性影响和规范性影响。影响从众的情境因素有群体的规模大小、群体的凝聚力以及异议者是否有社会支持。

3. 群体极化意味着群体讨论将放大群体成员最初的风险偏好态度。最初的偏好等级越极端,同一方向的偏移就越大。

4. 群体思维是指在高度凝聚的群体中，群体成员为避免群体内部的冲突，努力达成一致意见而缺乏对事实和观点的批判性的检验、分析与评价的现象。

5. 群体有效性的标准是服务客户、团队的成长以及成员的学习和满意度。

思考题

1. 为什么大量的综艺节目都采取了竞争模式，而不仅仅是表演？
2. 什么时候会众人拾柴火焰高，什么时候会三个和尚没水喝？
3. 网络对你产生了什么影响？

案例

自 2022 年 10 月末开始，一股纸箱狗的潮流风暴迅速借助短视频等社交媒体在大学生群体中席卷开来，数以吨计的废弃纸箱纸板摆脱了被回收的命运，成为大学生崭新的社交符号。

打开抖音，纸箱小狗话题已经超过 2.1 亿次播放，在这些大学生拍摄的短视频里，你能看到纸箱小狗的“发展史”。

在流行的初期，大多数“养狗者”还相对比较保守，纸箱小狗只是称得上一句精美，得益于大学生充分的课余时间，不少纸箱小狗做得比毕业论文都用心，用废弃的快递箱和包装箱，一个个和真实小狗大小差不多的纸箱狗被制作出来。但如果只是简单的手工作品，纸箱小狗还不足以掀起这么大的波澜，大学生还要赋予纸箱小狗“灵魂”。

各个高校的操场上，遛狗已经成为大学生的潮流，大学生牵着（或者说拖着）自己的纸箱狗闲庭信步。但有人的地方就有江湖，在中国的高校里，内卷是永恒的话题，纸箱狗也不例外，网络、寝室、操场，也成为各家小狗争奇斗艳的“秀场”。

受大学生的真情实感影响，有的高校专门设置了“停狗场”，还有学校官方举办纸箱狗展览大会，“遛纸箱狗接力跑”还成为运动会的项目之一。不少养狗大学生在出门时会把纸箱狗放在寝室门口“看门”，也有宿管阿姨参与进这场演绎中，在寝室楼群里苦口婆心地劝说同学们“把狗狗锁进寝室里”。

纸箱狗已经成为当代大学生校园文化的一部分，在不少局外人看来，钟情于纸箱狗已经成为大学生精神状态不太稳定的一大例证。事实也是如此，对于当代大学生来说，“发疯”已经成为一种常态。

从本质上看，大学生“溜纸箱狗”的行为也是一种模仿：学生模仿学生，学校模仿学校，在模仿的过程中增强了自己对于当代“大学牲”身份的认同感，借助模仿带来的“小确幸”获得内心的安慰，消解不确定性带来的精神内耗。

巴赫金曾研究过东西方的种种“狂欢节”，基于狂欢文化，他提出了“两种生活，两种世界感受”的观点：中世纪的人们在生活中遵循着森严的等级制，日常生活在教会的管制下极度压抑，只有狂欢节时，人们才有机会抓住片刻进行狂欢，不必遵循固有的规则。

在狂欢中，从下而上、来自民间的文化力量，能够对人内心精神世界产生深刻的影响力。巴赫金认为，狂欢化消除了任何的封闭性，消除了相互间的轻蔑。在狂欢中，也能扩大民间话语的影响空间。

具体分析这些行为也能发现，“迷惑行为”只是外在形式，“克制的发泄”才是真正的内核。他们很少因这些行为真正影响到别人，以纸箱狗为例，其不仅能缓解焦虑，带来陪伴，还有些许环保的意义，还能激发不少人的创造力，“绿色低碳”“无公害”。

有趣的是，持续输出“迷惑行为”的大学生们，也在影响着商业社会。前面提到的疯四文学已经成为肯德基的营销方式之一，而纸箱狗则获得了不少品牌的青睐，蜜雪冰城、古茗、瑞幸等知名茶饮品牌，都通过自己的包装纸箱等推出独属于自己品牌的“纸箱狗”。可爱且造型百变的小狗，从大学跑到了商业街。当代大学生的发疯实录，正在深刻影响着品牌们，运用更有趣且更具创新的形式展开营销。这也从侧面展示了当代年轻人的影响力，明天是属于他们的。

资料来源：当代大学生“发疯”实录[EB/OL].(2022-11-20)[2023-07-29]. https://mp.weixin.qq.com/s/XEglkdADU2yV81l_OHMD8w.

案例讨论：作为当事人或者旁观者，你怎么看待这件事情？如何看待群体中的个体行为？

拓展资料

勒庞. 乌合之众：大众心理研究[M]. 张艳华，译. 北京：清华大学出版社，2017.
孙晓敏. 群体动力[M]. 北京：北京师范大学出版社，2017.
波兹曼. 尼尔·波兹曼三部曲[M]. 北京：中信出版社，2015.

第十一章

压力、情绪与时间管理

★ 本章需要掌握的内容 ★

1. 压力与压力源
2. 工作压力的影响
3. 压力管理的主要途径
4. 情绪管理的主要方法
5. 时间管理的方法

对于压力、情绪和时间的有效管理是人力资源管理心理学的重要内容。在工作情境中，过大的压力、消极的情绪和失控的时间，不仅会直接影响员工的工作效率和组织的战略实践，还会对员工的身心健康和团队的工作氛围造成极大的伤害。近年来，对于压力管理、情绪管理和时间管理的相关研究成为人力资源管理者关注的热门话题。

第一节 压力管理

俗话说，没有压力就没有动力，适当的压力有助于提升组织效率。然而，大量研究也表明，长时间的过大压力会显著地降低员工的工作满意度和任务绩效，进而对管理效率、组织业绩和企业战略产生消极的影响。

一、什么是压力

压力(stress)是指当人们意识到威胁或遇到无法应对的情况时,所产生的生理和心理状态。工作压力特指员工面对难以应付的与工作相关的威胁或挑战时,所体验到的生理和心理上的应激反应。

☞ 专栏 11-1　工作压力理论

内部平衡学说:医学心理学家沃尔特·坎农(Walter Cannon)认为,当外部环境中的需求破坏了或搅乱了有机体内部的稳态平衡时,有机体会试图维护体内的平衡,这时就会产生压力。

认知评价学说:美国心理学家理查德·拉扎勒斯(Richard Lazarus)认为,压力是一种交流状态,是个人与环境相互作用的结果。在环境刺激与个体的情绪反应之间,还有认知评价的存在,一个人对环境刺激进行认知评价后,才会有进一步反应。并且,在相同刺激的作用下,个体的压力反应存在差异性。

个人-环境匹配学说:社会心理学家罗伯特·卡恩(Robert Kahn)强调个人与环境的匹配。当一个人的技能和能力与一组定义清晰一致的角色期望相匹配时,就出现一个好的个人与环境的相配,那么,这个人就没什么压力。当存在角色模糊和角色冲突时,或者当一个人的技能和能力达不到社会角色的要求时,就会产生压力。

精神分析学说:哈里·莱文森(Harry Levinson)认为,压力来源于自我理想和现实的自我意象之间的差异,这个差异越大,一个人所体验的压力就越大。精神分析学说强调了人格因素对压力形成的作用。

资料来源:苏勇,何智美.现代组织行为学[M].北京:清华大学出版社,2007.

二、压力源

压力源(stressor)又称为应激源或紧张源,是导致个体产生压力反应的刺激。一般来说,过度或长期的紧张感会引起心理疲劳,这是一种包含了身体、情绪和人际等多方面因素的综合反应。压力过大会造成高血压、心悸、烦躁、焦虑、忧愁以及工作满意度降低、效率低下、合作性差、缺勤、频繁跳槽等反应。尽管个体对压力的感受各不相同,但就压力源而言,基本可以分为环境因素、组织因素和个体因素。

(一)环境因素

环境的不确定性会影响员工的压力水平,包括经济的、政治的和技术的不确定性。第一,商业周期的变化会造成经济的不确定性。经济萧条会伴随劳动力需求减少、被解雇员工增多、薪水下调等后果,人们会为自己的经济和生存保障倍感压力。第二,政治体制不稳定时,人们压力更大。政治变革和政治威胁总会诱发不稳定感和压力感。第三,技术的不确定性会引发压力感。新的技术革新会使员工的技术和经验在很短时间内变得陈旧,使他们面临被淘汰的威胁。

(二)组织因素

组织内的很多因素都可以引起压力感。

1. 角色模糊。员工对自己职责理解不清晰时,会出现角色模糊,产生压力。因此,员工必须清楚地了解自己服务的主体、工作范围和责任。

2. 角色冲突。当某人不得不同时扮演相互矛盾的两种角色时,会发生角色冲突。比如,给一位经理增加工作任务的同时,却要求他裁员,由于很难同时实现两个目标,这位经理就会产生压力。

3. 工作超负荷。员工因承担过多的工作任务或多重职务时,必然会因其能力和精力难以承受而产生压力,表现为情绪焦虑不安,忧患感加重,甚至会导致精力衰竭。

4. 工作不饱满和或单调。承担的工作内容单调或过轻时,个体容易懒惰,产生体力和精神上的厌倦和疲劳,同时自尊心和自我效能感也会受损,变得易紧张、爱抱怨,进而影响健康。

5. 人际关系。人与人(包括上级与下级、同事与同事)之间的关系是重要的工作压力源。如果一个人缺乏同事和领导的支持,人际关系紧张,会感受到很大的压力。此外,有关升职、加薪等奖励制度带来的竞争也会使人际关系问题突出,成为工作压力的来源。

6. 企业文化。企业文化和组织氛围与工作压力关系密切。当一个组织中的日常交往笼罩着敌对、疏远或不友好的气氛时,员工会终日感觉紧张、相互不信任、不支持,并缺少协作精神。

7. 工作条件。员工所处的工作环境(如室温、噪声等)恶劣甚至有危险时,员工的焦虑感会增强。例如,当一份重要报告需要迅速复印时,一台经常出故障的复印机会给使用者带来相当大的压力。

(三)个体因素

如果员工的个人问题处理得当,情绪总是乐观向上的,他就会精力充沛、专心致志地投入工作。相反,如果员工经常需要面对繁杂的个人事务,他在工作时就难以集中精力,甚至微不足道的问题也会令他愤怒和暴躁。因此,个体生活因素会影响员工的压力水平。

☞ **专栏 11-2　25 种最容易产生压力的人生事件(压力源)**

1. 丧偶	14. 财务状况变化
2. 离婚	15. 夫妻经常吵架
3. 分居	16. 还债
4. 入狱	17. 提前一次性还清贷款
5. 亲人故去	18. 工作职责变化
6. 得病或受伤	19. 子女离开家庭
7. 结婚	20. 与配偶的父母关系不和
8. 被解雇	21. 个人获得杰出成就
9. 复婚	22. 配偶找到工作或失业
10. 退休	23. 开始或者结束学业
11. 亲人健康变化	24. 生活条件改变
12. 怀孕	25. 改变个人习惯
13. 性功能障碍	

1. 家庭问题。和睦的家庭是个体的避风港,而紧张的家庭气氛则会成为个体重要的压力源,甚至使人无法正常工作。

2. 经济问题。在缺乏基本经济保障的情况下,员工在工作中会无法集中精力,而更多地为其生存忧虑。

3. 生活条件。住房问题、居住环境、噪声和空气污染、交通堵塞、排队等城市生活问题会使人感到厌倦和紧张。

4. 个性特征。研究发现,A 型人格、消极情感、低自我效能感会显著地影响人们的压力感知:①A 型人格表现为强烈地寻求成就、竞争,行为急躁、紧迫,动作及语言粗鲁等。典型的 A 型人格易受环境影响,容易产生心理紧张反应。②具有消极情感的人容易感受到紧张、不安、忧虑和悲伤等消极情绪,同时还伴有发怒、轻蔑、退缩、有负罪感以及对自己不满等消极行为,他们往往特别在乎理想和现实之间的差距,对压力情境更加敏感。③自我效能感会影响个体对压力负面影响的感知。低自我效能感的员工在经受压力时往往遭受更多打击,而高自我效能感的员工则可以更好地抵御和调节来自工作的压力。

☞ **专栏 11-3　谁更容易成功,A 型人格还是 B 型人格?**

A 型人格是指那些总愿意从事高强度的竞争活动,并长期存在时间上紧迫感的人。A 型人格的人总是不断驱使自己在短时间内做最多的事，并对阻碍自己努力的其他人或事进行攻击。一般来说，A 型人格与进取心和物质利益的获得有直接关系。

A 型人格表现为：运动、走路和吃饭节奏快；对很多事情的进展速度感到不耐烦；总是试图同时做两件以上的事情；无法处理休闲时光；着迷于数字，他们的成功感以每件事中自己获益多少衡量。A 型人格的人常处于中度至高度的焦虑之中，不断给自己施加时间压力，总为自己制订最后期限。

与 A 型人格相对的是 B 型人格。B 型人格很少因为要从事不断增多的工作或要无休止地提高工作绩效而感到焦虑。B 型人格表现为：从来不曾有时间上的紧迫感以及其他类似的不适感；认为没有必要表现或讨论自己的成就和业绩，除非环境要求如此；充分享受娱乐和休闲，而不是不惜一切代价实现自己的最佳水平；充分放松而不感到内疚。

在组织中，A 型人格的员工工作十分勤奋，但 B 型人格的个体却常常占据组织的高层领导职位。最优秀的推销员往往是 A 型人格者，但高级经营管理人员却常常是 B 型人格者。为什么呢？答案在于 A 型人格倾向于放弃对质量的追求，而仅仅追求数量。实践中，组织中的晋升常常授予那些睿智而非匆忙、机敏而非敌意、有创造性而非仅有好胜心的人。

你是 A 型人格吗？请做以下练习：

指导语：在下面各特质中，你认为哪个数字最符合你的行为特点？

1. 不在意约会时间	1	2	3	4	5	6	7	8	从不迟到
2. 无争强好胜心	1	2	3	4	5	6	7	8	争强好胜
3. 从不感觉仓促	1	2	3	4	5	6	7	8	总是匆匆忙忙
4. 一时只做一事	1	2	3	4	5	6	7	8	同时要做好多事
5. 做事节奏平缓	1	2	3	4	5	6	7	8	节奏极快
6. 表达情感	1	2	3	4	5	6	7	8	压抑情感
7. 有许多爱好	1	2	3	4	5	6	7	8	除工作外无其他爱好

记分：累加 7 个问题的总分，然后乘以 3，分数高于 120 分，表明你是极端的 A 型人格；分数低于 90 分，表明你是极端的 B 型人格。

分数	人格类型
120 分以上	A+
106~119 分	A
100~105 分	A-
90~99 分	B
90 分以下	B-

三、压力的影响

(一)压力与健康

研究表明,压力并非是坏事。适度的压力有助于个体提高免疫力、面对各种挑战。然而,一个人如果长期处于压力之中则会精疲力竭,对健康产生负面影响。通常来看,压力会在生理和心理两个方面影响人们的健康水平。

1. 生理状况。虽然诱发压力的原因可能不尽相同,但压力感对个体所造成的生理反应是相似的。压力都会促使身体分泌激素,如肾上腺素、去甲肾上腺素和肾脏皮质醇等,这些激素在进入人体血液循环后,将导致一些短期的生理变化。由压力造成的常见生理反应包括心率加快、血压升高、血糖增多和血黏度增加。另外还包括一些不容易为人察觉的反应:血液回流大脑、肌肉紧张、全身各个器官将储存的能量释放到血液中。如果伴有这些短期生理变化的压力持续存在,人的身体可能会发生一些危及健康的症状,如心脏病突发、中风、过度紧张、有害胆固醇水平增高、偏头痛、皮疹、肿瘤、过敏和肠炎等。此外,持续的压力还会弱化人体免疫系统,使人容易染病。

2. 心理状况。由压力引发的心理症状很多,从积极方面看,压力使人的警觉性提高,认知能力提升;而它所带来的消极后果则包括紧张、焦虑、情绪低落、烦躁、抱怨、疲劳、绝望以及各种防御性的想法和行为。如果个体长期处于高强度的压力之中,很难保持心境平和,严重的甚至还会心智紊乱。

(二)压力与效率

压力是人们在生活中无法回避的,有压力未必是坏事,没压力也未必是好事。最早对工作压力与工作绩效的关系进行研究的是罗伯特·耶克斯(Robert Yerkes)和约翰·多德森(John Dodson)。他们的研究发现,压力与工作效率之间呈现倒U形关系,如图11-1(a)所示。压力水平的增加会激发人们的动机和兴趣,让人们把注意力集中在当前的任务上,从而改善人们的工作表现。当压力上升到一定水平时,人们的表现就会达到峰值,也就是获得最佳成绩。当压力和唤醒水平超过峰值之后,人们的表现便不再提升,反而会因为过高的压力水平导致过度的焦虑,从而出现绩效下降,这就是著名的耶克斯-多德森定律。

此外,对于不同复杂程度的任务,压力效率的曲线也会不同,如图11-1(b)所示。如果面对的是难度高、更复杂、不熟悉的任务,在相对较低的压力下,人们的表现会更好。如果压力过大,强烈的焦虑感和紧张感会导致注意力不集中或思维枯竭,进而降低工作效率。相反,如果面对的是相对简单、熟悉的任务,较低的压力会让人感到慵懒疲沓,注意力不集中,这时加大压力能促使人们更积极地投身到任务中,提高任务表现。总的来说,适中的压力不仅可以推动个体完成各项任务,还可以成为个体前进的动力，但过大或过小的压力对个体确实毫无益处。

因此，对于员工而言，准确评价任务的难度，学会根据任务性质调整动机，并且设立合理的目标和期望，将有利于取得好成绩。对于管理者来说，当员工执行的是简单重复性劳动时，可以施加适当的压力以提高效率；而当员工进行的是复杂性、创新性高的工作时，应该提供较为轻松的工作环境。

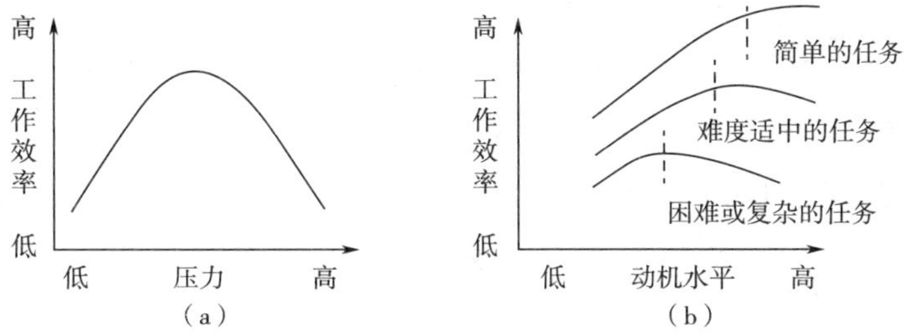

图 11-1　耶克斯-多德森定律

（三）职业倦怠

职业倦怠（job burnout）又称职业枯竭、工作倦怠，是指由于工作对个人能力、精力或资源过度要求而导致工作者感到挫败、情绪枯竭、筋疲力尽的现象。

西方学者从不同角度提出职业倦怠的理论模型，其中最被认可的是克里斯汀·马斯拉奇（Christina Maslach）的三维度划分（见图 11-2）。马斯拉奇将职业倦怠定义为在以人为服务对象的职业领域中，个体表现出的情绪耗竭、去人性化、个人成就感低落等症状。其中，情绪耗竭是职业倦怠的关键点，伴随着明显的疲劳症状，使得个体丧失工作积极性和活力，经常感觉到心力交瘁。例如，“星期一综合征”的疲倦、头晕、胸闷、腹胀、食欲不振、周身酸痛、注意力不集中等症状，就是情绪耗竭的表现。去人性化是个体对工作对象和环境采取漠视和冷酷的态度，把自己限制在狭小的圈子里，不愿与同事合作交流。个人成就感低落是指个体倾向于消极地评价自己，在工作中的成就感下降，并且认为工作没有意义，不能发挥自身才能。例如，那些常说“工作是在混日子”的人，很可能在工作中具有较低的成就感。

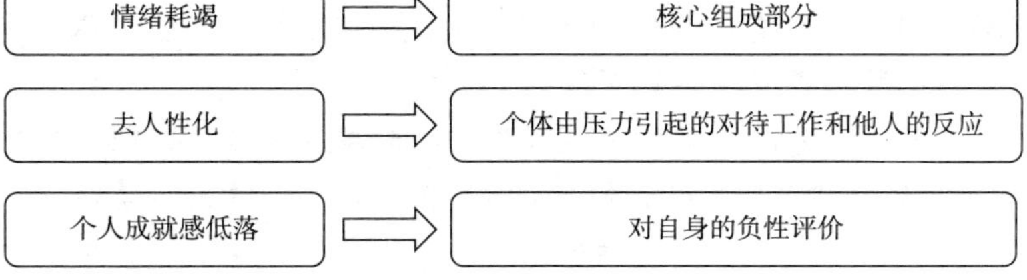

图 11-2　职业倦怠的三维度

职业倦怠与工作压力并不相同。职业倦怠是工作压力下的个体反应,不仅包含情绪反应,还包括了个体对他人和自我的态度和评价。此外,每个员工都有可能体验到工作压力,但并不是所有的压力都会转化为职业倦怠。职业倦怠是个人在适应压力过程最后的衰竭阶段,是因为工作要求和个体资源付出之间的长期不平衡所导致的更深程度的工作压力。有关工作压力与职业倦怠的相关研究也表明,工作压力带来的紧张状态如果一直得不到有效缓解,就会导致职业倦怠。

☞ 专栏 11-4　测测你是否有职业倦怠?

阅读下列题目,根据自己的实际情况选择相应的数字。由“1”到“7”代表符合程度的从低到高。1:完全不符合,2:不符合,3:有点不符合,4:说不清楚,5:有点符合,6:符合,7:完全符合。

1. 我非常疲倦。
2. 我不关心工作对象的内心感受。
3. 我能有效地解决工作对象的问题。
4. 我担心工作会影响我的情绪。
5. 我的工作对象经常抱怨我。
6. 我可以通过自己的工作有效地影响别人。
7. 我常常感觉到筋疲力尽。
8. 我抱着玩世不恭的态度工作。
9. 我能创造轻松活泼的工作氛围。
10. 一天的工作结束,我感觉到疲劳至极。
11. 我经常责备我的工作对象。
12. 解决了工作对象的问题后,我非常兴奋。
13. 最近一段时间我有点抑郁。
14. 我经常拒绝工作对象的要求。
15. 我完成了许多有意义的工作任务。

计分方式:总分为每类对应 5 题得分总和。第 1、4、7、10、13 题测量情绪耗竭,所选数字即为每题得分,总分临界值为 25 分;第 2、5、8、11、14 题测量去人性化,所选数字为每题得分,总分临界值为 11 分;第 3、6、9、12、15 题测量个人成就感,为反向计分,用 8 减去所选数字即为每题得分,总分临界值为 16 分。

评判标准:一项总分高于临界值可被界定为轻度倦怠者,两项得分高于临界值可被界定为中度倦怠者,三项总分都高于临界值可被界定为高度倦怠者。

（四）工作与家庭冲突

工作与家庭之间的冲突是指工作与家庭两种角色在某些方面彼此互不相容时所产生的角色压力，体现了个体在工作和家庭领域不同角色间的相互竞争关系。

工作家庭冲突分为两种：工作-家庭冲突（work-to-family conflict）和家庭-工作冲突（family-to-work conflict）。其中，工作—家庭冲突是工作的一般需求、投入时间和工作压力妨碍了个体履行与家庭有关的责任，家庭-工作冲突则是家庭的一般需求、投入时间和心理压力妨碍了应该履行的工作职责。

工作和家庭的冲突主要包括三种形式：基于时间的冲突、基于压力的冲突、基于行为的冲突。基于时间的冲突是由于各种角色相互占用时间，使个体难以在同一时间范围内满足来自工作和家庭的角色期待而引发的冲突。例如，个体因工作需要无法按时接送子女，或因加班无法参与朋友聚会。基于压力的冲突是个体在从事一种角色活动时，产生的紧张情绪和心理压力会影响从事另一种角色时的表现。例如，个体在工作中受到批评会影响回家之后与家人的关系，和家人吵架带来的愤怒情绪会影响工作中的表现。基于行为的冲突是个体在扮演工作或家庭中某一角色时的行为方式与另一种角色并不相容而引发的冲突。例如，和家庭成员相处时采取工作中的处事方式与行为特点，会引起家庭成员不满，从而形成冲突。

四、压力的管理途径

如前所述，压力不仅关系到员工的身心健康，而且对个体和组织的工作绩效影响巨大。因此，对压力的有效应对与管理是人力资源管理心理学的重要内容。压力管理是个体对于感受到的挑战或威胁的适应性反应过程。压力管理既包括压力预防，也包括压力缓解。压力管理的方法虽然多，但大多可以从个体水平和组织水平进行。

（一）个体水平的压力管理

个体水平的压力管理更多与健康的生活方式联系密切，诸如放松训练、健康饮食、心境平和等都有利于创建良好的心理状态，对工作和生活的积极作用明显。

1. 压力的自我调节。随着现代社会的竞争加剧，越来越多的人开始抱怨生存压力大。个体心理疲劳程度的高低，在很大程度上取决于自身的压力调节能力。在压力和灾难面前，心理不健康者往往采取一些不恰当的应对措施或者消极的自我防御机制来减轻压力，如否认、退行、回避、压抑、反向、抵消、攻击、自责等。这样的应对结果往往适得其反：不仅没有减轻压力，反而容易陷入负面情绪中难以自拔。而心理健康者则会主动采取积极的或无害的应对措施，如宣泄、转移注意力、改变目标、升华、放松、幽默和行动等，使自己的心理状态尽快恢复到理想状态，重新开始工作和生活。

☞ 专栏 11-5　压力的自我调节技巧

>面对重压时小睡一会儿。小睡被认为是能够减轻和预防压力的最有效方法之一。

>顺应自己的情绪。如果你生气、厌恶或疑惑，那就坦然接受这些情绪的存在，压抑自己的情绪反而会增加压力。

>从高压的环境中暂时抽身出来，做一些小而有建设性的事情，比如，洗车、理发或者清理房屋等。

>请人按摩一下。按摩可以放松紧张的肌肉，加快血液循环，从而使人安静下来。

>向你的同事、领导或者朋友寻求帮助。

>集中精力于阅读、上网、运动或者其他的兴趣爱好，集中精力也会减少压力。

>营造一个安宁的家庭环境，并且每天休息一会。

>抽出一天时间好好休息。

>完成某些小事，无论多小。完成事情的感觉会释放部分压力。

>停下来闻闻花香，和孩子、年轻人交朋友，小猫或其他小动物玩耍。

>努力做好工作，但不是追求完美。

>做做手工，干一些开心的小事情。

>拥抱你喜欢的并且也会拥抱你的人。

>找点乐子，比如，卡通、电影、电视节目或者幽默网站等，甚至和自己开玩笑。

>尽量不喝含咖啡因和酒精的饮料，拿起一个水果而不是一罐啤酒。

2. 生活方式管理。生活方式管理主要着眼于自身生活习惯的养成。这种管理方式要求个体通过有规律、有效率的生活减轻压力的影响，如体育锻炼。适度的体育锻炼可以使员工身体健壮、精力充沛，增强压力应付能力，减少或消除压力的生理影响。

3. 工作方式管理。工作方式管理是指个体通过对工作环境的管理主动应付压力。这就要求个体首先评估压力情境：个体觉察到一个新的压力时，需要去描述并且评估其来源和威胁程度。接下来，个体需要尽快形成可供选择的压力解决方案，并从中做出选择。一般来说，在压力情境中有四种应对方式：①直接解决问题，舒缓压力；②从问题中撤出，部分摆脱压力的束缚，保持清醒的头脑，对压力做出全面考虑与评价，找到更好、更全面的解决方案；③与问题达成妥协，这是在不能改变也不能避免的环境中，不得不做出的让步；④适应，可通过讨价还价、折中等方式适应彼此的要求，牺牲一部分而获取另一部分。

4. 不同压力反应的消除。工作压力会使员工产生生理的、情感的等多种反应，对不同反应采取不同的消除方法。生理反应的消除可以通过一系列的心理训练进行。通过训练，使员工学会控制自己的生理反应，进而消除或减轻紧张情绪。心理训练的方法很多，如放松训练、生物反馈训练、自生训练和冥想等，关键是在遇到环境压力而感到紧张时，能有效地运用以达到松弛状态。情感反应的消除可通过寻求社会支持实现。当个体受到压力威胁时，他人的帮助和支持有助于恢复信心。这种帮助和支持表现为，共同讨论目前的压力情境，帮助确立更现实的目标，指出压力中员工不曾发现的积极特征，促使个体发泄消极情感如愤怒、恐惧和挫折等。这些做法对舒缓压力和紧张情绪非常必要。

5. 学会放弃。生活中，绝大多数人的生存准则是"满足需要，不断加油"。事实上，人们很少意识到自己在奋斗过程中已经背负了许多，例如，面子、金钱、地位、信任、高期望、知识、经验、能力和人际关系等。这些"身外之物"往往会带来压力，甚至使个体不堪重负。这时，就需要学会放弃，放弃一些与时代、环境、机遇不符的需要；放弃一些影响自己潜力发挥的所得；放弃一些习惯性的个性和自我，让自己有更多的余地应对真实的压力。另外，知足者常乐，不要故意给自己加压，要选择适合的自我减压办法。

☞ 专栏 11-6　个体的压力管理技巧

如果不对压力进行有效管理，轻则会影响正常的工作生活，重则会导致慢性疾病，甚至对个体造成长期的伤害。个体从自身角度进行压力管理时，可以尝试以下方法：

1. 识别自己的压力信号。管理压力，首先要具备识别压力的能力。也就是说，个体在感受到压力引发的症状时，要及时记录下压力发生的时间和强度。事实上，哪怕仅仅是记录这些症状都能减少压力发生的次数和强度。这一行为意味着你已经开始掌控自己的健康状态。在清楚识别压力引发的症状后，接下来要搞清楚这些症状发生前你的想法和感受。如果是因为消极想法引发压力症状，就要设法消除这些消极想法，比如，在心里默念"别想了""这么想没用""放弃""停止"等。

2. 消除或改变压力源。压力管理最有效的方法就是消除或改变给你带来压力的诱发性因素。镇静是个不错的方法。如果一个人因为工作中的一点小问题就压力重重，那他必须先冷静下来，好好分析一下，搞清问题发生的原因，充分挖掘解决问题的方案，评判各种备选方案，选择最优方案，然后执行……一旦发现了问题的源头，工作中的问题也就可以用比较平和的心态来处理了。

3. 建立社会支持网络。支持网络是指一群可以听你倾诉并提供情感支持的人。这些人可以帮助你度过艰难时刻，可以让你觉得亲切、温暖，同时，你也会感到自己被他们接受，有助于减轻压力。同时，说出自己的压力，哪怕什么都不做，也可以释放压力。要建立社会支持网络，首先自己要成为一个很好的倾听者，只有这样，在你需要倾诉的时候才会有人愿意倾听。

4. 经常练习放松和减压技巧。放松反应是指呼吸心跳放慢、血压降低、新陈代谢减慢时的身体反应。日常生活中可以通过多种方法激发这一反应，如冥想、练习或祈祷。通过练习，学会放松反应后，个体在遇到压力的时候就可以迎“压”而上，以冷静的态度建设性地解决问题。

（二）组织水平的压力管理

从组织角度看，压力管理就是要为员工营造一个能充分发挥积极性、压力适度的环境。这个环境既要保证员工有足够大的动力感，又要避免因压力过度而导致员工的消极行为。领导者可从工作任务、角色需求、潜能、生理和人际关系等方面满足员工需求，消除其紧张感，提高工作绩效。

☞ 专栏 11-7　组织的压力管理技巧

压力在带给个体负面影响的同时，也会影响到组织效率。从组织角度预防和减少压力的方法主要有改进工作设计、为员工提供情感支持、营造健康的组织文化。

1. 改进工作设计。减少工作压力的一项重要举措是设计出压力较小的工作。决定工作压力大小的 4 个主要因素是：工作复杂程度、身体紧张疲劳程度、工作意义和工作可控程度。一个压力较小的工作是复杂程度和生理紧张度适中，同时非常有意义又能被有效控制进展的工作（如下图）。

2. 提供情感支持。一些研究发现，领导者对员工的鼓励、给予的社会支持、情感支持等可以在不同程度上减少和预防工作压力的发生。只是领导者在给员工提供情感支持的时候要注意方式方法：①要与员工保持沟通渠道的畅通，否则员工没有合适的渠道释放压力；②因为不同的员工需要不同的支持，所以领导者要根据每个人的实际情况提供正确支持；③“授人以鱼”不如“授人以渔”，领导者不要直接为员工解决工作中的问题，而要帮助他们提高解决问题的能力；④不要散播产生压力的信息。

3. 营建健康的组织文化。营建健康的组织文化，是让员工保持健康并且有效应对压力的一种综合策略。健康组织文化的核心是健康计划，它涵盖了医疗检查、压力管理、体重控制、烟酒药物滥用控制、工作和家庭安全，以及健康生活方式和自我保健等内容。有的公司还为需要帮助的员工提供专业的心理咨询服务。

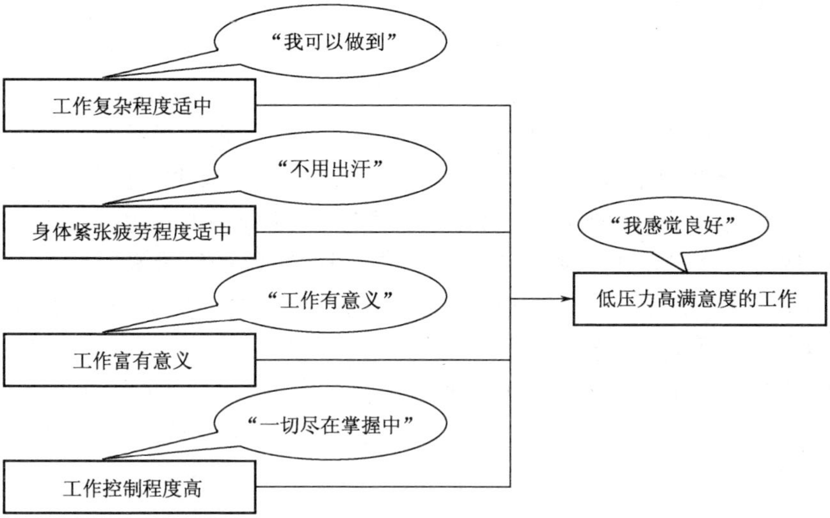

压力小的工作设计

1. 处理好员工的工作任务和角色需求。

(1)强化员工正式的组织沟通。加强与员工正式的组织沟通,有助于减轻角色的模糊性和角色冲突,减少不确定性。管理者完全可以通过与员工的沟通和传递信息,影响甚至改变员工的认识。强化员工正式的组织沟通,需要从工作本身和组织结构入手,促进任务、角色的清晰化和丰富化,增强工作本身的激励因素,激发员工的内在工作动机,提高工作满意度,进而减少压力的产生。

(2)设置明确的目标。当员工的目标比较具体又富有挑战性时,如果能提供及时的反馈,他们会做得更好。利用目标设定可以减轻工作压力,明确员工的工作动机。如果目标比较具体,而员工又认为可以达到,就会降低员工工作绩效的不确定性,从而有效地减轻员工的受挫感、角色模糊感和压力感。

(3)做好工作再设计。重新设计工作可以给员工带来更多的责任感、更大的自主性和更强的反馈,有助于减轻员工的压力感。工作再设计主要包括岗位轮换、工作扩大化和工作丰富化。具体操作时,可以根据情况安排员工力所能及的岗位、施加工作压力、采用协作和互助的工作方法、肯定业绩、建立信心、变压力为动力。此外,可以积极开展多种形式的集体活动,建立紧张工作和轻松活动相结合的工作休息氛围。

(4)发放"精神薪资"。"精神薪资"有利于缓解工作压力,可以使员工在付出辛苦努力后有成就感、获得尊重,并成为未来事业发展的基础。

2. 处理好员工的生理需求和人际关系需求。

(1)弹性工作制。允许员工在特定弹性时间内,自由决定上班时间。一般在每天的工作时间中,有一个共同的核心工作时间段,通常是6小时,其两端是弹性工作时间段。在核心工作时间内,所有员工都上岗到位,但在弹性时间段内员工可以自由安排。弹性工作制有利于降低缺勤率、提高效率,减少加班费用,减轻员工对管理人员的敌意,从而增加员工的工作满意度,减少压力的产生。

(2)参与式管理。员工对工作目标、工作预期、上级的评价等问题存在种种不确定感,而这些因素直接影响员工的工作绩效。因此,允许员工参与相关决策,有助于增强员工的参与感,能够帮助员工减轻角色压力。

(3)员工帮助计划。管理者可以通过提供各种有益身心健康的活动方案,例如,帮助员工进行戒烟、减肥、改善饮食状况和培养良好习惯等活动,为员工创造良好的生理和心理环境,满足员工的身心需求。

第二节　情绪管理

应对压力的方式有两种:一种是情绪指向的,关注如何处理和缓解压力带来的情绪;另一类是问题指向的,是指个体采取行动,解决带来压力的问题,从根本上减轻压力。这一节主要从情绪上解决压力问题。

情绪管理是个体或群体对情绪进行控制和管理的过程,越来越受到人力资源管理者的重视。具体来说,情绪管理帮助人们基于对自身情绪和他人情绪的认识、协调、引导、互动和控制,充分挖掘和培养驾驭情绪的能力,从而保持良好的情绪状态。

一、什么是情绪

(一)情绪的定义

由于情绪的复杂性,对于情绪尚没有统一的定义。美国心理学家罗伯特·立珀(Robert Leeper)认为,情绪是一种具有动机和知觉的积极力量,它能够促使行为的发生,并组织和维持行为。情绪心理学家肯尼思·斯托曼(Kenneth Strongman)认为,情绪是一种感受,是与本身结构有关的身体状态,它是粗糙的或者经过精化的行为并且发生于特定的情境中。总的来说,情绪是对外界事物的态度,是对客观事物和主观需求之间关系的反应,以人的内在体验为载体,驱使人行动的动力。它是一种主观体验,是人类自我意识的核心。

（二）情绪的维度

研究者对情绪的维度提出了不同的划分方法。威廉·冯特（Wilhelm Wundt）于 1986 年提出情绪的三维度学说：愉快－不愉快；激动－平静；紧张－松弛。每一种具体情绪分布在三个维度的两极之间不同的位置上。他的三维度学说为情绪的维度划分奠定了基础。

20 世纪 50 年代，哈罗德·施洛伯格（Harold Schlosberg）根据面部表情的研究提出，情绪的维度有愉快－不愉快、注意－拒绝、激活水平三个维度。他建立了一个三维模式图（如图 11－3），长轴为快乐维度，短轴为注意维度，垂直于椭圆面的轴是激活水平的强度维度，三个不同水平的整合可以得到各种情绪。

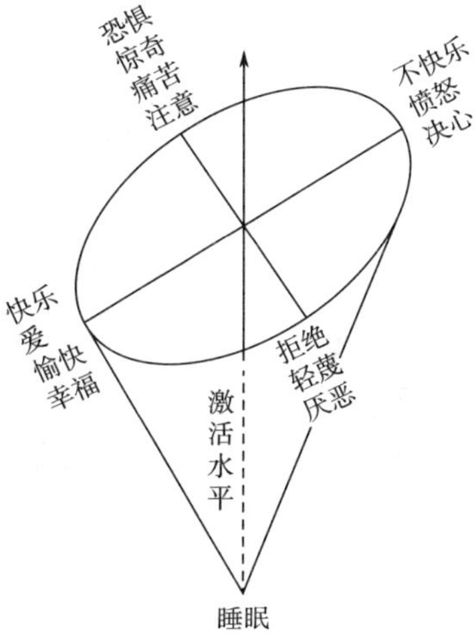

图 11－3　施洛伯格的情绪三维模式

20 世纪 60 年代，罗伯特·普拉切克（Robert Plutchik）提出情绪具有强度、相似性和两极性三个维度，并用一个倒锥体来说明三个维度之间的关系（如图 11－4）。锥体的截面被划分为八种基本情绪：悲痛、恐惧、惊奇、接受、狂喜、狂怒、警惕、憎恨，相邻的情绪是相似的，对角位置的情绪是对立的，锥体自下而上表明情绪由弱到强的变化。这个模型的特点是描述了不同情绪之间的相似性及对立性特征，这在情绪相关的实验研究中对于情绪界定是很有用的。

詹姆斯·罗素（James Russell）在 1980 年提出了情绪分类的环状模式。他认为，情绪可划分为两个维度：愉快度和强度。其中愉快度分为愉快和不愉快，强度分为中等强度和高等强度。由此可以组合成四种类型：愉快－高等强度是高兴，愉快—中等强度是轻松，不愉快－中等强度是厌烦，不愉快－高等强度是惊恐（如图 11－5）。

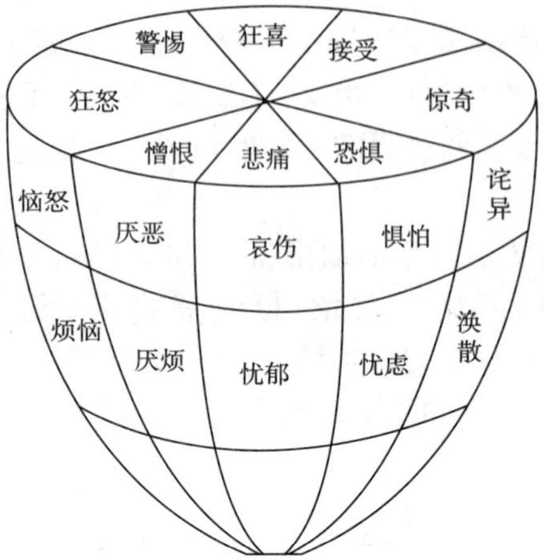

图 11-4 普拉切克的情绪三维模式

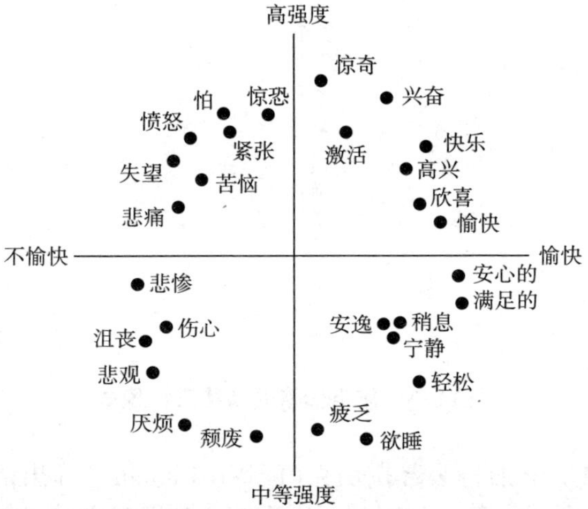

图 11-5 罗素的情绪环状模式

之后,美国心理学家卡罗尔·伊扎德(Carroll Izard)还提出了情绪四维理论,认为情绪有愉快度、紧张度、激动度、确信度等四个维度。

(三)情绪的功能

情绪具备一些功能,如适应功能、动机功能、组织功能、信号功能、感染功能等。

1. 适应功能。情绪是有机体生存、发展和适应环境的手段,人会针对不同的环境或者时间产生不同的情绪反应,进而适应外界。

2. 动机功能。情绪是动机的源泉之一,是动机系统的一个成分,它可以驱动个体从事活动，提高人的活动热情和活动效率。例如，适当的紧张和焦虑促使人们积极思考和解决问题，积极的情绪对行为有促进作用，消极的情绪对行为有抑制作用。

3. 组织功能。情绪对其他心理活动具有组织的作用，表现在积极的情绪对活动起着协调和促进的作用，消极的情绪对活动起着瓦解和破坏的作用。情绪对个体心理活动的组织作用有一定的规律，情绪很低或很高时都会导致效率较低，只有在情绪适中时效率最高。这个规律同样可以用耶克斯-多德森定律来表示。

4. 信号功能。信号功能又叫社会功能。情绪在人际间具有传递信息、沟通思想的功能，这种功能是通过情绪的外在表现（即面部表情、身体动作等）来实现的。如点头代表同意，摇头代表反对，在面试的时候通过面试官的表情，也大概可以判断面试者的表现是否令人满意。

5. 感染功能。一个人的情绪是可以对他人的情绪产生影响的，即情绪之间会互相传递，具有感染性。这种感染功能具体表现为共鸣和移情作用。

☞ 专栏 11-8 踢猫效应

"踢猫效应"讲述了坏情绪会传染的现象。人的不满情绪和糟糕心情，一般会沿着等级和强弱组成的社会关系链条依次传递。由金字塔尖一直扩散到最底层，无处发泄的最弱小的那一个元素，则成为最终的受害者。踢猫效应的故事如下：

某公司董事长为了重整公司事务，许诺自己将早到晚回。有一次，他在家看报太入迷以至忘了时间。为了不迟到，他在公路上超速驾驶，结果被警察开了罚单，最后还是误了时间。他愤怒之极，来到办公室时，为了转移他人的注意，将销售经理叫到办公室训斥了一番。

销售经理挨训之后，气急败坏地走出办公室，将秘书叫到自己的办公室并对他挑剔一顿。秘书无缘无故被人挑剔，自然是一肚子气，就故意找接线员的茬儿。接线员无可奈何垂头丧气地回到家，对着自己的儿子大发雷霆。儿子莫名其妙地被父亲痛斥之后，也很恼火，便将自己家里的猫狠狠地踢了一脚。

人们如果在接受批评后，不能恰当地控制住自己的情绪，使消极的情绪控制住自己，便会不由自主地加入"踢猫"的行列中，被别人"踢"和去"踢"别人。生活中，每个人都是"踢猫效应"长长链条上的一个环节，有效控制情绪、正确对待错误能帮助我们抑制坏情绪的传递。

二、情绪管理

(一)情绪管理的定义

20世纪90年代,丹尼尔·戈尔曼(Daniel Goleman)提出了一个革命性的概念——情绪智力(Emotional Intelligence),也就是日常所说的“情商”。后来,美国心理学家彼得·萨洛维(Peter Salovey)和约翰·梅耶(John Mayer)指出,情绪智力包括以下内容:了解自身情绪、管理情绪、自我激励、识别他人情绪、处理人际关系。至此,心理学界和管理界已清楚地认识到,情绪不只是个体的心理现象,同时也是社会现象。情绪有其社会接受方式、社会沟通方式和社会支持方式。人类的情绪需要管理。

通常来讲,情绪管理是指一个人对情绪的自我认识、自我控制、自我区分等能力,以及对他人情绪的认识与适度的反应能力。也就是说,情绪管理包含了如何准确地了解自己的真实感受,如何克服冲动,如何发展延迟满足,如何调度情绪,如何避免因过度沮丧而影响思维,如何设身处地为他人着想,如何真诚地理解别人,如何激励自己克服挫折从而对未来充满希望等内容。

情绪管理是目标驱动控制系统中的一部分。从发展的角度看,情绪管理是一个动态过程,指一切改变个体情绪的种类、产生时间、体验和表达方式的过程。简单地说,情绪管理就是个体对情绪发生、体验与表达施加影响的过程。还有的研究者认为,情绪管理是一个可以放大、削弱或维持情绪反应强度的过程。由于情绪包含了多个成分,同时在时间轴上逐渐延伸,因此,情绪管理可以包含多方面的改变。这些方面涉及情绪的品质(积极或者消极)和情绪的动力学特征(潜伏期、强度和持续时间等)。此外,情绪管理既包括个体内部主动进行和完成的方面,又涉及其他个体的管理和控制过程,即情绪的自我管理和外部管理。

无论如何定义,情绪管理都是对个体或群体情绪进行控制和调节的过程,是对情绪智商的挖掘和培植,是培养驾驭情绪的能力,是建立和维护良好情绪状态的现代管理方法。情绪管理水平取决于个体对人生价值观总体的把握,取决于个体处理人与人、人与团体之间人际关系的艺术。它的核心是人本理念,它追求的是最大限度地发挥人的潜力,体现人的价值。它追求“和谐管理”,形成管理中各事物间协调生存与发展的状态,满足人的情感需要,突出情绪的健康表达,在管理中做到人与人的和谐——人际和谐、人与社会的和谐——群己和谐、人与自然的和谐——天人和谐。

(二)情绪管理的机制

情绪管理是一个非常复杂的过程,它可以发生在多个时间段,可以采用多种管理策略。关于情绪管理的研究很多,但大多集中在操作层面,对情绪管理运行机制的全面描述并不多见。目前,比较系统和完善的是詹姆斯·格罗斯(James Gross)提出的情绪管理过程模型。

格罗斯认为,情绪管理在情绪发生过程中的每一个阶段,阶段不同,情绪调节的手段也不相同。主要的情绪调节手段包括情景选择、情景修正、注意分配、认知改变和反应调整。情景选择是指个体有选择地趋近或避开某人、某事或某场合,以便调节情绪。这是人们经常使用的一种情绪管理策略,从而避免或降低负情绪的发生,增加积极情绪体验的机会。情景修正是指对问题或情绪事件进行初步控制,努力改变情景。

情景修正的能力在某种程度上反映了个体控制、调整情绪的能力。自控性好、灵活性强的人具有较强的情景修正能力。

注意分配关注于情景中的许多方面,包括努力使注意集中于一个特定的话题或任务、注意离开原来话题或任务。注意分配能力在情绪管理中更多与个体对目标、刺激和任务等的关注有关,同时也反映出个体对外界刺激的反应。

认知改变是指选择对情绪事件意义的可能解释,情绪事件的个人意义解释对特定情景中情绪发生的心理体验、行为表达和生理反应等会产生很大的影响。

根据这些情绪调节手段,格罗斯进一步提出情绪管理的两大反应调整策略:认知重评和表达抑制。认知重评主张改变个体对情绪事件的理解,改变情绪事件中个体对个人意义的认识。试图以一种积极的方式让个体理解挫折、生气和厌恶等负性情绪事件,或者让个体对情绪事件做出合理化解释。表达抑制也是反应调整的一种,指个体抑制对将要发生或正在发生的情绪表达行为,从关注角度体现情绪管理策略。

三、工作中的情绪管理

(一)情绪劳动

1983年,阿莉·霍克希尔德(Arlie Hochschild)发现,空乘人员在为乘客提供服务时除了需要脑力和体力方面的付出外,还会付出情绪上的努力。于是,她正式提出情绪劳动(Emotional Labor)的概念:个体致力于情感的管理,以便在公众面前创造一个大家可以看得到的脸部表情或身体动作。此后,众多学者开始了对情绪劳动的研究。例如,美国学者安德鲁·莫里斯(Andrew Morris)和丹尼尔·弗尔德曼(Daniel Ferdman)将情绪劳动定义为员工在与顾客交往过程中,对企业要求的情绪反应做出正确的表达。尽管学者们对情绪劳动的看法不同,但都强调了员工要以组织所期望的表达方式调节情绪,这是工作中不可或缺的。

情绪劳动区别于个人一般的情绪活动,主要具有如下三个特点。

1. 调节的主动性。从情绪劳动的发生过程看,一般是在员工与顾客直接的交互过程中。因为情绪是具有传染性的,员工在情绪表达的过程中不仅会影响顾客的情绪和反应,同时也会受到顾客情绪的影响,在这个过程中会涉及情绪体验、控制、调节、表达等一系列情绪方面的努力。员工在这个过程中需要按照角色要求和组织期望,及时、灵活地调整自己的情绪劳动。

2. 目的的间接性。情绪劳动有一个基本假设:在员工与顾客的交互作用下,情绪劳动是一种内化在服务过程中的商品,适当的情绪表达更有利于顾客接受员工所提供的产品和服务,促进交易的实现,最终实现组织目标。顾客的购买行为是由其内在的情感及情绪驱动实现的。在面对面的服务过程中,员工需要运用情绪的感染力和交流效果,通过适当的情绪表达,提高顾客满意度,实现组织的根本目标。

3. 要求的职业性。在服务行业,不同职业对情绪劳动的表现内容和需要程度不同。通常情况下,组织会根据岗位职责、职业道德、行为规范和组织文化,确定什么样的情绪表达是恰当的。例如,餐馆服务员、推销员需要有热情、有耐心等,也有一些职业要求员工的情绪表达既要礼貌又要较为严肃,如处罚违章活动的交警。在需求程度方面,某一职业需要员工表现的情绪种类愈多、频率越大时,员工有意识监控自己情绪行为所付出的心理能量就越多,情绪劳动的负担就越大。

(二)人力资源管理与情绪管理

情绪是人对刺激的一种本能反应,无论我们是否感受到,它无时无刻不伴随我们左右。在组织日常运行过程中,情绪管理贯穿人力资源管理的全过程。关注情绪管理,可以疏解员工的负面情绪,使员工保持良好的精神状态和饱满的工作热情,充分调动员工的积极性和创造性,创造融洽和谐的组织氛围,实现公司和员工的共同发展。

1. 工作分析。工作分析是具体而谨慎的,表面上看起来与情绪管理没什么关系,但情绪管理在工作分析中的作用不可小觑。做工作描述时,人力资源管理者经常把工作分析问卷中的情绪智力作为重要指标,而任职说明书通常也会列出从事某项工作必须具备的生理和心理条件。总体而言,在工作分析中强调情绪管理,可以为人力资源管理的其他阶段提供良好的基础和保证。

2. 招聘。招聘中的情绪管理主要体现在面试、甄选和录用环节。在压力面试中,给应聘者提出意想不到的问题——这些问题经常具有攻击性或敌意,通过观察应聘者的反应可以考核其情绪调整能力。在甄选过程中,如果考评者具有较高的情绪智力,就可以尽量减少或避免经常出现的晕轮效应、第一印象等误差。此外,情绪智力水平高的员工在亲社会性、共情、人际关系、积极情绪及交友质量等方面表现良好,因此在选拔营销和服务等与客户接触密切的从业人员时,需要更多地关注候选人的情绪管理能力。

3. 培训。情绪智力具有后天可培养性、可塑造性。在人力资源规划中,应该在人员培训计划中将情绪智力拓展训练作为一项重要内容,并在录用后的培训中,积极落实这些计划。比如,让员工掌握情绪管理和情绪智力基本概念,了解情绪变化时的处理方法和求助渠道。盛田昭夫说过:"我们要求每位员工除了劳力之外,也必须劳心。"

4. 绩效评价。传统的人力资源管理绩效模型可以用如下公式表示:$P=f(S,O,M,E)$;其中,P 为绩效,S 是技能,O 是机会,M 是激励,E 是环境。在这个公式中,O、M、E 都可以通过情绪管理获得。具体而言,员工的情绪智力越高,工作热情与积极性就越高,面对挫折的能力越强,人际关系越好,获得任务分配的机会也越多。情绪智力越高,对正向激励的反应越强烈,越容易表现出突出的业绩;情绪智力越高,环境优化就越有助于员工保持轻松愉悦的心情并获得高满足感,从而获得高绩效业绩。

5. 薪酬。在薪酬管理中,组织会以合理的方式对符合组织价值观、有利于组织目标实现的行为进行激励。在激励制度设计方面,应该兼顾内部公平性和外部公平性,对物质层面与精神层面的奖励缺一不可。同时,组织需要特别注意在薪酬激励过程中,组织中的员工情绪与团队氛围,避免因为薪酬激励引起的消极情绪(如气愤、焦虑、心理失衡等)像流行性感冒一样四处传递。

(三)组织变革与情绪管理

在日益激烈的竞争环境中,组织变革是必要的。然而,并不是所有的组织变革都会为组织绩效增长带来立竿见影的效果。将情绪管理融于组织变革过程,可以减少组织冲突和内耗、降低员工压力、构建和谐的人际关系和组织氛围、增强组织弹性和推进组织变革。

1. 及时了解员工情绪变化。在组织变革的过程中,领导者应当及时了解评估员工的情绪变化和情绪问题,进而调整自身的领导行为,以取得更好的领导效能。常见的情绪调查方法有观察法、心理量表法、问卷调查法、个别访谈法、工作记录和工作报告法以及群体讨论法等。调查的情绪内容主要包括员工信任度和确定感、对变革措施的认可程度、对领导行为的满意度等方面。通过以上方法可以帮助领导者及时评估并掌握员工情绪变化状况,进而采取各种有效措施,降低甚至消除这些不良情绪对组织和员工个人的消极影响。

2. 经常沟通以化解员工消极情绪。组织内的沟通可分为正式沟通与非正式沟通。政策传达、文件下发、讨论会和例会等都属于正式沟通的内容。变革时期运用正式沟通具有很多优点,如沟通效果好、严肃、约束力强、易于保密、可以使信息沟通保持权威性等。非正式沟通指的是正式沟通渠道以外的信息交流和传递。组织变革时期,非正式沟通往往能更灵活迅速地适应企业变化,省略许多烦琐的程序,提供大量正式沟通难以提供的信息,并且常常能真实地反映员工的思想、态度和动机。另外,非正式沟通还可削弱上下级之间的拘束感和谨慎感,使组织变革所面临的许多敏感问题在轻松的气氛下及时解决,减少员工对变革的抵触情绪。非正式沟通可以是领导和下属非正式场合的交流,也可以是非正式例会、专题报告会后的谈话等,形式多样,不拘一格。

3. 通过培训提高员工情绪管理水平。情绪是行为的动力基础。在组织变革的时候,新的管理制度、营销模式等容易让员工产生压力。员工如果不能做到情绪的有效调整,会严重影响心理和生理健康水平,对个人和组织造成损失。因此,在组织变革期,开展全员情绪管理技能培训尤为必要。具体方法包括讲授法、角色扮演法、敏感性训练法、完形训练法和拓展训练法等。

4. 宣传和强化变革型组织文化氛围。组织变革的实质是优化组织的发展方向、价值观念、管理方式,运用群体动力学来改变群体规范、塑造团队氛围,对成员的态度和行为形成导向和凝聚作用。在组织变革过程中,倡导“变则通,通则久”的价值观,让员工认识到只有不断变革,才能使组织在激烈的竞争中生存,自己才能够有更好的前途。强化组织变革文化的方法包括:一方面,加大宣传力度,通过团体辅导、公司刊物和海报等形式使变革深入人心;另一方面,建立激励机制,巩固组织文化。

5. 抓好情绪管理的关键环节。在变革的环境中,裁员随时都可能发生。恐慌、忧虑和怨恨等不良情绪会极大地影响员工的工作和生活。这种影响不但涉及被裁员工,也会影响留任员工。解决这一问题可以从以下三方面着手:①在宣布裁员信息时,一定要控制时机,把握好处置技巧。②要做好员工心理帮助计划,包括设置放松室、发泄室等,缓解员工的紧张情绪;制订员工健康养成计划和健康增进的方案,帮助员工克服身心方面的疾病,提高健康程度;设置一系列课程进行例行健康培训,进行心理卫生自律训练、性格分析和心理检查等。③为被裁员工提供优惠政策,尽量帮助其消除后顾之忧。

四、生活中的情绪管理

就个体而言,情绪管理的目的在于通过有效的方法,合理地控制自己的情绪,使自己经常处于一种积极的状态。对个体的情绪进行管理,就是要消除消极情绪,以便使个体学会冷静分析和从不同角度看问题,进而情绪乐观、满怀信心地改变现状,促进个体积极情绪的发展。在实际生活中,人们都希望自己能有一个积极的状态,都有对自己的情绪进行有效调节的经验。但另一方面,情绪管理又是一个比较复杂的系统工程,要想有效管理情绪,至少需要从以下方面着手。

(一)调整认知

情绪是指人对客观事物的态度和体验,也就是人们在生活中处理各种事物时的心理反应。情绪是一把双刃剑,适宜的情绪会让人心情放松,行动积极;不适的情绪往往使人心情郁闷,长期陷入低沉的情绪难以自拔。实际上,情绪是心态的反应,反应的强弱不取决于被反应的对象,而取决于自己的内心,即取决于自己对问题的看法。因此,不同情绪出现时,个体要对所处的情况进行详细分析和思考,找到引起情绪反应的客观现实,明确情绪反应对自身的影响,寻找解决目标、整理思路,果断地应对环境,通过改变对事物的认知过程,调节自己的情绪。

(二)适度宣泄

研究发现,与因洋葱刺激而流的眼泪不同,因负面情绪而流的眼泪中含有能引起心律不齐、高血压、消化不良的化学物质。所以在痛苦悲伤时,不宜"有泪不轻弹",应顺其自然适度宣泄。因此在经历不良情绪时,可以通过语言、行为等,寻找合适的场合和时机,为情绪找一个出口,保持心态平衡。例如,可以到海边,面对辽阔的大海放声高歌;可以找信得过、说得来的亲朋好友倾诉。进行情绪宣泄可以是在事发当时直接表达自己内心的感受,也可以是在时过境迁后向与事件无关的人表达当时的心情。只要适度,任何情绪对人都可以有好的影响。当然,对不良情绪进行管理要把握过犹不及原则。无论哪种情绪宣泄都应该合理,不可一味发泄;切忌在激烈的情境下,以极端的方式发泄情绪,因为这样非但不利于问题的解决,而且会造成更为复杂的后果。

(三)平衡身心

想要游刃有余地管理控制好情绪,应注意保持日常的身心平衡。以下"心理平衡的10条要诀"很值得借鉴:①对自己不苛求,把目标定在自己能力范围之内;②对别人期望不要过高;③不要处处与人争斗;④暂离困境,做你喜欢做的事;⑤大原则要坚持,在非原则问题上适当让步;⑥对人表示善意;⑦找人倾诉烦恼;⑧帮助别人做事;⑨适当娱乐;⑩宠辱不惊,知足常乐。此外,文体娱乐活动也是情绪调控的利器,可以帮助人们达到身心和谐和统一。

☞ 专栏 11-9 控制情绪的小技巧

1. 放松法

数数字。当你要发怒时,数数,1,2,3,4,5,6,7……慢慢数,一直数到不发火。有人说数到60位的时候,一般有火也发不起来了。

2. 转移法

当感觉到自己要发怒时,转移一下注意力。远到旅游,近到上厕所,都可以转移注意力,返回来时心态也许平和许多。

3. 拖延法

通过拖延降低自己情绪的温度,如站起来给自己倒一杯水,或者把头伸到窗外看看天气,这是一种有效的"冷处理"方法。

4. 环境改变法

美好的环境虽不能直接将人引入积极的情绪状态,但它对人的情绪调节有帮助作用。一般而言,较大的空间对于人总是有利的,通常人们都不喜欢太过拥挤的地方,外界空间的拥挤会导致人的烦恼和压抑。

5. 训练法

人的情绪可以由行为引发,人可以通过控制行为的方式控制自己的情绪。当遇到情绪问题的时候,试着说出下面的话:

>我应该控制我自己,而不是让情绪控制我;

>在处理问题之前我先做几分钟深呼吸;

>我可以很好地处理现在的状况;

>我还是先冷静几分钟比较好;

>我现在很愤怒,所以要更加注意自己的言行。

第三节 时间管理

时间是稀缺资源和潜在资本,对于管理者来说尤其如此。时间管理是如何避免时间浪费,更好地把握时间,以便有效地达到既定目标的过程,其目的是实现时间价值。效果(确定的期待结果)、效率(以最小的代价或最少浪费获得结果)、效能(以最小的代价和最少的浪费获得最佳的期待结果)是衡量时间管理水平的重要标志。做好时间管理不仅会提高工作效能,还可以影响到个人的成功、组织的生存与发展。

一、时间观念与时间管理

有史以来,众多先哲为揭示时间的奥秘做了大量的努力和探索,在不同的历史阶段,提出了不同的时间学说。从古代以"自然思辨"为特征的时间说,到近代以"绝对时间"为特征的时间说,再到现代以"相对时间"为特征的时间说,这些学说的提出和发展,促进了人类对时间本质及其特征的认识。

深切感受时间的价值,形成时间是珍贵资源的观念,是时间管理的基础。不同的时间观念有着不同的时间管理内容和效能。回顾人类探索时间的历史,我们不难发现,受特定的历史条件和客观环境影响,人类在不同的历史阶段有着不同的时间观念和时间管理技巧(如表 11-1)。

表 11-1　时间观念和时间管理的关系及其发展

年代	历史事件	时间观念	时间管理
古代	农业为主的生产方式,依赖自然,生产力低下	周而复始的循环运动,取之不尽、用之不竭,视时间为常量	朴素的惜时意识,顺其自然地用时,时间紧迫感不强
近代	工业为主的生产方式,人类主体性提升,社会竞争加剧	单向不可逆的直线运动,机不可失,时不再来,视时间为常量	生产中的时间动作研究,重视把握时机和效率,时间紧迫感较强
当代	信息技术革命,相对论的提出,太空技术进步的影响,深刻认识知识等无形资源	螺旋上升的复合运动,特殊形式,珍贵资源,视时间为变量	把时间作为资源开发利用,时间管理上升为一门科学,体现时间效益和人本价值

如上所述,时间是稀有且珍贵的特殊资源,是一切活动得以进行的前提,最大限度地开发和利用时间资源是管理的重要内容。与此同时,时间资源的价值体现和利用程度,必须靠有效的自我管理和组织管理实现,没有管理,时间将无法实现效率和效能。从这个角度看,时间和管理互为条件,密不可分,时间管理是管理的重要内容。

二、时间管理的理论发展

学习时间管理,首先要了解时间管理理论发展的过程。在科技发展历程中,对于如何节约时间,如何把时间投入最有效率的领域,历史上曾存在几种方式。这些方式的变化大致可以分为四个时代(如表 11-2),每一个时代都建立在前一代基础上,每一代都推动我们更好地管理生活。

表 11-2　时间管理理论的历史推进

理论的演进	特点	优点	缺点
第一代时间管理	备忘录型	应变力很强,没有压力	随意,忽略整体规划
第二代时间管理	记事簿规划与准备	追踪事件,达成率比较高	产生安排的习惯
第三代时间管理	ABC 分类法	以价值为导向,提高生产率	忽略自然法则,缺乏远见
第四代时间管理	罗盘原则	体现自然法则,朝向工作目标	—

(一)备忘录型时间管理

第一代时间管理理论是备忘录型,其主要目的在于提醒人们切勿遗忘。管理工具为简要的备忘录及查核表。这种时间管理一方面主张顺其自然,另一方面也会追踪时间安排。备忘录管理的特色就是写纸条,这种备忘录可以随身携带,忘了就把它拿出来翻一下。如果今天一天结束,完成了大部分的事情,就可以在备忘录上划掉,否则就要增列到明天的备忘录上。

备忘录型时间管理的优点是:重要的事情变化时的应变力很强,是顺应事实的;另一个优点就是没有压力,或者压力比较小。备忘录型的管理便于追踪那些待办事项。但备忘录管理没有严格的组织架构,比较随意,所以往往会漏掉一些事情,忽略了整体性的组织规划。

(二)记事簿型时间管理

第二代时间管理理论强调的是"规划与准备",特色是记事簿作为工具。这种管理方式的特点是制订时间表,记录应该做的事情,注明事件日期,表明应该完成的期限。第二代理论强调效率手册和日程表,反映出时间管理已注意到规划未来的重要性,其管理工具为效率手册和工作清单。

这种时间管理模式的优点是:追踪约会以及应该做的事情的进展;通过制定目标和规划,任务的达成率会比较高。缺点是容易产生凡事都要安排的习惯,找不到思考的空间。

(三)ABC 分类时间管理法

第三代时间管理理论讲求优先顺序,争取最高的效率,主要管理工具为可以表达出综合价值观、目标、进度表的规划书。

管理者首先把工作看成一个有机的整体,然后分析每项工作在系统中的作用。在分析时,要思考三个问题:该工作能不能取消?能不能与其他工作合并?能不能用简便的方法代替?之后,根据重要性、关键性、迫切性和有效性,将工作分为 A、B、C 三类。通常,重要的事不见得都是紧急的,最紧急的事也不一定是最重要的,只有两者兼而有之,才可以列入 A 类工作;一般重要和一般紧急的工作列为 B 类,而那些无关紧要的事列为 C 类。一般而言,A、B、C 类工作占总工作量的比例分别为 20%~30%、30%~40%、40%~50%。而对这三类工作的时间分配量应该颠倒,A 类投入 60%~80%的时间,B 类投入 20%~40%的时间,C 类就尽量不投入。但究竟什么事情是重要的以及什么事情是紧急的,不同的人判断不同,他们所做的价值排列也不尽相同。

ABC 分类时间管理法重视目标、价值,注重优先,强调效率,为人们进行有效的时间管理做出了重要贡献,但也有不足的一面,表现在它主要是一种危机管理,无法维持持久的"效能"。

(四)罗盘理论

第四代时间管理的原则是以人为本,强调目标高于手段,效果高于效率。该理论认为,时间管理应该体现自然法则,即个体或组织的行动是否迅速、是否完美、是否有效率都不重要,重要的是行为本身是否接近未来的目标,个体或组织努力的方向是否正确。因为这一理论强调的是行为方向的正确性,所以也叫罗盘理论或正北理论。

这种时间管理法超越了传统上追求更快、更好、更有效的观念,它不是换一个时钟,而是提供一个罗盘,因为人走得多快是一回事,方向对错是另外一回事。怎么走,不是求快,而是接近未来的目标。

三、时间管理的原则

(一)通盘计划原则

时间管理专家认为,单一的时间管理方法是无效的,时间管理不仅仅是日常事务的安排和处理,还应包括更广泛的层面,如进行积极的人生规划、构思个人的生活愿景、制订具体的生活目标以及寻求成功发展的途径和策略等。真正会利用时间的管理者不是把大量时间用在忙乱的工作上,而是用在构思、拟订计划上。从另一个层面讲,时间管理不仅仅是个人的事情,更是组织层面的事情。组织内部工作是彼此关联的,领导者和下属之间以及下属与下属之间的时间管理相互制约。“时间块”原理告诉我们,应把一天的时间尽量合理地分成完整的时间块,在每个时间块中只专心做一件事情,尽量排除干扰,否则就会出现所谓的“锯齿效应”。而重新开始工作就意味着需要额外的时间再一次准备和熟悉,从而大大降低了工作效率。

(二)要事优先原则

时间管理的重点在于如何分配时间。要事优先原则要求领导者遵循“二八定律”,把最重要的工作放在第一时间处理,按照优先次序对各项任务进行时间预算或分配。因此,应首先考虑效益,然后才考虑效率。区分事情的优先等级,做对的事情永远比把事情做对做好更重要。

(三)合理授权原则

一个领导者要相信下属,因为花很多时间处理小事情非常不明智。真正高效的领导者都是懂得用人的领导,他们总是明白一个人最能做些什么,善于发挥每个人的长处。授权而非揽权,减少事必躬亲。授权时应把完成一项“完整任务”所要求的责任和权力同时授出,任务明确、责任清晰,这样做既节省自己的时间,也调动下属的积极性,从而有利于提高整个组织的效能。高效的领导者还应遵循“例外管理”原则,即领导者只处理条例、规章中没有的例外事件,或者在执行计划出现大的偏差时才出面,对其他正常程序内的工作一概拒绝插手。这是领导者摆脱琐事缠身的有效办法。

(四)最后设限原则

拖延是浪费时间的首要因素。在有紧迫的时间限制时,个体总能找出完成工作的办法;而当时间充裕时,个体却很容易变得拖沓和效率低下。要解决此问题,个体要给自己规定最后时限,并实行自我约束,持之以恒地克服拖延等毛病。对员工也可以推行该制度,可以在组织内部推行"限时办事制",规定相关人员在限定时间内报告处理结果。

(五)分类合并原则

在时间管理上存在一种误区,认为抓住每一分钟、每一秒钟就是合理利用时间。实际上,关键不在于你是不是每分钟都在工作,而在于如何安排时间,时间是零散的还是整块的。在安排工作时,应当把类似的工作集中起来,以便消除重复的活动。所有对目标没有多少价值的例行公事都应给予合并、授权或降到尽可能低的程度。

(六)灵活机动原则

帕金森定律(Parkinson's Law)告诉我们,工作常常会占据多于人们计划分配的时间,所以在时间管理的过程中,还需要应付意外的不确定性事件,要为处理意外事件留出时间。个人的时间安排不要过满,应该有一定的机动性。一般来说,只将时间的50%计划好就可以了,其余的50%应属于灵活时间,用来应对各种打扰和无法预期的事情。

四、时间管理的方法

遵循时间管理方法做事,有助于应对工作带来的压力感,提高工作效率。

(一)时间管理矩阵

所谓时间管理矩阵,就是把待办的事务按照重要程度和紧急性分为四类,即重要紧急的、重要不紧急的、不重要紧急的、不重要不紧急的。所谓重要的事情是指要达到满意结果的事情,它们的结果有价值,对长远发展有影响。所谓紧急的事情是指要求马上处理的事情,它们有时间限制,必须马上解决。参见图 11-6。

第Ⅰ格是重要又紧急的事,通常决定管理者的生活。这些都是要求马上处理的"不得不做"的事情,参加会议、回电话、答复一项请求、同客户交换意见、完成一个报告……很多事情都可能成为重要又紧急的事。这类事情由别人操控,结果未必如管理者所愿。偏重这类事务的人会倍感压力、精疲力竭,终日忙于危机处理和收拾残局。

第Ⅱ格是重要但不紧急的事。重要但不紧急的活动通常被认为是机会而不是问题,它们会避免问题的发生,建立消除问题的体系,避免被动。规划、培训、改善品质和创新等，全都不是“非做不可”的事，但是对长远的成功意义深远，只不过由于不紧急，这类事情往往被挤出管理者的时间表。

第Ⅲ格是不重要但紧急的事。他人出于自身的考虑要求管理者处理一些事务，这类事务随时会打乱管理者的日程，加重他们的时间压力感。虽然这类事务对管理者不一定有意义、有目的、有价值，但他们只能对此做出反应。

第Ⅳ格是既不重要又不紧急的事。当时间压力大，人们会设法逃避去做那些既不重要又不紧急的活动，以此缓解压力。

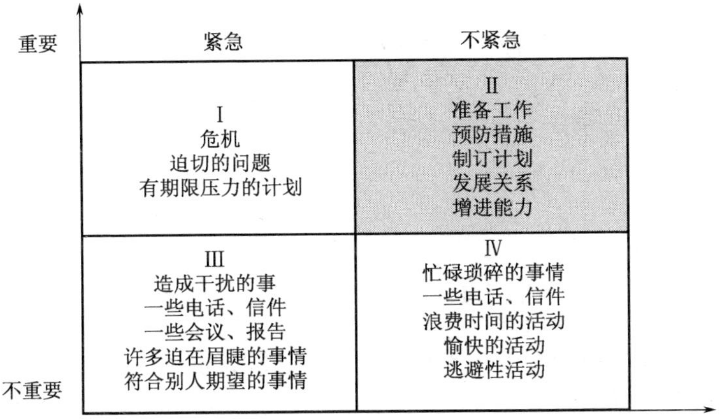

图 11-6　时间管理矩阵

从以上分析可以看出，决定个体行为的因素是紧急性和重要性。紧急性意味着需要立即注意，代表的是“现在”，催促我们行动。紧急的事受其他人欢迎，通常看得见、摸得着，而且做起来常常是愉快的、容易的、富有乐趣的，可是它往往是不重要的。重要性与结果有关。重要的事情大多与使命、价值和目标的实现有关。一般来说，重要而紧急的事情大多涉及重要的结果，需要立即注意，通常把这类事务称为“危机”或“问题”。而重要但不紧急的事是有效自我管理的心脏，它处理诸如建立关系、写个人使命表、作长期计划、锻炼等预防性保养、做好准备、增进能力等不紧急但重要的事情。只要能确定对自己而言重要但不紧急的事情是什么，而且即知即行，就可以达到事半功倍的效果，这就是帕累托原则（Pareto Principle）。这一原则指的是以 20%的活动取得 80%的成果，这样一来，压力感也会随之减轻。需要指出的是，对重要而不紧急的事，必须主动行动，抓住机会，促使事情发生。同时，我们对什么是重要的和什么是我们生活所要求的结果要有一个清楚的概念。否则我们会很容易对紧急而不重要的事情做出反应。

（二）$\bar{X}/R$ 时间控制图

日常生活中，由于人们的习惯、能力不同，做每件事所需的时间也不尽相同。

最理想的状态就是预留时间和实际所用时间一致,比预计时间过短或过长完成工作都是对时间的浪费。在 $\bar{X}/R$ 时间控制图(如图 11-7)中,*CL* 曲线代表个体根据自身条件预留地做某事的时间,*UCL* 代表实际所用时间过长或过短。如果我们发现自己实际所用时间超出 *CL* 的控制范围,即在 *UCL* 线之下或之上,就说明实际耗时超出了控制范围,管理者把时间浪费在无谓的小事上或没达到预期目标。

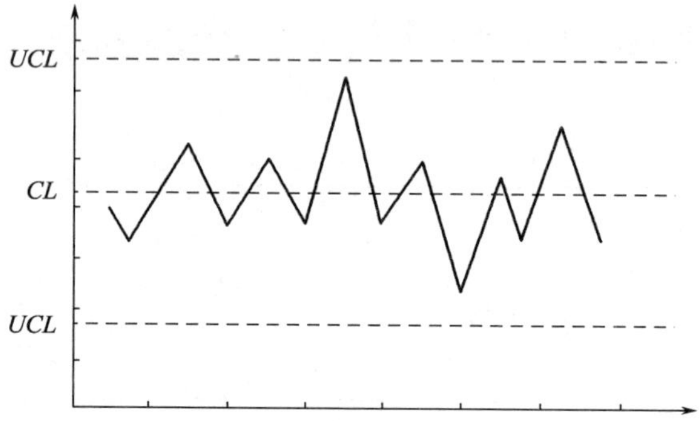

图 11-7　$\bar{X}/R$ 时间控制图

管理者可以根据该图把非生产性活动和浪费时间的活动找出来,尽可能将这类活动从时间表上排除。

1. 首先要找出什么事根本不必做。"这件事如果不做会有什么后果?"如果答案是"不会有任何影响",那么这件事便可以马上取消。如果做了这类工作,说明你把不重要、不迫切的工作放到了重要位置,这类工作占用时间越多,说明你在工作中的分类能力越差。

2. 哪些事情可以授权他人去做?或他人去做效果更好?有效的管理是通过各级的分层管理和工作达成目的的。找出这些活动,将不必亲自处理的事交给他人,对于非常重要的、自己希望做的、已经承诺过的事则要亲自处理。

☞ 专栏 11-10　正确授权的有利之处

正确授权的益处很多:

>减少领导者工作负担,使领导者集中精力处理更重要的事务。

>表达对下属的信任,有利于发掘下属的创造力。

>有利于发现人才、锻炼人才、培养人才。

>有利于团队建设,有利于各级管理者之间、管理者与员工之间的协调与团结。

>有利于避免专断,减少决策错误的发生。

管理者对事务的属性做出明确的判断,对于程序性决策可通过适时的授权达到节约时间的目的,授权是管理者的权能和技能,体现其有效性。

3. 避免浪费别人的时间。管理者的有限理性和管理风格决定了浪费下属的时间不可避免,但关键是如何把影响降低到最小的程度,这需要双方或几方的配合。

4. 注重细节,合理规划时间。一些细节性的节约时间方式,如利用公共交通工具、错开高峰时间、办公室规范化、集中使用零碎时间等都能够节约时间。管理者善于规划时间最为关键的一点是懂得把"SMART"的计划管理目标用于时间管理之中。

SMART是一组英文单词的字头。S(specific)表示具体的、可确定的。学习计划必须是明确的、具体的,明确到每一个时间段具体完成什么样的学习内容。M(measurable)表示可以衡量、可以量化。计划的量可以使计划的执行有一个明确的回答。A(achievable)指可以达到、可以实现。制订学习计划可以搞一个组合式,把几个小的计划组合成一个大的计划,这样既不会因为最终的目标太难完成,最终半途而废,也不会因为计划太小,完成了没有成就感。R(result-oriented),结果导向型,指计划必须注重效果。T(time-limited)的字面意思是说要在有限的时间内完成计划,深一层的意思就是要对计划进行有效的时间管理。

☞ 专栏11-11 耶鲁大学提出的目标设定的七个步骤

为了更好地管理时间,耶鲁大学的研究者提出了目标设定的七个基本步骤,这些步骤有助于管理者更好地实施和执行时间管理。

>先拟出您期望达到的目标。

>列出好处:您达到这一目标有什么好处?

>列出可能的障碍点:您要达到此目标之障碍或困难是什么?

>列出所需资讯:思索需要哪些知识、协助和训练等。

>列出寻求支持的对象。

>制订行动计划。

>制订达到目标的期限。

(三)自我诊断法

对众多管理者而言,时间应该用在什么地方和时间实际消耗在什么地方往往不一样。正如麦肯锡所说:"在各种管理者中,只有1%的管理者感到时间够用。"这就要求众多的管理者在懂得时间分配(时间管理矩阵)的基础上,对自己实际的时间消耗进行记录、分析和诊断,进而改善自己的时间管理。

☞ 专栏 11-12 麦肯锡的每日工作时间记录

记录时间、安排时间和集中时间是管理者实施管理的基础。然而有效管理人员使用的时间记录的方式各有千秋。这里介绍时间管理专家麦肯锡设计的工作时间记录范例,供读者参考。

1. 列举出所有要完成的工作或任务。根据时间管理矩阵确定工作重点和顺序,并确定每项工作的目标以及预期结果。在确定目标时遵守 4 条标准:可测性(能够知道是否达到了目标)、可达性(避免不可避免的失败)、需求性(确保完成目标的意义)和变通性(以备遇到难以控制的情况)。确定目标后,对每个目标确定最后时限,并做好记录,以便对照分析。

2. 每 15 分钟记录一次所进行的各项活动。在从事某项活动的"当时"做记录。记录必须详细,不能省略细节,更不能依赖记忆——事后或全天结束后记录,则很难分析出各种打扰的原因,甚至会造成概括性填写和想要表现自己的倾向,最后失掉时间记录的真实性和精确性。

3. 确定每项活动的优先顺序。在实际生活中,不仅有实现目标的活动,也有突然或意外的活动。面对这些交织在一起的活动,必须确立各项活动的优先次序。就第三代时间管理而言,1=重要且紧急的;2=重要但不紧急的;3=紧急但不重要的;4=例行公事,不重要也不紧急的。其优劣已如前所述,故而在这里以第四代时间管理的优先次序为准,1=重要但不紧急的,2=重要且紧急的,3=紧急但不重要的,4=不重要也不紧急的,最好在活动结束后立即记录工作时间。

4. 评价各项活动。包括各项活动处理的得失、改善的途径或方法:委托、授权、培训;选择忽略、合并、取消、缩短;学会说"不""下不为例"等。分析评估最好在活动结束后立即进行。

时间管理自我诊断法的工具是工作时间记录。使用时,要求时间管理者根据工作时间记录对自己实际的时间消耗做出分析和评估,找出自己浪费时间的症结,然后在此基础上有针对性地改进时间管理策略,提高工作效率。

自我诊断法的目的在于发现时间的实际消耗和时间分配之间的差异,分析原因,找出浪费时间的因素,最后提出解决办法,减少不必要的时间消耗,提高工作效率。

☞ 专栏 11-13 时间浪费原因及消除办法

将各项解决办法按其重要性排列优先次序,有助于增加采取某些行动的可能性，一般说来，一项浪费时间的因素至少可以找到10个原因。这些浪费时间的原因可以分为内部原因和外部原因。内部原因是指由管理者自身造成的时间浪费，外部原因则指由他人或环境造成的时间浪费。研究者对14个国家管理人员的抽样调查结果显示，五种最常见的时间浪费因素依次为：电话打扰，顺便来访人员，会议（包括未预定的和预定的），突如其来的危机，缺少目标、优先次序和最后时限。下表对电话打扰浪费时间的过程进行了深入分析，并示范了消除这一时间浪费的方法。

“电话干扰”浪费时间因素原因分析及消除办法

原因	消除办法
内部原因	
1. 不了解严重性	做电话时间记录，对电话来源、内容和原因做评估
2. 处理电话无计划	制订阻挡、委派、合并的计划
3. 喜欢社会交往	在其他场合进行社交，严守工作的优先次序
4. 自负	客观地看待自己，不要过高估计你对别人的作用
5. 很想接电话	把为工作和为社交打电话加以区别
6. 没有躲避电话的计划	闭门谢客、秘书阻挡、确定打电话的时间
7. 想保持消息灵通	认识到你的管理小组成员很自然地要了解他们 正在做的每一件事情，不仅仅是基本情况
8. 对细节感兴趣	认清卷入细节的危险，从例行公事和细节中解脱出来
9. 安装和使用自用电话	授权
10. 缺乏授权	更多地授权，直接询问应该负责的人
11. 未列出讨论项目	自己组织，做出通话计划，列出讨论要点
12. 下属依赖性太强	拒绝替他们做决策，鼓励首创精神，允许犯错误
13. 事实不完备	事先准备
14. 唯恐冒犯别人	不要过于敏感，优秀的秘书从来不会随便冒犯别人，集中精力做优先安排的工作
15. 缺乏自我约束	制订计划并实施，监督进度，给秘书或助手制订监督责任
16. 无法结束谈话	学会使用以下谈话技巧： ——预先限制谈话时间：“是的，我只能谈几分钟” ——暗示谈话结束：“某某，在我们挂上电话之前……” ——直告对方：“对不起，某某，现在我必须走了。”

续表

原因	消除办法
17. 不切实际的时间预算	请秘书提醒,电话前装置3分钟计时器,记录比较
18. 缺乏管理秘书的能力	训练秘书或调换经验丰富的秘书
外部原因	
19. 阻挡电话无效	分析问题,制订阻挡计划,与同事、秘书讨论沟通以增进他们的理解和信心,支持秘书,实行计划
20. 没有秘书	根据需要配备秘书,培养助手担当秘书角色
21. 打错电话	给相关人员配备电话号码簿
22. 职责不清	澄清
23. "详尽答复"政策	认识到这是对时间和才能的浪费,修改或取消相关政策
24. 落后的电话系统	改进使之符合要求

(四)GTD工作法

GTD工作法其实就是getting things done,是由美国作家戴维·艾伦(David Allen)在《搞定》这本书中提出的。GTD时间管理用一句话概括就是:把你要做的事情记录下来,整理好,安排时间执行就可以了。GTD时间管理的5个核心原则是收集、整理、组织、回顾、执行。

1. 收集。将你能够想到的所有的未尽事宜统统罗列出来,同时将一些不成熟的想法写在纸上。收集的关键在于把一切事情赶出你的大脑,记录下所有的工作。

2. 整理。对之前收集的信息需要定期或不定期地进行整理。将这些事宜按照是否可以付诸行动进行区分整理。对于不能付诸行动的内容,可以进一步分为参考资料、日后可能需要处理;对于可行动的内容,需要考虑其是否可在两分钟内完成,如果可以则立即行动完成它,如果不行对下一步行动进行组织。

3. 组织。组织是最核心的步骤,这一步骤不仅是对整理的资料进行分析,而且需要对下一步行动进行组织。下一步行动的组织一般可分为:下一步行动清单、等待清单和未来清单。其中,下一步行动清单是具体的下一步工作,而且如果一个项目涉及多步骤的工作,那么需要将其细化成具体的工作;等待清单主要是记录那些委派他人去做的工作;未来清单则是记录延迟处理且没有具体的完成日期的未来计划等。

4. 回顾。回顾也是GTD中的一个重要步骤,一般需要每周进行回顾与检查。

通过回顾及检查你的所有清单并进行更新,可以确保 GTD 系统的运作,而且在回顾的同时可能还需要进行未来一周的计划工作。

5. 执行。这时候可以按照每份清单开始行动了,在具体行动中可能会需要根据所处的环境、时间的多少、精力情况以及重要性,选择清单以及清单上的事项。

(五)莫法特休息法

长时间持续的工作很容易让人感到疲惫,学会劳逸结合很重要。据说,《圣经·新约》的翻译者詹姆斯·莫法特(James Moffat)发明了一种方法,可以让人在工作中通过合理的休息来恢复精力,使得思维更加灵活。

在莫法特的书房里有三张桌子:第一张摆着正在翻译的译稿;第二张放着正在撰写论文的原稿;第三张放着一篇正在写的侦探小说。这三张桌子上的物品是莫法特同时在做的三项工作。莫法特所谓的休息方法就是从一张书桌搬到另一张书桌上继续工作。比如,他在翻译的过程中感到疲惫时,就换到第二张桌子上写论文;当写论文遇到瓶颈时,他可能会去第三张桌子上写小说;当写小说的时候缺乏灵感时,他又回到翻译工作上。虽然从一张书桌搬到另一张书桌,仍然是在继续工作。但经常变换工作内容,避免长时间做同一种工作,也是一种主动的调剂和放松,可以保持精神上的兴奋点。

如果将莫法特休息法应用到实际工作中,我们可以:①左脑和右脑切换。人的左脑负责计算、语言、记忆、书写、阅读等思维活动,右脑负责颜色、音乐、想象、空间感觉等形象的思维活动,可以将工作分成这两类,交替进行。②脑力和体力切换。如果进行脑力工作一段时间后,可以进行体力工作,比如,去户外散散步、做家务、码放资料等,脑力和体力的结合可以让大脑得到放松。③动静交替。长时间保持一种姿势,肌肉一定会感到疲劳,切换动作可以帮助肌肉得到放松。比如,经常在办公室长期伏案工作的人,工作一小时后,可以站起来活动几分钟。

总之,莫法特休息法就是隔一段时间,主动改变一下工作方式和环境,避免大脑某一区域长时间兴奋而过于疲劳,让大脑不同区域轮流工作,以提高工作效率。需要注意的是,穿插工作需要明确哪些工作是主要的,哪些是次要的,在做主要工作时需要集中精力,当主要工作感到疲惫时,可以做次要性的工作进行调节。其次,要让每一项工作有始有终。有些工作需要整体思路,对待这样的工作时,一定要完成一个阶段后再放下,否则很难继续开展工作。最后,应用莫法特休息法时需要控制休息的状态,不可太过频繁地改变当前工作。

时间管理还有许多其他方法,可以通过学习优秀人士的时间管理方法,制定一款适合自己的方法。当然,最重要的是行动起来。

本章小结

1. 压力是指当人们意识到威胁或遇到无法应对的情况时所产生的生理和心理状态。工作压力是在工作环境中,面对无法应付的情况时所产生的生理、心理和行为上的反应。

2. 工作中的压力来源主要有环境因素、组织因素和个体因素。

3. 长期处于压力之中会精疲力竭,对生理健康和心理健康产生影响。压力与工作效率之间呈现倒 U 形的关系。

4. 职业倦怠又称职业枯竭、工作倦怠,是由于工作对个人能力、精力或资源过度要求而导致工作者感到挫败、情绪枯竭、筋疲力尽的现象。

5. 工作家庭冲突是工作与家庭角色间的相互冲突,指个体面对工作与家庭两种角色在某些方面彼此互不相容时所产生的角色压力。

6. 从组织角度看,压力管理就是要为员工营造一个能充分发挥积极性的、压力适度的环境。

7. 情绪是对外界事物的态度,是对客观事物和主观需求之间的关系的反应,以人的内在体验为载体,驱使人行动的动力。它是一种主观体验,是人类自我意识的核心。

8. 所谓时间管理矩阵,就是把待办的事务按照重要程度和紧急性分为四类,即重要紧急的、重要不紧急的、不重要紧急的、不重要不紧急的。

思考题

1. 压力源及影响压力产生的因素有哪些?
2. 简述压力对效率的影响。
3. 简述如何从组织层面加强压力管理以提高工作效率。
4. 简述情绪管理在人力资源管理中的作用。
5. 论述在组织变革中,人力资源部门如何做好情绪管理工作。
6. 简述时间管理的原则和方法。

案例

不堪职场重压的"阳光壁垒"

某女,32 岁,市场总监。

在一次针对某世界 500 强企业的员工帮助计划项目中,该市场总监找到专家小组，说自己最近情绪压抑，睡觉时多梦、易醒，工作中总是提不起精神，感觉自己快挺不住，即将崩溃了。

该市场总监给人的第一感觉是位很阳光的、精明能干的女性。在谈话过程中咨询专家了解到，她是一位非常优秀的女性——来到企业只有三年，由于工作业绩突出，在众多佼佼者中脱颖而出，从一个普通的市场营销员，迅速成长为市场总监。当上总监后，面对的部下都是本科、硕士甚至博士学位的人。他们年轻、有学历、思维敏捷、创新能力强、执行力强……只有中专文凭的她在下属面前总觉得自己能力差，压力越来越大，也越来越不自信。

面对咨询专家，她说当前的工作让她感觉到自己在企业的地位越来越不稳。于是，要强的她，工作上对自己更加苛刻，过分地要求完美，不允许自己出半点差错；她的业余时间也全部用来充电、补充行业知识。但是，她发现自己现在的学习热情越来越低，学习效率也大不如前，而且最近根本学不进去。与此同时，她还出现了睡眠障碍——多梦、易醒。虽然部门的业绩有很大提升，但是她没有半点成就感，反而觉得受不了、挺不下去了。

案例讨论：你认为该总监的压力源是什么？她应该怎么做以缓解自己的压力？

拓展资料

苏东水. 管理心理学[M]. 上海：复旦大学出版社，2002.

戈尔曼. 情感智商[M]. 耿文秀，查波，译. 上海：上海科学技术出版社，1997.

罗宾斯. 组织行为学[M]. 李原，孙健敏，译. 北京：中国人民大学出版社，2005.

杜布林. 心理学与工作[M]. 王佳艺，译. 北京：中国人民大学出版社，2007.

孙健敏，穆桂斌. 管理心理学[M]. 北京：中国人民大学出版社，2017.

俞文钊，吕建国，孟慧. 职业心理学[M]. 3版. 大连：东北财经大学出版社，2014.

李中斌. 情绪管理[M]. 大连：东北财经大学出版社，2019.

刘志则，白杨. 时间管理[M]. 北京：台海出版社，2019.